ASEAN経済新時代と日本

各国経済と地域の新展開

トラン・ヴァン・トゥ［編著］

文眞堂

はしがき

　2014年のASEAN諸国の1人当たり国内総生産（GDP）のデータをみると一種の感慨を覚えざるを得ない。かなり前から高所得国になった資源豊富な人口小国ブルネイと都市国家シンガポールを別として，カンボジアとミャンマーを除く残りのすべてのASEAN諸国が，高位と低位に分かれるが，中所得国へ発展できたのである。カンボジアもそのレベルに近くなったので，2015年にはその仲間入りになるであろう。また，ミャンマーのデータに信頼性の問題が残っているが，既に低位中所得国になったという見方がある。約40年前にこの地域のほとんどの国は一次産品輸出国であったし，その一部の国々はようやく長い戦乱を終えてからも10年以上にわたり社会主義経済システムの中の停滞に悩まされた。現在のASEANをみて隔世の感を禁じえない。

　そして，2015年11月22日にクアラルンプールでASEAN経済共同体（AEC）創設の署名式典が行われた。1992年にできたASEAN自由貿易地域（AFTA）の実現により物品貿易がほぼ完全に自由化されたASEANにおいてAECの創設で資本，労働，各種のサービスの移動も自由化され，インフラの整備で地域全体の連結性が格段に高まっていく。1967年に結成したASEANの歴史に新しいページが開いたと言えよう。

　しかし，今後のASEANにとってすべてが明るいとは言えない。各国が中所得国になった現段階に今後の持続的発展のために解決しなければならない課題が多い。それらの課題に効果的に対応できなければ「中所得国の罠」に嵌って高次レベルへの発展ができない恐れがある。地域全体としての課題も多く，中国の台頭のインパクト，南シナ海をめぐる不確実性などが挙げられる。新しい段階を迎えたASEANに対する日本の役割も考えなければならない。

　以上のような背景をもとに本書が生まれたのである。ASEAN各国経済の発展過程の特徴と現段階の課題を分析し，ASEAN全体としての諸問題も取り上げ，検討する。

本書は序章と2部14章に編成される。

序章（アジアダイナミズムの中のASEAN経済，トラン・ヴァン・トゥ）は相互関連する2つの視点からASEAN経済の発展過程と現段階の課題を分析する。1つは低位または高位中所得国になったASEAN各国が高次レベルへの発展のための条件は何か。もう1つは東アジアの分業に組み入れられ，工業化を進めてきたASEAN諸国は今後高次元へのさらなるキャッチアップができるか，その条件は何かである。低位中所得国は制度改革の推進，資源配分の効率化，高位中所得国は人的資源のレベルアップ，科学技術の振興による比較優位構造の高度化，それぞれ努力する必要があると強調している。

第1部（ASEAN各国の現段階の課題と展望）は第1章から第9章までブルネイを除くASEAN9ヵ国の経済を取り上げ，それぞれの発展過程，現段階の課題，将来展望，日本との関係を中心に分析する。配列の順序は特に意味がなく，一応ASEAN本部がある最南端のインドネシアから北上していく形をしている。

第1章（インドネシア経済―資源依存から高付加価値への課題，濱田美紀）はスハルト時代以降のインドネシアの発展過程を分析し，未熟な脱工業化の現象が生じている現段階の特徴を踏まえて今後の持続的発展の課題を指摘する。これからのインドネシアは低位中所得から高位中所得国への発展のためには，インフラの質を重視し，制度的脆弱性を克服しなければならないと強調している。

第2章（マレーシア経済―先進国入りを目指す多民族国家，穴沢眞）は一次産品輸出国から出発したマレーシアが中進工業国に発展した過程を分析し，2020年に先進国入りの目標を達成するための課題を論じる。中所得国の罠から抜け出し，真の先進国となることができるかどうかは生産性の向上につながるR&Dへの投資や人材育成の努力にかかっていると指摘している。

第3章（シンガポール経済―転機を迎える都市国家，甲斐信好）は，リー・アン・ユーのカリスマとリーダーシップで権威主義開発体制の下，都市国家シンガポールを高所得国にしてきた過程を分析し，質の高い政治・官僚体制の役割を評価している。シンガポールは独裁体制と発展との両立の典型的なケースであるが，そのモデルの成功条件は何かも示唆している。

第4章（タイ経済―経済発展と民主化，山本博史）はプラザ合意以降の外国直接投資主導型成長，とくに自動車産業の躍進の背景を分析すると共に2006年以降の政治混乱・民主化の問題を考察し，今後の展望を試みる。上位中所得レベルまで発展できたタイは，今後高所得へ飛躍するためには従来のタイ式民主主義ではなく，真の民主主義の進展が必要であると強調している。

　第5章（フィリピン経済―低成長から脱出の可能性―F. マキトと中西徹）は，輸入代替，輸出志向的工業化，未熟な脱工業化の各段階を経過したフィリピン経済の発展プロセスを辿って，制度的硬直性や既得権益集団の存在のため，これまで東アジアの成長センターから取り残された実態と原因を分析する。豊かな人的資源など潜在力があるので，地方分権による再工業化の道ならフィリピン経済の展望が明るいと指摘する。

　第6章（ベトナム経済―高位中所得への発展の展望，トラン・ヴァン・トゥ）は，中所得国の罠の分析枠組みに基づいて低位中所得国になったベトナム経済の課題を論じ，また，東アジア分業の中でベトナムの工業化過程を分析し，今後新たなキャッチアップへの可能性を展望する。現在，FDIの増加で比較優位構造が高度化しているが，高位中所得国への発展のために，制度改革で資源配分の効率化を図る必要があると強調している。

　第7章（カンボジア経済―持続的成長を目指して，初鹿野直美）は国際分業の視点から1990年代以降のカンボジア経済の発展過程を分析し，今後を展望する。カンボジア経済は2010年頃を境にアパレルを中心とする国際加工産業からチャイナ＋ワンとタイ＋ワンによるFDIの増加で機械産業などへの多様化が進展し，今後，ASEAN経済共同体の枠組みの中での地位を高め，労働集約産業からの脱皮が可能になると展望している。

　第8章（ラオス経済―ランドロックからランドリンクへ，鈴木基義）は地域協力，日本などの支援がラオス経済を変貌させることを指摘する。特に，アジア開発銀行や日本のODAで道路・橋梁を中心とするインフラの整備が進み，メコン河流域各国の連結性の強化に連れてラオスへのFDIが増加し，経済を活性化している。まさにラオスはランドロックで宿命的に不利な立場からランドリンクへの変化で有利な環境で発展しているのである。

　第9章（ミャンマー経済―始動する経済のこれまでとこれから，三重野文

晴）は，1990年から20年間のミャンマー軍政期の経済政策と経済構造を分析した上，2011年以降のテイン・セイン政権の経済改革を詳述する。市場経済への移行と工業化の推進を中心とするこの経済改革はかなりの進捗をみせているものの，その成果が顕著に現れる段階ではまだないこと，その中でマクロ経済の不安定化のリスクに直面していることが指摘される。2015年11月の総選挙の結果により民主化が一層進んでいく中の政策課題と展望にも触れている。

第2部（地域としてのASEANと日本・中国）は第10章から14章までASEAN全体としての諸問題，ASEANと日本，ASEANと中国との関係を分析する。

第10章（FTAから経済共同体―ASEANの経済統合の現状と展望―，石川幸一）は，AFTAからASEAN経済共同体（AEC）への展開を統合の深化過程として捉え，その経緯，メカニズムと内容，成果を検討する。特に2015年末のAEC創設を通過点として位置づけ，ポスト2015ビジョンの方向性を中心にAECに向けての行動計画を詳細に分析し，展望を試みる。物品貿易の自由化が大きく進展したが，そのほかの分野は現在作成中のAEC 2025ブループリントの実行に期待をかけている。

第11章（メコン河流域諸国の開発とASEAN，石田正美）は，ASEAN新規加盟国（CLMV）とASEAN先発国との格差解消を目指すメコン河流域諸国の開発とその関連の各種取組（ASEAN統合イニシアチブ，ASEANハイウェイ，メコン流域開発協力，ASEAN連結性マスタープラン，日本メコンの枠組みなど）を詳細に紹介・評価し，各取組が相互補完する役割を強調する。ただ，CLMVと先発国との格差が縮小してきたが，それは上記の各種取組の貢献であったかどうかは不明で，詳細な実証研究が必要であると指摘している。

第12章（中国の台頭とASEAN，丸川知雄）は貿易と直接投資を中心にこれまでのASEANと中国との経済関係を分析し，両者の相互依存関係の拡大を示した上，今後の展望を試みる。2030年頃に中国のGDPが日本の5倍にも達し，ASEAN経済も日本を上回ると予測しているが，アジアで「一強多弱」の構造になり，中国が経済力をテコとして外交上の主張を通そうとする状況を防ぐためにもASEANは域内統合を進め，アジアの有力な極となることを目指すべきであり，その過程に日本の役割が大きいと力説している。

第13章（ASEANと日本の新たな関係，吉野文雄）は　貿易，直接投資，労働移動の実態を分析し，経済統合体としてのASEANと日本との関係を論じる。日本は，圧倒的な経済力でASEAN経済に影響力を及ぼした時代と違って，これからは対等のパートナーとして中所得国の罠を脱却し，高次レベルへの発展を目指しているASEANとの新たな経済関係を構築すべきと強調している。

　第14章（ASEANをめぐる地域の平和環境の展望―山田満）は現代のASEANの平和環境を脅かす域内問題（タイ―カンボジア間のプレアヒビア寺院，フィリピン国内のモロ民族解放戦線や新人民軍の存在など）と域外要因（南シナ海問題など）を分析し，今後の平和環境づくりを展望する。将来は不確実であるが，ASEAN地域の平和的環境は振り子のように，米中との距離感を意識しながら，他の地域パワーとの連携と牽制を通じてASEANという地域公共財として動いていくと結論付けられる。

　本書の出版のきっかけは，2015年4月に文眞堂社長の前野隆氏に私の研究室をご来訪いただいたことである。ASEAN各国経済についての書物を出版したいので，執筆陣を組織してほしいとのことであった。私も丁度ASEANの問題を考えた頃であったので喜んで引き受けさせていただいた。幸い，関係の専門家に打診してみたら快く執筆を引き受けていただいた。執筆期間が短く，猛暑の中で原稿締め切りを守ってくださった執筆者の方々にお礼を申し上げたい。一部の原稿について編集者と執筆者との濃密な意見交換があって，私にとって良い知的体験であった。

　なお，本書の構成に関して石川幸一亜細亜大学教授から貴重な意見を寄せていただいた。原稿整理・編集，索引などについて早稲田大学助手の苅込俊二君と研究室アシスタントの阿部和美さんが協力してくれた。最後に本書の出版にあたって前野隆氏をはじめとする文眞堂編集部の方々にたいへんお世話になった。

　以上の方々に厚くお礼を申し上げる次第である。

ASEAN経済共同体創設署名式典の日
編著者　トラン・ヴァン・トゥ

目　　次

はじめに ……………………………………………………………………………ⅰ

序章　アジアダイナミズムの中の ASEAN 経済 ……………1

はじめに ……………………………………………………………………………1
第 1 節　中所得国の罠と雁行型工業化の参照枠組み ……………………………2
　　1．経済発展段階論 ……………………………………………………………2
　　2．要素賦存状況の変化と中所得国の罠 ……………………………………4
　　3．キャッチアップ型工業化：雁行型発展の示唆 …………………………6
第 2 節　ASEAN 諸国のキャッチアップと現段階の姿 …………………………8
　　1．ASEAN 諸国の工業化 ……………………………………………………8
　　2．ASEAN の経済的達成と現段階の課題 …………………………………12
第 3 節　ASEAN 経済と中所得国の罠の可能性 …………………………………15
　　1．高位中所得国：マレーシアとタイ ………………………………………15
　　2．低位中所得国：インドネシア，フィリピン ……………………………18
おわりに ……………………………………………………………………………21

第Ⅰ部　ASEAN 各国の現段階の課題と展望 ……………27

第 1 章　インドネシア経済
　　　　　　─資源依存から高付加価値への課題 ……………………………29

はじめに ……………………………………………………………………………29
第 1 節　インドネシア経済の現状 ………………………………………………30
　　1．危機からの回復 ……………………………………………………………30
　　2．中所得国への成長 …………………………………………………………31

3．停滞する経済成長と堆積する課題 …………………………32
　第2節　産業構造の変化 …………………………………………34
　　1．天然資源依存経済の課題と付加価値政策 …………………34
　　2．進む非工業化の現状 …………………………………………37
　　3．進む非工業化―中国要因 ……………………………………40
　　4．外国直接投資と製造業 ………………………………………43
　第3節　持続的成長のための条件 ………………………………47
　　1．国内・域内の連結性向上 ……………………………………47
　　2．インフラ整備とファイナンスおよび執行能力の課題 ……48
　　3．制度とガバナンスの評価 ……………………………………50
　　4．制度整備と法の予見可能性の向上の課題 …………………51
　おわりに …………………………………………………………54

第2章　マレーシア経済
　　　　　―先進国入りを目指す多民族国家 ……………………58

　はじめに …………………………………………………………58
　第1節　多民族国家の形成 ………………………………………59
　　1．英国の植民地政策とモノカルチャー経済の成立 …………59
　　2．独立 ……………………………………………………………60
　　3．人種暴動 ………………………………………………………60
　第2節　新経済政策以降の経済発展（1971年－2010年）………61
　　1．新経済政策から国民ビジョン政策まで ……………………61
　　2．産業，貿易構造の変化 ………………………………………62
　　3．工業化の特徴 …………………………………………………65
　　4．所得格差の是正と貧困の撲滅 ………………………………68
　第3節　新経済モデルの導入―先進国入りの課題 ……………69
　　1．新経済モデル …………………………………………………69
　　2．経済改革プログラム …………………………………………71
　　3．先進国入りの課題 ……………………………………………72
　第4節　対外関係 …………………………………………………72

1. 貿易 …………………………………………………………………72
　　2. 外資政策 ……………………………………………………………73
　　3. 日本との関係 ………………………………………………………74
　おわりに ……………………………………………………………………76

第3章　シンガポール経済
―転機を迎える都市国家 ……………………………………………79

　はじめに―権威主義開発体制とは何か ……………………………………79
　第1節　シンガポールの発展の特徴 ………………………………………81
　　1. 都市国家の誕生：シンガポールの出発点 ………………………81
　　2. 外資導入を軸にした輸出志向工業化 ……………………………83
　　3. 技術集約型産業への転換 …………………………………………84
　　4. アジア経済危機への対応 …………………………………………87
　第2節　シンガポールの開発体制 …………………………………………87
　　1. 政府が握る賃金決定権 ……………………………………………87
　　2. 透明性・効率の高い政府 …………………………………………89
　　3. 生存のための政治―PAPの戦略 …………………………………92
　第3節　今後の展望と課題 …………………………………………………94
　　1. ASEAN経済共同体の提案国，FTAの推進 ……………………94
　　2. 少子高齢化と外国人労働者の利用 ………………………………96
　　3. 日本との関係，日系企業の現状 …………………………………98
　　4. 先進国・都市国家シンガポールの未来 …………………………98
　おわりに―課題先進国シンガポールと日本への示唆 ……………………101

第4章　タイ経済
―経済発展と民主化 ……………………………………………104

　はじめに ……………………………………………………………………104
　第1節　タイ経済発展の経緯 ………………………………………………104
　　1. 中国から西欧へ―バウリング条約 ………………………………104
　　2. 立憲革命と王権―王権の衰退と復活 ……………………………106

  3. 開発時代——開発独裁の開始 …………………………………107
  4. サリットによるタイ式民主主義と王制 ……………………109
 第2節　経済成長と外国投資 …………………………………………111
  1. プラザ合意とアジア通貨危機によるタイ経済の変容 ………111
  2. 自動車セクターの発展と日本企業との協業 …………………117
 第3節　タイ社会の亀裂と民主主義 …………………………………120
  1. タクシン政権の軌跡 ……………………………………………120
  2. 既得権益層と民主化 ……………………………………………121
  3. 2014年5月22日のクーデター後の状況 ………………………123
 おわりに：日タイ関係とタイ民主主義の行方 ……………………125

第5章　フィリピン経済
——低成長から脱出の可能性 ……………………………………129

 はじめに ………………………………………………………………129
 第1節　戦後の経済発展：「脱工業化」は何故生じたのか …………130
  1. 初期条件：植民地時代に確立した経済構造 …………………132
  2. 戦後復興期（1945年-50年）……………………………………134
  3. 輸入代替工業化期（1950年-80年）……………………………134
  4. 輸出志向工業化期（1980年-90年）……………………………136
  5. 脱工業化期：1990年以降 ………………………………………137
 第2節　現代フィリピン経済の基本問題 ……………………………138
 第3節　展望 ……………………………………………………………146
  1. 既得権益集団と産業保護 ………………………………………146
  2. 海外送金と輸出産業 ……………………………………………147
  3. 経済特区と拠点都市の分散化 …………………………………149
 おわりに ………………………………………………………………150

第6章　ベトナム経済
——高位中所得への発展の展望 …………………………………156

 はじめに ………………………………………………………………156

第 1 節　ベトナムのドイモイとその成果……………………………157
  1. ドイモイの形成と成果 ………………………………………157
  2. ドイモイの限界とその要因 …………………………………159
第 2 節　東アジアの中のベトナム：工業化と外国直接投資…………161
  1. 現段階のベトナムの工業化と貿易構造 ……………………162
  2. 中国への依存体質と近年の動向 ……………………………164
  3. 外国直接投資（FDI）への依存 ……………………………166
第 3 節　低位中所得の罠の可能性：予備的考察………………………168
  1. 要素市場と資源配分の歪み …………………………………168
  2. ガバナンスと資源配分： ……………………………………171
第 4 節　ベトナム経済の展望：高位中所得国への発展………………172
  1. 低位中所得の罠の可能性があるか …………………………172
  2. ベトナム経済の中長期展望： ………………………………175
おわりに：今後のベトナムの経済発展と日本…………………………176

第 7 章　カンボジア経済
―持続的な成長を目指して …………………………………179

はじめに……………………………………………………………………179
第 1 節　1990 年代以降のカンボジアの復興と経済発展 ……………180
  1. 経済概況 ………………………………………………………180
  2. 貿易・投資・対外援助 ………………………………………182
第 2 節　カンボジアの産業発展と国際社会や ASEAN とのつながり …185
  1. カンボジア政府の投資誘致政策 ……………………………185
  2. 地域経済とのつながり：ASEAN およびメコン地域での協力 …186
  3. 日本との経済的なつながり …………………………………188
  4. 縫製業の発展 …………………………………………………189
  5. 産業の多様化と「中国＋1」や「タイ＋1」………………190
第 3 節　産業開発政策 2015-2025 ……………………………………192
おわりに：課題と展望……………………………………………………193

第8章 ラオス経済
―ランドロックからランドリンクへ………196

はじめに………196
第1節 拡大する経済………197
  1. 経済構造に変化………197
  2. 工業が牽引する経済成長………199
  3. 農業………200
第2節 財政運営・外国貿易………201
  1. 財政運営・外国貿易………201
  2. 外国貿易………203
第3節 国際協力………205
  1. 日本の政府開発援助………205
  2. 国内のコネクティビティー………207
  3. アジア開発銀行主導の地域コネクティビティーの拡充………208
第4節 日本の対ラオス外国直接投資………210
  1. 急増する日本の投資………210
  2. 進む規制緩和………211
  3. 地域補完型工業化とプラスワン戦略………212
  4. 整備が進む経済特区………214
  5. 世界初：中小企業専用経済特区の誕生………214
おわりに………215

第9章 ミャンマー経済
―始動する経済のこれまでとこれから………219

はじめに………219
第1節 軍政下の経済変容：1990－2000年代………220
  1. ビルマ式社会主義の時代………220
  2. 軍政の「経済改革」………221
  3. 不安定なマクロ経済………222

4. 2000年代の経済の大きな変容 …………………………………224
　　　5. 2000年代半ばの国際的孤立 ……………………………………228
　　　6. 2000年台半ばからの経済の静かな回復 ………………………229
　　　7. 経済の担い手 ……………………………………………………230
　第2節　テイン・セイン政権の経済改革 ……………………………232
　　　1. テイン・セイン政権の登場と経済改革の開始 ………………232
　　　2. 為替制度の変革と経済構造改革 ………………………………233
　　　3. 輸出工業化にむけての環境整備 ………………………………235
　　　4. 各分野の制度構築への取り組み ………………………………237
　第3節　今後の課題 ……………………………………………………238
　　　1. リスク ……………………………………………………………238
　　　2. 改革の現状の到達点 ……………………………………………240
　おわりに …………………………………………………………………240

第Ⅱ部　地域としてのASEANと日本・中国 …………………245

第10章　FTAから経済共同体へ
　　　　　―ASEANの経済統合の現状と展望― …………………247

　はじめに …………………………………………………………………247
　第1節　ASEAN自由貿易地域の創設と成果 ………………………248
　　　1. AFTA創設前の貿易自由化 ……………………………………248
　　　2. AFTAの創設 ……………………………………………………249
　第2節　FTAから経済共同体へ：ASEAN統合の深化 ……………256
　　　1. AFTAの次の統合としてのASEAN経済共同体 ……………256
　　　2. AECブループリントの発表 ……………………………………257
　　　3. なぜ経済共同体を創るのか ……………………………………259
　　　4. ASEAN経済共同体とは ………………………………………259
　第3節　ASEAN経済共同体の創設と行動計画の進捗状況 ………260
　　　1. 単一の市場と生産基地 …………………………………………260
　　　2. 競争力のある経済地域 …………………………………………264

3. 公平な経済発展 …………………………………………………266
　　4. グローバル経済への統合 ………………………………………266
　おわりに：ASEAN 経済共同体の課題と展望……………………………267

第11章　メコン河流域諸国の開発と ASEAN ……………………272

　はじめに……………………………………………………………………272
　第1節　ASEAN にとってのメコン河流域諸国の開発………………273
　　1. CLMV 諸国の ASEAN 加盟の流れ ……………………………273
　　2. ASEAN にとってのメコン河流域開発の意味 ………………274
　第2節　ASEAN 統合イニシアティブ（IAI）…………………………276
　　1. IAI のキックオフ …………………………………………………276
　　2. IAI 作業計画 I ……………………………………………………277
　　3. IAI 作業計画 II …………………………………………………278
　第3節　交通関連のプログラム…………………………………………280
　　1. ASEAN ハイウェイ ………………………………………………280
　　2. ASEAN メコン流域開発協力とシンガポール昆明鉄道リンク …283
　　3. ASEAN による交通円滑化の取組み ……………………………287
　第3節　日メコンの枠組による支援……………………………………289
　第4節　評価と考察………………………………………………………292
　　1. 開発ギャップに関する指標の検討 ………………………………292
　　2. ASEAN の取組みの評価 …………………………………………295
　おわりに……………………………………………………………………296

第12章　中国の台頭と ASEAN ……………………………………301

　はじめに……………………………………………………………………301
　第1節　中国と ASEAN の貿易関係 ……………………………………302
　　1. ASEAN・中国経済圏 ……………………………………………302
　　2. 中国との貿易関係の特徴 …………………………………………303
　　3. 中国への主要な輸出品目 …………………………………………305
　第2節　双方向の直接投資………………………………………………308

| | 1. 直接投資の流れを決める要因 …………………………308
| | 2. ASEAN 企業の優位性 ………………………………311
| | 3. 中国企業の対 ASEAN 投資 …………………………314
| 第3節 | 経済関係と外交…………………………………………317
| おわりに …………………………………………………………319

第13章　ASEAN と日本の新たな関係……………………322

はじめに …………………………………………………………322
第1節　ASEAN の対域外経済関係……………………………323
　　1. ASEAN 加盟国の域外貿易の変化 …………………323
　　2. ASEAN の対域外 FTA 戦略 ………………………326
　　3. ASEAN にとっての日本 ……………………………329
第2節　資本移動と人的移動……………………………………330
　　1. 日本企業にとっての ASEAN 市場 …………………330
　　2. 人の国際移動の経済効果 ……………………………333
第3節　対等のパートナーとしての ASEAN と日本 ………335
　　1. 福田ドクトリンから安倍外交 5 原則へ ……………335
　　2. 中進国の罠の克服 ……………………………………338
おわりに …………………………………………………………339

第14章　ASEAN をめぐる地域の平和環境の展望…………343

はじめに …………………………………………………………343
第1節　ASEAN 設立から「ASEAN10」体制への道程 ……345
　　1. 東西冷戦終結以前の ASEAN ………………………345
　　2. 東西冷戦後の ASEAN 10 ヵ国体制への移行 ………346
第2節　「ASEAN の平和」を揺るがす域内要因 ……………348
　　1. 域内各国の政治体制の変動と変革の動き …………349
　　2. ASEAN 域内における紛争 …………………………352
第3節　「ASEAN の平和」を揺るがす域外要因とは何か …355
　　1. 中国への対応をめぐる ASEAN の不協和音 ………355

2. 中国との領土問題をめぐる域内の亀裂 …………………………357
    3. 南シナ海問題に対する ASEAN としての対応 ……………………358
  おわりに……………………………………………………………………360
 索引 ……………………………………………………………………………364

序章

アジアダイナミズムの中の ASEAN 経済

はじめに

　ASEAN 経済というと，何を連想するだろうか。多様性が高い地域のため，全体として一言でまとめられないだろう。人口規模，発展段階，政治経済体制などが異なり，1つの枠組みで分析できない地域である[1]。しかし，過去約40年間にわたって成長してきた ASEAN 先発国やベトナムに絞ってみれば，次のような2つの共通の問題がある。1つは中所得国の罠の問題で，高位中所得国は持続的に高所得レベルへ発展できるのか，また低位中所得国は上位中所得へ発展ができるか，それぞれの条件は何かである。もう1つの問題は，中所得国になった ASEAN 諸国の発展過程が東アジアのダイナミックな分業に組み入れられ，日本や韓国・台湾にキャッチアップしてきた事実から，今後高次元へのさらなるキャッチアップができるか，その条件は何か，ということである。なお，東アジアのダイナミックな分業とは，この地域において工業化が日本から韓国・台湾へ，さらに ASEAN 先発国へと波及し，その過程に資本・技術・経営資源が先進国・先発国から先発国・後発国への移転によって促進され，結果として分業構造が急速に高度化していく過程として定義されるものである[2]。この現象を工業化の雁行型波及過程ということもできる。

　さて，上記の2つの問題は相互に関連している。高次元へのキャッチアップは国際的側面からみた中所得国の罠の回避条件と言えるからである。なお，雁行型工業化の視点は，東アジアのダイナミックな分業の最後発国である ASEAN 新規加盟国の工業化にも関連するため，ほとんどの ASEAN 諸国を分析対象にすることができるのである。

本章は，そのような問題意識から出発して中所得国の罠と工業化の雁行型波及という2つのキーワードを，1つの分析枠組みの中で用いてASEAN経済の発展過程と現段階の特徴を考察し，中所得国の罠を回避して持続的に発展していくための条件は何かを吟味する。以下，第1節は簡単な分析枠組みを提示する。第2節はASEANの工業化の過程を振り返り，現段階に到達した特徴を示す。第3節は，低位中所得国と高位中所得国それぞれの罠を回避するための条件を吟味する。この中でこれまでのASEANと日本との経済関係を概観し，今後の新たな関係に言及する。

第1節　中所得国の罠と雁行型工業化の参照枠組み

1. 経済発展段階論

1国の経済発展は，その過程をいくつかの段階に分けられるが，分析視点によってさまざまな段階区分があり得る[3]。

ここでは世界銀行の分類に従って，発展水準の総合的指標である1人当たりGDP（国内総生産）を基準にして1国の発展過程を4つの段階（低所得，低位中所得，高位中所得と高所得）に分けて，それぞれの段階を経済学的に特徴づけてみる。図0-1はそれを表しているが，世銀は名目1人当たりGDPを基準にして，毎年その基準を変更しているのに対して，図0-1では実質1人当たりGDPを考えている。以下では，このような単純な考察から出発するが，各段階の特徴を吟味して，高位中所得だけでなく，低位中所得の罠の可能性も検討する。

図0-1では，ABは伝統社会が支配的で，未開発が特徴付けられる段階である。この段階では，経済的には低所得が低貯蓄・低投資・低生産性をもたらし，低生産性はまた低所得につながるという貧困の悪循環あるいは貧困の罠が特徴である。また，この段階の経済は自給自足の性格が強く，市場が未発達で，資源配分が習慣や信念といった伝統的ルールによって行われる。

BDは経済発展が起動し，中所得の水準に達成できる段階である。発展の起動とは，例えば指導力の強い政治家が現われ，強力な政策で貧困の罠から脱出

することができるケースである。起動のきっかけは，外国の脅威に晒され，国力を強めなければならない意識がエリート層に芽生えることや，貧困で社会・政治の不安が高まって国民の不満の勃発を心配する支配者または支配集団が積極的に対応しなければならなくなるケースなどがある。

ところで，AB 段階は市場が未発達であると特徴づけることができるならば，B 点から出発する発展過程は市場経済の発達過程として捉えられる。D 点以降の経済は 2 つのケースに分かれる。それは高所得に発展する DE と停滞・低成長に転落する DD' で，いわゆる中所得国の罠に陥ることになる。

さて，D 点はどのような性格を持っているだろうか。現在，中所得国として分類されているマレーシア，タイや中国などの特徴を念頭におくと，発展の初期段階は労働が農業から工業部門へ移動する過程でもあるので，D 点はルイスの発展モデルで有名な労働過剰経済から労働不足経済への転換点であると考えられる。また，成長会計の視点で分析すると，発展の初期段階に全要素生産性（TFP）よりも資本蓄積の成長への貢献が大きいが，その後の段階に資本の限界生産性が本格的に低下するので，TFP の役割が重要になってくる。従って，

図 0-1 経済発展諸段階

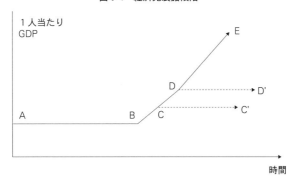

注：AB：伝統社会，貧困の悪循環
　　BC：経済発展の初期段階，市場経済の段階的発展，（C は低位中所得水準）
　　CD：低位から上位中所得へ（D は高位中所得水準）
　　DE：高所得への持続的発展
　　CC'：低位の中所得国の罠
　　DD'：上位の中所得国の罠
資料：筆者作成。

D点は要素(資本)投入型発展からTFP中心の発展への分岐点として考えられるのである[4]。

ところで,D点以降の発展はどのように展開するだろうか。

世界各国の経験をみると,D点以降は2つのケースに分けられ,高所得国,先進国に進む場合(DEの方向)と,停滞のまま続く場合(DD'の方向)である。DD'は簡単化するため極端なケース(1人当たりGDPがゼロ成長)を描いているが,低成長のケースも含む。現在までのところ,先進国,高所得国に進んできた国が10数ヵ国しかなく,D点以降の停滞国が非常に多い[5]。D点以降には,なぜ2つの経路が生じるだろうか。

2. 要素賦存状況の変化と中所得国の罠

人口密度が極端に小さい国を除くと,経済発展が開始する時点では,労働が過剰(限界生産性がほぼゼロ)な経済を特徴とする国が多い。資本蓄積(労働1人当たり資本量の増加)に伴う工業化が進行し,過剰労働力を吸収していく。そのプロセスがやがて労働過剰が解消する時点まで進むと,経済が新しい局面を迎える。労働過剰から労働不足への転換点である。この時点から実質賃金が上昇し,それに見合う労働生産性が上昇するかどうかという問題が重要になる。

一方,経済発展の過程において資本蓄積の役割も変化する。収穫低減法則の下で,ソローモデルが示唆するように,経済発展の初期段階においては資本の貢献が大きいが,その後の段階では技術進歩が重要になる。言い換えれば,成長会計の手法で経済成長に対する各要素の貢献を分解すれば,初期段階に資本を中心とする要素投入型成長,後の段階に技術進歩によるTFPが重要になる。因みに,世界銀行(World Bank 1993)が発表した有名な報告書『東アジアの奇跡』に対するクルーグマン(Krugman 1994)の問題提起がきっかけになり,この地域の発展は要素投入型発展か,それともTFPによる発展かをめぐる論争が展開された。これに関して速水(2000)は,経済が発展の最初の段階では,通常投入型発展が特徴づけられ,その段階を経過した後,TFP中心の発展段階へ転換すると主張している。

このように考えて来ると,図0-1でのD点は労働過剰から労働不足への転

換点，要素投入型成長からTFPの成長への転換点に合致すると考えられる。2番目の転換点の実証は難しいが，労働供給の転換点は日本，台湾，韓国の発展経験から見て，中所得のレベルの近辺に生じているのである[6]。

　ここで資本蓄積とTFPについてもう少し議論しておきたい。上記のように，TFPが高位中所得になってから重要になると指摘したが，これは低位中所得にとってTFPが無関係とは意味しない。発展段階が低い国でも制度改革などでTFPの改善も期待できるのである。Perkins（2013, Ch. 2）の見解として，TFPの源泉は2つがあり，制度改革，資源配分の改善による（途上国によくみられる）ものと，研究開発・技術進歩によるもの（先進国の場合）がある。また，Perkinsは資本蓄積とTFPとの区別を批判し，資本蓄積はTFPをもたらすものともたらさないものがあると指摘している。この点は，技術進歩が資本に体化されるか，されないかで成長会計で計算されるTFPの大きさが違ってくることと同様な問題である[7]。確かに，資本とTFPの明快な区別が難しい。しかし，われわれはここで主張したいことは，相対的な意味で発展の初期段階に資本の役割が大きく，その後の段階はTFPがより重要になるのである。

　以上の考察からは，経済が中所得レベルのD点まで発展してから，労働供給の変化，資本蓄積の役割の変化に対応できれば高所得国（E点）へ進めるが，それができなければ中所得国の罠に陥ると考えられる。従って，労働の質の向上，科学技術の振興，イノベーションの促進の努力を通じた労働生産性の上昇，産業構造の高度化といった具体的な対応を取らなければならない。

　ところで，中所得国は低位と上位に分けられるが，以上の分析は上位の場合についてである。要素市場からみて上位の場合（図0-1のD点）は，上述のように労働が過剰から不足への転換点にあり，資本投入型発展が限界に達したことなどを特徴づけられる。

　一方，低位の場合（図0-1のC点），貧困の悪循環・貧困の罠から脱出できたが，労働がまだ過剰で，資本投入型発展をまだ続ける余地がある経済として特徴づけられる。この段階では労働市場と資本市場の質が問題になる。市場が未発達であったり，歪曲に直面したりすれば資源配分が非効率になる。例えば，労働市場の低発達により，労働過剰と労働不足が併存する現象がみられ，

また，資本市場の低発達により資本の非効率な使用など，資源配分の歪みが生じるのである。特に汚職や官民癒着が深刻な経済において，資本（外貨を含む）へのアクセスは不平等をもたらし，特権階級の既得権益が形成され，レントシーキングの弊害が生じる。このような場合，低位中所得の水準のまま罠に陥る可能性がある（図0-1のCC"）。

上述の上位の中所得国のケースと区別し，低位中所得国の場合の罠を「低位中所得国の罠」と名付けておきたい[8]。

なお，大野（2014）は中所得国の罠を「与えられたアドバンテージに対応する所得には達するが，国民が経済価値を創造できないために，より高い所得に達しない状況」として定義している。アドバンテージとは「人口，地理，天然資源，援助，外資，巨大プロジェクトなど，国民の努力と創意工夫以外のものすべて」である。この定義では低位と高位中所得が区別できないが，経済価値の創造は高等教育，科学技術のレベルに関連するので，与えられたアドバンテージに対応する所得は高位中所得であると考えられる[9]。

3. キャッチアップ型工業化：雁行型発展の示唆

雁行形態論は基本的に後発国のキャッチアップ過程を説明する分析フレームワークである。その基本型は，1産業の発展過程を分析し，新産業の典型的発展形態として，まず製品の外国からの輸入にはじまり，次にその製品を国産化（輸入代替）し，そして外国へ輸出するといった各段階を辿っていくパターンである。それを可能にするのは，産業の国際競争力の強化過程である。その次の段階ではこの産業は他の国に追い上げられ，比較劣位に転じるとともに，生産要素が従来の産業から新しい産業に移動して新しい比較優位産業が形成される。この現象が繰り返され，経済が発展していくのである。このような産業構造の高度化プロセスは，雁行形態的発展の多様化型とも言われる。そして，発展段階が異なる複数の国の多様化型が重なって，重層的キャッチアップを表すことができる。東アジアで見られたその現象は国際版雁行型発展ともいわれ，1980年代後半から注目されてきた[10]。因みに原（2015）は「東アジアの奇跡」を生み出したものは「雁行形態的発展」であるとまで述べている。

さて，後発国はどのような要因で先発国にキャッチアップできるだろうか。

トラン（1992）は，そのキャッチアッププロセスを産業の国際競争力の強化過程として捉え，国内要因（産業政策，資本蓄積など）と外国資本や技術の役割を織り込む分析枠組みを提示し，合繊工業を事例にして東アジア各国の重層的キャッチアップ過程を分析した。この場合，重層的キャッチアップは1つの産業の比較優位が先進国（日本）から先発国（韓国など）へ，そして後発国（タイなど）に移動するという発展段階が異なる多くの国で展開したプロセスである。しかし，重層的キャッチアップは1つの産業だけでなく，むしろ要素集約度・労働熟練度が異なる多くの産業における各国間産業移植と各国内産業構造の高度化が活発に展開する現象である[11]。本章のタイトルでいうダイナミズムとはこのような現象を指すものである。

さて，後発国の雁行型工業化プロセスを図0-1の経済発展段階に関連づけて中所得国の罠の可能性とはどのような状態であるかを考えてみよう。各発展段階の要素賦存状況からみて，BCとCD（それぞれ低位と高位中所得レベルへの発展段階）においては労働集約的産業が比較優位であるが，熟練度（skill）が異なり，前者では低熟練（low skill），後者では中熟練（medium skill）集約的産業が主流である。そして高熟練（high skill）集約的産業は高所得国（DE）の比較的優位である。これは労働の熟練度からみた要素集約度であるが，例えば高熟練の場合は資本集約的，研究開発（R&D）集約的，情報集約的産業などを含む。また，中熟練集約的産業の一部は資本集約的産業を含むことがあり得る。

このように考えると，持続的発展の条件は，比較優位産業が低熟練から中熟練へ，さらに高熟練へと高度化しなければならない。後発国に追い上げられるため，高度化できなければ罠に陥る可能性が高くなるのである。

ある産業の雁行型発展はその国際競争力の強化過程でもあるので，その産業の国際競争力指数（i）の変化を考察して，持続的発展のケースと罠に陥るケースを指摘しよう。iは次の式で計算できる。

$$i = (X-M)/(X+M)$$

ただし，XとMはそれぞれ特定産業（商品）の輸出と輸入である。後発国の多くの場合，近代産業は輸入で国内市場が形成され，その後のプロセスは，輸入代替そして輸出の各段階を経過することである。これは，産業の雁行形態

図 0-2 雁行型工業化と中所得の罠の可能性

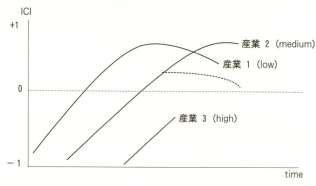

出所：Tran (2013).

的発展にほかならない。このプロセスにおいて産業の国際競争力の変化を反映して i は−1（輸出が 0 で，輸入による産業導入期）から 0（輸出と輸入がほぼ同様な水準で，輸入代替が完了する時期）を経て＋1（輸入が非常に少なくなり，輸出が拡大する段階）に向かって変化すると考えられる。図 0-2 は国際競争力指数（ICI）の変化，すなわち産業発展のプロセスを描いたものである（縦軸は国際競争力指数 i，横軸は時間を表す）。

低位中所得国は国際競争力のある低熟練の産業 1 が比較優位産業であるが，より遅れた後発国に追い上げられる（ICI カーブが下降）ので，中熟練の産業 2 が新しい比較優位産業として出現しない場合，低位中所得の罠に陥る。また，D 点まで発展した国は，産業 2 の成長が鈍化し，競争力が低下に転じた（その ICI が点線のように早くも下降した）が，産業 3 はまだ輸入代替の過程にある場合，高位中所得の罠に直面する可能性がある[12]。

第 2 節 ASEAN 諸国のキャッチアップと現段階の姿

1. ASEAN 諸国の工業化

1970 年代まで，ASEAN 諸国は 1 次産品の生産・輸出というイメージが強

かった。実際にASEANの中で，フィリピン，マレーシアとタイは，韓国や台湾とほぼ同じ時期に輸入代替工業化を開始した。特にフィリピンは，早くも1950－60年代に生産の工業化率（GDPに占める製造業のシェア）が高かった。しかし，資源が豊富なこれらの国は，70年代まで（インドネシアなどは80年代前半まで）工業品の輸出が少なく，資本財，耐久消費財の国内生産も始まり，輸入代替工業化が広範に拡大した。生産の工業化率を描いた図0-3と輸出の工業化率（輸出総額に占める工業品の割合）を描いた図0-4を合わせて考察してみると，生産の面においてフィリピン，マレーシアとタイの工業化が1960年代からかなり進展したが，輸出は1次産品が支配的で，工業品のシェアは小さかったことが分かる[13]。

厚い保護措置の下で輸入代替的工業化が進められたため，資源配分の非効率をもたらした。その帰結の1つは，工業化が進んでいながら雇用吸収力が弱いことである。労働力が過剰でありながら金利が比較的低く，為替レートが割高で機械・設備が比較的に安く輸入できたので，企業が資本集約的技術を使用する傾向があった[14]。これを背景に農村労働力が増加し続ける一方，都市ではインフォーマル・セクターが形成された。価格などの変動が大きい1次産品の輸出に頼りながら輸入代替工業化を進めることは，貿易赤字の拡大など経済が不安定であった。

この問題を打開するために，1969年にアジア開発銀行（ADB）は，ASEAN5ヵ国とインドシナ3ヵ国が70年代に進むべき方向を提示するためにミント（H. Myint）を中心とする学者グループに研究を委託した。ミントらは，東南アジアが工業品の輸入代替，1次産品輸出といった従来のパターンをやめ，1次産品を加工してそれを輸出すべきだという，「輸出代替論」を提唱した（ミント 1971）。具体的には輸入代替工業化政策を180度転換し，緑の革命の成功から生れる各種農産食料・原料，それに鉱産物・林産物など，東南アジアに豊富に存在する第1次産品の加工・半加工工業の振興であり，その輸出化を提唱したのである。この輸出に加えて，低賃金を活用する「部品工業」がこれからの輸出産業として有望であり，また，国内市場向けでは農業関連工業と大衆消費財工業を指向すべきである，とミントらは力説した。

東南アジアの経済発展についてもう1つ注目すべき見解は，オーシマのもの

である。彼はアジアの特徴としてモンスーンに着目し、従来の経済開発の理論はアジアには適用できない、と主張している（Oshima 1987）。オーシマによれば、モンスーン・アジアでは、季節によって労働力が不足したり（雨季）、過剰になったり（乾季、またはた田植え終了時から収穫時まで）しており、いつも過剰というわけではないため、発展戦略は、最初から工業化ではなく、農業化（agriculturalization）であると主張している。すなわち、農村での労働力不足状態を避けるために、労働力をすぐ工業部門に移動させるのではなく、農村に労働力をとどめ、農産品生産を多様化して（multiple cropping）、農村で労働集約的工業を発展させ、非農収入を増大、所得水準を高め、国内市場を拡大し、その後の工業部門発展を支えるということである。要するに、アジアの最適な発展戦略は、まず乾季においても果実・野菜の栽培などの農産品多様化、漁業・牧畜の振興などを通じて農民に雇用機会を与えることである。農村の季節的労働過剰が緩和していくにつれて賃金が上昇し、機械化も進行していく。機械化が農村の労働生産性を高めるとともに、労働力の農業部門から工業部門への移動を可能にするのである。完全雇用・生産性上昇は農村の所得水準を高め、工業製品に対する需要を拡大させ、後者の発展の前提条件を満たす。

　この観点からオーシマは日本や台湾と共にタイの発展パターンを高く評価した。タイは確かに、ミントらの勧告とオーシマの分析のような方向で発展したといえるかもしれない。事実、1980年代から工業品輸出も拡大したタイの発展パターンが、韓国などの新興工業国（NIC）ではなく、農業・水産資源をベースにするNAIC（Newly Agro-Industrializing Country）として特徴づけられた（末廣・安田 1987）。

　ところで、ASEAN経済にとって大きな転機の1つは、プラザ合意による急激な円高により日本企業がタイやマレーシア、インドネシアに直接投資（FDI）を活発化させ、家電、自動車などの機械工業を日本からASEANへ積極的に移植してきたことである。この背景で、多くのASEAN先発国は輸入代替から輸出指向型工業化への転換に成功した。ASEANが東アジアのダイナミックな分業に本格的に組み入れられたのである[15]。図0-3が示しているように、1980年代半ばから各国とも輸出の工業化率が急速に上昇した。

図 0-3　ASEAN 諸国の生産の工業化率

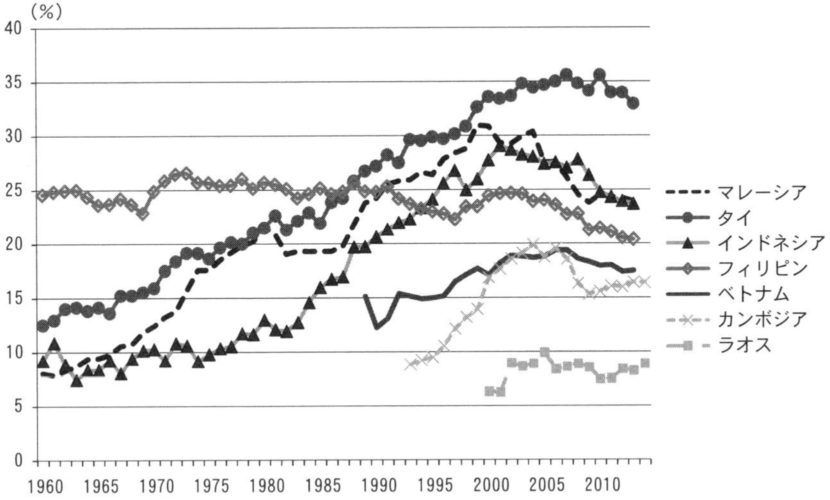

注：生産の工業化率：GDP に占める製造業の付加価値シェア（%）。
資料：*World Development Indicators* より作成。

　さて，アジア通貨危機（1997−98）の直前まで，ASEAN 各国の工業化戦略は国によって，また同じ国でも時期によって内容が異なったが，次のような共通な戦略が見られた。第1に，1950−60年代から70年代までは輸入代替政策が採用された。韓国や台湾と違って天然資源が豊富な ASEAN 諸国は，輸入代替政策を長期間にわたって採用したのである。第2に，80年代初頭に逆石油ショック，1次産品価格の下落に伴う経済成長の鈍化，経常赤字の拡大などに直面したので，各国は本格的に輸出促進などの政策転換を推進した。第3に，各国とも早い段階から外国の資本・技術を積極的に導入したが，外国企業の活動に対する種々な規制を講じた。これらの規制が緩和され，また円高などの国際環境の変化に伴って外国直接投資の流入が拡大したのは，80年代半ば以降である。第4に，各国とも経済活動における華僑の存在が大きいし，政府も直接経済活動に参加しているので，工業化の主役は国営企業，外資系企業と華僑系企業である。

　アジア通貨危機の後，ASEAN 各国の経済は概ね数年間で回復したが，2000

図 0-4　ASEAN 諸国の輸出の工業化率

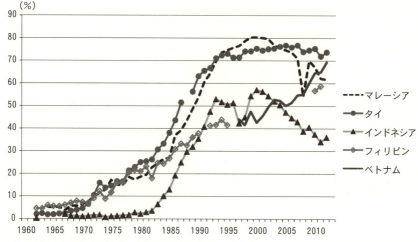

注：輸出の工業化率：輸出に占める工業品のシェア（%）。
資料：図 0-3 と同じ。

年前後から中国の台頭などにより工業化・経済発展が新しい局面を迎えた。

2. ASEAN の経済的達成と現段階の課題

　ASEAN 関係諸国は，世界経済の舞台にいつ頃から登場したのだろうか。アジアでは 1970 年代後半まで，日本がアジアの唯一の工業国であったが，1979年に新興工業国・経済（NICs または NIEs）が OECD によって発見され，シンガポールが 4 つのアジア NIEs の 1 つとして登場した。10 年後には，同じ OECD の報告書（Maddison 1989）が，アジア NIEs にマレーシアとタイを加えたグループをダイナミックなアジア経済（Dynamic Asian Economies, DAEs）と名付けた。その後，インドネシアの成果を評価した世界銀行による報告書（World Bank 1993）の中で，DAEs に日本とインドネシアを加えたグループを発展成果の高いアジア経済（High Performing Asian Economies, HPAEs）と呼んでいる。このように 1980 年前後から約 15 年間に ASEAN 諸国は次から次へと世界の舞台に登場してきた。

最近，長年停滞していたフィリピン経済が再び注目されている。また，ニューフロンティアとみなされたメコン流域諸国も期待され，その中でベトナムは1990年代から，カンボジア，ラオス，ミャンマーは2000年代から東アジアのダイナミックな分業に参加しつつある。生産の工業化率を示した図0-3をみると，これらの国が東アジアの後発国として追い上げてきたことが分かる。

表0-1はASEAN 10ヵ国を2014年の1人当たりGDPの高い順から並べたものである。比較・参考のために，アジアの主要国とアメリカもリストアップされている。世界銀行の2014年の基準による発展段階の分類によるASEAN各国の発展水準（高所得H, 高位中所得HM, 低位中所得LM, 低所得L）も記号として付けている。また，1960年から2013年までを4つの期間に分けて，各国の1人当たり実質GDPの年平均成長率も示している。

表0-1から次のようなことが読み取れる。第1に，現段階でASEANは2ヵ国（但し，人口小国都市国家と人口極小資源豊富国の特殊なケース）が高所得の水準にあり，2ヵ国は高位中所得国，残りの6ヵ国が低位中所得国である。因みにカンボジアとミャンマーは2014年に低位中所得国になったばかりである。なお，ミャンマーについてデータの信頼に疑問を持つ専門家が少なくないことを指摘しておきたい。

第2に，タイとマレーシアは1960年代から，インドネシアは1970年代からアジア通貨危機まで中成長（1人当たり実質GDPが4-5%）で発展した（高成長に近いタイの1985-97年期間を除く）。高度成長を経験した1960-70年代初頭の日本，60年代-90年代半ばまでの韓国・台湾，改革後の中国と比べて，ASEANの発展実績は限られた。ここでは東北アジアと東南アジアの発展実績の違いを検討する余裕がないが，1つの仮説として天然資源賦存状況の相違でそれを説明できるかもしれない。既述のように，ASEANで非効率な輸入代替工業化が長期化した理由の1つは，資源など1次産品が輸出できたからである。これに対して，韓国や台湾は早めに輸出指向型工業化に転換し，輸出産業を中心に高成長を実現できた。天然資源が乏しい韓国や台湾は人的資源の開発に努力しなければならないので，結果として外国の技術を消化し，産業の国際競争力の強化，産業構造の高度化を促進し，高成長をもたらしたといえる。それ故，Amsden (1989) は韓国が学習を基礎とする工業化（industrializa-

表 0-1　ASEAN 諸国の経済発展実績

	1人当たり GDP（US ドル）	1人当たり実質 GDP の年平均成長率（％）			
	2014	1960–74	75-85	86-97	98-13
シンガポール（H）	56,287	n.a	5.3	5.6	3.4
ブルネイ（H）	40,776	n.a	n.a	-0.5	-0.4
マレーシア（HM）	10,830	4.1	4.1	4.8	3.1
タイ（HM）	5,561	4.5	4.4	7.0	3.4
インドネシア（LM）	3,515	2.6	4.3	5.4	3.6
フィリピン（LM）	2,843	2.1	-0.4	1.3	2.9
ベトナム（LM）	2,052	n.a	n.a	4.1	5.0
ラオス（LM）	1,708	n.a	2.2	2.7	5.3
カンボジア（LM）	1,084	n.a	n.a	n.a	6.1
ミャンマー（LM）	1,198	n.a	n.a	n.a	n.a
参考：					
中国	7,594	2.0	6.9	8.3	8.7
インド	1,631	1.0	1.8	3.5	5.3
韓国	27,970	6.4	6.8	7.1	4.2
日本	36,194	8.0	3.2	2.6	0.8
アメリカ	54,629	4.8	2.3	1.8	1.2
世界平均	10,804	3.0	1.5	1.0	1.5

注：HとLはそれぞれ高所得と低所得，HMとLMはそれぞれ高位と低位中所得。
資料：世界銀行のデータより計算。但し，日本の1960－74年は経済企画庁のデータ。

tion on the basis of learning）を実現したと評価している。

　第3に，アジア通貨危機後の最近の15年間に，タイ，マレーシア，インドネシアのASEAN先発国の経済が低成長に転落した。この期間に各国の工業化率も低下に転じた（図0-3と図0-4）のはなぜだろうか。これらの国が高位中所得の罠に陥りつつあるのだろうか。次節ではこれらの点を検討する。

　第4に，最近の15年間でベトナム，ラオス，カンボジアは本格的に発展し，85－97年のタイやマレーシアと同程度の中成長を実現した。今後，このグループはさらに発展し，高位中所得への成長ができるのか，または低位中所得の罠に陥る可能性があるのだろうか。因みに，図0-3が示しているように，不

規則な動きであるが，カンボジアは90年代後半からアジアの工業化の波にキャッチアップしようとしている。ラオスは遅れたが，第8章によると外資導入で急速に工業化を進めはじめているのである。

第3節　ASEAN経済と中所得国の罠の可能性

　第1節の分析枠組みに基づいてASEAN諸国についての中所得国の罠の問題を考えよう。ただし，その分析枠組みが提示した仮説を高位と低位中所得の各国について実証するために膨大なデータ・資料を収集・分析しなければならないが，当面は諸制約があるため不可能である。ここではいくつかの側面について予備的考察を行うことにしたい。

1. 高位中所得国：マレーシアとタイ

　表0-1は所得水準で発展段階を分類したものであるが，現段階に労働過剰な経済から不足経済への転換点を迎えたかどうかという観点からみよう。人口が比較的に少ないマレーシアは数十年の成長で既に1990年代に労働不足に直面し，インドネシアやフィリピンから労働が流入したので，少なくとも15年ほど前に転換点を迎えたと考えられる。タイは，松本（2015）によれば1992年頃に転換点を迎えたが，その後ミャンマーから大量の労働が移入してきたので，やや異なる様相を示している。しかし，これらの労働の移入は不安定で一時的に一部の非熟練集約的産業の競争力を維持する効果を持つが，現時点で考えると，タイは既に転換点を通過した高位中所得国と同じ後述のような共通な課題を抱えているのである。因みに，末廣（2014，133頁）によればタイは2000年以降，慢性的労働力の不足に直面していた。

　高位中所得国の場合，労働力の質・教育の質の向上や科学技術の振興などにより，産業構造・比較優位構造を一層高度化しなければならないが，マレーシアとタイの場合をどう評価すれば良いか。1つの方法は，既に高位中所得国の罠を回避し，高所得レベルへの発展に成功した韓国の経験と比較することである。韓国が1990年代半ばに1人当たりGDPが1万ドルを超え，OECDにも

加入したので，この頃から高所得国へ仲間入りした。高位中所得の罠を回避するために，その約10年前に条件整備をしておかなければならなかったと考えられる。このため，1980年代末の韓国と現在のマレーシア及びタイの状況を比較して，後者の問題点を見出すことができる[16]。

科学技術振興の1つの指標である研究開発（R&D）支出の対GDP比率をみると，韓国は80年代の初めに既に1％を超え，90年頃には2％に達した。R&D活動は70年代まで政府が中心であったが，80年代から民間企業が主導になり，中小企業もR&Dを重視した。他方，2011年のマレーシアは1.07％，2009年のタイは0.25％と小さかった[17]。現在のマレーシアは90年代の韓国，タイは80年代の韓国に及ばなかったであろう。R&D活動の結果として特許の登録状況も参考になるが，アメリカ特許・商標事務所（US Patent and Trademark Office）に登録した特許件数では2013年にマレーシアは214件，タイは77件だけで，1980年代の年間8000件に上った韓国と比べられないものである。

R&D活動の成果を商業化するために，また外国から導入するより高度な技術を商業化するために人的資源の質を向上させなければならないし，企業にとって必要な人材を供給しなければならない。この点について80年代から90年代にかけた韓国と比べて現在のマレーシアやタイはそのような人的資源が乏しい。例えば大学卒に占めるエンジニアや製造管理専門家のシェアとして90年代の韓国は35％であったが，2008年のマレーシアは25％，2009年のタイは9％に過ぎなかった。

次にマレーシアとタイの工業化と国際競争力の推移をみよう。2000年頃から両国ともそれまで上昇してきた工業化率が低下してきている（図0-3と0-4）。特にマレーシアはそうである。GDPの工業化率の低下は経済が第3次産業へ移行したためであると理解できるが，輸出における工業品の比率が低下したのは，天然資源の輸出が（価格上昇などで）増加したためか，工業品自体の競争力が低下したためかであろう。

第1節で論じた工業の雁行型発展の分析枠組みに沿って，マレーシアとタイの比較優位構造の変化を考察してみよう。図0-5（マレーシア）と図0-6（タイ）は工業品を3つのレベル（low, medium, high skill集約的産業）に分け

て，それぞれの国際競争力指数の推移を描いたものである。この分類は先進国（アメリカ，日本，EU）の比較優位構造を基準にする。具体的には，先進国の（工業）産業別顕示比較優位指数[18]を作成し，この指数が 0.5 未満を low skill, 0.5 以上 1 未満を medium, そして 1 以上を high skill として定義する。やや恣意的なやり方であるが，それらの具体的な産業群をみてみると，非現実的でなく，一応納得できるものである。

さて，図 0-5 によると，マレーシアにおいて労働の low と medium 熟練集約的工業の競争力が急速に低下してきたが，high skill 熟練集約的工業の競争力の改善速度が遅い。この点は輸出の工業化率の低下（図 0-4）の要因になったと考えられる。現在，マレーシアが高位中所得の罠に陥ったかどうか判明できないが，この国際競争力の構造変化と上述した R&D 活動と人材養成状況とを合わせて考えると，high skill 集約型産業の育成など，抜本的対応がなければ罠に嵌まる可能性が高いと言えよう。

タイについて（図 0-6），low skill 集約的産業がアジア通貨危機の頃から急

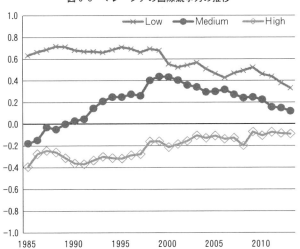

図 0-5 マレーシアの国際競争力の推移

注：指数の計算方法は図 0-2 と同じ。3 つのレベルの工業品について本文参照。
資料：UN comtrade database をもとに筆者作成。

図 0-6 タイの国際競争力の推移

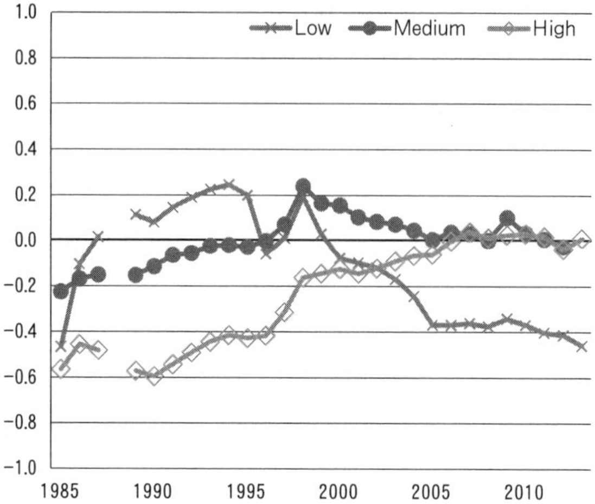

注と資料：図 0-5 と同じ。

速に比較劣位化し，大幅な入超を記録している。一方，medium skill 集約的産業の国際競争力も低下してきているが，2005 年頃まで急速に強化してきた high skill 集約型産業の競争力はそれ以降停滞している。マレーシアと同様，現段階の状況がこのまま続いていくなら高位中所得国の罠に嵌まる可能性が高い。

2. 低位中所得国：インドネシア，フィリピン

このグループにはベトナムなども入っているが，ベトナムについて第 6 章で詳細に取り上げる。また，最近このグループへの仲間入りを果したラオス，カンボジアとミャンマーについては関連データが少ない。このため，ここでインドネシアとフィリピンだけを考察しよう。

第 1 節で論じられたように，低位中所得国は過剰な労働がまだ存在し，資本投入型成長の余地が大きいので，要素市場に歪みが少なく，資本・労働が効率的に配分されることが重要である。この点は第 6 章でベトナムについて詳細に検討される。インドネシアとフィリピンについて要素市場を左右する可能性が高いガバナンス（政策の透明性，行政サービスの効率性，投資環境，レント

シーキングなど）の諸指標（World Bank 2013a, 2013b; World Economic Forum 2014, ADB and ADBI 2014 など）をみると，両国とも概ね順位が低く，制度的要因が弱い。例えば，ADB and ADBI 2014 の基礎データをみると，説明責任，政治安定性，政府の効率性についてのガバナンス指数と法的環境指数はマイナス 2.5 からプラス 2.5 までの範囲で示されるが，インドネシアもフィリピンもマイナスの方に位置づけられている。ビジネス環境について世界銀行の 2015 年版の *Doing Business Index* によると，調査された 189 ヵ国中，インドネシアは 144 位，フィリピンは 124 位という下位にランクされている[19]。因みに大野（2014）はインドネシアの産業政策に対して，質が低くて「不合格」と言う評価を付けた。

インドネシア工業の国際競争力指数の推移（図 0-7）をみると，low, medium と high のすべてのレベルとも競争力が低下してきたことが印象的である。このため，インドネシアの工業化率は生産の面（図 0-3）も輸出の面（図 0-4）も 2000 年頃から激減したのである。特に，60％まで上昇した輸出の工業化率は近年 30％台まで低下した。世界の工場になった中国の急速な台頭は資

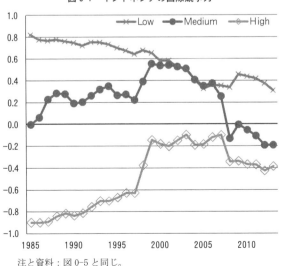

図 0-7　インドネシアの国際競争力

注と資料：図 0-5 と同じ。

源が豊富なインドネシアに「資源の呪い」のインパクトを与えるという見方もでてきた（例えば Coxhead 2007）。なお，Aswicahyono and Hill (2015) によれば，アジア通貨危機後のインドネシアはある程度成長したが，フィリピンを除く近隣諸国と比べて成果が乏しい要因として対外開放が徹底的でなかったこと，賃金上昇に見合って生産性が上昇しなかったので労働単位コストが急速に増加したこと，インフラ整備が遅れたので logistic cost が高かったことなどである。

フィリピンの場合（図 0-8），low skill 集約的工業の競争力が急速に低下してきたが，medium と high skill 型工業の競争力が改善しつつある。このため，生産の工業化率が低下したが，輸出における工業品のシェアが上昇し続けている。

しかし，鈴木（2013）が指摘しているように，技術集約的輸出の割合が高いが，付加価値が低い工程が中心になり，工業発展の深化への寄与度が低い。

実はフィリピンは低位中所得になって既に 28 年も経過したので，ある意味

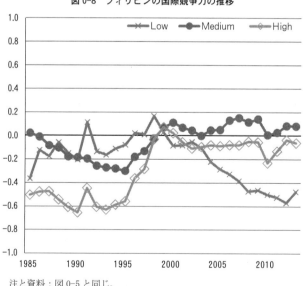

図 0-8　フィリピンの国際競争力の推移

注と資料：図 0-5 と同じ。

で低位レベルの罠に陥ったと言える。その要因は，やはり筆者の仮説（第1節）が示したように，制度的欠陥による資源配分の歪みである。この点について上述されたインドネシアに共通のガバナンスの質，政策環境の不安定，レントシーキングに関連する制度的問題が存在している。フィリピンのケースは40-50年前から特に深刻で，それが原因で経済が停滞していたことをAldaba (2002) やPritchett (2003) が説得的に分析しているし，筆者（Tran 2013）も最近の制度的指標を使って論じている。また，本書第5章（マキト・中西）は，産業政策などの経済発展戦略が利益団体のロビー活動のためにほとんど実現できなかったことを強調している。

　要するに，インドネシアとフィリピンにとって制度的改革を一層実現し，投資環境を改善し，産業構造・輸出構造の高度化を図ることが重要である。これが，低位中所得国の罠を回避する条件である。フィリピンの場合，長期にわたって停滞してきたのである意味で罠に陥ったと言えるが，抜本的制度改革で罠から脱却することができよう。

おわりに

　本章は中所得国の罠とアジアダイナミズムという2つの視点からASEAN経済の問題を発展段階，工業化と貿易に焦点を合わせて考察してみた。この2つの視点で捉えられた問題に影響を与える他の要因も重要であるが，取り上げる余裕がなかった。例えば，人口構成の変化（人口ボーナスの終焉時期，高齢化），所得分配，環境問題，ASEAN経済共同体の効果，中国の台頭のインパクトなどである。これらの問題は本書第1部（ASEAN各国経済）と第2部（地域としてのASEAN）の各章で部分的に分析される。

　今後，発展段階が異なるASEAN諸国は，6ヵ国が低位中所得国から高位へ，2ヵ国が高位中所得国から高所得国へそれぞれ罠を回避し，持続的に発展していくために，前者はガバナンスの改善など制度改革を推進し，労働・資本の資源配分を効率化しなければならなく，後者は人的資源のレベルアップ，科学技術の振興などによる産業構造の高度化を図る必要があるのである。一方，

東アジアのダイナミズムがニューフロンティアのメコン流域諸国に波及しつつあるが、これらの国々は投資環境の安定性、行政サービスの質的向上など市場友好な（market friendly）政策を維持し、ASEAN 先発国へのキャッチアップを目指すべきである。

（トラン・ヴァン・トゥ）

注

1) 事実，ASEAN 各国の経済についての研究書が多いが，ASEAN 経済全体を包摂する視点で分析する研究は少ない。数少ない文献の中に、新古典派経済学批判の立場で東南アジア経済を論じた原（1992）、開発主義の視点から東南アジア経済の発展を分析した原（1994）、工業化や人的資源など多岐にわたる課題を取り上げた安場（2002）、戦後世界秩序の変化の中で地域世界の産業社会化過程としての東南アジア経済史を分析した桐山（2008）がある。多くの研究者の共同でまとめた研究書として、東南アジア経済の諸側面を分析した吉原編（1991）、後発 ASEAN 4 ヵ国の市場経済化と工業化に焦点を合わせて分析した天川編（2006）がある。ASEAN 全体を見ながら個別のテーマに絞った研究として、東南アジア経済と華僑との関係を分析した游（1970）、金融システムに焦点を合わせた奥田（2000）がある。アジア全体の経済を論じた中で、韓国や台湾の東北アジアと対比して東南アジアの発展パターンを特徴づけた研究もある。例えば、渡辺（1986）、原（1996）、Perkins（2013）を参照。なお、アジア政経学会創立 40 周年（1953－1993）を記念して出版した 4 巻の 1 つである萩原編（1994）の中に、筆者が「ASEAN の経済発展」の分担を執筆し、ASEAN 先発国の工業化戦略を分析した（トラン 1994）。
2) 筆者は、トラン（1992）でアジア太平洋のダイナミズムをそのような工業化の雁行型波及として特徴づけた。当時の用語としてアジア太平洋または西太平洋がよく使われたが、その後は「東アジア」をよく使うようになった。なお、原（1996）は歴史的視点からより幅広い意味で「アジアダイナミズム」を捉える。ただし、原も最近の論稿（原 2015）では、プラザ合意の 1980 年代半ば以降のアジアのダイナミズムを雁行形態的発展として捉える。
3) ここでは省略するが、トラン（2010，第 1 章）は発展段階に関する W. Rostow, S. Kuznets, A. Lewis, P. Krugman, 速水佑次郎の見解を紹介した上、独自の考え方を展開した。
4) これらの点についての理論的考察の詳細はトラン（2010）第 1 章を参照。
5) 人口規模の 1000 万人以上の国だけを考察する。詳しくはトラン（2010）第 1 章。
6) 日本は 1960 年、台湾は 1967 年、韓国は 1973 年、マレーシアは 1990 年にそれぞれ転換点を迎えた。南・牧野（2013）を参照。
7) この問題の詳細は例えば Chen（1997）を参照。
8) 経済発展の各段階に対応する制度（institutions）の変化も重要な問題であるが、ここでは省略する。トラン（2010）第 1 章を参照。
9) 大野（2013），26-30 頁も参照。
10) 雁行形態論の詳細な内容と関連文献はここでは省略する。関心ある読者は例えばトラン（2010）233-234 頁（雁行形態論の系譜）を参照。
11) この重層的キャッチアップの現象を図示して東アジアの雁行型発展を論じる研究が多い。例えば Kosai and Tran（1994），大野・桜井（1997）第 1 章，末廣（2000）第 2 章。
12) 図 0-2 は産業の雁行型発展の典型で、国際競争力の強化により輸入代替から輸出化へと進むパターンを示しているが、現実的には様々なバリエーションがあり得る。例えば輸入代替段階を経

過せず，最初から輸出できるケースもある。特に経済特区・輸出加工区での産業発展はそうである。また，自動車，家電など機械工業のように部品間，工程間分業が一般的になっているので，産業をどのように特定するかによって発展段階の考察も異なるのである。しかし，これらの点はここでの文脈において本質的な問題ではなく，上述のようなバリエーションであるといえる。詳しくはトラン（2010）220-221 頁を参照。
13) タイの場合，1971 年の第 3 次 5 ヵ年計画から輸出志向工業化が奨励された。
   なお，農林水産業加工品である 3 品目（砂糖，パイナップル缶詰と水産缶詰）が 80 年代では輸出の大きな比率を占めていた。たとえば，1985 年の統計をみるとこの 3 品目の輸出が全体の 12.6％で，それらを除く工業製品が 34.4％であった。その 3 品目も工業製品として見なすべきであるので，その 3 品目を含む工業品は 1985 年にタイの輸出の 47％になった。このため，図 0-3 でのタイの輸出の工業化率が過少評価になったと言える。この点は本書第 4 章（タイ経済）を執筆した山本博史教授の教示による。
14) 東南アジアの輸入代替工業化の主役が多国籍企業であるので，先進国で開発された労働節約技術を使用し，労働吸収力が弱いという見解が少なくない。例えば渡辺（1986）。
15) トラン（1999）で筆者は 1990 年代半ばまでの東アジアにおいて ASEAN 諸国が機械工業を中心に先進国・先発国にキャッチアップしてきた実態を分析している。
16) この節の大部分は，筆者がアジア開発銀行研究所（ADBI）のクアラルンプール会議（2011 年 6 月）で報告し，その後 ADBI Working Paper として公刊した Tran（2013）を参考にしている。引用の関連文献はここで省略し，Tran（2013）を参照されたい。
17) World Bank, *World Development Indicators* 2014 による。
18) 顕示比較優位指数は，自国（j）の全輸出（Xj）にある商品（i）の輸出のシェア（Xji/Xj）を，世界（w）のその商品（i）の輸出シェア（Xwi/Xw）で割って求められる。
19) この点について Tran（2013）はもう少し詳しく分析している。

文献
（日本語）
天川直子編（2006），『後発 ASEAN 諸国の工業化』IDE-JETRO アジア経済研究所。
大野健一（2013），『産業政策のつくり方――アジアのベストプラクティスに学ぶ』有斐閣。
大野健一（2014），「アジアと中所得の罠」『日本経済新聞』8 月 26 日。
大野健一・桜井宏二郎（1997），『東アジアの開発経済学』有斐閣アルマ。
奥田英信（2000），『ASEAN の金融システム――直接投資と開発金融』東洋経済新報社。
桐山昇（2008），『東南アジア経済史――不均一発展国家群の経済統合』有斐閣。
末廣昭（2000），『キャッチアップ型工業課論：アジア経済の軌跡と展望』名古屋大学出版会。
末廣昭（2014），『新興アジア経済論――キャッチアップを超えて――』岩波書店。
末廣昭・安田靖編（1987），『タイの工業化：NAIC への挑戦』アジア経済研究所。
鈴木有理佳（2013）『フィリピン，高成長の持続が課題』日本経済研究センターアジア研究報告書。
萩原宜之編（1994），『民主化と経済発展』（講座現代アジア 3），東京大学出版会。
速水佑次郎（2000），『怪異発経済学』（新版），創文社。
原洋之介（1992），『アジア経済論の構図』リブロポート。
原洋之介（1994），『東南アジア諸国の経済発展』東京大学東洋文化研究所。
原洋之介（1996），『アジアダイナミズム』NTT 出版。
原洋之介（2015），『「開発の罠」をどう捉えるか――アジア・ダイナミズム再考』（研究報告）政策研究大学院大学原研究室。
松本邦愛（2015），「タイの二重経済構造と近隣諸国からの労働流入」トラン他編著第 1 章。

南亮進・牧野文夫・郝仁平編著 (2013),『中国経済の転換点』東洋経済新報社。
ミント H.（小島清監訳）(1971),『70年代の東南アジア経済―緑の革命から経済発展へ―』日本経済新聞社。
トラン・ヴァン・トゥ (1992),『産業発展と多国籍企業：アジア太平洋ダイナミズムの実証研究』東洋経済新報社。
トラン・ヴァン・トゥ (1994),「ASEANの経済発展」萩原編第7章。
トラン・ヴァン・トゥ (1999),「アジアの産業発展と多国籍企業」『輸銀海外投資研究所報』第25巻第2号, 3/4月。
トラン・ヴァン・トゥ (2010),『ベトナム経済発展論―中所得国の罠と新たなドイモイ』勁草書房。
トラン・ヴァン・トゥ／苅込俊二 (2015),「アジア経済と中所得国の罠の論」未公刊。
トラン・ヴァン・トゥ, 松本邦愛, ド・マン・ホーン編著 (2015)『東アジア経済と労働移動』』文眞堂。
安場保吉 (2002),『東南アジアの経済発展』ミネヴァル書房。
吉原久仁夫編 (1991),『東南アジアの経済』弘文堂。
游仲勲 (1970),『東南アジアの華僑』アジア経済研究所。
渡辺利夫 (1986),『開発経済学―経済学と現代アジア』日本評論社。

(外国語)

ADB and ADBI (2014), *ASEAN 30: Toward a Borderless Economic Community*, Asian Development Bank (ADB) and ADB Insititute.
Aldaba, T. F. (2002), "Phillipines Development: A research Journey," the *Philippines Journal of Development*, Philippine Journal of Development, Vol.XXIX, No.2.
Amsden, Alice H. (1989), *Asia's Next Giant: South Korea and Late Industrialization*, Oxford University Press.
Aswicahyono, Haryo and Hal Hill (2015), Is Indonesia trapped in the Middle?, Paper presentation to PAFTAD37, *Asia and the Middle Income Trap*, Singapore, June.
Chen, Edward K. Y. (1997), "The Total Factor Productivity Debate: Determinants of Economic Growth in East Asia," *Asian-Pacific Economic Literature*, Vol.11 No.1, pp.18-38.
Coxhead, I. (2007), "A New Resource Curse? Impacts of China's Boom on Comparative Advantage and Resource Dependence in Southeast Asia," *World Development* 35(7): pp.1099-1119.
Kosai Yutaka and Tran Van Tho (1994), "Japan and Industrialization in Asia: An Essay in Memory of Dr. Saburo Okita," *Journal of Asian Economics*, Vol.5 No.2, pp.155-176.
Krugman, Paul (1994), The Myth of Asia's Miracle, *Foreign Affairs*, Vol.73, No.6 (November/December), pp.62-78.
Maddison, Angus (1989), *The World Economy in the 20th Century*, Paris: OECD.
Oshima, Harry T. (1987), *Economic Growth in Monsoon Asia: A Comparative Survey*, University of Tokyo Press.
Perkins, Dwight H. (2013), *East Asia Development: Foundations and Strategies*, Harvard University Press.
Prichett, L. (2003), "A Toy Collection, a Socialist Star, and a Democratic Dud?" In Rodrik ed. *Growth Theory, Vietnam, and the Phillippines*.
Tran Van Tho (2013), "The Middle-Income Trap: Issues for Members of the Association of Southeast Asian Nations," *ADBI Working Paper* No.421 (May).

World Bank (1993), *The East Asian Miracle: Economic Growth and Public Policies*, New York: Oxford University Press.
World Bank (2013a), *Worldwide Governance Indicators*, World Bank.
World Bank (2013b), *Doing Business Survey*, World Bank.
World Economic Forum (2014), *Global Competitiveness Report*, Geneva: World Economic Forum.

第Ⅰ部

ASEAN 各国の現段階の課題と展望

第 1 章

インドネシア経済―資源依存から高付加価値への課題

はじめに

　近年のインドネシア経済への関心の高さは，2009 年のユドヨノ政権 2 期目から顕著になったが，そのユドヨノ政権も 2014 年 10 月に終わり，ジョコ・ウィドド政権が発足して，インドネシア経済も新たな局面を迎えている。現在，インドネシアは日本企業にとって有望な投資先の 1 つとなっている。2014 年度の国際協力銀行による調査[1]では，インドネシアは第 2 位の投資先有望国となっている。その魅力は，マーケットの今後の成長性，現地マーケットの現状規模，安価な労働力などにあるとされている。世界第 4 位の人口を抱える資源大国，拡大する中間層，若い豊富な労働力，というように世界金融危機以降，インドネシアを語る言葉には成長につながる多くの要素が並べられた。
　事実，ユドヨノ政権の継続が決まった 2009 年のインドネシアには，高成長を期待できる多くの好材料がそろっていた。しかし，それらは高成長を確約するものではなく，「山積する問題を解決できれば」という条件つきの期待であり，ある程度痛みをともなう改革に積極的に取り組むことのできる絶好の機会であるという意味であった。その期待と自信に満ちたインドネシアは今，経済成長の鈍化に苦しんでいる。
　インドネシアの経済成長を支える豊富な資源や多くの人口といった要素は，景気の良し悪しに関わらずインドネシアに昔から備わっているものである。それらの要素をうまく利用する仕組みの有無がインドネシアの経済成長を左右するといえる。本章はインドネシアが持続的に成長するための課題について，現状の問題を踏まえながら検討することを目的とする。まず，1997 年のアジア

通貨危機からの回復の過程をまとめ，世界金融危機後に中所得国へと成長した経済について概観し，2014年には期待とともにウィドド新政権が誕生したものの，経済成長が鈍化する現状について述べる。次に，天然資源・1次産品輸出に依存し，非工業化が進むインドネシアの経済構造の変化をまとめ，資源依存と製造業部門における付加価値の低下の関係について分析する。また，日本などからの外国直接投資の流入や中国の台頭を踏まえながら，製造業部門の低迷を明らかにする。次に，今後インドネシアが高位中所得国へと成長していくために不可欠な，インフラ整備の必要性とその課題，および法律や規則の運用の不備が制度の脆弱性となり，法の予見可能性の低下というリスクにつながっていることについて検討する。

第1節　インドネシア経済の現状

1. 危機からの回復

現在のインドネシアを見る際に基点となるのは，1997年のアジア通貨危機であろう。タイ・バーツの暴落に始まったアジア通貨危機であるが，その影響が最も深刻だったのはインドネシアであった。インドネシアでは，通貨危機は経済危機そして翌年1998年に32年間続いたスハルト開発独裁政権の崩壊という国全体を覆う激しい混乱につながった。1998年のGDPは前年比−13.3％に落ち込み，ほとんどの銀行が債務超過に陥るなど国の存亡も危ぶまれるほどに混乱を極めた。その後，IMFの指導による改革に取り組み，経済改革のみならず，急速かつ大胆な地方分権化を実施するなど民主化もすすめていった。

インドネシア経済が落ち着きを取り戻すのは2002年頃からであるが，政治は大統領が頻繁に変わり，爆弾テロに見舞われるなどカントリーリスクは高い状態が続いた。しかし経済成長率は危機翌年の1999年には0.8％とわずかながらもプラス成長となり，2000年には4.9％の成長を遂げた。これは民間消費がGDPの7割を占める構造に支えられたといえる。図1-1が示すように，2000年代の経済成長は5％前後で推移している。この経済成長率は決して低いものではないが，通貨危機以前に7％超の成長を続けていたことや，若い人口を多

図1-1 GDP成長率と1人当たりGDP（名目）の推移

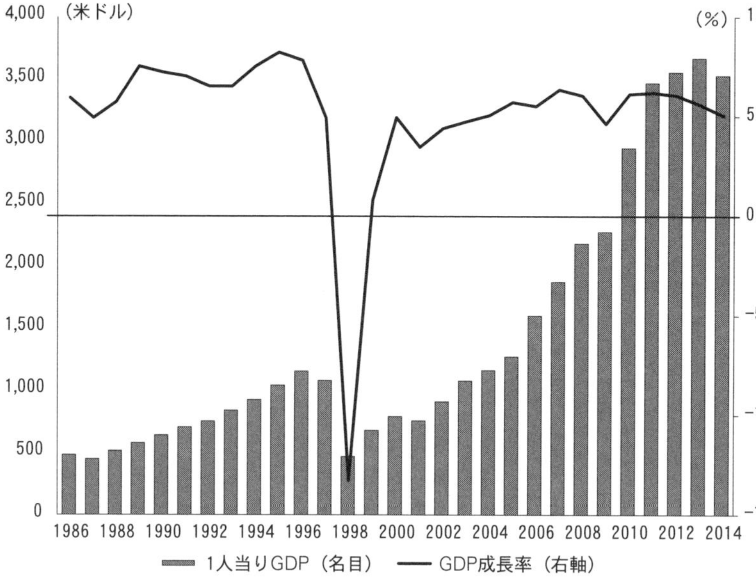

資料：インドネシア中央統計庁。

く抱え，毎年労働市場に約300万人が新規参入するため6％の成長は必要とされていることから，国内外で経済回復はまだ達成されていないという見方が強かったといえる。この時期の政策は，国内経済再建が最優先であり，IMFの処方箋に従い債務処理や銀行・民間企業の再建に注力した。そして2003年にはIMFへの返済を前倒しして完了するなど，国際社会から見たインドネシアのカントリーリスクは高いままであったものの，経済再建は着実に進んでいった。

2．中所得国への成長

2010年，インドネシアは1人当たり名目GDPが3000ドルを超えた（図1-1）。2010年はユドヨノ政権2期目が本格稼動し始めた年であり，世界金融危機を乗り越え，G20メンバーになるなど国際経済の中でインドネシアが存在感

を増してきた年でもある。この年の1月に開催したインフラサミットでは，インドネシアの潜在力の高さを世界に向けて主張し，投資を呼びかけた。アジア通貨危機が過去のものとなり，自国への自信を回復し始めた時期であるともいえる。この好調な経済成長を支えたのは，旺盛な国内消費と高騰が続く国際商品価格によって伸びた輸出であった。さらに，安定したルピア相場，財政赤字の縮小，経常収支と貿易収支の黒字，順調に増加する外貨準備など，危機後の10年間にマクロショックに対する経済的な耐性をつけた結果，経済指標が改善し，さらに安定した政治がインドネシアへの投資を促す好循環をもたらした。

3. 停滞する経済成長と堆積する課題

好循環に入ったインドネシアは，2011年にユドヨノ大統領が発表した長期経済戦略「インドネシア経済開発加速・拡大マスタープラン（MP3EI）」の中で，2025年までにGDPを4兆5000億米ドルまで拡大させ，世界トップ10の経済大国になることを目標に年率7-9％の高成長を続ける試算を示した。しかし，実際には経常収支黒字が急速に減少し始め，翌年の2012年には大幅な赤字を記録した（表1-1）。

商品価格の高騰を追い風（表1-1）に，輸出は伸び続けたものの，好景気に沸く国内需要の増大で，輸入が急速に拡大し，輸出の伸びを上回ったため，2012年には貿易黒字が前年比75％減の86.8億米ドルと激減した。さらに2010年頃から対外債務が急伸している（図1-2）。これにより利払いが増加し，経常収支赤字が拡大した。その後も赤字は常態化し，世界のインドネシアを見る目は，急速に警戒の色が濃くなり始めた。

これに加え，為替市場では減価がとまらないルピアは，通貨危機以来の低い水準に落ち，財政赤字の拡大なども加わってマクロ経済の運営は急速に舵取りが難しくなった。

輸出の低迷は商品価格の下落や中国経済の減速が原因であり，ルピア安も米国の金利引き上げ予測による外的な要因ではあるものの，自国の経済を外部環境にゆだねているだけでは持続的な成長は望めず，外部からのショックを最小限にとどめる経済構造への変革が重要である。好ましくない外部環境に見舞わ

表1-1 経常収支，貿易収支，エネルギー価格インデックスの推移

(単位：百万米ドル)

	経常収支	貿易収支	輸出	輸入	エネルギー価格指数 2005＝100
2004	1,563	20,152	70,767	-50,615	72.26
2005	278	17,534	86,995	-69,462	100.00
2006	10,859	29,660	103,528	-73,868	119.40
2007	10,491	32,753	118,014	-85,261	131.88
2008	126	22,916	139,606	-116,690	184.70
2009	10,628	30,932	119,646	-88,714	116.80
2010	5,144	30,627	158,074	-127,447	147.08
2011	1,685	34,783	200,788	-166,005	193.79
2012	-24,418	8,680	187,346	-178,667	195.20
2013	-29,130	5,833	182,089	-176,256	191.73
2014	-27,485	6,982	175,293	-168,310	177.43

資料：インドネシア中央統計庁，IMF。

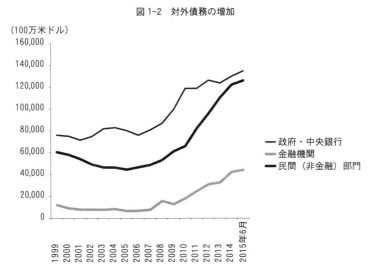

図1-2 対外債務の増加

資料：Bank Indonesia, *Indonesian Financial Statistics*.

れている今，インドネシアに問われているのは，これまでの経済が順調であった時期に構造改革がどれだけできてきたかということである。次節では，過去数年のインドネシアの好調な経済は，石炭などの天然資源の輸出に頼っていたこと，そしてその資源依存の影響は，1970年代のオイルブーム時期よりも深刻であることを指摘する。

第2節　産業構造の変化

1. 天然資源依存経済の課題と付加価値政策
(1) 天然資源依存

鉱物資源をはじめとした豊かな天然資源は，いうまでもなくインドネシア経済の成長の源である。インドネシアは石油産出国であり，1982年には原油は輸出全体の66％をしめる重要な外貨獲得資源であった。しかし，その原油の産出量は1991年をピークに年々減少する一方（図1-3），国内消費が増加しつづけている。

2004年にインドネシアは石油の純輸入国となり，2009年1月にOPECの加

図1-3　原油産出・石油消費量（1000バレル/日）

資料：*BP Statistical Review of World Energy* 2015.

盟権を保留した[2]）。インドネシアの輸出依存度はタイやマレーシアなどの近隣諸国より低く，GDP に占める輸出の割合は 25％程度である。石油の純輸入国になったことで輸出の内訳も大きく変化している。表 1-2 が示すように，1982 年の輸出は 65.7％を原油が占めいていた。これにガスおよび鉱物を加えると 81.7％が鉱物資源輸出によるものであった。その後のアジア通貨危機直前の 1996 年には原油の輸出は 14.4％に減少し，鉱物資源輸出は 29.6％まで減少している。この時期は新工業国として成長軌道に乗り，工業製品の輸出が拡大していた時期であるため，鉱物資源輸出割合の減少は望ましい変化であったといえる。

アジア通貨危機直後の 2001 年は 1996 年とあまり変化はしないが，2010 年代に入ると石油・ガス以外の鉱物，特に中国需要による石炭の輸出が急増し，鉱物を含む天然資源の輸出は全体の過半を占めるようになった。これはオイル

表 1-2 主要輸出産品割合の推移 (単位：%)

1982		1996		2001			2011	2013	2014
原油	65.7	原油	14.4	原油	12.1	原油	7.4	6.7	5.0
天然ガス	14.0	天然ガス	9.9	天然ガス	9.8	天然ガス	9.5	8.6	8.5
スズ	1.9	非石油・ガス	75.8	鉱物	7.4	石油製品	0.2	2.1	1.8
木材	4.6	（鉱物）	5.4	農産物	9.1	鉱物	34.9	32.3	26.6
コーヒー	1.8			ゴム製品	3.6	（銅）	2.5	1.6	1.0
工芸品	0.9			その他製造業製品	58.0	（ニッケル）	0.7	0.9	0.0
海老	1.0					（石炭）	14.1	13.4	11.9
電気製品	0.6					（ボーキサイト）	0.4	0.7	0.0
パーム油	0.4					その他鉱物	0.3	0.3	0.1
茶	0.6					農産物	2.7	3.2	3.4
						パーム油	8.7	9.1	10.0
						ゴム製品	7.4	5.1	4.0
						その他製造業製品	62.5	49.6	55.7
石油・ガス・鉱物合計	81.7		29.6		29.3		52.2	50.1	42.1

資料：アジア経済研究所，アジア動向年報 1983 年，1997 年版，Bank Indonesia, *Indonesian Financial Statistics*。

ブーム期の割合よりは少ないものの，アジア通貨危機前の工業化を進めていた時期と比較すると，明らかに時代に逆行している様子がわかる。

(2) 痛みをともなう付加価値政策

鉱物資源を中心として天然資源の輸出が拡大するにつれ，自国の資源が生み出す利益を自国が十分に得てないことに対する反省や批判が生まれ，インドネシア政府も国内への利益留保に向けた政策を打ち出した。それが2009年に公布・施行された鉱物・石炭鉱業法（新鉱業法）である。新鉱業法は，賦存する鉱物資源を自国の経済成長につなげ，国内で付加価値をつけ，さらに工業の高度化を目指して，鉱石の国内での加工を義務づけるものである。施行後5年間の猶予の後，2014年1月から未加工鉱石の輸出を禁止した。これにより，2014年2月から銅鉱石，ニッケル鉱石の輸出は完全に停止した。

2014年の年間の石油・ガスを除いた鉱物資源の輸出額は2013年に比べ26.2％減少した。現在も輸出が止まっているニッケル鉱石は94.9％減，ボーキサイトも96.4％減少した。銅精鉱は7月に輸出が再開したものの44.2％減少した。石油・ガスを除く鉱物資源輸出の約8割を占める石炭は，加工義務づけの対象外であるが，価格下落の影響が大きく14.6％減少した。表1-2でもわかるように，新鉱業法の影響により2014年の石油ガスを含む鉱物資源輸出の割合は前年の50.1％から42.1％へと減少した。2015年前半の石油ガスを除く鉱物資源輸出は前年同期比で9.6％減少し，2015年も新鉱業法の影響は続くと予想される。

米国国際開発庁（USAID）は，未加工鉱石輸出禁止に関して，資源別に加工プロセスの採算可能性分析と厚生分析を行い，輸出禁止政策は，銅やニッケル，ボーキサイトといった鉱石の種類による加工の過程や投資コストの違いを十分に認識していないと指摘し，そのため投資の現在価値が異なる鉱石の輸出を一様に禁止することは，輸出の付加価値を高め輸出を増加させたいインドネシア政府の目標を達成するには良い政策とはいえないと結論づけている。仮に長期的には付加価値を高めることができたとしても，コストが膨大過ぎるとし，インドネシアが鉱物資源から利を得るには，コストのかかりすぎる生産面ではなく，ロイヤリティや税制といった財政面に焦点を当てるべきとしている（USAID 2013）。

しかしながら，インドネシア政府は，現在輸出が止まっているニッケル鉱石を国内で加工するため，内資・外資を含めた11箇所のニッケル精錬所の建設を許可し，2015年中には6箇所完成を予定しており，2018年には2013年の輸出の5割を生産することを見込んでいる。ところが，この計画の実現に対しては懐疑的な見方が強い。まず，精錬所の建設もインフラの未整備などにより予定通りにはいかず非常に時間がかかるだろうと見られている。また，一から投資をするグリーンフィールド投資には甚大なコストがかかり，採算の見込みは低いとされている。しかし，未加工鉱石輸出禁止は痛みをともなう政策であることは，実施する前からわかっていたことであり，こうしたフィージビリティ調査の結果は想定されたものであるはずである。新鉱業法の影響による輸出の減少と精錬所建設のコストをどのように吸収し，国内産業の付加価値向上につなげていくかが大きな課題である。

2. 進む非工業化の現状
(1) 製造業部門の付加価値割合の低下

図1-4は1973年から2014年まで農業と製造業の付加価値のGDPに占める割合の推移を5つの期間に分類して示したものである1973－1981年は第1次，第2次オイルブーム（日本ではオイルショック）期，1982－1986年は石油価格下落による景気後退期，1987－1997年は輸出指向型工業政策期，1998－2004年はアジア通貨危機後の低迷期，2004－2014年はユドヨノ政権（1次および2次）期である。第1次オイルブームの始まった1970年代のインドネシアは，農業が主要産業の1人当たりGDP129.1ドルの貧しい国であり，農林漁業がGDPの4割を占め，製造業は1割程度であった。ところが，図1-4に見るように，オイルブーム期の農業の付加価値の割合は急激に低下し，製造業が急速に伸びるなど，産業構造は大きく変化していく。

臼井（1996）はオイルブーム期に，インドネシアではオランダ病[3]の影響を受けると考えられる貿易財部門である農業および製造業で高成長を示し，オランダ病を回避した要因として，ルピア切り下げなどのマクロ政策と原油収入を製造業など貿易財部門への投資に用いたことによると指摘している。すなわち，原油高によってオランダ病が世界で懸念された1970年代－1980年代，イ

図 1-4 農業と製造業の付加価値割合の推移（1973－2013）

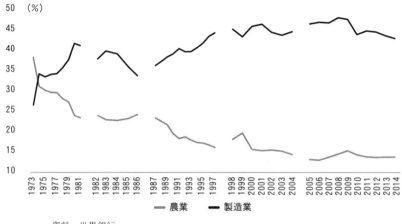

資料：世界銀行。

ンドネシアにおいてはオランダ病による製造業の衰退という事態には陥らず，むしろ図も示すように高い成長を示した。これは原油収入を梃子に，消費財，基礎素材・資本財の輸入代替化政策が採られた結果といえる。

　第2次石油危機後の1982－1986年は，世界同時不況により石油輸出が急減した景気後退期である。この時期の製造業部門の付加価値の割合は急激に低下している。この時期は，スハルト政権下で最悪の経済的苦境に直面した時期であったが，実は政府に積年の課題であった脱石油依存へ向けての抜本的な構造調整政策の実施に踏み出す弾みを与えた時期でもあった（三平1995）。金融・税制改革，輸出振興など，規制緩和をすすめ，さらに相次いでルピアを切り下げるなど輸入代替政策から輸出指向政策へとシフトする準備期間となった。

　その構造調整政策が花開くのが1987－1997年の輸出指向政策期である。この時期工業製品輸出は急速に伸び，1988年には石油・ガス輸出を上回った。製造業部門の付加価値の割合も順調に伸びている。輸出品目も合板などの木製品から繊維，製靴，電子機器などが拡大し，1970年代からの工業化政策の成果が出た時期であったといえる。この時期のGDP成長率は平均で7％を越え，世界銀行も「アジアの奇跡」としてインドネシアを高く評価した時期でも

あり，インドネシアは新工業国として成長しつつあった。

ところが，その後のアジア通貨危機とスハルト政権崩壊により，インドネシアの工業化政策には歯止めがかかる。そして，インドネシアの製造業部門はその後低迷を続けている。2010年からの数年間の好景気時も製造業部門の割合は低下している。これは，オイルブーム期に回避できたオランダ病や資源の呪い[4]といった問題を回避できなかった可能性を示唆している。

(2) ふたつの資源依存期：オイルブーム期とユドヨノ政権期

すでにみたように，時代によって依存度合は様々であるが，インドネシアが天然資源輸出に依存してきたことに変わりはない。しかし，資源輸出によって得られた外貨収入の使い方は，時代によって異なる。ここでは，ふたつの資源価格高の時期，すなわち1973－83年のオイルブーム期と2009年からのユドヨノ政権期の石油収入について比較してみる。

1970年代－1980年代初めのオイルブーム時のインドネシア経済は，輸出の約7割の石油ガス輸出により，国家歳入に占める石油ガス歳入は5割を超え，1981年度には7割に達した。この潤沢な収入を財源に，スハルト大統領は，国内工業の発展を促進するために輸入代替政策を採用した。輸入代替政策はオイルブームの終焉によって継続はできなくなったものの，オイルブーム期のインドネシアの製造業部門は軽工業から素材，重工業まですべての産業を国内で製造することを指向した「フルセット主義」と呼ばれる工業化政策（三平1991）によって，1980年代後半からの新工業国として成功する土台となった。またこの時期の製造業部門の成長により，オランダ病も回避できといえる。

一方，石油・ガス以外の鉱物資源の輸出が増えた2009年からのユドヨノ政権2期目には，製造業部門を対象とした特別な政策は採られていない。この時期も資源価格高によって，資源収入の増加が顕著となり，予算額は年々増加していった。実際の歳入実現額は予算をさらに上回る状態が続いた。

しかし，2001年には歳入（実現額ベース）の28.5％を占めていた天然資源収入（石油収入は19.6％）は2013年には15.7％（同9.4％）まで減少している（表1-3）。特に石油収入の割合の減少は大きい。これは1970年－1980年代のオイルブーム期には歳入の過半を石油収入が占めた時期と大きく異なっている。現在でも，石油・ガスに関しては国営企業であるプルタミナを通じた国庫

表1-3　鉱物資源収入の歳入に対する割合の変化　　　　　（単位：％）

	2001	2004	2007	2009	2011	2013
①石油ガス所得税	7.7	5.7	6.2	5.9	6.0	6.2
②天然資源収入	28.5	22.7	18.8	16.4	17.7	15.7
―石油収入	19.6	15.6	13.2	10.6	11.7	9.4
―天然ガス収入	7.3	5.5	4.4	4.2	4.3	4.7
―その他の天然資源収入	1.5	1.6	1.1	1.6	1.7	1.6
小計（①+②）	36.1	28.4	25.0	22.3	23.7	21.9
政府歳入および援助金（10億ルピア）	301,078	403,367	707,806	848,763	1,210,600	1,438,891

資料：Bank Indonesia, *Indonesian Financial Statistics*.

への貢献はあるものの，インドネシアが世界第6位の生産国である銅では，米国のフリーポート社，ニューモント社の2社がインドネシアにおける生産をほぼ独占している。そのため資源価格が高騰し輸出が大幅に増えたとしても，国家財政への影響は限定的となる。むしろ原油価格の高騰により原油の純輸入国となったインドネシアにとって国内消費向けの燃料補助金の支出が大幅に拡大するという負の影響の方が大きい。2007年には燃料補助金の支出は予算比では150％になるなど補助金への配分増加が財政の負担となっている。ここに，鉱物資源価格高騰の恩恵を国家レベルで受けることができていたオイルブーム期との違いがある。

　一方，為替について見てみると，市場レートは2000年から継続的に減価傾向であるが（図1-5），実質実効為替レートはわずかではあるが増加してきている。より詳細な検証が必要ではあるものの，世界から注目をあつめたユドヨノ政権2期目は，為替の増加，製造業部門の縮小など，資源価格高騰によるオランダ病の影響を回避できなかった可能性があるといえる。

3.　進む非工業化―中国要因

　工業化が完了する前に非工業化が進んでいる様子は，主要輸出品目（SITCコード）の変化からもわかる。表1-4は工業化が進展していた1995年から，危機直後の2000年，中国の世界への輸出が拡大し始める2005年，そしてイン

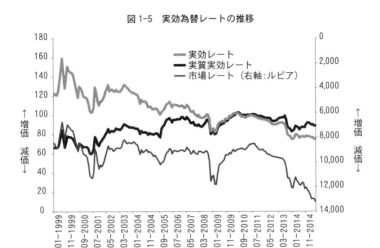

図1-5 実効為替レートの推移

資料：国際決済銀行，ファクティバ。

表1-4 主要輸出品目の変化（1995年－2010年） （単位：％）

順位	1995		2000		2005		2010	
1	石油・石油製品	14.2	石油・石油製品	12.5	石油・石油製品	11.9	石炭	11.7
2	コルク・木製品	10.3	ガス	10.7	ガス	10.7	植物性油脂	10.0
3	ガス	8.9	衣類	7.6	衣類	6.0	石油・石油製品	9.2
4	衣類	7.4	繊維	5.6	植物性油脂	5.6	ガス	8.7
5	繊維	6.0	通信・録音機器	5.6	その他鉱石	5.3	その他鉱石	6.2
6	製靴	4.5	コルク・木製品	5.2	石炭	5.1	ゴム	4.7
7	ゴム	4.3	オフィス機器	4.9	電子機器	4.7	衣類	4.3
8	その他鉱石	4.1	電子機器	4.1	繊維	4.0	電子機器	3.5
9	魚介類	3.7	紙・パルプ	3.6	通信・録音機器	3.6	非鉄金属	3.5
10	通信・録音機器	3.6	その他鉱石	3.2	オフィス機器	3.4	通信・録音機器	2.9

資料：UN Comtrade.

ドネシアの資源輸出依存が顕著になってくる2010年の主要輸出品目の推移を示している。石油・ガスは常に主要な輸出品であるものの，通貨危機前から2005年までは衣類や，繊維，通信・録音機器などの工業製品もインドネシア

の主要な輸出品であった。しかし，2010年には石炭を筆頭に上位6品目が天然資源・1次産品となり工業製品の輸出に占める割合は急速に減少している。

これをGDPの割合から見てもほぼ同様の様子が伺え，製造業は2007年をピークに減少している（図1-6）。

インドネシアにおける非工業化の要因のひとつに，2000年代初めから伸びはじめた中国の輸出の拡大があげられる。世界貿易における中国の存在感は2000年代半ばから急速に拡大し，その影響は，日本をはじめASEANでも懸念された。特にインドネシアでは，中国からの安価な輸入商品の急増が国内産業を脅かすという危機感が非常に大きく，ACFTA（中国ASEAN自由貿易協定）においても，発効後の2010年4月になって，ACFTAを協議するインドネシア・中国委員会を開催し，特定分野に対する措置を講じることで合意するなど，中国脅威論は非常に大きかった。実際，貿易収支全体では黒字であっても対中国に対しては赤字という状態が2008年から継続している。

Coxhead（2007）は，中国の急激な成長と国際市場への参入がASEAN諸

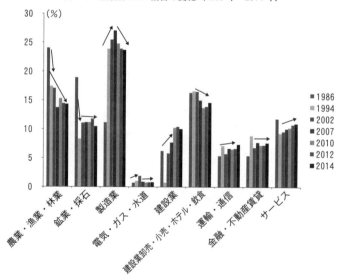

図1-6　産業別GDP割合の変化（1986年－2014年）

資料：インドネシア中央統計庁。

国の労働集約産業に与える影響を分析する中で，インドネシアと中国の輸出財の類似性を指摘している。中国から世界へ輸出される主要品目は，例えば2010年では，オフィス機器，電子機器，通信・録音機器，衣類，雑工業品，繊維，一般産業機械となっており，2014年においても大きな変化はない。一方，インドネシアの主要輸出製品は，表1-4でみたように，石油・石油製品，ガスなど資源輸出を除くと，衣類，繊維，通信・録音機器，オフィス機器，電子機器と，中国の主要輸出品目とほぼ重なっており，そしてその割合は年々減少している。

インドネシアの主要な輸出品目であったこれらの工業製品は現在，中国からの主要な輸入品へと代わっている。2000年に中国からインドネシアに輸入された上位5品目は，石油製品（中国からの輸入額の14%），シリアル（同11%），鉄鋼（同7%），繊維（同5%），無機化学薬品（同5%）であったが，2014年には，通信・録音機器（同13%），一般機械（同9%），鉄鋼（同7%），繊維（同7%），電子機器（同7%）と，鉄鋼を除き，以前はインドネシアの輸出品であったものがほぼ輸入品にすり替わっている。

このように，中国の世界市場における圧倒的な競争力の高さがインドネシア製品の輸出競争力を低下させ，さらに輸入品として入ってくることで，インドネシア国内での生産にまで影響を与え，インドネシアの製造業の縮小に拍車をかけたといえる。

4. 外国直接投資と製造業

一方，外国直接投資を見てみると，製造業への直接投資は順調に増加している。インドネシアへの直接投資は，ユドヨノ政権2期目から急増し始め（表1-5）。2009年に49億ドルであったが2010年には162億ドルへと3倍に増大し，その後も増加し続けている。内訳からもわかるように外国直接投資の4割〜5割近くが製造業への投資である。国別に見てみると日本が最大の投資国（表1-6）であり，日本からの投資の6割近くは製造業で占められている。

2010年以降，外国直接投資がかつてなく大量に流入し，その半分近くが製造業に向かっている。本来であれば，生産も拡大し製造業の付加価値の割合も増加すると期待されるものの，すでに見たように付加価値の割合は低下してい

表 1-5 産業別外国直接投資割合の推移 (2010-2014年)

(単位：%)

	2010		2011		2012		2013		2014		2015年6月	
	件数	投資額	件数	投資額	件数	投資額	件数	投資額	件数	投資額	件数	投資額
第一次産業	13.9	18.7	16.4	25.1	16.0	24.2	15.3	22.6	11.0	24.5	10.6	22.3
農作物・プランテーション	5.2	4.6	6.1	6.3	5.7	6.5	5.4	5.6	3.6	7.7	3.4	6.2
家畜	0.4	0.2	0.3	0.1	0.3	0.1	0.2	0.0	0.3	0.1	0.3	0.0
林業	0.4	0.2	0.3	0.1	0.3	0.1	0.4	0.1	0.3	0.2	0.5	0.1
漁業	0.6	0.1	0.7	0.1	0.7	0.1	0.7	0.0	0.5	0.1	0.6	0.4
鉱業	7.4	13.6	9.0	18.6	9.0	17.3	8.5	16.8	6.2	16.4	5.8	15.7
第二次産業	35.5	20.6	37.8	34.9	37.4	47.9	34.6	55.4	34.6	45.6	42.2	38.6
食品	6.3	6.3	7.1	5.7	7.6	7.3	8.3	7.4	7.2	11.0	7.6	5.3
繊維	3.6	1.0	3.8	2.6	3.3	1.9	2.5	2.6	3.2	1.5	3.8	1.0
皮革・製靴	1.0	0.8	1.4	1.3	1.6	0.6	0.9	0.3	1.1	0.7	1.2	0.5
木製品	1.0	0.3	0.7	0.3	0.8	0.3	0.6	0.1	0.7	0.2	0.6	0.2
紙・パルプ	1.0	0.3	1.0	1.3	1.2	5.3	1.1	4.1	1.0	2.5	1.2	1.7
化学・医薬品	5.2	4.9	5.1	7.5	5.0	11.3	4.5	11.0	4.2	8.1	5.0	6.5
ゴム・プラスチック	3.3	0.6	3.4	1.9	3.2	2.7	2.4	1.7	2.9	1.9	3.4	2.3
非金属鉱業	0.3	0.2	1.1	0.7	1.0	0.6	1.4	3.1	1.2	3.2	1.5	4.2
金属・機械・電子	8.7	3.6	8.8	9.1	7.9	10.0	7.1	11.6	7.8	8.7	11.4	9.9
医療機器・光学・時計	0.1	0.0	0.1	0.2	0.1	0.0	0.1	0.1	0.1	0.0	0.1	0.0
輸送機器	3.2	2.4	3.4	4.0	3.6	7.5	3.6	13.0	3.3	7.2	4.6	6.9
その他工業	1.9	0.2	2.0	0.3	2.1	0.4	2.1	0.4	1.9	0.5	2.0	0.3
第三次産業	50.6	60.7	45.7	40.1	46.5	27.9	50.2	22.0	54.4	29.9	47.3	39.1
電気・ガス・水道	1.4	8.8	1.5	9.6	1.4	6.2	1.6	7.8	1.3	4.4	1.9	4.1
建設業	2.1	3.8	1.5	1.8	1.7	1.0	1.5	1.8	1.7	4.8	2.2	6.0
商業・修理	23.9	4.8	20.7	4.2	21.5	2.0	23.2	2.1	26.3	3.0	20.6	3.4
宿泊・飲食	5.9	2.1	4.7	1.2	4.9	3.1	4.7	1.6	4.6	1.8	6.2	2.3
運輸・倉庫・通信	2.8	31.3	2.0	19.5	2.0	11.4	2.1	5.1	2.6	10.5	2.9	17.5
不動産業	2.3	6.5	2.5	1.0	2.9	1.6	3.0	2.4	2.9	4.1	4.3	4.7
その他サービス	12.2	3.4	12.9	2.7	12.2	2.6	14.1	1.2	15.1	1.2	9.2	1.1
合計 (件、100万米ドル)	3,076	16,215	4,342	19,475	4,579	24,565	9,612	28,618	8,885	28,530	7,603	13,936

資料：インドネシア投資調整庁。

表 1-6　国別外国直接投資割合（2010−2014年）　　　　　（単位：%）

	2010		2011		2012		2013		2014	
	件数	投資額	件数	投資額	件数	投資額	件数	投資額	件数	投資額
ASEAN	20.8	37.8	22.9	30.0	23.3	22.2	23.3	19.2	22.1	27.8
日本	10.4	4.4	9.7	7.8	8.8	10.0	10.0	16.5	10.9	9.5
韓国	11.5	2.0	10.5	6.3	9.2	7.9	8.4	7.7	10.6	3.9
中国	3.7	1.1	3.7	0.7	4.1	0.6	4.3	1.0	5.2	2.8
EU	13.6	7.2	11.4	11.1	10.0	9.4	9.4	8.4	8.5	13.2
米国	3.3	5.7	2.6	7.6	2.1	5.0	2.2	8.5	1.9	4.6
豪州	3.1	1.3	2.8	0.5	3.0	3.0	3.0	0.8	2.6	2.3
合計（投資額：100万米ドル）	3,076	16,215	4,342	19,475	4,579	24,565	9,612	28,617	12,632	28,530

資料：インドネシア投資調整庁。

る。その理由を考えてみると，たとえば外国直接投資の投資資金回収には投資からある程度の時間がかかるとされ，中小企業の場合「投資から事業稼働まで」におよそ9ヵ月程度平均でかかり，「事業稼働から直接投資先が初めて単月で黒字化するまで」平均で約2年かかるという調査結果がでている（中小企業白書 2014）。そのため日本企業の多額の直接投資が生産に反映されるまでにまだ時間を要するのかもしれない。

　また，多額の外国投資が製造業に流入してはいるものの，インドネシアの製造業の主体は地場民間企業である。2005年のインドネシア中大製造業[5]に関する調査データでは，1万6383社ある大中企業数のうち外資企業数の割合[6]は8.2%，民間企業は87.3%，公的企業は4.5%となっている。外国企業は，1人当たり生産高でみる生産性は地場民間企業の3.9倍，公的企業の2倍と圧倒的に高いが，大中製造業の生産高では全体の3割に過ぎず，地場民間企業が6割，公的企業は1割を占める。その意味において，日本をはじめとする外国資本の製造業部門への流入の影響は限定的であり，外資依存だけではインドネシア製造業の拡大も限定的であると思われる。

　また，近年のインドネシアでは投資ラッシュが続いたため，人件費や工業団地やオフィスなどの価格の高騰が深刻になっている。インドネシアの賃金は中

国と比較して3分の1程度と低く (World Bank 2012), 若く豊富な労働力が投資先としても魅力であるものの, 最低賃金は2000年代後半から急速に上昇している。特に他の地域より高い水準であるジャカルタ特別州の最低賃金は2013年に前年比4割上昇し, 外国企業が集積するジャカルタ周辺の地域では6割上昇するなど, 急速な人件費高がインドネシアの投資コストを引き上げている。

さらに, この急激な人件費の上昇は, 生産性に見合っていない可能性もある。図1-7は, 製造業と商業の名目賃金と実質賃金インデックス (2010年3月=100) と, 大中製造業の生産インデックス (2010年3月=100) を示したものである。製造業, 商業とも2012年以降急速に上昇しているが, 製造業の賃金は商業よりも高いことがわかる。製造業の賃金と製造業生産の乖離も拡大をつづけており, 生産に見合わない人件費の上昇が, 製造業が成長しない要因のひとつであるとも考えられる。

製造業部門の企業の特徴は一様ではなく, 特に外国企業と地場企業, さらに

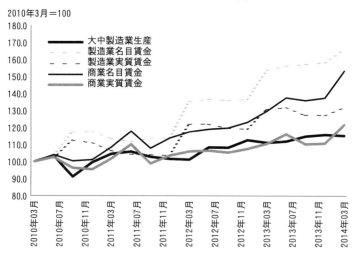

図1-7 賃金と大中製造業生産インデックスの推移 (2010−2014)

資料：インドネシア中央統計庁。

大中企業と零細小企業には大きな隔たりがある。今後も拡大する労働力を吸収しながら，生産性と国際競争力を同時に高めていくことがインドネシアにおける製造業の課題となるが，産業の種類，企業の規模によって有効な政策は異なってくる。しかし，どの企業にも重要となるのは，硬直的な労働市場の改革や人材育成，そしてなによりも企業の生産活動の基盤であり，輸送・貿易を円滑にするためのインフラ整備である。

第3節　持続的成長のための条件

前節では，近年の過度な資源依存と製造業部門の縮小について検討した。ここでは，中所得国となったインドネシアが今後も持続的に成長していくために何が必要であるのかについて，現在の課題とともに検討していく。

1.　国内・域内の連結性向上

1万7500の島からなる島嶼国であるインドネシアの古くからの問題は，地域による格差である。スマトラ島，カリマンタン島などは資源が豊富だが，スラウェシ島，多くの島々からなるヌサトゥンガラ州などは資源に乏しく気候も乾燥しており産業が興りにくい。一方，国土の10分の1に満たないジャワ島に経済は集中しており，GDPも約6割をジャワ島が占めている。1人当たりGDPも州によるばらつきが大きく，ジャカルタ特別州の2013年の1人当たりGDP（2000年価格）は4万7775ルピア（4567米ドル）であるが，最も少ない東ヌサトゥンガラ州では2977ルピア（285米ドル）でしかなく16倍の差が開いている。

こうした地域間の格差の解消は，インドネシアの開発政策の中で常に重要な位置を占めてきた。しかし，増加傾向にある外国投資の投資先を地域別にみても（表1-6），ジャカルタのあるジャワ島に投資が集中し，資源の少ない地域への投資はまばらである。

2011年に策定されたインドネシア経済開発加速・拡大マスタープラン（MP3EI）では，インドネシア国内の連結性を高めるためのインフラ整備の推

表 1-6　地域別外国直接投資割合　　　　　　　　　　　　（単位：%）

	2010		2011		2012		2013		2014	
	件数	金額	件数	金額	件数	金額	件数	金額	件数	金額
スマトラ	12	5	15	11	15	15	12	12	10	13
ジャワ	64	71	61	63	61	56	63	61	70	54
―ジャカルタ特別州	29	40	25	25	25	17	32	9	34	16
バリ, ヌサ・トゥンガラ	12	5	11	5	10	5	10	3	9	3
カリマンタン	8	12	8	10	8	13	9	10	6	16
スラウェシ	3	5	3	4	4	6	4	5	3	7
マルク	0	2	1	1	0	0	1	1	1	0
パプア	1	2	1	7	1	5	2	8	1	5
合計（100 万米ドル）	3,076	16,215	4,342	19,475	4,579	24,565	9,612	28,618	8,885	28,530

資料：インドネシア投資調整庁。

進を掲げ，6つ地域を戦略的に分けたインドネシア経済回廊（IEDC）を軸とした成長戦略を打ち出した。この計画は非常におおまかであり，かつ具体性に欠けるものである。さらに政権も変わっている。しかしながら，成長の枠組みをインドネシア全土に広げ，すべての地域において成長を遂げるために，各島の連結性を高める必要性があることを改めて示したことは，インドネシアの開発計画の上では意味のあるものであるといえよう。各地域に経済クラスターを創設し，国内外とつなげていくことの必要性を認識することは，次項でみるインフラ開発の重要性の土台となるものである。

2. インフラ整備とファイナンスおよび執行能力の課題

インドネシアでは，インフラ整備が喫緊の最重要課題となってすでに久しい。ジャカルタの渋滞は目に余るものがあり，インドネシアの重要な玄関港であるタンジュンプリオク港の貨物の滞留時間は 2010 年の 4.9 日間から年々長くなり 2015 年には 8 日間となった。年間の損失額は 780 兆ルピアといわれている（2015 年 1 月 18 日 KOMPAS 紙）[7]。物流コストを下げ，競争力の低下に歯止めをかけるためには，ジャカルタ首都圏の高速道路や港湾設備などに加え，島と島をつなぐ物流インフラの整備は不可欠である。このため，2007 年

以降物流インフラに関する法律が立て続けに制定されている。2007年には鉄道法が制定され，2008年には海運法，2009年には航空運輸法，道路交通および陸上運輸法など業界の整備が進められた。しかし，物流インフラ開発を促進するためのもっとも基本的な要件である土地収用法の策定が大幅に遅れたため，インフラ整備は遅々として進まなかった。土地収用法は2012年に制定されたものの，現在にいたっても土地の収用は容易ではなく問題は山積している（濱田 2015）。

MP3EIで描く2025年のGDP 4 −4.5兆ルピアを実現するために今後必要な総投資額は，4012兆ルピア（約40兆円），そのうちインフラ整備に必要な額は1786兆ルピア（約17兆円）と試算された。しかし，全投資額のうち政府が支出するのは10％程度に過ぎず，残りは国営企業が18％，民間企業は51％，残り21％をPPPなどの民間連携によってまかなうとしている。

インフラ整備に関する問題は，巨額な投資額もさることながら，計画を遂行する能力の有無にあるといえる。まず，予算執行能力の問題があげられる。財政予算は毎年概ね95％程度が消化されているが，年度末[8]が近い10月頃までは6～7割程度しか支出されておらず，残り2ヵ月ほどで3−4割を消化するという事態が毎年繰り返される。今年度（2015年度）は，その度合いが特にひどく，2015年7月時点で予算の支出は39％に過ぎず，2.9兆ルピアが計上されているインフラ投資に関しては8％しか支出できていない。

こうした予算の執行能力不足がインフラ投資を遅らせていることに加え，調整能力も問題となっている。インフラ整備には多くの機関がかかわり，利害関係者などとの調整が重要となるため，2001年に実施機関としてインフラ促進委員会（KKPPI）が設立された。KKPPIには政策立案および計画実行の調整・監督などの役割と，十分な権限が与えられていたにもかかわらず，関係各機関との調整がうまくいかず機能しなかった（Kannan and Morris 2014）。2011年にはKKPPIから問題解決の決定権が剥奪され実質的に機能しない状態になっている。

財政支出に大きな期待ができないため，インフラ整備の多くをPPPに依存する可能性が高まったことから，2009年には政府100％出資によるインフラ保証ファンド（IIGF: Indonesia Infrastructure Guarantee Fund）が設立さ

れ，同年官民ファンドとしてインフラ金融会社（PT Indonesia Infrastructure Finance）も設立された。また，多岐にわたるインフラ整備の調整をする実施機関は必要であることから，KKPPI とは別組織として 2014 年に PPP 事業に関して優先インフラ事業準備促進委員会（KPPIP）が新設された。しかし，PPP 案件の進捗状況は，保証プロセスの不透明性や，土地収用や環境問題の困難さなどにより，非常に鈍いとされている（新日本有限責任監査法人 2013）。このように，法律の制定は進み，実施機関も設立されながらも，実施の段階での調整など制度の運営に多くの課題があることが，インフラ整備が遅々として進まない原因のひとつである。

3. 制度とガバナンスの評価

制度の運用に問題があることが指摘されることが増える中，昨今のマクロ経済指標の悪化がインドネシアに対する評価の見直しを促している。そのため，制度，ガバナンスといった問題が改めて重視されるようになっている。そこで，いくつかの国際比較指標でインドネシアの制度やガバナンスに関する位置づけを確認してみる。

世界銀行が発表する世界ガバナンス指標（WGI：Worldwide Governance Indicators）は，1996－2012 年の 215 ヵ国を対象として ① 選挙や表現の自由度（Voice and Accountability），② 政治的安定と暴力やテロがないこと（Political Stability and Absence of Violence/Terrorism），③ 政府機関の効率性・独立性（Government Effectiveness），④ 規制の策定や遵守の質（Regulatory Quality），⑤ 法の支配度（Rule of Law），⑥ 汚職の抑制（Control of Corruption）の 6 つの項目について対象国の平均がゼロになるように指標化したものである[9]。インドネシアの指標はおおむね改善傾向にあるが，ゼロ（平均）を超えるものは ① 選挙や表現の自由度のみである。④ 規制の策定や遵守の質，⑤ 法の支配，⑥ 汚職の抑制は，1996 年のスハルト時代に比較してむしろ悪化している。特に ④ 規制の策定や遵守の質は平均以上（非負から）平均以下（負）へと低下が激しく，ガバナンスにおける問題の大きさが表れている。

次に，世界銀行と国際金融公社（IFC）によるビジネス環境指標である

Doing Business 2014：189ヵ国における国内企業に対するビジネス規制の比較では，インドネシアにおけるビジネスのしやすさは189ヵ国中114位とかなり低く，特に契約の履行については189ヵ国中172位とほぼ最下位に位置する。納期の順守も153位と非常に低く，契約の履行やルールの遵守などの弱さがインドネシアへの投資の大きな障害となっていることがわかる。

インドネシアで深刻な汚職については，国際的な非政府組織トランスペアレンシー・インターナショナル（Transparency International）が汚職認識指数（CPI：Corruption Perceptions Index）[10]を発表しているが，CPIではインドネシアは174ヵ国中107位と下位に位置する。1990年代と比べると徐々に上がっているとはいえ，大幅な改善はみられない。

このように，インドネシアでは，法，制度の分野における国際的な評価は総じて低い。特に汚職の蔓延に関しては深刻であり，2002年に汚職撲滅委員会が設立され汚職撲滅の努力は続けられているものの，汚職に対する社会の意識改革が追い付かず，成長の足かせとなっている。国際コンサルティング会社のKPMGは，インドネシアにおけるビジネスのリスクとして弱い制度を挙げ（KPMG 2013），官僚的かつ規律付けができていない経済制度を問題視している。弱い制度と法の執行能力の低さゆえに，汚職というもっとも重要かつ深刻な問題を払しょくできずにいるのがインドネシアの現状といえる。

4. 制度整備と法の予見可能性の向上の課題
(1) 制度の整備

制度の弱さと法の執行能力の低さが指摘されてはいるものの，経済法を中心として制度整備をアジア通貨危機から15年以上をかけて進めてきた。その後，時代とともにインドネシア自体と国際経済環境が変化してきたことで，政策の方向性に変化が生じている。しかし，その変化の方向が自由化の流れに即さないことが多く，外国人投資家のインドネシアを見る目は厳しくなっている。

通貨危機後，崩壊寸前であったインドネシアに新たな経済制度を構築するためには，経済活動の基盤となる法の整備が重要課題であった。通貨危機による経済的混乱がこれほど深刻になったのは，企業のガバナンスの欠如が大きな問題であったことや（Tsui and Shieh 2003），債務処理を促す破産法などの法的

制度が十分でなかったことに起因することが指摘され（Kawai 2000, 2013），IMFによる融資の条件として，ガバナンス改革や法制度改革が進められた。IMFや世界銀行などの国際機関が指向するのは，市場メカニズムに基づいた自由な経済活動が担保された経済制度作りであり，スハルト開発独裁体制によって作られた経済制度は，「市場化」される必要があった。IMF融資のコンディショナリティーの下で規制緩和が促進され，経済開放の度合いが加速された。

その後2003年にIMFの融資を返済し，IMFから自由になったインドネシアは，投資環境やインフラ，エネルギー分野と国内産業分野の法整備を進めていった（濱田 2015）。その後は，すでに見てきたように，中所得国になり世界から新興経済国として注目をされる過程で，豊かな資源が自国の利益に直結していないことなどから，経済の自立性に重点をおいた整備へと方向転換を図るようになった。

(2) 自由化の流れの中での国内利益の重視

ASEAN経済共同体（AEC）創設を前にASEANは，モノの自由な移動やサービス貿易自由化を進めている。しかし，インドネシアは時としてその流れに逆行していると指摘されている。たとえば，非関税障壁について，ASEAN5では2014年までに撤廃するという行動計画が示されているにもかかわらず，インドネシアでは新たな措置を導入しないというブループリントに反して新たな措置を導入している（石川 2014）。インドネシアも，AECに向けた自由化推進の必要性は念頭にはあるものの，国内利益や産業保護に傾く傾向にあるといえる。

その顕著な例は，先に見た2009年に制定された新鉱業法であろう。新鉱業法は，鉱物資源の高付加価値化と国内産業育成を目的として，鉱石の国内での加工を義務づけたが，ニッケルなど鉱石の輸出を不当に制限しているとして，日本を中心に保護主義的な規制として批判が噴出した。

この他，外資規制が強化された例として，商業銀行の所有についての規定の変更があげられる。危機以前の1992年銀行法では，外国人または外国組織の銀行保有は過半を超えないことを条件としていたが，危機後の1998年の改正法で，インドネシア国民／組織と並列して外国人／外国組織は商業銀行の株式を，直接または株式市場を通じて間接的に取得できる，と変更され，翌年に99％まで（上場株式については100％）購入することができると規定された。

99％というのは他の ASEAN 諸国をみても比類のない開放度合いであるといえ，その結果，インドネシアの主要な民間商業銀行のほとんどが外国資本に買収され，2011 年時点で 120 行の商業銀行のうち国営銀行を含む上位 15 行のうち 9 行が外国資本となった（Hamada 2014）。

国内では国の基幹産業である銀行が外国資本に占有されていることに懸念の声が上がっていた。政府や中央銀行はこうした懸念との関係は否定するものの，2012 年に銀行の所有に関して大きく転向を図り，銀行もしくは非銀行金融機関は上限 40％，非金融会社（事業会社）は同 30％，個人は同 20％とした。これにより銀行株式の所有が内資・外資問わず大幅に制限されることになった。インドネシアのこの方向転換に対して「保護主義」という批判が多く出されたが，銀行保有に関してはすでに述べたように外国資本の保有を 99％まで認めるという極端な自由化を修正したに過ぎないともいえる。2015 年までの ASEAN 経済共同体（AEC）ブループリントにおける金融部門の自由化目標リストにおいて，先行 ASEAN 5 で，銀行部門の自由化を目標とするところはない。しかし，その修正の幅が，外国持ち株の上限を 25％，49％と段階をつけているタイや，上限を 60％としているフィリピンなどと比較して大きいことは明らかであり，自由化の流れに即していないことも事実である。

外資規制の強化という点では，2014 年 4 月には投資ネガティブリストにおいても，11 分野で新たに外資の出資に上限が定められた。6 分野で外国資本規制が緩和されたものの，14 分野で規制強化，もしくは関連法の改定に合わせた外国資本出資規制の改定が行われた（濱田 2015）。たとえば，卸売業は高い技術力や多額の資本が必要ではない分野であり，今後の国内業界の保護を目的として，100％認められていた外資出資上限を 33％に制限した。また，2010 年に制定された園芸法では外国資本の上限を 30％に規制した。自由化の促進を前提とする世界の潮流の中で，こうした規制の強化はすでに操業している外国企業にとってはインドネシアリスクの増大と映りうる。

(3) **法の予見可能性の低さ**

出資規制の強化などに加え，従来の慣行を覆す思いがけない法律や規制が突然制定されることなども問題として表れている。たとえば，2009 年に制定された国旗，言語，国章および国歌に関する法律（言語法）では，インドネシア

国民と交わされる合意書および契約書はインドネシア語で作成される必要があることが定められた。これにより英語での契約書が無効となる可能性が生じた。言語法31条2項では「外国の当事者が含まれる場合は，外国語および/または英語で記載することもできる」とされている。したがって，インドネシア語の契約書の他に外国語でも作成は可能で，かつ外国語を優先言語とすることもできる[11]。しかし，31条の適用範囲や違反した契約の効力について定めがなく解釈も定まっていない（アンダーソン・毛利・友常法律事務所 2014）。

これに似た事例として，2011年6月に制定された通貨法では，インドネシア・ルピアの利用を強制する内容が規定され，従来の取引が違法とみなされる可能性があるという混乱が生じた。そのため，2011年12月に財務省は現金決裁取引にだけ適用する旨の公式見解を発表したが，その後2015年3月の中銀規則で7月からの全取引へのルピア使用が義務化された。

さらに，2013年の外国人就業規則ではインドネシア語でのコミュニケーション能力が要件となり，外国企業から派遣される者はインドネシア語の習得が必要となった。この規則は，ASEAN統合などを控える中で増加すると予測される外国人労働者の流入に制限を設けるためのものとしているが，外国投資を呼び込もうとする場合の大きな障害となる。2015年4月には義務化が労働省令に盛り込まれる予定であったが，8月には翻って，大統領がこの規則は投資促進を目指す政府努力に則さないと撤廃を決めた。

こうした事例にとどまらず，新しく制定された法律には，基本法の条文が少なく詳しい規定がないものが多いことが指摘されている（福井 2013）。そのため，実質的な運用は下位の細則に依存するが，関連行政機関が多岐にわたり，それぞれに異なる省令を出すことにより，調整コストが非常に高くなっている。さらに省令は頻繁に改定されがちであり，法律を運用する企業にとっては法の予測可能性の低さがインドネシアのリスクとなっている。

おわりに

資源価格の高騰によって支えられ，好調であったインドネシア経済も，中国

経済の鈍化に資源価格の低下という外部環境の変化と未加工鉱石輸出禁止という自らが課した縛りも加わり，転換点を迎えている。中所得国となったインドネシアが，今後も持続的に経済成長を進めるためには，一般に中所得国の罠を克服するために必要とされる生産面での高付加価値化とサービス化に着手する前提として，まず現在進んでいる非工業化をとめる必要がある。そして鉱物資源に依存し過ぎない産業構造を構築する準備が必要である。天然資源，若い多くの人口というインドネシアに賦存する要素を活かすために必要なことは，壮大な目標を新たに描き直すことではなく，目の前にある課題を確実に齟齬なくこなしていくことに他ならない。

　インフラ整備が喫緊の課題となって久しく，状況は深刻さを増すばかりである。制度は整えているものの，その運用に問題があり，制度が十分に機能しない状態が，現在のインドネシアを行き詰らせている要因のひとつであるといえる。さらに自国の利益を考えるあまりに策定した法律や規則が，自由化から大きく乖離したり，またはアドホックであったりすることで，法の予見可能性の低さがインドネシアのリスクを増やしている。

　しかし，こうしたリスクを前提としながらも，中間層が拡大する巨大な国内市場や若い豊富な労働力を抱えた製造拠点としての可能性などの魅力は依然として変わらず，インドネシアへの投資は増加している。

　そしてインドネシアの固定資本形成のGDPに占める割合は2003年の19.5％から2014年には32.6％へと増加し，他の低位中所得国の平均26％よりも高くなっている。これを受けてILOは，インドネシアが投資に焦点を当てた成長モデルに移行していると指摘している（ILO 2015）。これはインドネシアがもつ潜在力を確実な成長へとつなぐためには重要な事実であり，鉱物資源という天賦に依存しにくい時期にこそ，経済の基盤を強化するための方策を採る必要があるといえる。

（濱田美紀）

注
1) 国際協力銀行2014年度「わが国製造企業の海外事業展開に関する調査報告」。
2) インドネシアはOPECの輸出国メンバーへの復帰を2015年6月に表明し，12月に再加盟した。

3) オランダ病は，1970年代のオランダの経験をもとに，鉱物資源などの輸出の拡大により多額な外貨収入に依存しやすい経済では，輸出拡大が自国通貨高をもたらし，製造業や農業の競争力を損ない，国内産業が衰退する現象を指す。
4) 資源の呪いは，資源国が非資源国と比べて工業化や経済発展が遅い現象を指す。その原因として経済成長に対するインセンティブの低下や，ガバナンスの悪化，利権を巡る汚職などにより適切な政策が実行されないなどが指摘される。
5) 中央統計庁の定義では中企業は従業員数20人から99人，大企業は100人以上。
6) 外国資本が10%以上を外国企業として分類。
7) 滞留時間短縮については海事担当調整大臣のもとで2015年8月にようやく対策がとられることが発表された。
8) 会計年度は1月～12月。
9) 指標は最小値－2.5，最大値2.5の範囲をとり，対象国の平均がゼロになるように推計されている。そのため，特定の1ヵ国を時系列で比較することは適切ではないといわれているものの，ある程度の傾向は確認できるとされている（大野 2011）
10) CPIのスコアはゼロから100をとり，最も汚職がひどい場合はゼロ，もっとも清潔な場合は100となっており，インドネシアの2014年のスコアは34。
11) 実務上は，外国語のみを作成し，インドネシア語の契約書は必要が生じた場合作成するように，追加条項において事後的に作成されたインドネシア語契約書が外国語での契約締結時から有効であったことを取り決めることが多い（アンダーソン・毛利・友常法律事務所 2014）。

参考文献
（日本語）
アンダーソン・毛利・友常法律事務所（2014），「AM&T アジア・新興国 Legal Update 2014年1月 http://www.amt-law.com/pdf/bulletins13_pdf/Asia_EC_140124.pdf（2015年9月7日アクセス）。
石川幸一（2014），「ASEAN経済共同体構築の進捗状況と課題」『ASEAN経済統合 どこまで進んだか』日本経済研究センター「アジア研究」報告書2014年12月，23-48頁。
臼井則生（1996），「発展途上国におけるオランダ病に対する政策対応―インドネシアにおける原油ブームの分析」東京大学博士学位論文。
大野早苗（2011），「資源国におけるガバナンスの状況―ガバナンス指標に基づく考察」『武蔵大学論集』第58巻第3号，85-129頁。
国際協力銀行（2014），「2014年度 わが国製造企業の海外事業展開に関する調査報告」。https://www.jbic.go.jp/wp-content/uploads/press_ja/2014/11/32466/tenpu4.pdf（2015年9月7日アクセス）。
新日本有限責任監査法人（2013），「平成24年度インドネシアにおける金融インフラ整備支援のための基礎的調査」金融庁委託調査。http://www.fsa.go.jp/common/about/research/20130709-2/01.pdf（2015年9月7日アクセス）。
濱田美紀（2015），「インドネシアの法制度整備」『アジ研ワールド・トレンド』No241（2015年11月），13-15頁。
福井信雄（2013），「インドネシア会社法に関する報告書」法務省。
http://www.moj.go.jp/content/000111051.pdf（2015年9月7日アクセス）。
三平則夫（1991），「総論」三平則夫・佐藤百合編『インドネシアの工業化：フルセット主義工業化の行方』アジア経済研究所。
――（1995），「マクロ経済の成果」安中章夫・三平則夫編『現代インドネシアの政治と経済―スハルト政権の30年―』アジア経済研究所。

(外国語)

Coxhead, I. (2007), "A New Resource Curse? Impacts of China's Boom on Comparative Advantage and Resource Dependence in Southeast Asia," *World Development*, Vol.35, Issue 7, pp.1099-1119.

Hamada, M. (2014), "Financial development: The case of Indonesia" in Kinyo, Matsubayashi and Hamori (ed.), *Financial Globalization and Regionalism in East Asia*, Routledge.

ILO Country Office for Indonesia (2015), "Labour and Social Trends in Indonesia 2014-2015," http://www.ilo.org/jakarta/whatwedo/publications/WCMS_381566/lang--en/index.htm (2015年9月7日アクセス).

Kannan, R. and Morris N. (2014), "Delivering Indonesia's infrastructure more effectively with real power," *Public Infrastructure Bulletin*, Vol.1 Issue 9.

Kawai, M. (2000), "The resolution of the East Asian crisis: financial and corporate sector restructuring," *Journal of Asian Economics*, Vol.11, pp.133-168.

Kawai, M. and Schmiegelow, H. (2013), "Financial Crisis as a Catalyst of Legal Reforms: The Case of Asia," *ADBI Working Paper Series* No.446, Asian Development Bank Institute.

KPMG (2013), "Investing in Indonesia 2013," http://www.kpmg.com/ID/en/IssuesAndInsights/ArticlesPublications/Documents/Investing-in-Indonesia-2014.pdf (2015年2月8日アクセス).

Tsui, J. and Shieh, T. (2003), "Corporate Governance in Emerging Markets: An Asian Perspective," in Frederick D. S. Choi, ed., *International Finance and Accounting Handbook*, 3rd Edition, Wiley.

USAID (2013), "Economic Effects of Indonesia's Mineral-Processing Requirements for Export," http://pdf.usaid.gov/pdf_docs/pbaaa139.pdf (2015年9月7日アクセス).

World Bank (2012), "Export competitiveness in Indonesia's manufacturing sector," *Policy Note2*, http://www.worldbank.org/en/news/feature/2013/03/05/export-competitiveness-in-indonesia-manufacturing-sector (2015年9月14日アクセス)

第 2 章

マレーシア経済――先進国入りを目指す多民族国家

はじめに

　1957年に独立したマレーシアはかつてのゴムと錫の輸出国から石油や天然ガスなどの地下資源にも恵まれた工業国へと変貌し，今や1人当たりGDPが1万米ドルを超え，中進国といえるまでに発展した。一方で人口は約3千万人と比較的少なく，国内市場が狭いという制約を受けている。また，民族構成もブミプトラ[1]（マレー系）66.4％，華人系23.7％，インド系7.2％に分かれており，民族間の融合が常に課題となっている。

　以下では英国植民地時代に形成されたマレーシアの社会，経済構造，即ち多民族性，モノカルチャー経済が1957年の独立以降変容する様子を主要な経済政策の導入とその後の経緯を交えながら検証する。マレーシア経済の要諦は1971年に導入された新経済政策（New Economic Policy : NEP）であった。その後の40年間，基本的には国内ではブミプトラを優先するブミプトラ政策がとられ，公企業の設立など政府の介入も進んだが，一方で，貿易，直接投資の受け入れなどの対外的な経済政策は比較的オープンであり，経済成長率も堅調に推移した。1991年に打ち出されたビジョン2020では2020年までに先進国入りすることが目標に掲げられた。しかし，2000年以降，経済成長率が鈍化し始め，輸出指向工業化に支えられた従来型の発展戦略も曲がり角にきている。これを受けて2010年に新経済モデル（New Economic Model : NEM），経済改革プログラム（Economic Transformation Programme : ETP）が相次いで公表され，2020年の先進国入りを目指した新たな発展戦略が始められた。中所得国の罠から抜け出し，国内の民族間の融合を進めながら経済発展を

如何に進めるか，2020年に向け，残された時間は少ない。

第1節　多民族国家の形成

1. 英国の植民地政策とモノカルチャー経済の成立

　マレーシアの歴史は14世紀の末のムラカ（マラッカ）王国にまで遡ることができる。ムラカ王国は海上貿易の拠点であり，商業国家を形成しており，アラビア商人の来航などにより15世紀にはイスラム教がムラカ王国内で信仰されるようになった。

　16世紀以降ヨーロッパ列強のアジア進出に伴い，マレーシアもこれらの国々の植民地となり，列強の植民地政策のなかに組み込まれていくようになった。まず，1511年にポルトガルはマラッカを占領し，海上貿易の独占を目指した。次いでオランダ東インド会社が1641年マラッカを占領した。オランダもポルトガル同様，海上貿易の独占をねらったが，一方で錫の独占も企図されていた（池端・生田 1977）。

　両国に次いでマレー半島に進出した英国の植民地支配はその期間の長さと，その後のマレーシアの社会，経済を規定するさまざまな要因を持ち込んだという意味においてより重要である。多民族国家形成の原因となる，中国人，インド人のマレーシアへの移住は英国の植民地経営によるところが大きい。また，産業面では錫の採掘，ゴムのプランテーションが英国統治期に発展し，モノカルチャー経済を構築していった。

　植民地支配のもと，マレー人は貴族階級や一部の高級官吏を除くと農村において米，ゴムの生産に従事していた。一方，マレーシアにやってきた中国人は錫の採掘現場での労働者の他に都市で商業を営むものも増えていった。ゴム採取のために多くのインド人がマレーシアに移住したが，植民地の官吏や鉄道の敷設と維持管理のためにマレーシアにきた人々も多い。このように，植民地時代におおよその民族ごとの就業パターンができ上がり，特定の職種には特定の民族が従事するようになった。

　また，植民地時代に英国は地理的には錫鉱山とゴムのプランテーションが集

中するマレー半島西海岸に重点的に投資を行った。一方，マレー人が人口の大半を占める半島東海岸は間接的な統治が行われ，インフラストラクチャーの整備は大幅に遅れた。このような初期条件の違いは現在のマレーシア国内の地域間格差の出発点となっている。

2. 独立

1957年8月31日にマラヤ連邦（マレーシア半島部）は正式に英国からの独立をはたし，その後，1963年にシンガポール，サバ，サラワクがマラヤ連邦に加わりマレーシア連邦の成立をみた。ところが，2年後の1965年にシンガポールが分離独立し，現在に至っている。

英国の植民地時代に形成された社会，経済構造は独立後のマレーシアの経済発展を規定するものであった。憲法でブミプトラの特権は認められていたものの，特に中国人，インド人の移民の結果形成された異なる民族，宗教，言語が混在する多民族国家の様相と各民族の特定産業への従事とそれに伴う民族間所得格差はマレーシアが直面する最大の問題であった。

3. 人種暴動

1969年の総選挙での華人系政党の躍進を受けて，マレー人，華人系住民の間で抗争が起こり，1969年5月13日の人種暴動へと発展し，その後，政府はブミプトラ政策を強化することとなり，次に述べる新経済政策の導入へとつながった。

人種暴動の直接の引き金は華人系政党の議席の増加であったが，その背景には民族間の所得格差があった。植民地時代に形成された民族ごとの経済活動の棲み分けにより，農村部で主に農業に従事するブミプトラと他の民族，特に華人系との所得格差は歴然としていた。1970年の各民族の月平均所得はブミプトラが178.7リンギ[2]，華人系が387.4リンギ，インド系が310.4リンギであった。ブミプトラと華人系との所得格差は2倍以上であり，さらに，低所得者は農村部のブミプトラに集中していたのである（Malaysian Government 1973）。人口の過半を占め，政治的に優位にあるブミプトラであったが，経済活動では他民族に遅れをとっていたのである。

第2節　新経済政策以降の経済発展（1971年－2010年）

1. 新経済政策から国民ビジョン政策まで

以下では1971年から2010年までのマレーシアの社会，経済の要諦であり，国家政策とも言うべき基本政策を概観する。それらは1971年に1990年を目標年として開始された新経済政策，これに続く10年間の方向を示した国民開発政策1991－2000（National Development Policy：NDP），そして国民ビジョン政策2001－2010（National Vision Policy：NVP）である。

前述の民族間所得格差の是正を目的として1971年に1990年を目標年とする新経済政策が発表された。ブミプトラ政策はこのなかでより鮮明に打ち出されることとなる。新経済政策の2大目標は貧困の撲滅と社会の再編である。前者は民族に関係なく，すべてのマレーシア人の貧困を撲滅しようとするものであり，後者は特定の経済活動と特定の民族が結びつく状況を排除し，経済的不平等などを是正しようとするものである。具体的には農業従事者の多いブミプトラのより生産性の高い商工業部門への進出機会の拡大を促すことである[3]。

第2次マレーシア計画（1971－1975）で公表された新経済政策であったが，その具体的な内容は第2次マレーシア計画の中間報告で出された長期展望計画（Outline of Perspective Plan：OPP）に明記された。ブミプトラによる30％の株式所有などの数値目標はここで提示されている[4]。前述のように新経済政策は民族間の富の分配の是正をはかるもので，ブミプトラの所得の向上と他の民族との格差の縮小を目指しており，重点は分配にあったが，その達成のために成長は不可欠なものであった。しかし，1985，86年の不況を契機として政府の経済政策は分配中心から成長へと軌道修正された。

新経済政策に続く国民開発政策，国民ビジョン政策は基本的には新経済政策の精神を受け継ぐものであるが，前者では長期的な観点から人的資源や科学技術に立脚する先進国型経済への基礎固めに重点を置き，後者では2020年までに先進国入りするために，成長に重きを置く内容になっている。

国民開発政策および国民ビジョン政策は1991年にマハティール元首相によ

り提唱された 2020 年までに先進国入りを目指すというビジョン 2020 が公表された後に作成されたため，内容的に新経済政策を継承しつつもビジョン 2020 に向けた取り組みが随所に織り込まれている。

2. 産業，貿易構造の変化

マレーシア経済は独立後，比較的堅調な経済成長を遂げたといえる。年代ごとの GDP の実質成長率は 1960 年代には年平均 5.2％であり，1970 年代には年平均 8.3％へと上昇した。1980 年代に入り，1985，86 年に主に 1 次産品価格の低迷により不況に見舞われ，1980 年代の GDP の実質成長率は年平均 6.0％へと低下した。そのため新経済政策の期間中（1971 年－1990 年）の年平均成長率は目標値の 8.0％を下まわる 6.7％であった。1990 年代に入っても毎年 8 ％以上の高い GDP 成長率を維持していたが，1997 年 7 月にタイで始まった通貨危機はマレーシアにも波及し，1998 年にはマイナス成長を記録した。しかし，同年 9 月に固定為替レート，外貨持ち出し規制など大胆な政策を導入し，1999 年には再びプラス成長軌道に乗ることができた。1990 年代を通じては年平均 7.2％の高成長率を維持し，2000 年以降も年平均 5 ％以上の成長率を記録していたが，2008 年のリーマンショックにより，2001 年から 2010 年までの平均成長率は 5.3％にまで低下した。ちなみに 1970 年から 2014 年までの平均成長率は 6.2％であった。

以下ではこれまでの経済成長の様子を産業構造の変化とそれに伴う貿易構造の変化から考察する。独立以降の高い経済成長率は経済構造の変化を伴うものであり，その様子を示したものが表 2-1 である。民間の部門別の GDP 構成比を時系列で観察すると，独立直後の 1960 年には GDP の 37.9％を占めていた農業の比重の低下が著しく，1980 年代後半には製造業にトップの座を譲った。その後も急速なシェアの低下は続き，1990 年には農業のシェアは 18.4％に，2000 年には 10.0％，2010 年には 10.1％にまで低下し，さらに 2014 年には 6.9％にまで低下している。ゴムを中心に植民地時代から独立後に至るまでマレーシア経済の中心をなした農業ではあるが，先進国や他の発展途上国が経験したように製造業や第 3 次産業の急成長のもと，その相対的地位は著しく低下したのである。ただし，近年，パーム油の生産と輸出が増加している。

表2-1 マレーシアの産業別GDP　　　(単位:シェア:%)

	1960年	1970年	1980年	1990年	2000年	2010年	2014年
農業	37.9	32.3	24.6	18.4	10.0	10.1	6.9
鉱業	5.9	5.8	4.6	9.6	5.4	10.9	7.9
製造業	8.7	12.3	19.2	26.5	36.0	23.4	24.6
建設	3.0	4.5	4.8	3.5	4.7	3.4	3.9
電気・水道	1.3	2.3	2.4	1.9	2.5	2.7	2.4
運輸・通信	3.6	5.7	7.1	6.8	7.9	8.3	7.8
商業	15.7	13.5	13.9	10.9	12.2	16.4	14.8
金融・不動産	6.1	7.9	8.0	9.6	11.4	11.4	14.6
政府	6.5	7.5	12.6	10.5	7.8	7.8	8.3
その他	11.4	8.2	2.8	2.1	2.0	5.6	8.8

資料:1960年から2010年まではMalaysian Government, *Malaysia Plan*, 各号, 2014年はCentral Bank of Malaysia (2015) から作成。

　ゴムと並んでマレーシア経済を牽引した錫を含む鉱業は錫の生産量の減少とともに1960年代から1980年代にかけてシェアを低下させ，その後，石油と天然ガスの生産増により1990年にはシェアを増大させた。その後のシェアは5％から10％の間で推移している。錫については資源の枯渇もあり，産出高は1990年代に入り急速に減少している。一方で，1970年代末から石油の産出が増大している。これは2度の石油危機による原油価格の高騰により，マレーシアの油田も採算に合うようになったためである。また，天然ガスの産出も1980年代から増大している。1980年代後半以降の鉱業部門のシェアの増大はこれら新たな鉱物資源の開発によるものであった。2000年にシェアは低下したものの，2010年には10.9％となり，2014年のシェアは7.9％であった。

　植民地時代からマレーシア経済を支えてきた第1次産業の相対的な地位の低下にひきかえ，製造業の伸びは目を見張るものがあり，独立後のマレーシア経済を主導してきたことは明らかである。1960年の時点ではGDPのわずか8.7％を占めるにすぎなかったが，1960年代，1970年代を通じて順調にそのシェアを伸ばし，1980年代後半以降，さらに加速度的にそのシェアを増大させ，1990年には26.5％，2000年には36.0％に達した。製造業はマレーシアの経済

成長を牽引する主導産業となったが，2000年をピークにGDPに占めるシェアが減少に転じ，2010年には23.4%にまで低下した。最新の2014年の数値は24.6%であった。単独の産業としては依然として首位を占めるが，経済発展と共にサービス産業を含む第3次産業の成長が目立ちはじめるようになった。

マレーシアの第3次産業のシェアはもともと高かったが，近年，さらに重要性を高めている。第3次産業内では商業が大きな地位を占めているが，金融・不動産もまた成長している。このような経済全体の多様化や第3次産業内の多様化は経済発展に伴うものであり，一方で経済のサービス化が進んでいることの証左でもある。そのなかで，1980年代に増加した政府のシェアは1990年代以降低下し，その後は安定的となっている。

次に輸出構造の変化をみてゆく。マレーシア経済は英国の植民地時代以来，ゴムと錫という2大商品の輸出が経済を牽引してきたが，これら1次産品は国際価格の変動が大きく，特定の1次産品の輸出に大きく依存する経済体質は不安定なものになりやすい。しかし，小国であるマレーシアは必然的に貿易依存度が高くならざるをえず，独立後のマレーシアは輸出産品の多様化をはかることとなった。表2-2にあるように，1960年の時点でゴムはマレーシアの全輸出の55.1%を占めていた。そのシェアは徐々に低下したが，1970年の時点でも全輸出のおよそ3分の1を占めていた。農林業では1970年代前半まではゴ

表2-2　品目別輸出　　　　　　　　（単位：シェア：%）

品目	1960年	1970年	1980年	1990年	2000年	2010年	2014年
ゴム	55.1	33.4	16.4	3.8	0.7	1.4	0.6
パーム油	2.0	5.3	8.9	5.5	2.7	7.1	5.4
木材	3.7	16.5	13.5	8.9	1.5	0.3	n.a.
錫	14.0	19.6	8.9	1.1	0.1	0.3	n.a.
石油	4.0	3.9	23.8	13.4	3.8	4.8	4.4
天然ガス	n.a.	n.a.	n.a.	2.8	3.0	6.1	8.4
工業製品	8.3	11.9	21.7	60.4	85.0	76.6	76.9
その他	12.9	9.4	6.8	4.0	3.0	3.4	4.3

注：n.a.は数値なし。
資料：表2-1と同じ。

ムのウェートが高かったが，その後，次第にパーム油，木材の輸出が伸びた。ただし木材については近年そのシェアが著しく低下している。鉱業でも同様に伝統的な輸出品の錫の地位の低下がみられた。1960年には錫の輸出は全輸出の14.0%を占め，1970年には19.6%と5分の1近くを占めていた。しかし，錫に代わり1970年代後半からは石油が鉱物輸出の中心となっている。また，天然ガスも1980年代後半以降輸出を伸ばしている。錫については資源の枯渇も進んでおり，減少傾向を止めることはできない。以上の1次産品の輸出はゴムと錫そして近年の木材を除き絶対額では増大しているが，これらの伸びを大きく上回る勢いで輸出を増大させたものが工業製品である。工業製品の輸出は1960年の時点では8.3%を占めるのみであったが，1970年代に入り急速に増大し，1970年代前半にシェアは倍増し，1980年には21.7%となった。その後1980年代後半に入り加速度的に輸出は増大し，そのシェアも1990年には60.4%，2000年にはマレーシアの全輸出の85.0%を占めるに至っている。しかし，近年，工業製品の輸出シェアも若干減少傾向を示すようになってきている。2014年の数値は76.5%であり，そのうちおよそ4割が電機・電子産業によるものである。

マレーシアはもはや1次産品の輸出に依存する植民地型の経済構造から脱し，中進国の一角を占めるほどの工業国になったといえる。輸出品目の多様化を目指したマレーシアは1970年代には1次産品内での多様化に成功した。その後，輸出構造自体が大きく工業製品に傾き，マレーシアの工業製品輸出は電機・電子産業に偏るとともに，後述するようにその多くが多国籍企業によってなされている。その点からはマレーシアの貿易構造の基本的な脆弱性は払拭されていないといえる。

3. 工業化の特徴[5]

すでにみたように，独立以降の主導産業は製造業であった。以下ではマレーシアの工業化の特徴について簡単に触れることとする。

独立以降のマレーシアの工業化は他の発展途上国同様，保護的な輸入代替から開始された。そのため関税により輸入品を制限し，それを国内生産により代替したのである。輸入代替は軽工業から開始されたが，マレーシアの狭い国内

市場という制約のため，製造業部門の成長率は1960年代後半から低下し始めた。そのため，政府は工業化政策の中心を輸出指向へとシフトすることとなった。しかし，輸入代替を完了し，比較優位に基づく輸出が可能となる産業がなかったため，政府は1970年代に入ると労働集約的な産業の誘致を企図し，半導体などの電機・電子産業関連の多国籍企業の誘致を積極的に行った。一方で，受け皿として関税がかからない自由貿易地区[6]を造成し，輸出指向的な企業に対しては100％外資での出資を認め，さらに法人税の免除など各種の税制上の優遇措置を導入した。これにより，米国系の半導体メーカーなどの誘致に成功し，マレーシアは半導体の生産基地へと変貌していった。また，自由貿易地区には米国系以外に日系，欧州系の電機・電子関連企業の進出も相次ぎ，マレーシアの輸出指向工業化を牽引した。ちなみに1980年代の工業製品輸出の50％から60％が自由貿易地区に立地した企業によって行われていた。

　1980年代に入り，政府は重工業部門での輸入代替工業化を企図し，政府が中心となりこれを進めた。民間企業にとって重工業への参加のハードルは資金面等で高く，政府はマレーシア重工業公社（Heavy Industries Corporation of Malaysia : HICOM）を設立し，日系企業との合弁により，鉄鋼，セメント，自動車，オートバイ産業に参入した。この時期は日本や韓国に学べというルックイースト政策が提唱された時期と重なっており，日本のプレゼンスが拡大した。また，公企業の設立はブミプトラ政策の推進とも関連し，公企業は積極的にブミプトラを雇用した。もっとも象徴的なプロジェクトは1983年にマレーシア重工業公社と三菱自工，三菱商事の合弁企業として設立された国民車メーカー，プロトン[7]である。

　1980年代央にマレーシアはマイナス成長を記録したが，この不況からの脱出のため，政府は外資に対する規制を大幅に緩和した。日本の円が米ドルに対して切り上がった時期と重なるため，多くの日本企業がマレーシアに進出し，その勢いは1980年代後半から1990年代の初めまで続いた。この間，日本はマレーシアに対する最大の投資国であったが，歴史的には英国からの投資が多く，また，地理的に隣接しているシンガポールからの投資も多かったが，新たに日本，そして，半導体への投資が多かった米国が主要な投資国となった。さらに韓国や台湾の企業も自国の通貨高や賃金の上昇によりマレーシアへの進出

を増加させた。

　マレーシアは製造業の生産の5割近くを外資系企業に依存しており，この比率は発展途上国のなかでも高いものである。また，近年，工業基盤の拡大がみられ，電機・電子産業の比率が相対的に低下しているが依然として全生産額の約2割に達している。輸出指向的な電機・電子産業においては8割近くの生産が日系，米国系企業などの外資系企業によってなされている。また，これら企業の多くは自由貿易地区に立地するか保税工場の資格を得ているため，原材料等を輸入に依存する比率が高く，国内産業とのリンケージは弱いものであった。そのため，自由貿易地区は飛び地的な性格の強いものとなっている。ASEAN 自由貿易地域（ASEAN Free Trade Area：AFTA）や日中韓とASEAN との自由貿易により自由貿易地区の重要性は低下したが，台湾では地場企業からの現地調達率が上昇し，外資系企業と地場企業のリンケージの拡大がみられたが，マレーシアの場合，現地調達率の上昇はみられたが，これは主に日本企業などのサプライヤーのマレーシア進出によるところが大きかった[8]。

　マレーシアの工業化政策は1980年代央から工業マスタープランに基づき遂行されている。最初の工業マスタープランは1985年から1995年まで，第2次は1996年から2005年，現行の第3次は2006年から2020年までとなっている。それぞれ，製造業全体の成長の方向性と部門ごとの具体的な目標が記されている。

　新経済政策以降，マレーシアは中央政府だけでなく州政府のレベルでも政府の介入が拡大した。新経済政策の目標にあるブミプトラの商工業部門への進出を政府自らが企業を設立し，彼らを雇用することで達成しようとしたのである。また，これら公企業の設立はブミプトラの株式所有とみなされたので，新経済政策におけるブミプトラの株式所有の増大にも貢献するものであった。表2-1にあったように GDP に占める政府のシェアは1980年代に拡大した。製造業部門においても同様な傾向がみられ，1980年代初めには公企業の全生産に占めるシェアは30％近くにまで上昇した。その後，経営効率の悪さや財政的な負担から民営化の流れに乗り，そのシェアは減少していったが，もともと外資系企業と華人系企業が大半を占めていた製造業において新経済政策の目標を

4. 所得格差の是正と貧困の撲滅

新経済政策を開始する要因ともなった民族間の所得格差の是正は長きにわたりマレーシアの経済政策のなかで中心的な地位を占めてきた。前述のように独立時点の民族間の所得格差は非常に大きなものがあった。新経済政策のもと，他の民族の絶対的な所得を下げることなしに，ブミプトラの所得を向上させるには，経済全体のパイを拡大し，拡大した部分のより多くをブミプトラに分配する必要があった。そのため，経済成長は不可欠であった。

所得格差は各民族が主に従事する職業と都市と地方との格差が結びついたものである。ブミプトラは独立の時点では主に地方で農業に従事し，他の民族はゴムのプランテーションでインド系住民がタッピング（採取）に従事してはいたものの，多くが都市に住み商工業に従事していた。職業間，地域間格差が民族と直結していたのであり，これを是正するためにはブミプトラの都市での商工業部門への参加が必要であった。

ブミプトラ政策のもと，彼らの経済的な地位も向上し，民族間の所得格差も徐々に是正されていった。表 2-3 にあるように 1970 年にはブミプトラと華人系住民との間の所得格差は 2 倍以上であったが，新経済政策が開始されて以降，着実に格差は減少し，2009 年には 1 対 1.38 となった。ブミプトラとインド系住民との所得格差も同様に縮小し，2009 年には 1 対 1.10 となった。新経済政策で謳われたようにブミプトラの商工業部門への参加は拡大し，これにより，民族間の所得格差は是正されている。

新経済政策で謳われた貧困の撲滅については最貧層の減少などその成果は上

表 2-3 民族間所得格差

	1970 年	1979 年	1989 年	1999 年	2009 年
ブミプトラ	1.00	1.00	1.00	1.00	1.00
華人系	2.29	2.04	1.74	1.74	1.38
インド系	1.77	1.54	1.29	1.36	1.10

出所：Malaysian Government (2010a), p.148.
注：ブミプトラを 1.00 とした比率で表示。

がっている。すでにマレーシア国内で貧困に苦しむ人の数は少なくなっている。1970年にブミプトラの65.0%が，華人系の26.0%が，そしてインド系の39.2%が貧困層であったが，この数値は2004年にはそれぞれ，5.1%，0.6%，2.5%に低下している（Malaysian Government 2006）。依然として都市と地方では後者においてより多くの貧困層が存在するが，1970年にそれぞれの貧困層の比率は21.3%と58.7%であったが，2004年にはこの数値は2.5%と11.9%となっている。

第11次マレーシア計画（2016－2020）によればマレーシアの貧困率は2009年の3.8%から2014年には0.6%へとさらなる改善をみせている。2010年以降，政府は下位40%の所得増大に努めている。第10次マレーシア計画（2011－2015）によればこれらに属する人々の約73%はブミプトラとみられており，引き続き，彼らの所得の増大が課題となっている。

第3節　新経済モデルの導入―先進国入りの課題

1. 新経済モデル

マハティール元首相は1991年にビジョン2020を提唱し，2020年までに先進国入りを目指すとした。そのなかで，新経済政策を総括するとともに競争的な経済の建設を説き，経済の多様化，技術，生産性，起業家精神などの10項目をあげている。ただし，具体的な数字目標は出されていなかった（Mahathir 1992）。2020年まで残り10年となった2010年に2020年までの経済の方向性を示す新経済モデルが国家経済諮問審議会（National Economic Advisory Council : NEAC）により作成された。新経済モデルは第11次マレーシア計画で提示されたビジョン2020の実現に向けた国民改革政策（National Transformation Policy : NTP）の柱となる4つの重要項目のひとつである。国民改革政策には新経済モデルのほかにひとつのマレーシア（1 Malaysia），政府改革プログラム（Government Transformation Programme : GTP），第11次マレーシア計画が含まれる。

新経済モデルではマレーシアは中所得国の罠に陥っているとし，ビジョ

2020が目指す先進国入りのための方策を示している。そして，民間主導による発展を目指し，高所得経済（High-Income Economy），包括的社会（Inclusive Society），持続的成長（Sustainable Growth），の3つを柱としている。また，これら3つの中心には国民生活の質があるとしている（図2-1参照のこと）。

高所得経済の項目ではより具体的には2020年までに1人当たりのGDPを1万5000米ドルとすることとし，そのためにサービス部門の拡大，民間と政府とのバランスのとれた成長，生産性向上のための技能，イノベーション，知識の活用があげられている。包括的社会はすべての民族が参加すること，そして継続的成長は将来の世代のために限りある資源を有効に活用することである。さらに民間部門の再構築，競争的な国内経済の創造，知識ベースインフラストラクチャーの建設などの8つの戦略的改革優先事項を提示している。

新経済モデルで打ち出された3つの柱と8つの戦略的改革優先事項は次に述べる経済改革プログラムと第10次マレーシア計画双方で示された12の国家重点経済領域（National Key Economic Areas：NKEAs）とはそれぞれ相互に関連しながら進められるものである。

図2-1　新経済モデル

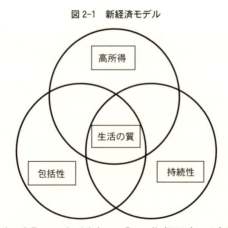

出所：National Economic Advisory Council (2010a), p.4をもとに作成。

2. 経済改革プログラム

経済改革プログラムは国民改革政策の 4 つの事項のうち第 10 次マレーシア計画とともに新経済モデルの考え方を盛り込み，より具体的な先進国入りの方向性を示したものとなっている。

経済改革プログラムでは新経済モデル同様，2020 年までに 1 人当たり GDP を 1 万 5000 米ドルとするという目標に向け年率 6 ％の経済成長の達成や 12 の国家重点経済領域を示している。

経済改革プログラムは前述の新経済モデルの 3 つの柱を踏襲するとともに，新経済モデル同様，現状について製造業などの成長のエンジンの減速，中所得国の罠にとどまる危険性があること，財政状況が不安定であること，資本や人材の世界規模での競争が激化していることをあげている。

12 の国家重点経済領域の提示はこれまでの第 1 次，2 次，3 次産業といった産業別の経済振興策を一部含みながら，より選択的に重点分野を抽出している。また，第 3 次産業内のサービス関連により多くの投資を行うとしており，経済のソフト化をさらに進めるものとなっている。一方で産業を限定しない成長センターとしての首都クアラルンプールとその周辺という，地理的区分により発展の方向性を考えている点に新規性がみられる。

経済改革プログラムは，過去の経済発展が第 1 次産業や製造業など特定の分野に大きく依存してきたことから脱却し，先進国入りに向けて経済の多様化と全体の底上げを目指したものであるといえる。その一方で，12 領域は総花的な印象も拭いきれない。ただ，財政状況の悪化に鑑み，投資の 92％は民間が行い，政府はインフラストラクチャーなど関連項目への投資に専念するという民間主導による発展を目指している点は評価される。

ちなみに 12 の国家重点経済領域は下記のとおりであり，導入的プロジェクトがすでに 131 用意されている。

① 石油・ガス・エネルギー，② パーム油，③ 金融サービス，④ 卸・小売，⑤ 観光，⑥ ビジネス・サービス，⑦ 電機・電子，⑧ コミュニケーション・コンテンツとインフラストラクチャー，⑨ ヘルスケア，⑩ 教育，⑪ 農業，⑫ クアラルンプール周辺地区。

3. 先進国入りの課題

　新経済モデルの公表以降，経済改革プログラムや第10次および第11次マレーシア計画と政府はビジョン2020の目標達成のために矢継ぎ早にさまざまな施策を打ち出してきた。1990年代までの主に製造業が経済発展を牽引した時代には先行する国々の政策を踏襲することにより発展が保証されたが，より低賃金の国々によるキャッチアップを受ける立場となったマレーシアは脱工業化と経済のサービス化に向け新たな発展戦略を必要とするようになった。

　実体経済は石油価格の低迷や財政赤字のため財政措置による経済活性化が進まない状況にあり，2011年から2015年までの第10次マレーシア計画の期間中の経済成長率は5.5%であり，新経済モデルで提示された6.0%の経済成長率を下回っている。

　マレーシアは労働生産性やR&Dへの投資，エンジニアの数などの指標では日本や先行するシンガポール，韓国，台湾に大きく遅れをとっており，経済を高度化させるにはこれらの改善が不可欠である。また，外国人労働者は250万人ともいわれ，特に製造業，農業，建設業において彼らに依存する体質となっている。外国人労働者は短期的には未熟練労働者の人手不足，特に3K職場でのそれを解消するものではあるが，長期的には生産性向上の阻害要因ともなりかねない。

　2020年までに1人当たりのGDPを1万5000米ドルにするという数値目標を設定し，これに向けて努力することは必要であるが，それに縛られすぎず，地道な経済構造の変革と継続的な投資，生産性向上，さらには教育，福祉面の向上により，生活の質を高めることがより重要であろう。

第4節　対外関係

1. 貿易

　マレーシアは貿易に依存するという経済体質もあり，基本的にリベラルな貿易政策をとってきた。また，ASEANの設立時からのメンバーであり，1992年のASEAN自由貿易地域の発足に参加するなど，貿易の自由化には比較的，

積極的であった。ASEAN自由貿易地域のもとでの共通有効関税スキームでは自動車関連をセンシティブなものとし、関税撤廃の除外品目とするなど保護が継続され[9]、その他にも、政府関連の調達について制限を加えることが多かったが、基本的には小国であるマレーシアは貿易の自由化によるメリットが大きいため、リベラルな基本姿勢は変わっていない。

すでに6ヵ国と自由貿易協定を締結しており、ASEANと日中韓、またASEANとオーストラリア、ニュージーランドの間でも自由貿易協定が結ばれている。日本とも2007年に経済連携協定（EPA）を締結している。ただし、日本との自由貿易については長い間保護されてきたマレーシアの自動車産業の取り扱いが懸案事項となり、大臣間の折衝でようやく解決をみた。また、関税の撤廃についても国民車メーカーの製造するモデルと競合する車種については段階的な関税の引き下げが行われた[10]。

マレーシアも参加している、環太平洋経済連携協定（TPP）の交渉は一定の合意をみたが、マレーシアの政府系企業（Government Linked Companies：GLCs）からの調達も懸案事項となっていた。ブミプトラ政策とも関連するため、国内で議論を呼ぶ可能性がある。

2. 外資政策

これまでのマレーシアの外資政策を投資額の最も多い製造業でみると、新経済政策で決められたブミプトラ資本比率30％（非ブミプトラ40％、外資30％）という目標を達成するために、1975年の工業調整法により企業の設立計画について監視を行っているが、一方でガイドラインによりその時々の状況にあわせて、外資に対する規制の強化と緩和を繰り返してきた。ガイドラインの策定に当たっては主要投資国の商工会議所などとの意見交換も行われており、比較的外資に対して寛容であるといえる。

政府の外資政策は新経済政策との関連もあるが、基本的には景気が後退した時期には投資を促進する目的で外資規制は緩和され、景気が上向くと規制を強める傾向にあった。これは1980年代半ばやアジア通貨危機後の1990年代末の対応をみても明らかである。例えばアジア通貨危機に直面した1998年7月末から2000年末までの期間、それまでの輸出比率に基づく出資比率ガイドライ

ンを廃止し，一部の対象外分野を除くすべての製造業で外資100％を容認するとした。その後，2003年6月より，完全自由化となり，すべての製造業において外資100％が可能となった。ただし，流通，金融などでは一部，外資の出資が制限される場合がある。近年の外資規制の撤廃や緩和は経済連携協定などの締結による経済活動の自由化の流れに沿うものである。

3. 日本との関係[11]

わが国は第2次大戦時，一時マレーシアを支配したが，終戦によりこの支配も終結した。

戦後，経済関係の強化が進められ，1960年代から製造業を中心に日本企業の進出が始まり，製鉄業などで合弁企業が設立された。1970年代には自由貿易地区に電機・電子関連の企業が進出し，輸出の増大に貢献した。1981年に後述する，日本，韓国から学ぶというルックイースト政策が開始された。1980年代半ば以降の円高により日本企業（製造業）のマレーシア進出が加速度的に増加するが，親日的なルックイースト政策は日本企業の進出を後押しするものであった。

1980年代後半から1990年代初めにかけて製造業企業の集中豪雨的な進出がみられたが，その後は落ち着き，近年，非製造業企業が増加傾向にある。これもマレーシア経済のサービス化に対応するものである。ちなみに投資残高（2014年）では日本はシンガポールについで第2位の地位にある。また2014年の製造業の投資許可額は109億リンギで，第1位であった。これは化学や石油関連の大型投資があったことによる。

2014年の時点での日系企業数は製造業企業772社，非製造業企業が666社であった。製造業では電機・電子関連企業が264社と圧倒的な地位にあり，半島西海岸のクアラルンプールとその周辺，シンガポールに隣接する南部のジョホール州，そして北部の中心であるペナン州に集中している。非製造業では貿易・商業が148社，製造関連サービスが120社となっている。

マレーシアは親日的な対応や政治的安定，英語の普及などの面で日系企業にとってビジネスを遂行する上で高い評価を受けている。一方，近年，賃金の上昇が日系企業にとっての課題となっている。2013年1月の最低賃金（半島部

900 リンギ) の導入，2013 年 7 月からの定年年齢の 55 歳から 60 歳への引き上げなどコストの上昇が懸念されている。

　貿易面でも日本とマレーシアは強い結びつきがある。すでに 2007 年に経済連携協定が発効しており，ほとんどの製品は関税が課されずに貿易されている。日本はマレーシアにとって輸出先，輸入元ともに第 3 位である。マレーシアからの輸出のおよそ 5 割が石油・天然ガスであり，圧倒的な地位を占めている。これ以外では日系企業による集積回路，半導体などの輸出が多い。一方，マレーシアの輸入は工業製品中心であり，集積回路，半導体関連，乗用車と同部品などが上位を占めている。集積回路や半導体が輸出，輸入の双方で上位に入っているが，これは日本から輸入した部品等をマレーシアで組み立て，再度日本に出荷するためである[12]。

　ルックイースト政策は 1981 年にマハティール元首相により提唱されたものである。戦後の日本経済の急速な回復とその後の急成長は欧米諸国の脅威となっていたが，一方でこれら諸国の経済は相対的に低迷していた。日本経済や日本企業の強さに関心が寄せられていた時代でもあり，マハティール元首相はマレーシアの経済発展の模範として日本と韓国をとりあげた。会社への忠誠心や労働倫理など西洋的でない要素の重要性を見出したといえる。

　ルックイースト政策のもとマレーシア国内で日本語等の教育を施し，日本の大学に多くの学生を送り出し，技術者などの研修のためにも短期，長期で多くの人材を日本に派遣した[13]。彼らは帰国後，日系企業などに就職するとともに，両国の社会・文化を理解する人材として活躍している。ルックイースト政策は既述のように円高と相俟って日本からの投資の増大に貢献したといえる。政府派遣だけでなく，国民車メーカーで当初，三菱自工と三菱商事との合弁であったプロトンは生産開始前に日本に技術者を派遣し，研修を行った。その他，電機・電子関連企業を中心に多くの日系企業が研修のためにマレーシアの社員を日本に送っていた。このように企業レベルでも多くのマレーシア人が日本で研修を受けたのである。

おわりに

　独立以降，多民族国家を運営していくうえで新経済政策に代表されるブミプトラを優先する政策をとりながらも，成長と分配をある程度両立させ，比較的順調な経済発展を続けたマレーシアであったが，2000年以降，経済成長率の鈍化に直面し，2020年に先進国入りをするというビジョン2020の達成への道のりは決して平坦ではない。中所得国の罠から抜け出し，真の先進国となることができるか否かは生産性の向上，換言すればR&Dへの投資や人材育成にかかっている。しかし，現時点ではシンガポール，韓国，台湾に後れをとっていることは否めない。

　多民族国家であるため民族間の融合が常に叫ばれてきたが，グローバル化する経済においてはその多様性がプラスに作用する可能性も秘めている。イスラム圏との強い結びつきや華人系，インド系住民の祖国との経済関係の強化などは今後のマレーシアを起点としたビジネスが拡大する要素となりうる。

（穴沢　眞）

注
1) ブミプトラとはマレー語で「土地の子」を意味し，主にマレー人をさすが，その他の少数民族もこのなかに含まれる。
2) リンギはマレーシアの通貨単位である。
3) 新経済政策に関する最近の文献としてGomez and Saravanamuttu (2013) がある。
4) 1970年当時の株式所有比率はブミプトラ2.4％，非ブミプトラ34.3％，その他63.3％であった。その他は外国人である。新経済政策の最終年である1990年の数値はブミプトラ19.3％，非ブミプトラ46.8％，その他33.9％であった。2008年ではそれぞれ21.9％，36.7％，41.4％となっている。
5) 工業化政策やその特徴については堀井 (1991)，穴沢 (2010)，Jomo (2007) を参照のこと。
6) 自由貿易地区については穴沢 (2010) 第5章を参照のこと。
7) プロトンおよびマレーシアの国民車プロジェクトについては穴沢 (2006) を参照のこと。
8) リンケージ，現地調達については穴沢 (2010) 第6章を参照のこと。
9) 2004年，2005年に自動車関連の関税を引き下げたが，同時に物品税が引き上げられた。詳細については穴沢 (2006) を参照のこと。
10) 詳細については穴沢 (2007) を参照のこと。
11) 日本との経済関係についてはJomo (1994) を参照のこと。
12) 日本とマレーシアの経済関係については主に日本貿易振興機構 (2015) によった。

13) 総数は1.5万人ともいわれている。在マレーシア日本大使館の資料によれば2008年時点で留学生4621人，研修生7468人であった。

参考文献
(日本語)
穴沢眞（2006），「マレーシアの自動車産業―国民車メーカーを中心として―」平塚大祐編『東アジアの挑戦　経済統合・構造改革・制度構築』アジア経済研究所．
穴沢眞（2007），「マレーシア―内閣主導による政策決定―」東茂樹編『FTAの政治経済学　アジア・ラテンアメリカ7カ国のFTA交渉』アジア経済研究所．
穴沢眞（2010），『発展途上国の工業化と多国籍企業―マレーシアにおけるリンケージの形成―』文眞堂．
池端雪浦，生田滋（1977），『東南アジア現代史II　フィリピン・マレーシア・シンガポール』山川出版社．
小野沢純（2010），「マレーシアの新開発戦略～「新経済モデル」と「第10次マレーシア計画」」『国際貿易と投資』国際貿易投資研究所，Autumn, No.81, 38-63頁．
中村正志（2006），「ポスト1990年問題をめぐる政治過程―ビジョン2020誕生の背景―」鳥居高編『マハティール政権下のマレーシア　「イスラーム先進国」をめざした22年』アジア経済研究所．
日本貿易振興機構（JETRO）（クアラルンプール事務所）（2015），「マレーシアの政治経済概況　2015年8月」日本貿易振興機構（クアラルンプール事務所）．
萩原宜之（1989），『マレーシア政治論　複合社会の政治力学』弘文堂．
堀井健三編（1991），『マレーシアの工業化　多種族国家と工業化の展開』アジア経済研究所．

(外国語)
Central Bank of Malaysia (2015), *Annual Report 2014*, Central Bank of Malaysia, Kuala Lumpur.
Department of Statistics (Malaysia) (2012), *Economic Census 2011 Manufacturing*, Department of Statistics, Putrajaya.
Gomez Edmund Terence and Saravanamuttu Johan eds. (2013), *The New Economic Policy in Malaysia: Affirmative Action, Ethnic Inequalities and Social Justice*, National University of Singapore Press, Singapore.
Habibah Lehar, Yaacob Anas and Tey Hwei Choo (2014), *Malaysian Economy*, Oxford Fajar, Shah Alam, Malaysia.
Hill Hal, Tham Siew Yean and Ragayah Haji Mat Zin eds. (2012), *Malaysia's Development Challenges: Graduating from the Middle*, Routledge, Oxford.
Jomo K.S. ed. (1994), *Japan and Malaysian Development: In the Shadow of the Rising Sun*, Routledge, London and New York.
Jomo K.S. ed. (2007), *Malaysian Industrial Policy*, National University of Singapore Press, Singapore.
Mahathir Mohamad (1992), "Malaysia: The Way Forward," in Sulaiman Mahbob ed., *Issues in Recent Malaysian Economic Growth*, Arena Ilmu, Kuala Lumpur.
Mahathir Mohamad (2011), *A Doctor in the House: The Memoirs of Tun Dr Mahathir Mohamad*, MHP, Petaling Jaya, Malaysia.
Malaysia Productivity Corporation (MPC) (2014), *Productivity Report 2013/2014*, MPC, Petaling Jaya, Malaysia.

Malaysian Government (1973), *Mid Term Review of the Second Malaysia Plan 1971-1975*, Malaysian Government, Kuala Lumpur.
Malaysian Government (1991), *The Second Outline Perspective Plan 1991-2000*, Malaysian Government, Kuala Lumpur.
Malaysian Government (2001), *The Third Outline Perspective Plan 2001-2010*, Malaysian Government, Putrajaya.
Malaysian Government (2006), *Ninth Malaysia Plan 2006-2010*, Malaysian Government, Putrajaya.
Malaysian Government (2010a), *Tenth Malaysia Plan 2011-2015*, Malaysian Government, Putrajaya.
Malaysian Government (2010b), *Economic Transformation Programme: A Roadmap for Malaysia*, Malaysian Government, Putrajaya.
Malaysian Government (2015), *Eleventh Malaysia Plan 2016-2020*, Malaysian Government, Putrajaya.
National Economic Advisory Council (2010a), *New Economic Model for Malaysia Part I: Strategic Policy Directions*, Percetakan Nasional Malaysia, Kuala Lumpur.
National Economic Advisory Council (2010b), *New Economic Model for Malaysia: Concluding Part*, Percetakan Nasional Malaysia, Kuala Lumpur.
Rajah Rasiah ed. (2011), *Malaysian Economy: Unfolding Growth and Social Change*, Oxford Fajar, Shah Alam, Malaysia
Sulaiman Mahbob (1992), *Issues in Recent Malaysian Economic Growth*, Arena Ilmu, Kuala Lumpur.

第3章

シンガポール経済—転機を迎える都市国家

はじめに—権威主義開発体制とは何か

　2015年はシンガポールにとって大きな区切りの年であった。シンガポール建国の父であるリー・クワンユーが3月に亡くなったのである。
　彼は1990年にシンガポールの首相を退いている。政府もゴー・チョクトン，リー・シェンロンという2人の首相をはじめ新しいメンバーに引き継がれている。
　しかし首相退任後もリー・クワンユーの影響力・存在感は後継首相のそれを凌駕した。シンガポールという国家自体が彼のアイデアとリーダーシップから生まれたものであったと言ってよい。アイゼンハワー米大統領，日本でいえば岸信介首相の時代からずっとシンガポールの針路を導く灯であった彼の存在は大きい。
　リー・クワンユーの時代が文字通り終わった。権威主義開発体制の代表例であったシンガポールの今後はどうなっていくのだろうか。

　シンガポールは，ほぼ赤道直下にある小さな島国である。国土面積約718平方キロメートルは，東京23区より一回り大きいだけの都市国家である。ここに約547万人（2014年）の人々が住む[1]。国民の約4分の3が華人，マレー系13％，インド系9％からなる多民族国家である。1人当たりGNPにおいては日本を凌駕する豊かな国でもある。
　もともとはマレーシアの寒村であり，英国人ラッフルズ卿によって「発見」され19世紀初頭に中継港として近代史に登場した。

1963年にマレーシアと合併してイギリスの植民地から独立したが、2年後の1965年にはマレーシアから切り捨てられるかたちで分離独立せざるを得なかった。食料はもちろん、水までも輸入せねばならないという皆無に近い資源、10%を超す高い失業率、今日のシンガポールからは考えられないが「世界で最悪のスラム」と呼ばれた劣悪な住環境などが当時の実情であった。

加えてシンガポールに敵対的なマレーシアとインドネシアに囲まれた「マレー人の大海に浮かぶちっぽけな華人の島」として前途が危ぶまれた。

シンガポールはこの危機的な状況を、輸出指向工業化・外資の積極的な誘致と合理的な政府運営、建国の父リー・クワンユーの強いリーダーシップで乗り切ってきた。

独立当初わずか1618米ドルであった1人当たりGNPは今日では4万ドルを超えた。また大半の国民が政府によって建てられた快適なHDB（Housing Development Board：住宅開発庁）のフラットに住み、持ち家率も8割を超える。また同年代の若者の約9割が高等教育機関に進学するなど、教育面でも紛うことなき先進国である。犯罪発生率も0.59（2014年）と日本と同程度に低い。

政治的には建国以来、PAP（People's Action Party：人民行動党）の一党

図3-1　シンガポールの1人当たりGNP（米ドル）

出典：*Yearbook of Statistics Singapore, various years.*

支配が続いている。経済は先進国レベルに達していながら「経済発展した国は民主化される」という一般的な考え方からは例外的な国でもある。

1人当たりGNPの驚異的な伸びが示すように，シンガポールは権威主義開発体制による経済発展の成功例である。

権威主義開発体制とは，開発を至上の目的とし，テクノクラートが実権を握り，市場に関して政府が何らかの介入を行い，また開発の成功をもって自らの正統性を主張する体制である。デモクラシーには何らかの制約が加えられることが多く，その場合，権威主義開発体制を「開発独裁」と呼ぶこともある。

シンガポールを特徴づけるのはその経済発展を可能にした権威主義開発体制である。その課題，今後について見てみよう。

第1節　シンガポールの発展の特徴

1. 都市国家の誕生：シンガポールの出発点

シンガポールは1819年に，イギリス東インド会社のスタンフォード・ラッフルズ卿が，この地を中継貿易点と定めることによって，その名が近代史に登場した。インド洋と中国を結ぶこの地は，地政学的にも国際政治的にも重要なポイントであった。

1942年から第2次世界大戦の終結する45年までは日本軍に支配される。再びイギリスの植民地となったが，第2次大戦後に独立の機運が高まり，1959年5月30日の総選挙でリー・クワンユー率いるPAPが51議席のうち43議席を占めて自治政府を作った。

リー・クワンユーは1923年シンガポールで中国からの移民の子供として生まれた。英語教育を受け，イギリスのケンブリッジ大学を卒業，弁護士としてスタートした。1954年のPAP創設に中心的役割を果たし，1992年までPAP書記長，自治政府時代の1959年から独立後の1990年までの間，首相としてシンガポールの繁栄を築いてきた。文字通りシンガポールの「顔」であり「成長の知恵袋」「カリスマ」でもあった。

自治政府当時のシンガポールの産業構造は，中継貿易港機能を反映して貿易

関連の商業・サービス業が中心であり，最大の課題である雇用創出のためには，製造業の育成が必須であった。

自治政府の下，シンガポールの工業化は，まず輸入代替から始められた。輸入によってまかなっていた工業製品をシンガポール国内で生産し，販売市場としてはマレーシアが考えられた。したがってPAPは当初，マレーシアとの合併によるイギリスからの独立をめざした。

合併は後背地を持たないシンガポールにとって，自らの安全と経済機会・市場の拡大，マレーシアの豊富な自然資源の利用可能性を意味した。1962年9月1日の国民投票で，マレーシアとの合併を訴えるPAPの提案が71％の支持を得る。すでに1957年に独立を達成していたマラヤ連邦にサバ，サラワク，シンガポールが加わり，1963年9月に新連邦マレーシアが誕生した。

独立直後に行われた1963年9月21日の選挙では，PAPが全51議席のうち37議席を占めた。中でもシンガポールの3つのマレー人居住地区でPAPの候補者が勝利を得たことが，マレーシアの与党であるUMNO (United Malays National Organization：統一マレー人国民組織) に衝撃を与えた。

PAPの主張するマレー人でなく，(華人を含む) マレーシア国民のマレーシア，人種に限らない実力主義，多民族主義は，マレー人優遇政策を採るクワラルンプールの中央政府にとって，到底受け入れられないものだった。

逆に歳入の約3割を中央政府に上納しながら，マレーシア・シンガポールの自由貿易ゾーン計画が進展しないことや，サバ，サラワクの開発資金を提供させられたことが，シンガポール側の不満を生んだ。

マレーシアのサバ，サラワク，シンガポールへの拡大を，自国への挑戦と脅威であると受け取ったインドネシアの対決 (Confrontation) 政策もあって，マレーシア，シンガポール内で混乱が始まった。シンガポール国内でも爆弾テロが発生した。対決政策はインドネシアとの中継貿易に大きく依存していたシンガポールにとって大きな痛手ともなった。

最終的に1965年8月9日，シンガポールはマレーシアから切り捨てられる形で分離独立を余儀なくされた。「シンガポールはマレーシアにとって壊疽であるから除去しなければならない」という当時のマレーシア首相ラーマンの言葉がその状況をよく表している。

輸入代替戦略の前提は瓦解した。シンガポールは後背地を持たない文字通りの「都市国家」として生きていくしか選択の余地がなくなったのである。

URB (Urban Redevelopment Board：都市再開発庁) はシンガポールの都市計画を策定する政府機関である。URBのシンガポール・シティ・ギャラリーの最初には'Singapore is the city that happens to be a country'と書いてある。確かに本来，一都市だったのに，たまたま国になってしまったのがシンガポールだ。

それが成功も困難も生んだ。たとえば国土の20％は軍の訓練地で，都市には異様だが，国としては必要なこともそこから説明される。1971年，国連の支援を受けたコンセプト・プランからシンガポールの都市計画がスタートした。

2. 外資導入を軸にした輸出指向工業化

1967年末には，シンガポールを軍事的・経済的に支えていた駐イギリス軍の撤退が発表された。65年の分離独立当時，駐イギリス軍に関する産業だけでGNPの2割を占め，雇用労働者も直接・間接含め5万人に達していた。イギリス軍の撤退は基地に依存していたシンガポール経済に壊滅的な打撃を与えるものであった。イギリス軍は1971年に撤退を完了した。

経済発展に必要な資源を全くもたないシンガポールは，文字通り「生き残り」をかけて必死の政治・経済運営を進めていった。このような国家的危機の中で採用されたのが，外資導入を軸とした輸出指向工業化である。

有力な企業家，資本家を欠くというシンガポールの初期条件から，資本は外国に依存せざるを得ない。

地場産業を担う華人企業家，資本家は商業・サービス業が中心で，製造業に対する経営技術は持っていなかった。しかも政治的には中国やマラヤ共産党の支持者も多く，シンガポールを率いる与党PAPにとって政治的パートナーになりにくいという事情もあった。

シンガポールは開発途上国では数少ない100％の外資企業を認めた国である。市場だけでなく資本までも外国に依存する極端な輸出指向型工業化は，守るべき国内市場も国内産業もなかった小国だからこそ可能となった究極の戦略でもあった。

シンガポールの工業化を特徴づけるのは「外資依存」と「国家主導」である。積極的な外資の導入のために，投資奨励法の制定，減免税措置など各種の優遇政策，シンガポール島西部に広がる広大なジュロン工業団地の提供などの政策がとられた。

外資の導入には政治の安定・治安の維持が不可欠である。政治的に安定せず治安が悪い国に企業は進出しないからである。同時にシンガポール政府は開発を効率的に進める政府・行政組織を構築することに全力を注いだ。

また進出してくる企業にとって，対立的でなく協調的な労使関係が望ましいのは言うまでもない。労働組合運動にも制限を設け，争議の減少と生産コスト上昇を抑制する労使関係の規制を図った。労使関係法は事実上，ストを行うことが非常に難しいように改正された。

シンガポールの公用語は国語でもあるマレー語，英語，華語（マンダリン），タミル語の4つであるが，事実上英語が第1言語とされた。多国籍企業のビジネスには英語は不可欠である。シンガポール社会で英語を話せないことは進学，就職，社会階層などで大きな不利を招く。

このようにして積極的な外国民間企業の流入を期したのである。工業化を主導した産業は，造船，石油精製，電気・電子部品を中心とした重工業であった。

今日のシンガポールの経済発展を振り返ってリー・クワンユーはこう言っている。「周りの諸国にクリーンな体制はないが，シンガポールの体制はクリーンである。隣国は法の秩序という点で不安材料があるが，我々は法を遵守する。我々は決定を下したらそこからぶれない。我々は投資家の信頼を得ている。世界トップクラスのインフラ，世界トップクラスのサポート・スタッフがいて全員英語で教育を受けている。空運，海運も充実，通信もケーブル，衛星，そしていまではインターネットでのアクセスが容易だ。つまりシンガポールはこの地域のどの国とも異なる位置にある」（ハン 2014, 167頁）。

3. 技術集約型産業への転換

外国企業の大量進出により，シンガポールの労働市場は1970年代初めにはほぼ完全雇用を達成し，労働力不足へと転換した。この頃には，タイ，マレー

シア，インドネシアなど近隣諸国が，安い労働力を武器としてシンガポールを追い上げて来た。

そのためシンガポール政府は，これまでの労働集約型産業から，電気・電子産業を中心とした資本・技術集約型産業への構造転換政策を打ち出した。

政府は，ハイテク産業や研究開発型企業の振興や誘致に力を入れる一方で，1979年から3年連続で毎年20％近い大幅な賃上げ政策を実施した。労働集約型産業を淘汰するため，低廉な賃金を必要とする企業がシンガポール国内で生き延びることができないことを意図して行ったのである。シンガポールらしい，明確でかつ妥協の余地のない産業高度化政策であった。

シンガポールのGDPの産業別構成をみると，分離独立した1965年のGDPに占める製造業は15％に過ぎなかったが，70年には20％，80年には28％に達している。

第2次石油危機後の1981年から世界経済が後退し，1985年にはシンガポールも輸出の減少から1965年の独立以降初めてのマイナス成長を記録した。政府は賃金の凍結，法人・所得税の減免などの方針を打ち出した。また，工業製品輸出基地からの転換を図り，金融・物流・サービスセンターの機能を高めるための優遇措置を採用した。さらに1990年代には知識集約型産業への転換を図ったのである。

「地域経営本部」を設立した企業に対する税制優遇措置などには，企業がシンガポールに登記していればよい，有力なベンチャーであれば十分，能力のある人に来てほしい，という政府の基本方針を読み取ることができる。

そこには企業の発展こそシンガポールの発展であるというクールな政府の意思が表れている。シンガポールはこのような政策の下，再び高成長路線に復帰した。アジア経済危機が発生するまでの90年代のシンガポールの成長率は8.8％という高率である。

政府の目論見通り，1980年代前半から金融・サービス部門が急速に成長し，製造業とともにシンガポール経済を支える二本柱となった。金融・ビジネスがGDPに占める割合は，独立当初の14％から80年代前半に大きな伸びを示し，95年には25％となって製造業を逆転している。また，農業など第1次産業がほとんど存在しないこともシンガポールの産業構造の特徴である。

図 3-2 シンガポールの産業構造

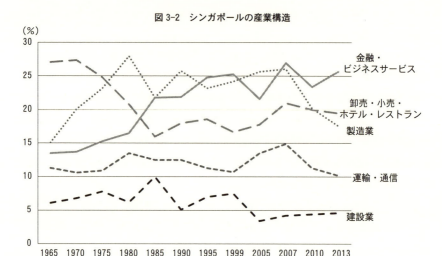

出典：*Yearbook of Statistics Singapore, various years.*

　製造業の分野では，近隣のマレーシア（ジョホール州）およびインドネシア（バタム島，ビンタン島）の豊富で低廉な労働力，土地，資源と，シンガポールの資本，技術を結合し，工業，貿易，観光の一大拠点をつくろうという「成長のトライアングル」構想が1989年末に打ち出された。

　インドネシア，マレーシアの中央政府は必ずしもシンガポールに好意的ではなくても，近隣の地方政府は違っていた。彼らにはシンガポールの経済発展を自らに取り込みたいとの思惑もあった。

　バタム島にはインドネシアの財閥が出資して大規模な工業団地が創設されシンガポールから企業が進出した。ビンタン島には大規模なリゾート開発が行われている。どちらの島へもシンガポールから高速艇で1時間ほどの距離である。

　マレーシアもイスカンダル計画を通じて，シンガポールと橋で結ばれているジョホールバルとシンガポールの一体化を進めている。ジョホールバルからシンガポールまで，国境を超えた通勤者の数も多い。

4. アジア経済危機への対応

1997年7月からのアジア通貨危機の影響はシンガポールにも及んだ。危機の翌年・1998年後半にはアジア市場の停滞などでシンガポールの輸出が落ち込み成長率が急減した。通年では1.5％となんとかプラス成長を維持したが，これは1985年のマイナス成長以来の低い数字であった。スカルノ体制の崩壊とインドネシアの政治変動，マレーシアとの関係悪化も，外部や近隣諸国の状況に強く影響されるシンガポール経済の足を引っ張った。

このような状況下でシンガポール政府は次々と克服策を打ち出した。シンガポール成長のカギは企業の成長であるとして，1998年11月には105億シンガポールドルに及ぶコスト削減策を出し，企業負担の軽減を図った。

まず全産業にわたり5％から8％の賃下げを行った。また企業と労働者が負担する年金基金にあたるCPF（後述）の企業負担分を給与の20％（個人負担も同額の20％）から，1999年1月に10％に減額した。個人負担分はそのままであった。企業負担はその後の経済回復によって2000年の4月には12％に再度引き上げられ，その後5年間かけて元の水準に戻された。

さらに法人税の10％のタックス・リベート（払い戻し）や，公共料金，土地レンタル料の引き下げを矢継ぎ早に行った。

筆者はこの時期にシンガポールの労働者に聞き取り調査を行ったが，「政府の一斉賃下げをどう思うか」との質問に，「不快だが，政府のやって来たことはこれまで間違って来なかったから」との答えが返ってきたのが印象的であった。

このような措置により，シンガポールはアジア経済危機の影響を比較的軽微に抑えることができた。早くも1999年には輸出入が危機前の水準に回復した。2000年の実質GNP成長率は9.9％を記録した。

第2節　シンガポールの開発体制

1. 政府が握る賃金決定権

シンガポールは都市国家であり，人口，面積などの点でも政府のさまざまな

管理が規模的にも可能である。

　岩崎育夫はシンガポール型開発体制のメカニズムとして①絶対的な行政権力，②政府地域機関の活用，③国家の経済介入，④エリート集団の開発行政の4点をあげ，「国家主導型タイプの1つの極限状態」と表現している（岩崎1994, 121頁）。シンガポールはこの特殊性を最大限に活用して，自らの生き残りを図ったのである。

　外資系企業の誘致には，1961年に設立されたEDB（Economic Development Board：経済開発庁），開発金融に関しては1968年設立のDBS（Development Bank of Singapore：シンガポール開発銀行），工業用地造成はJTC（Jurong Town Corporation：ジュロン開発公社）など政府機関が大きな役割を担った。

　1974年には政府系企業の持ち株会社として財務省の管轄下にテマセク・ホールディングスが創立された。現在テマセクは世界でベスト10に入る巨大な政府系ファンドである。1981年には政府準備金の海外投資，運用のためにGIC（Government of Singapore Investment Corporation：シンガポール政府投資公社）が設立された。テマセク，GICとも海外投資を積極的に行っている。

　余談ではあるが，2006年1月に当時タイの首相だったタクシンが自分の通信会社をテマセク・ホールディングスに売却した。タイ国内の反対派はこれを「売国奴」と非難し，売却の過程に不正があったとした。これが原因となりタイ政治は混乱し，2006年9月のクーデターでタクシンは首相の座を追われることとなった。

　「シンガポールは世界最悪のスラム」と酷評されるほど劣悪だった住環境の改善にはHDBが公共住宅を建設して対応した。1970年にはHDBのフラットに住んでいる国民は37.5%，持ち家率はトータルでも3割未満であったが，20世紀末までには国民の8割がHDBのフラットに住み，全体の持ち家率も8割を超えている。

　シンガポールの開発体制は，政府による市場介入・管理の典型例である。その経済成長に特に重要な役割を果たした制度の代表に，以上の機関に加えてCPF（Central Providential Fund：中央積立基金）とNWC（National

Wages Council：全国賃金評議会）がある。

CPFは元々，イギリス植民地政府が1955年に退職後の年金制度として創設したものである。労働者・雇用者の双方が毎月給与の一定比率を積み立てるもので，日本の厚生年金と似た制度である。この強制貯蓄制度により，貯蓄率の高いアジア諸国の中でもシンガポールは4割前後という高い貯蓄率を維持してきた。

CPFは本来，定年退職後の年金基金（退職金，医療費，住宅購入費）であるが，重要なのは政府の開発資金の豊かな供給源となったことである。CPFの大半が政府の公債購入資金となって国庫に入り，それが開発予算に組み込まれた後，政府の補助金・貸付金として流れる。その多くが公共住宅建設を行うHDBの住宅建設資金となった。

またNWCは，1972年に設立された政府・労働者・雇用者の3者による賃金協議機関である。政府職員を対象に賃金水準のガイドラインを提示するのがその目的であるが，民間企業もこのガイドラインに準拠し，実質的には官民全ての企業と労働者をカバーする。政府がシンガポール全企業の賃金決定権を握ったのである。

CPFの負担率やNWCの決定する賃金は，政府の政策目標を達成する手段として使われている。1985年の景気後退時や1997年のアジア経済危機への克服策の中でも，CPFの企業負担分の引き下げは経営コスト削減の一策とされた。

全産業にわたる一斉賃下げといった荒療治を可能にしたのは，このような政府主体の賃金決定のメカニズムと同時に，労働組合がいわゆる「御用組合」であることが背景にある。政権与党PAPと最大の労働組合組織であるNTUC（National Trades Union Congress：全国組合会議）も密接な関係にある。

もちろんその背景には納得できるだけの経済発展という実績があった。国民に不満はあっても，前述のインタビューのように「これまで国の政策はうまくいってきた」という信頼感があることも否めない。

2．透明性・効率の高い政府

多くの国で「経済発展にともなって政治的民主化が進む」ことが観察され

る。しかしシンガポールの場合，1人当たり GNP の増大と，民主化の進展を示すフリーダムハウス指標など民主化指標の関係を見ても進捗はほとんど見られない。つまり経済発展にもかかわらず民主化は進展していない。

シンガポール政府は国民を満足させるだけの経済成長を続けてきた。同時に汚職が少なく透明性が高い政府であることも事実である。

シンガポール政府や政府系企業の大きな特徴は，開発途上国でしばしば見られるように汚職・非効率といったイメージとは大きく異なっている。クリーンで効率が高く，政府系企業においては収益性が高い。

権威主義的開発体制の正統性は，経済発展を続けるために権力と資本を集中させた方が効率的である，という一点にある。もし，政府が多くの汚職を抱えて非効率的であるとしたら（あるいはそのように多くの国民の目に映ったとしたら），それは自らの正統性を失うことになる。その点においてシンガポール政府は大変に厳しい目を持って自らを律している。

そこにはリー・クワンユーというカリスマの個性が色濃く反映されている。彼は現実主義者，合理主義者であると同時に，完璧なまでのクリーンなリーダーであった。トランスペアレンシー・インターナショナル（後述）から表彰を受けたほどである。また，シンガポールでは簡素で地に足のついた生活で知られる。飛行機で海外を旅する時，何十年も同じウールの洋服を着ていた，という有名なエピソードがある（ハン 2014，340 頁）。

彼が「創業」したシンガポール政府の 6 大原則は以下のようなものである。
①政府は国民に対して明確に説明せよ。国民を混乱させるな
②政府は首尾一貫せよ。方法は臨機応変に変えてよいが，方針は変えるな
③国民をリードする政府は清廉潔白であれ
④国民からの一時的な不人気を気にするな。国民からの最終的な尊敬を勝ち取れ
⑤政府は得た利益を国民に還元せよ
⑥政府は成功に向けて徹底的に努力せよ。簡単に諦めるな

スウェーデンの NPO であるトランスペアレンシー・インターナショナルは，各国政府の汚職・透明度の程度をあらわした指数 CPI（Corruption Perceptions Index）を毎年発表している[2]。

表 3-1　ASEAN 各国・日米中の CPI

順位	国名	スコア
1	デンマーク（参考）	92
2	ニュージーランド（参考）	91
3	フィンランド（参考）	89
7	シンガポール	84
15	日本	76
17	アメリカ	74
50	マレーシア	52
85	フィリピン	38
85	タイ	38
100	中国	36
107	インドネシア	34
119	ベトナム	31
145	ラオス	25
156	カンボジア	21
156	ミャンマー	21
174	北朝鮮（参考）	8
174	ソマリア（参考）	8
ブルネイはデータなし		

出典：Transparency International.

　CPI はギャラップなどの世論調査，『ウォールストリート・ジャーナル』のアンケートや世界銀行の調査などをもとに，各国政府の汚職や透明度のランキング付けにも使われている。2014 年のトップはデンマーク，シンガポールは 7 位であった。ちなみに日本は 15 位，アメリカは 17 位である。「民主化しない」国であるとされながら，欧米のビジネスマンからはアメリカよりも透明度が高いと評価されている。それがシンガポールの政府である。
　世界経済フォーラム（World Economic Forum）は国家の生産力レベルを

インフラ，教育，労働市場，金融サービス，ビジネスの洗練度などからランキングしている[3]。シンガポールはここでもスイスに次いで国際競争力ランキングの世界第2位である（2014年）。ちなみに3位はアメリカ，日本は6位である。

世界銀行傘下の国際金融公社（IFC）2014年度版ビジネス環境調査でも，「ビジネスがしやすい国」として9年連続の全世界トップを占めている（日本は29位）[4]。それによればシンガポールでは事業開始に必要な手続きは2.5日，電力供給を受けられるまでの日数は31日，コンテナ輸入に必要な経費と手続日数は440米ドルと4日とされている。

3. 生存のための政治―PAPの戦略

シンガポールは経済発展が継続され，政府に対する信頼度が高く，リー・クワンユーのカリスマ的指導力を中心とした凝集度が揺らぐことの少ない体制であった。

経済発展が民主化には結びついていない。それは建国の父であるリーの掲げた「生存のための政治」が発展の初期から広く国民に受け入れられた結果である。

同時にHDBによる住宅の提供やアップグレードなど，政府が国民の望むところを事前に察知して積極的に政策に取り込んでいる点も忘れてはならない。むろんシンガポール独自の選挙システムなどがPAPの1党支配を強固にしてきたことも事実である（Cunha 1997）。

シンガポールは国会の選挙制度としてGRC（Group Representation Constituencies：グループ代表選挙制度）と呼ばれる独自のシステムを採用している。複数名を一組の候補者として擁立するシステムで，少数エスニックグループ（華人以外のマレー系，インド系など）出身の議員を増やすためとされている。

これが人材・業績で圧倒的に優位な与党PAPに有利な選挙制度であることも明らかである。人気のある野党候補者が居ても，複数の候補者を集めてチームを組み，人材豊富なPAPに立ち向かうことは難しいからである。

問題は経済成長が飽和状態に達して，国民が物質的な果実だけに満足できな

くなった時である。経済成長の幅は縮小し，かつてのような高成長は今後望めない。

　このような中で，国民は政治的多様性を求めるかもしれない。これまではリー・クワンユーというカリスマ，その実績とPAPによるさまざまな政策手段がそれを抑えてきた。

　しかし過剰な統治能力に対する不満は水面下で渦巻いている。それはPAPへの支持率が75％を超えていた1984年以前の選挙結果と，60％程度に落ちた1988年以降の選挙結果を見ても明らかである。

　2007年には土地収用法の改正で，公共目的の土地収用でも補償を全額支払わねばならないことになり，政府の土地取得に費用がかかるようになった。それまでのような政府による有無を言わせぬ開発が難しくなった。インフラ開発費用とHDBの集合住宅用地の取得価格も上昇する。部分的ながら土地収用をめぐって反対運動も起こるようになった。

　移民受け入れに否定的な意見も出て来ている。これまではシンガポール人とはあまり競合しない高度技術者や逆にシンガポール人の嫌がるいわゆる3K職場への肉体労働者が中心であったが，21世紀になってからそれ以外の技術者や中間管理職も受け入れるようになり，雇用を巡ってシンガポール人との軋轢が増えた。不動産価格の高騰や公共交通機関の混雑，何より仕事を奪われるという不安は大きい。

　2011年4月の総選挙では，はじめてGRCの5人区で与党PAPが敗北し，国会全87議席中，野党が6議席を占めることになった（のちにPAPは補選でも敗れ，野党は計7議席を獲得）。PAPの得票率は60.1％と過去最低である。

　リー・クワンユーというカリスマが逝き，生まれてきたときから豊かなシンガポールしか知らない若い世代も増えた。彼らには「生存のための政治」も説得力が薄い。次の総選挙は，シンガポールの転換点となるかもしれない。

【付記】
　国会議員の任期は2016年5月までであったが，政府は2015年8月のシンガポール建国50周年記念式典の直後に国会を解散し総選挙を行った。建国の父リー・クワンユーの弔い合戦を意識し，彼の成し遂げた成果が国民の意識に

しっかりと残されているうちに選挙戦を戦う狙いがあったものと思われる。

2015年9月11日に行われた総選挙では，PAPは選挙区定数89議席のうち83議席を獲得した。注目されたPAPの得票率は69.9％とほぼ7割を達成し，前回より約10ポイント上昇して退潮傾向に歯止めをかけた。

「国民にとって素晴らしい結果となった」とリー・シェンロン首相は語る。2015年8月に起きたタイの爆弾テロやマレーシアの政情不安など近隣諸国の混乱から，シンガポール国民が安定を選択したとされる[5]。いずれにしてもPAPは再び国民の信任を得た形となった。

第3節　今後の展望と課題

1. ASEAN経済共同体の提案国，FTAの推進

1967年ASEAN (Association of South East Asian Nations：東南アジア諸国連合) が結成された。インドネシア，マレーシア，フィリピン，タイそしてシンガポールが原加盟国である。

シンガポールはASEANの結成に当初から熱心であった。独立間もない小国が「東南アジアの一員」として国際的に認められるばかりか，近隣諸国との安全保障上も極めて重要だからである[6]。

同様に，ちっぽけな島国であるシンガポールの発言力やアイデアがASEANを後ろ盾にすることによってクローズアップされ，実現の可能性も高くなる。この時期のASEANの「盟主」はインドネシアのスハルト，ASEANの「頭脳」はシンガポールのリー・クワンユーなどと言われた。

1992年の第4回ASEAN首脳会議はシンガポールで行われ，AFTA (ASEAN Free Trade Area：ASEAN自由貿易地帯) の創設が合意された。これには欧米における地域統合の動きや中国の台頭に対抗し，人口3億3000万人の単一市場という将来像を提示するという意味合いがあった。AFTAは前倒しされて2003年に実現した。

2003年のASEAN外相会議では経済統合を次の段階にステップアップするという方針が示され，モノ，サービスに加え，2020年にカネ，ヒトの移動を

自由化するという ASEAN 経済共同体（AEC：ASEAN Economic Community）の創生が合意された。さらに達成時期は2015年に，これも前倒しされた。

ASEAN は次の段階として EU のような通貨，政治を含む共同体になるのだろうか。それには長い時間がかかると思われる。キリスト教，ローマ法，ヘレニズム文化と言った EU のような共通項のない ASEAN の国々が，国家主権の一部放棄を含む共同体の形成に簡単に進むとは思われないからである。加盟国間の経済格差も大きい。権威主義的開発体制をとるシンガポールが主権の制限に簡単に同意できるはずもない。

しかし一方でこれからもシンガポールは「ASEANの一員」であることを最大限に活用していくであろう。それも小国にとって必須の生き残りの手段であるからだ。

守るべき産業も資本も持ち合わせないシンガポールにとって自由貿易体制は死活的な利益をもたらすものである。仮に世界経済のブロック化が進むならば，小国シンガポールの生存空間はなくなってしまう。したがって FTA（自由貿易協定）の締結にも極めて熱心である。

2000年11月には初の2国間 FTA としてニュージーランドとの間に「ニュージーランド－シンガポール経済連携緊密化協定」が結ばれ，2001年1月の発効と同時にすべての関税が即時撤廃された。

シンガポールは2002年1月，日本にとっては初めての FTA となる「日本シンガポール新時代経済連携協定」に署名した。協定によって日本からシンガポールへの輸出品にかかっていた関税はすべて撤廃された。また，日本側も新たに約3800品目の関税を撤廃し，農水産物と一部の石油化学製品を除くシンガポールからの輸入品の9割以上が関税率ゼロの対象となった。

2003年2月にはオーストラリア，5月にはアメリカ，その後も各国と FTA 締結による連携を深めている。

1980年代から中国に目を向けてつながりを深め，同時にインドとの自由貿易協定を初めて結んだ国でもある（2005年）。中国との間では2008年10月に FTA を締結している。

シンガポールは小国の宿命として外部依存が高く，状況の対処のあり方が経

2. 少子高齢化と外国人労働者の利用

　シンガポールでは日本以上のスピードで少子高齢化が急速に進んでいる。
　シンガポールの合計特殊出生率は 1.19（2013 年）と 1.43（同年）の日本よりも厳しい少子社会である[7]。

　人だけが資本である都市国家にとって，男性と同様に女性の労働参加は不可欠であった。シンガポール女性の労働参加率は 6 割（2014 年で 58.6％）であり，優秀な人材として社会を生き抜くために女性の高学歴化・晩婚化も進んだ。1970 年代までは人口抑制のため「子供は 2 人まで」という政策も採用された。超学歴社会のシンガポールで子供を持つことと教育への負担・精神的重圧も大きい。それらが日本以上の少子化という現状を生んでいる。

　当然政府もさまざまな手を打っている。ベビー・ボーナスとして，第 1 子・2 子には 6000 シンガポールドル（約 54 万円），第 3 子・第 4 子には 8000 シンガポールドル（約 72 万円）が支給される。その他，産休の延長，幼児のいる家庭のメイド雇用税を下げるなどの手だてが講じられている。政府がいわゆる「婚活ビジネス」や出会いのパーティを積極的に進めていた（現在は民間に委託）のはいかにもシンガポールらしい。しかし目立った効果は上がっていないのが実情だ。

　一方でシンガポールの 65 歳以上人口は全人口の 12.4％（2013 年）を占めている。前年の 11.7％から増加の一途をたどっている。20 歳から 64 歳までのいわゆる労働人口 6.0 人で 65 歳以上の高齢者 1 人を支えている（2014 年）。2010 年には 7.4 人で高齢者 1 人を支えていたから，この面でも急速に高齢化が進んでいる。

　シンガポール政府は西欧型の福祉社会を明確に否定している。政府の負担が増え経済発展にマイナスになると同時に，国民のやる気を削ぐと考えているからである。

　政府は「アクティブ・エイジング政策」として，高齢になっても働き続け，経済的に自立し続けることを推奨している。また儒教に基づく「親孝行」を強

調して，家庭で高齢者の世話をすることを勧めている。北欧型の「福祉国家」には何としてもならないということだ。

　同時に経済成長を維持するために，積極的な移民政策を継続している。高齢化によるマイナスを移民政策によって克服しようというのである。外国人について，シンガポール人を競争させ熱心に努力させるための起爆剤としても活用している。

　いわゆる単純労働に関しては，1978年から外国人家事労働者（メイド）を制度的に導入している。人権無視との批判も多いが，メイドのような単純労働者には6ヵ月ごとの妊娠検査と感染症の検査が行われる。もし妊娠していることがわかれば強制送致処分となる。インドネシアやフィリピンからの出稼ぎが中心であったが，最近はミャンマーやカンボジアにシフトしつつある。

　シンガポールの総人口約547万人（2014年）のうちシンガポール国民と永住権所持者（男性は兵役の義務がある）は約387万人。逆を言えば約160万人の外国人がシンガポールに生活していることになる。2000年の外国人労働者が約104万人であるから，約15年で1.5倍になった。

　国民の間に移民受け入れに否定的な意見も出てくるようになった。何より職場を奪われるという不安感は大きい。

　PAPが過去最低の得票率となった2011年の総選挙結果を受けて，外国人労働者政策にも変化がみられるようになった。政府は選挙後，外国人労働者を抑制し，これを維持する方針を強調している。しかし現実には外国人の流入は続いている。一方で少子高齢化は着実に進行する。少子高齢化を補いながら，経済発展を続けるための外国人労働者を導入することは難しい綱渡りとなりつつある。

　外国人労働者の受け入れに否定的な日本と比較してリー・クワンユーはこう言っている。「日本の将来は暗い，日本は変わらなければならない。もし日本を手本にし，移民や外国人労働者に門戸を閉ざすならシンガポールがどうなるか考えるとよい」（ハン 2014，186頁）。

　少子高齢化と増え続ける外国人労働者は，扱いを誤ればシンガポールのアキレス腱となるかもしれない。

3. 日本との関係，日系企業の現状

　シンガポールの対日輸出額（2013年）は176億2500万ドル，対日輸入額（同）は203億8700億ドルで，常に日本の輸出超過状態にある。輸出入ともに電気機器，一般機械が主要品目であり，特に日本からの輸出品は生産財，中間財が多い。

　シンガポール日本人商工会議所の会員数は832社である（2015年）[8]。シンガポール全体では約2000社の日系企業が進出しているとされる。シンガポール商工会議所のメンバー企業では工業（約360社）が多いが，貿易，金融・保険，建設，運輸通信などすべてにわたっており，観光・流通・サービス（217社）が大きいのも特徴である。

　シンガポールは外資規制がメディア等一部を除いてほとんどなく，法人税率も17%と低い。インフラも整備され，治安もよい。「ビジネスがしやすい国」として世界トップクラスに挙げられる所以である。

　一方で人件費の水準が高いことから，資本集約型産業，知識集約型産業での投資案件が目立つ。パナソニックなど地域統括本部をシンガポールに置く企業も多い。研究開発業務，アジア域内における地域統括，支援サービス業などが多いのは，EDBが進める地域統括会社プログラムなどで軽減税率が適用されることも一因となっている[9]。

　日系企業の1例として，清水建設はシンガポールの建設市場の可能性を高く評価し1974年に進出している。ジュロン工業地帯での日系企業の造船所建築，1981年には1万7500戸に及ぶHDBの集合住宅建設を受注し，またシンガポール建設業にあたらしい工法も導入した。1990年代に建設した日系デパート高島屋などの入るギーアンシティはオーチャード通りの真ん中に位置している複合施設であり同通りのシンボル的な建物となっている。シンガポールの摩天楼の1つであるリパブリックプラザ（280メートル），チャンギ空港のターミナル3も同社による。建設市場は入札が非常にフェアで，技術力とコストで優位に立てば外国の建設会社にも十分受注のチャンスがあるというのがシンガポールらしい[10]。

　サッポロホールディングスは，POKKAブランドを中心に飲料事業を展開するほか，国際事業としてベトナムで生産したビールを輸入販売している。外

食事業としてビヤホールを2店舗展開，2014年には駐在員事務所を開設するなど多様な活動を通じ，シンガポールを拠点に東南アジアでのさらなるグループシナジー発揮をめざしているという[11]。

国内市場は狭隘だが，東南アジア6億人市場の「入口」として位置づけられているのがシンガポールである。

1970年当時わずか1124人であった在留邦人は，1980年に8140人，プラザ合意後の1990年には1万2701人に達し，現在は2万7525人（2014年）。日本人学校もシンガポール国内に2校ある。

4. 先進国・都市国家シンガポールの未来

2015年8月9日，シンガポールは建国以来50回目の「誕生日」を迎えた。前年は立つのもやっとながら参加したリー・クワンユーの姿はない。彼のいない初めてのナショナル・デーである。

まことに岩崎育夫氏の言うとおり「現代のシンガポールはリー・クワンユーの個人作品である」。建国の父亡き後，その理念を保つことができるのか。シンガポールはその岐路に立たされている。

リー・クワンユーはこう語っている。「シンガポールは飛行機で6時間の範囲に20億人の市場がある。シンガポールは1世代で豊かになった。どうやったのか。外の世界に注目し，自分たちの力を最大限活かしてここまで来た。ではこれからどう向上すべきであろう。これから大々的に乗り出そうという中国やインドと競争はできない。我々はニッチ分野に留まり，信頼性，知的財産，法の秩序などの面で中国やインドが対抗できない質を守ることで成功するのだ。この点で中国やインドが我々に追いつくには長い時間がかかる」（ハン2014，162頁）。現実主義者の彼らしいシンガポールの未来像であろう。

シンガポールにとって中国の台頭にどう対処するかは大きな課題である。1994年に開始された蘇州工業団地のプロジェクトは，シンガポールが海外で展開する工業団地プロジェクトの中でも一番ステータスが高いものであった。しかし工業団地の運営方法をめぐる蘇州市当局との対立から，1999年6月シンガポールは事実上の撤退を決定した。現在シンガポールは「天津エコシティー」プロジェクト等にリスクを分散して参画している。

多くのシンガポール人の頭の中は西欧化されている。シンガポールは契約社会であり，法律や制度を遵守し，政府の透明度が重要視される。しかし中国では必ずしもそれが通用しない。蘇州工業団地の失敗はそれを示している。前述の汚職を示すCPIも，シンガポールは世界ランキングの7位，中国は100位である。

シンガポールは，華人，マレー系，インド系からなる多民族国家で，政府は「シンガポール人」としてのアイデンティティ確立に努めている。中国が強い親近感を持ってアプローチし，シンガポールを親戚扱いすることは，「1つのシンガポール人」という国内政策的に逆行する。イスラムの大国に囲まれながら華人国家と見られるリスクを冒すことになり，国外政策的にも望ましくない。一方でシンガポールにとって中国抜きの経済発展はあり得ない。中国と向かい合うことはこのような難しい面を持っている。

一方でシンガポールの生存を危うくしていた条件のいくつかは緩和された。リー・クワンユーがシンガポール独立の当初から首相引退後も熱心であったのは水の問題である。

水供給の問題はシンガポールの制約条件であり，マレーシアと対立するたびに同国が停止をちらつかせてきた。シンガポール政府は下水再生水の開発や海水淡水化の技術によって，2060年までに8割の水供給が可能になったとしている。特に2002年から実用に供されている下水再生水（新生水：NEWaterと呼ばれている）は将来必要とされる水の5割を供給する。2015年8月現在，4ヵ所の下水再生水処理工場（ほかに1ヵ所が建設中）と2ヵ所の海水淡水化工場（ほかに1ヵ所が建設中）がある。シンガポールは生存のため脆弱性を1つ克服したのである。

2011年7月，長年の懸案であったシンガポール内のマレー鉄道用地が返還された。ジョホールバルを経て，クアラルンプール，タイ国内にまで伸びるマレー鉄道の始発駅はシンガポール国内にあったが，分離独立以来マレーシアの領土という扱いだったのである。マレーシアの首相であったマハティールとリー・クワンユーの対立もあった。両国で指導者の代替わりが進み，また水供給の問題が解決することによりマレーシアは外交カードを失い，この問題にも片が付くこととなった。

現在シンガポールは，ジョホールバルのイスカンダル計画に積極的に関与している。住宅，医療，教育施設などに投資しており，国境を超える通勤者も多い。

　シンガポール政府の政策には常に「ハブ」がつく。いわく，多国籍企業のビジネス・ハブ，金融のハブ，東南アジア交通のハブ，医療のハブ，グローバル・タレント（人材）のハブ，観光のハブ…。

　自転車の車輪を想像すると分かるように，ハブとはスポーク（軸）があって初めてなりたつ中空の存在である。シンガポール自体はつなぐこと以外の能力を持たない。しかし優秀なハブがなければ車輪は成り立たない。シンガポールとはそのような存在なのであろう。今後とも近隣諸国との微妙な関係を保ちながら，1歩先んじて優秀なハブとして存在し続ける―シンガポール政府の政策にはそのような思いが込められている。

　常に先頭ランナーとして走り続けなければならない。それがシンガポールの運命である。国民は意見の多様化や政治的な民主化を求めるのだろうか。「生き残り」のイデオロギーが，生まれながらに豊かなシンガポールしか知らない若い世代にどこまで通用するのか。シンガポールは大きな岐路に立たされている。

おわりに―課題先進国シンガポールと日本への示唆

　シンガポールは特殊な都市国家である。その政策を日本にそのまま当てはめることには無理がある。それは事実であろう。

　一方で政府の効率性とスピード，政策の明確さなど，国の規模に関わりなく学ぶべき点も多い。かつてリー・クワンユーは日本の政治を評してこう言った。「民族が同じ，言語が1つ，宗教上の問題も少ない。そんな国に政治はいらない」。彼の眼には日本の政治は何もしていないように映ったのだろう。

　教育の面でも学ぶべきは多い。シンガポールの2大大学・国立シンガポール大学（NUS：National University of Singapore）と南洋工科大学（NTU：Nanyang Technological University）では学生の3分の1を留学生が占め

る。出身国も 100 ヵ国以上と多様だ。シンガポール人学生が世界中から集まる優秀な留学生と能力を競い合うだけでなく，そこで培った人的ネットワークがグローバルな社会で将来役に立つことをも見越している。日本の大学の現状はいかばかりか。

　欧米のデモクラシーとは一線を画しながら政治的安定と経済発展を遂げた「シンガポールモデル」には，将来の政治体制として中国も関心を注いでいる。端的に言えば「選挙をしても中国共産党が支配を続けられる体制」である。

　中部アフリカのルワンダ共和国は「アフリカのシンガポール」をめざしている。日本の四国と同程度の広さという小国でありながら目覚ましい経済発展，ICT (Information and Communication Technology) による立国と同時に，ここにもカガメ大統領による権威主義開発体制の継続という本音が見え隠れする。経済発展と政治体制を考えた時，良きにつけ悪しきにつけ，シンガポールは 1 つの強烈なモデルである。

　グローバル化の中で沈もうとしている日本。1 人当たり GNP はもちろん，ビジネス環境や効率，汚職の少なさでもシンガポールは日本の先を行く。日本の鏡として，課題先進国シンガポールに学ぶことは多い。

（甲斐信好）

注
1) *Yearbook of Statistics Singapore, 2015.* 以下のデータも特に断りのない限り同様。
2) トランスペアレンシー・インターナショナルのホームページによる：http://www.transparency.org/ （閲覧 2015 年 8 月 17 日）。
3) 世界経済フォーラムのホームページによる： http://www.weforum.org/ （閲覧 2015 年 8 月 17 日）。
4) 国際金融公社のホームページによる：http://www.ifc.org/ （閲覧 2015 年 8 月 17 日）。
5) 日本経済新聞 2015 年 9 月 13 日付による。
6) 1966 年 6 月にシンガポール大学で行われた演説でリー・クワンユーは次のように言っている。「ASEAN 結成という新状況には，当分の間シンガポールの地位を保証してくれる顕著な側面があるからです。この先 5 年，もしかすると 10 年くらいは，シンガポールの地位はまずまず安泰といえましょう」（黄 1988, 147 頁）。
7) シンガポール人口白書 http://population.sg/ による （閲覧 2015 年 8 月 20 日）。以下のこの節のデータも同様。
8) シンガポール日本人商工会議所のホームページによる： http://www.jcci.org.sg/ （閲覧 2015 年 9 月 14 日）。
9) 日本貿易振興機構 (JETRO)：国・地域別情報・シンガポールによる：http://www.jetro.go.j

p/world/asia/sg/（閲覧 2015 年 9 月 14 日）。
10) 日本シンガポール協会『シンガポール』2015 年春号（2015 年 3 月発行）による。
11) サッポロホールディングス株式会社株主報告書（2015 年 9 月）による。

参考文献
（日本語）
岩崎育夫（1994），「シンガポールの開発体制」岩崎育夫編『開発と政治―ASEAN 諸国の開発体制』アジア経済研究所。
岩崎育夫（2009），『アジア政治とは何か―開発・民主化・民主主義再考』中央公論新社。
黄彬華・呉俊剛編（田中恭子訳）（1988），『シンガポールの政治哲学―リー・クワンユー首相演説集』勁草書房。
田村慶子（2000），『シンガポールの国家建設―ナショナリズム，エスニシティ，ジェンダー』明石書店。
田村慶子（編著）（2013），『シンガポールを知るための 65 章』明石書店。
ハン・フックワン他（2014），『リー・クワンユー 未来への提言』日本経済新聞社。
渡辺利夫編（2003），『アジア経済読本』東洋経済新報社。
渡辺利夫・佐々木郷里編（2004），『開発経済学事典』弘文堂。

（外国語）
Derek da Cunha (1997), *The Price of Victory*, Institute of Southeast Asian Studies.
Lam Peng Er, (1999), "Singapore: Rich State, Illiberal Regime" in James W. Morley ed. *Driven By Growth*, M.E.Sharpe.

Yearbook of Statistics Singapore, 2015 ほか（シンガポール統計局 http://www.singstat.gov.sg）。
シンガポール人口白書 http://population.sg/
日本貿易振興機構（JETRO）：国・地域別情報シンガポール http://www.jetro.go.jp/world/asia/sg/
シンガポール経済開発庁（EDB）（日本語ホームページ）http://www.edbsingapore.jp/edb/sg/jp-jp.index.html
人民行動党ホームページ http://www/pap.org.sg/

第4章

タイ経済―経済発展と民主化

はじめに

　タイは ASEAN の優等生であった。ASEAN では比較的大きな人口規模（現在 6700 万）をもつ国で，上位中所得国となるまで経済発展を遂げてきた。しかし，2006 年のクーデター以降，国は2分し，言論の自由は踏みにじられ，民主化は大きく後退した。本章では現在タイが抱えている国内政治の危機がどのような社会経済的状況から引き起こされてきたのか解明するため，開国条約である 1855 年のバウリング条約にまでさかのぼり記述した。一見，現在の経済と無関係であるようにみえるが，今後のタイ経済を考えるには，どうしても政治的な分裂が引き起こされている本質に迫る必要があった。そのため，あえて現在に至る政治社会的な部分に多くの記述を割いた。分裂状態に至った原因の多くは歴史的な権力構造が規定している問題から派生している。
　日本とタイとの経済関係については，プラザ合意とアジア通貨危機のタイ経済への影響とタイの対応を分析した。また，タイと日本にとって最重要である自動車産業に焦点を当てた。

第1節　タイ経済発展の経緯

1. 中国から西欧へ―バウリング条約

　1782 年ラタナコーシン朝（バンコク朝）がラーマ1世によって興された。初期の貿易で重要であったものは「森の産物（コーン・パー）」と呼ばれる貢

納された森林資源であった。「森の産物」とは獣皮，蘇芳木，犀や鹿の角，ラックなどで，徭役の代納として納められた。しかし1830年代になると，西洋諸国の本格的な東アジアへの進出によりタイ（シャム）の貿易軸はイギリスの海峡植民地に次第に移動し始める。

タイが新たに台頭してきた西欧列強との協調する姿勢を明らかにしたのが，1855年の開国条約であるバウリング条約であった。また，開国も強制された開国と断じられない部分もあり，開明君主モンクット王の優れた政治判断ということもできる。タイは条約を契機に東アジアの経済構造変化に敏感に対応し，奴隷[1]制度や徭役を課す不自由労働制を廃止し，外延的開拓や灌漑用運河の掘削などで耕地面積を拡大して，米をアジアの植民地諸国へ供給する経済へ構造をつくりかえた。

米の増産には米作を担う労働力が問題であった。元来東南アジアは人口希薄な地域であり，人的支配が権力の源であった。東南アジアでの戦争は勝利した側が負けた側の住民を移住させる人捕り戦争の性格をもっていたことをみても，人の支配の重要性がよくわかる。当時平民（プライ）と奴隷の人口を合わせると全人口の9割以上であった（石井 1966，36頁）。プライは徭役を「森の産物」，あるいは課役代による代納が，アユタヤ時代から行われていたが，ラーマ3世以降は運河掘削などの官営土木工事は移住中国人による賃労働で行われるようになった（石井 1966，38-39頁）ことから，ますます課役代による代納が行われるようになり，プライ制（徭役制）は形骸化していった。奴隷制はチュラーロンコーン王により1874年に廃止を宣言され，プライ制も形骸化しながら制度としては1901年に人頭税にとって代わられる形で消滅した（石井 1966，44-53頁）。旧来の人的支配制度の解体で，稲作増産のための労働力は供給された。

さらに，タイでは土地は豊富に存在したため，伝統的に無主地を開拓し租税を納めれば開拓した土地を占有する制度があった。徭役労働や上流層への隷属から解放された農民は，荒蕪地の開拓や運河掘削で新たに広がった農業地へ，積極的に参入していった。1850年代から開拓可能な無主地が喪失した1980年代までにタイの耕地面積は1000万ライ（1ライ＝1600㎡）から1億5000万ライへ増加し（Pasuk and Chris 2002，翻訳書15頁），タイは世界的な米輸

出国へ変身した。

　タイの支配層は欧米の東アジアへの進出に巧妙に対応し，自国の植民地化を巧みに回避することで権力の維持に成功した。このことが脈々と持続されてきたタイの支配者層の権力の問題と密接に関連してくる。

2. 立憲革命と王権—王権の衰退と復活

　1932年，人民党と呼ばれる非貴族系の武官と文官を主力とする立憲革命があり，絶対王政は終焉を迎えた。人民党は権力把握後，王権を制限し国民主権を打ち立て，タイの政治体制は立憲王制に移行し，王族は政治活動や官庁勤務を禁止された。しかし，革命後の官僚制内部には，貴族や名門家系に属し王制を官僚権力支配の鍵と考える王党派が残った（Pasuk and Chris 2002，翻訳書391頁）。

　人民党が制定した1932年憲法は同数の上院と下院が置かれ，上院は人民党の任命で下院のみが公選であったため，実質的には人民党の独裁と呼べるものであった。人民党の理念は，国民の生活レベルの向上を目指し，土地に関する資産税創設など王族などの特権の剥奪を試みる革新的なものであったが，王党派に代表される保守勢力の抵抗は強く，実現できない政策も多かった。しかし，絶対王政から立憲制へ主権が国民に移ったことによる政治制度変更の影響も大きなものであった。王族の特権は失われ，政策決定権は人民党の武官，文官に移り，王党派などの保守派が家柄ゆえに無条件で高い官位につく不条理は廃止された。国王の権威も低下し，王党派は立憲革命によって失った国王の政治的な地位の回復に努めることになる。

　タイは第2次大戦中日本と同盟したが，巧みな外交で敗戦国となることを免れた。戦後人民党内部のプリーディー派（文官）とピブーン派（武官）を含む軍部との抗争で，王党派をそれぞれが自陣に引きいれようとしたことで，王党派の重要性が高まり双方が王党派に妥協的な対策を打ち出すようになった。人民党の文官の代表であるプリーディーが政権時に公布した1946年憲法では，王族の政治活動と官庁勤務を排除する条項の廃止が盛り込まれた（Pasuk and Chris 2002，翻訳書373頁；Thak 1979，翻訳書44頁）。しかし，王党派が欲した上院の任命制は盛り込まれず，プリーディー派と王党派の亀裂が生

まれた。プリーディー派が上院の選出で多くの議席を占めると,王党派は上院を「水牛の院」[2]と呼んで軽蔑した(Pasuk and Chris 2002, 翻訳書374頁)。

　1947年11月のクーデターは敗戦で権力を握ったプリーディー派から軍が権力を奪取するために行ったものであった。ピブーンは首相となり復権するが,クーデターの中心勢力はピン・チュンハワンや彼の娘婿のパオ・シーアノンらのソイ・ラーチャクルー派(ピン・パオ派)やサリットなどの若い将校グループが担っており,ピブーンの軍での権力基盤は既に弱まっていた。

　立憲革命の担い手であった武官はピブーンに代表されるように民主的な思想をもっており,王制に批判的であったが,1947年にクーデターを起こしたグループは王党派に対しより好意的であった。象徴的なのが憲法の規定である。1947年憲法と1949年憲法で国王に上院任命権をあたえた(Pasuk and Chris 2002, 翻訳書391頁)。この任命権はラーマ7世が立憲革命時に求めていて認められなかった権限であった。

　戦後の人民党の内部抗争が王党派の権力復活をもたらした。絶対王政の不条理を痛感していた人民党の指導者が権力基盤をなくしていくに従って,軍部と王制の共生関係が成熟していった。タイの官僚制(軍も含む)が保守的で思想的には王党派にちかく,さまざまな既得権益の維持がはかられてきた点は,今日でも解消していない問題である。赤シャツ(UDD=United Front for Democracy against Dictatorship)[3]が選挙で選ばれた政府を葬る政治勢力をアマート(特権高級官僚層)と呼び,自らをプライ(平民)とみなす闘争理論を組み立てる社会構造は現代のタイにおいても存在している。

3. 開発時代―開発独裁の開始

　タイ経済の古典ともいうべき研究書を著したイングラムは,開国後約100年間タイでは1人当たりの所得の向上は緩慢で,新たな技術導入もあまりみられず,タイ経済の拡大は人口増に多くが負っており停滞していた,と分析した(Ingram 1971, pp.216-217)。

　この時期経済が停滞した原因の1つは,1927年の関税自主権回復まで,上限3%関税のため幼稚産業保護政策を政府がとれなかったことにあった。地場

の起業家にとっては安価な輸入品と競合するため，製造業への投資は有利な選択ではなかった。主要輸出品であった米やチークの加工を行う工場以外は製造業の展開は限られ，国内で使用される消費財の多くは輸入されていた。

　タイの経済構造が大きく変化する契機は，サリットによる1957年9月のクーデターであった。東西冷戦構造のなか，アメリカの世界戦略に乗る形でサリットは世界銀行の提言を受け入れ，留学経験のあるテクノクラートを活用して経済政策を立案させた。国家規模でのマクロ経済計画を立案する国家経済開発庁を1959年に設立した。外国からの投資受け入れに恩典を供与する枠組みでもある投資委員会も同年設立された。

　それまでの国家主導による経済発展から民間主導による経済発展へ舵を切ったことが，民間部門の活力を引き出した。外国からの投資だけでなく，サリットによる工業化政策を受けて，従来経済活動の重点を商業に置いていた華人系の資本が製造業に投資することで大きな効果をあげ，経済成長を牽引した。農業部門の就業者の割合が徐々に低下し，経済発展に伴い第2次，第3次産業に就業者が移動するペティー・クラークの法則がみられるようになり，100年停滞していた1人当たりのGDPの上昇が始まった。開発の時代（サマイ・パタナー）の到来である（表4-1参照）。

　サリットが開放的な経済政策へ転換した背景はどこにあったのであろう。タックが詳細に分析したように，サリットの「独裁的温情主義の政治」という理念が，サリットに貧しい地方の経済発展に関心を向けさせた。サリットは自分の母の出身地である東北タイに代表される地方における生活の貧しさを気にかけていた。地方の生活を底上げするため，道路の敷設の予算をアメリカとの同盟による援助で捻出するというのが，サリットの出した結論であったように思われる。アメリカはベトナム戦争のため，タイ国内の兵站を欲していた。タ

表4-1　タイにおける1次産業就業人口比率推移 1960－2014年　　（単位：%）

年	1960年	1970年	1980年	1990年	2000年	2010年	2014年
農林水産業	82	79	72	64	49	41	34

出所：1990年までは（末廣1998, 93頁）2000年以後は（NATIONAL STATISTICAL OFFICE 各年版）とNATIONAL STATISTICAL OFFICEのインターネット http://web.nso.go.th （2015年8月17日閲覧）より作成。

イ国内での道路建設とアメリカの軍事援助は両立するものであった。世銀の提案を受け入れ，民間主導の経済発展を目指すタイの経済政策の方針は，アメリカが冷戦下における東南アジアの反共橋頭堡としてのタイの価値を認めたことで，双方の利害が一致した結果であった。

　サリットの下で設けられた国家経済開発庁は1961年から国家経済開発計画を立案している。1次計画（1960年〜1966年）と2次計画（1966年〜1971年）は輸入代替工業育成を図った政策であった。この開発計画には世界銀行の開発理念が強く反映されており，国営企業主導から民間企業が主体となるように経済発展の担い手が変化した。当時タイでは民間投資が効率的に成果を上げるには，各種インフラの整備が必要であったため，初期の経済開発計画ではインフラ整備が積極的に進められた。第3次計画（1971年〜1976年）からは輸出指向型工業化へ舵が切られ，国際経済のなかでタイがもつ比較優位が追求されていく。繊維製品など労働集約的産業が輸入代替から輸出産業に転じることに成功した。

4．サリットによるタイ式民主主義と王制

　サリットは1957年9月クーデターで権力を握った当初，約1年間立憲民主主義の統治を試みた。しかし，ストライキを行いたがる労働組合，政府を批判するマスコミ，互いに反目しあいさまざまな要求を突き付ける議会を制御できないことから，1958年10月2度目のクーデターを行い，立憲民主主義を葬り去った。議会は任命制の上院のみで政府の傀儡となり，反対勢力のない独裁的統治が可能となった。

　サリットはスコータイ時代の伝説であるポークンによる統治を掲げた。国家を家族に例え，統治者であるポークンはすべての国民の父であり，徳（トッサピットラーチャタム＝為政者の10徳）をもって国民を統治指導することで，国家の安寧と繁栄がもたらされるとした。自らの統治の正当性を絶対王政末期にウィチットマートラーが考案したラーマ6世時代1920年代の国家原理であるラック・タイ（タイ国家原理）においた。ラック・タイは絶対王政の公的ナショナリズムである。人民党が立憲革命で民族，宗教，国王という価値を民族，宗教，人民と変更したものを再び元に戻し，国王を国家原理の高みに再登

場させた（Pasuk and Chris 2002, 翻訳書351頁）。

　しかし留意しなければならないのは，サリットにより復活した三位一体の国家原理であるラック・タイの民族，宗教，国王における国王の立場は政治的な実権をもたない象徴としての地位であったことである。ポークンであるサリットが実際の政治を行い，国王はタイ民族の栄光の体現者として実権をもたない形で存続する2元的統治であった。サリットは自分の地位の正当性を高めるために王制を利用したが，実権を自らに集中したという意味では立憲王政の枠組みを巧妙に利用した統治を行ったといえる。

　サリットによってもたらされた統治システムは欧米の民主主義とは異なる「タイ式民主主義」という概念を創出した。戦後のタイ議会政治の混迷を断ち切るため，タイ社会における社会的，政治的分裂は西洋型統治システムが生み出す副産物と考え，タイの独自の「民主主義」を作り上げようとした。選挙によって選ばれた政治家が下からそれぞれの要求を突き上げる民主主義システムを拒否し，パトロン・クライアント関係による上からの政治主導を成り立たせる権威主義的な統治システムを確立した。1960年代は国民からの支持もありこのシステムは機能した。サリットが1963年末に死去するとタノーム元帥が首相に就任しサリットの路線を継続した。しかしながら，タイが経済発展し中間層が次第に形成されたことで独裁的な政治手法が都市部の中間層から反発を浴び，大規模な反政府デを引き起こした。国王裁定による1973年10月の学生革命でサリットの政治システムは終焉を迎えることとなる。この終焉の幕引きをした現国王ラーマ9世は人民党やサリット時代と異なり，ヘゲモニーを握ることに成功した。以後，立憲王政は本来の性格を変え，「国王を元首とする民主主義」体制に移行する[4]。王党派の長年の宿願が成就したタイ統治体制が出現した。国民主権とはいいながら，現国王が最高位に位置しており決定権をもっているため，立憲王政と呼ぶには難しい体制が形成されたわけである。ただこのシステムは制度化しておらず，国王への国民の敬愛や支持が必要であるため，国王の個人的威信に多くを負っている体制で，王位継承により不安定になる可能性がある。

第2節　経済成長と外国投資

1. プラザ合意とアジア通貨危機によるタイ経済の変容
(1) プラザ合意

　1985年9月のプラザ合意により、タイと日本との経済関係は劇的に変化した。従来はタイ国内の内需が投資目的であることが多かったが、世界市場への製造拠点としてタイを考える企業がタイで投資を始めた。この時期タイの急速な工業化を促進した要因が複数現れた。プラザ合意後の円高、1989年のアジアNIESに対するアメリカのGSP（一般特恵関税）廃止、カンボジア和平成立によるインドシナの「戦場から市場」への変化である[5]。タイはASEANのなかでは比較的先行して工業化に着手し、ある程度インフラも整っていたことから、日系製造業の移設先として選択され工業化が加速した。

　表4-2のタイ中央銀行の外国直接投資（FDI）統計からプラザ合意により投資動向がどれほど変化したかが明らかになる。

　1980年から1985年までは外国からの投資総額は100億バーツを超えず、6年間の平均は60億バーツを少し上回る程度である。しかし1988年からは急激に増大し、ピークをつけた1990年には600億バーツを超えている。1985年以

表4-2　タイへの国別外国直接投資（ネットベース）1980-1987年

（単位：100万バーツ）

年	1980年	1981年	1982年	1983年	1984年	1985年	1986年	1987年
合計	3,878	6,414	4,331	8,225	9,644	4,442	6,908	9,044
日本	903	1,407	1,037	2,432	2,588	1,534	3,049	3,269
アメリカ	732	2,396	857	1,266	3,733	2,388	1,294	1,816
年	1988年	1989年	1990年	1991年	1992年	1993年	1994年	1995年
合計	27,964	45,698	64,695	51,389	53,691	43,812	33,241	49,887
日本	14,608	18,762	27,931	15,593	8,680	7,733	3,091	13,856
アメリカ	3,185	5,220	6,154	5,919	11,789	7,236	3,909	6,471

出所：（東1998b, 188頁）より作成、原データはタイ中央銀行調査部国際収支課。

前はアメリカの投資額が日本を上回る年度もあり両国のタイへのFDI額は拮抗していた。プラザ合意の影響が顕在化した1988年以降は日本の投資額はアメリカの約4から5倍にもなり，増加が顕著である。

次に表4-3から日本のFDIの中心である製造業の投資をみてみよう。

1982年から1986年までのネットベース（以下数字はすべてネットベース）の製造業へのFDI総額は年平均で20億8960万バーツであり，日本は1982年から1986年までの平均で6億3880万バーツであった。2位のアメリカは1982年から1986年までの平均で4億1540万バーツであった。この時期製造業のFDI総額が最も大きい年は1984年の31億6700万バーツである。タイ製造業へのFDI総額は総計で1987年47億4900万バーツ，1988年には161億6200万バーツ，1989年には218億5800万バーツ，1990年には310億300万バーツであり，日本の直接投資額と全体に占める割合はそれぞれ，18億7400万バーツ（総額の39％），105億1800万バーツ（総額の65％），99億4100万バーツ（総額の45％），162億1100万バーツ（総額の52％）であった。日本の製造業の投資額はプラザ合意から2年ほどのタイムラグを経て1988年に105億1800万バーツ，1990年には162億1100万バーツとなり，大きく伸びていることが判明する。まさしく怒涛の日本からのタイ製造業への資金流入であった。

この巨額の直接投資をうけ，タイは農業社会から新興工業国へ変容し始める。1958年のサリット政権発足で工業化に着手したが，輸出の主軸は農産物

表4-3 タイ製造業への外国直接投資（ネットベース）1982－1995年

（単位：100万バーツ）

年	1982年	1983年	1984年	1985年	1986年	1987年	1988年
合計	1,231	2,568	3,167	1,358	2,124	4,749	16,162
日本	350	1,048	930	163	703	1,874	10,518
アメリカ	161	403	436	676	401	802	1,061
年	1989年	1990年	1991年	1992年	1993年	1994年	1995年
合計	21,858	31,003	23,840	9,259	11,430	12,873	14,114
日本	9,941	16,211	13,504	6,315	3,095	3,371	10,242
アメリカ	2,748	2,925	2,343	3,582	6,350	2,146	675

出所：(東1998b，191-192頁) より作成，原データはタイ中央銀行調査部国際収支課。

や農産物加工品でその比率は1980年でも農産物が49％を占めていた（表4-4参照）。

またタイ国民が従事している職業も同様であった。表4-1をみると，1980年でも第1次産業（ほとんど農業）の就業人口比率は72％，1990年でも64％である。農業に基礎を置く発展途上国というタイの性格はまだ大きく変化していなかった。しかしこの時期輸出をみると，大きな変化が進行している。表4-4が示すように，急速に増大する工業品輸出から，1986年以降タイの総輸出における工業製品比率が農産品比率を上回った。

30年近くかけて徐々に進行していた工業化の流れは，プラザ合意によって加速した。日系企業を中心とするタイへの製造業拠点新設のため，タイの輸出構造は激変し，農産品輸出国から労働集約的産業や労働集約的工程の迂回輸出基地の性格が高まった。タイが5番目のアジアの虎，すなわちNIESになるとの論議も登場した。

投資の拡大は，タイ社会においても大きな変化を引き起こした。日本の直接投資は製造業に投下され，多くの工場労働者を雇用したことから，自給経済の比率が高かったタイ農民に現金収入をもたらし，生活を変えていった。

この工業化が引き起こした社会変化が現在のタイにおける政治対立の前提条件を密かに創っていく。この対立はタイの社会の構造変化と無縁ではなく，中間層の増大，進学率の上昇，農村部での教育の普及，相対的格差の拡大など，工業化による経済発展と社会構造変化の結果引き起こされたものである。表4-1が示すように農業に従事する国民の比率は低下し続け，今では35％を割って

表4-4 農産物と工業製品の輸出比率推移 1980-1995年

(単位：100万バーツ)

年	1980年	1985年	1986年	1987年	1990年	1995年
輸出総額	133,197	193,366	233,383	299,853	589,813	1,406,310
農産物％	49％	41％	38％	32％	22％	16％
工業製品％	31％	34％	39％	46％	61％	66％

注：通常工業製品にカウントされる砂糖，水産缶詰，パイナップル缶詰の農業加工品は工業製品から除いて計算した。
出所：(東 1998a, 174-175頁) より作成，原データはタイ商務省商業経済局の *Annual Trade Statistics* と *Trade Statistics and Economic Indicators of Thailand* 各年版。

いる。現在大学への進学率も日本と遜色ない比率となっている。その結果，都市下層や地方の農村で政治的覚醒が起こり，大衆は選挙を通じ自己を主張し始めた。しかし，タイの保守層には地方の一般国民の政治的覚醒を容認しない土壌，ある種の愚民思想がある（ネートダーオ 2013，12-13 頁）。

　タイの保守層による支配が可能になる要因として，タイが他の東アジア諸国と 2 点大きな相違点をもっていることが起因している。1 つは植民地とならないことで，保守的な支配階級の連続性が保たれたことである。官界にその支配の源を置く保守層は堅固で，既得権益を容易に放棄しない。2 点目は中国系タイ人の存在である。タイの中国系の人々はタイの支配層に利益をもたらす存在であれば，支配層に取り込まれ，支配層と共生する存在となってきた。実際中国系は官界のさまざまな分野で活躍し，保守派を形成している。また，中国系タイ人は自己の出自に対する不安をもっているため，タイへの忠誠を示すべく多くが王党派となっている。本来中間層は民主化を推し進める原動力であるが，タイでは中国系が中間層の多くを占めるため，そうならない大きな要因であろう。

　タイの中間層（その多くは中国系の人々）は旧来の支配階級とともに，一般大衆を愚かで，農村部の大衆は選挙権を行使するに値する教養を身につけていない存在と考えている。タクシンによる議会制民主主義が政策を決定するようになると，これらバンコクの中間層は王党派とともに，自らの特権を侵食する議会制民主主義を否定し始めた。一方，タクシン派は政治的に覚醒した大多数を占める農民層の支持があるため，選挙では一貫して勝利することが可能であった。選挙で敗北を余儀なくされた保守層は，バンコクでのデモによる大衆行動でタクシン政権を退陣させようとし，クーデターを希求して軍に頼り，2006 年 9 月，2014 年 5 月と 2 度のクーデターで，タクシン派政権を崩壊に導いた。

　現在のタイの状況は，封建的な保守派のもつ特権に対し，国民大多数の農村部や都市下層の人々が，議会制民主主義を通しての民主政治を求めている。この要求に対し，王党派などの保守派である既得権益層が特権の放棄を拒み，司法の恣意的運用，クーデター，不敬罪，言論統制と強権による抑圧で対立の激化を引き起こしている。筆者は，既得権益層がどれほど弾圧しても，勝利する

ことは困難であると考える。なぜなら，既得権益層の行為は政治的権利に覚醒した国民多数派への戦いであるからである。

(2) アジア通貨危機

プラザ合意による工業化が進み，タイが中所得国へ経済地位を向上する中でアジア通貨危機が起こった。1997年7月タイの外貨準備が枯渇し，実質的にはドルペッグともいえる為替の通貨バスケット制を維持できず，変動相場制に移行したタイバーツの価値は急激に低下した。図4-1が示すように，1997年，1998年と2年連続のマイナス成長に陥り，タイ経済の受けた衝撃は非常に大きなものであった。

危機の背景にはさまざまな要因が複合的にからんでいる。未曽有の好景気に沸いたタイでは，1987年から1995年まで平均で9.9％の経済成長を記録していたが，1996年には5.9％に減速した。減速の理由として指摘されたのは中国との競合であった。1992年の鄧小平による南巡講和で社会主義市場経済が宣言され，1989年の天安門事件で揺らぎ始めた改革開放路線の継続が明確になったことで，海外からの投資が急増した。

タイの経常収支は1986年のような例外的な年を除いて，ほぼ一貫して赤字傾向であったが，1980年代にはそのマイナスは30億ドルを超えなかった。赤

図4-1 タイのGDP成長率

出所：1980年から1999年まではTMF- World Economic Outlook Database https://www.imf.org，2000年から2014年はNESDBの統計資料インターネット版 http://www.nesdb.go.th より作成。

字の原因は工業化を進めるため，日本などから資本財や中間財を輸入しなければならなかったことにあった。1990年代前半には60から70億ドルの赤字であった経常収支は1995年に130億ドル，1996年に140億ドルを突破するまで赤字が拡大した。経常赤字の急速な拡大は，海外のヘッジファンドが，ドルペッグされたバーツの価値が高すぎると判断する材料となった。

タイ政府は，1980年代末から金融の自由化と国際化を積極的にすすめた結果，1993年バンコク・オフショアー市場（BIBF=Bangkok International Banking Facility）が開設され，商業銀行や民間企業は海外の金融機関から外貨を調達することが容易になった。外貨の調達はコストの面で有利であった。1996年から1997年の国内の貸出金利は14％前後であるのに，アメリカでは8％台であった。ドルペッグ制の変更やバーツの切り下げがあれば，大きな損失が出るという危険性が十分に意識されていなかった。また，設備投資のような長期資金を金利の低い短期の借り入れで行ったことも問題であった。タイ政府はヘッジファンドによる攻撃に敗れ，1997年7月2日の管理フロート制（変動相場制）へ移行した。

プラザ合意以降の急速な経済発展をもたらしたタイにおける投資の主体として，タイの地場資本の投資動向にも注意する必要がある。地場資本の投資行動が通貨危機へ繋がっていった。投資委員会の統計表4-5が示すのは，プラザ合意後のタイ経済の急速な発展において，地場資本も大きな役割を果たしたことである。

表4-5のデータは認可ベースの登録資本額である。実際の投資額を計算すると，登録資本の3.3倍から5.2倍の投資が行われている。表4-5から1988年を

表4-5 投資奨励における登録資本額 1985年－1995年（認可ベース）

（単位：100万バーツ）

年	1985年	1986年	1987年	1988年	1989年	1990年	1991年	1992年	1993年	1994年	1995年
合計	7,421	9,203	18,825	60,398	71,284	97,938	83,760	42,577	35,452	66,092	145,731
タイ	5,537	6,004	10,463	28,416	45,135	62,252	64,371	24,694	29,577	49,228	98,717
外国	1,884	3,139	8,363	31,982	26,149	35,686	19,388	17,883	5,886	16,364	47,014
日本	169	1,675	3,648	18,234	9,964	9,587	6,067	5,370	1,683	5,760	20,202

出所：（東 1998b，193-194頁）より作成，原データは投資委員会（BOI）資料。

除くすべての年度でタイ資本の投資が外国資本を上回っている。1990年代に入ると次第に減少傾向の外国資本の投資に対し，タイ資本は大きく投資額を伸ばしていることがわかる。

プラザ合意以降のタイにとって有利な状況は，日本など外国資本のみではなくタイの地場資本にも等しく開かれたものであった。金融の国際化と自由化，BIBFの開設は，地場資本に外貨による低金利での資金調達の道を開いた。タイの起業家には，それまでの経験則からいち早く大きな投資を行い，市場を取ったものが大きく成長できるという，右肩上がりの経済における成功神話があった。商業銀行とともに，地場の投資家が新たに現れた投資機会と資金調達チャンネルを積極的に活用した結果，過剰債務体質を生み，経済の停滞が見え始めた時，ヘッジファンドの餌食となった構図がタイにおけるアジア通貨危機であった。ただ，設備投資は実際に投資されており，バーツの価値の急速な下落はタイの国際競争力を再び高め，大幅な貿易黒字を記録し，経済の安定的な成長路線に復帰することが可能となった。ギリシャ財政危機を考える時，タイ経済の復活のシナリオは示唆的である。

2. 自動車セクターの発展と日本企業との協業
(1) 輸入代替と自動車生産の拡大

東南アジアのデトロイトとまで呼ばれるようになったタイ自動車産業をけん引するのは日系自動車メーカーである。タイ国内の自動車販売では日系自動車メーカー各社が，80％という極めて高いシェアをもっている。

日系自動車メーカーのタイでの生産は1960年代初めにまでさかのぼる。日産車の輸入販売を行っていた中国系のターウォン・ポンプラパーが1962年日産から技術供与を受け，フォードに続いてタイで2番目の工場を設立した[6]。両者の関係は後に日産との合弁へと発展した。タイトヨタの設立も1962年，操業開始は1964年であった。

タイの自動車産業の初期の発展は典型的な輸入代替工業化であった。タイでは完成車の輸入には高関税をかける政策が長らく取られており，自動車輸出国となった今日でも関税の80％以外にさまざまな税が課けられている。小型乗用車でも輸入価格の3倍近い価格となる。また，ローカルコンテンツ（現地調

達率）要求も1974年に導入されてから長期にわたり存在した（黒川 2015，61頁）。ローカルコンテンツ要求はWTOのTRIM協定に対応するため，期限であった2003年末より早く2000年に撤廃された（黒川 2015，63頁）。撤廃されるまで，タイ政府はローカルコンテンツ要求の水準を次第に高めていき，現地調達比率は上昇した。この政策は，タイの地場の部品メーカーも含めて，自動車関連の裾野産業の拡大に寄与した要因であった[7]。

東南アジアのなかでは自動車関連の裾野産業の集積が厚いタイであるが，自国の自動車メーカーをもっていない。多国籍企業である日系自動車メーカーによる自動車産業の発展であり，プロトンのような国産ブランド構築を強力に進めたマレーシアと比べれば，自動車産業育成政策は大きく異なっていた。「海外ブランドを受け入れるかたちで自動車産業を育成する方法を選択した」（黒川 2015，60頁）とする見解もあるが，タイの産業政策にそこまでの意図があったかは疑問である。タイではその政治状況からさまざまな利益グループがあり，外国投資に制限をかけ自動車産業を1社，あるいは数社に絞るような強力な制限策を取ることは困難であった。タイの自動車産業が発展し始めた時，タイ地域研究者の見解は自動車産業を統制できないことで競争が激化し効率化が達成された，というものである。

(2) 輸出産業への転換

タイ自動車産業においてトヨタの存在は極めて大きい。現在でもタイトヨタのタイ市場占有率は極めて高く，2014年にはタイ国内販売では37%を占めている。トヨタの世界戦略からタイの自動車産業をみていこう。

1991年からタイ政府は一転して，自動車産業政策を保護から自由化へ大きく舵を切った（川邉 2011，94頁）[8]。タイの自動車産業は自由化への対応，プラザ合意以降の円高による日系企業進出ラッシュ，経済成長がもたらしたタイ国内自動車市場急拡大への対応を求められた。

1990年代半ば，トヨタ本社の海外戦略により途上国向け専用車であるアジア・カーの開発生産拠点として，タイトヨタが選ばれた。ソルーナと呼ばれたこのアジア・カーの開発委員長は後にタイ人の叩き上げ重役となったニンナートであった（川邉 2011，126頁）。新型車の開発では現地タイトヨタの意見が大きくとりいれられた製品となった。アジア通貨危機の影響もありアジア・

カーは失敗であったと言わざるを得ないが，タイトヨタが主体性を発揮した開発となったことはIMV[9]開発への橋渡しとなるものであった。

アジア通貨危機で国内需要が1998年には4分の1にまで縮小し，最低の生産を維持するため輸出に活路を求めざるを得なかった状況下，この苦境がタイの自動車生産が輸出産業に転換する契機となった。表4-6から輸出は1996年に1万4000台から1997年に3倍になり，2000年に10倍，2005年に30倍と急拡大していることがわかる。

経済危機を契機とする輸出拡大は現地生産を維持する苦肉の策であったが，輸出のために求められた品質を実現するため，現地資本のメーカーも含めた部品メーカーの育成がはかられた。この課題を乗り越えることで，分厚い部品産業の集積がタイ国内に達成された。川邉は従来の現地子会社と本社の関係が一変したと，こう述べている。「日本で開発・生産した既存車種を低コストで生産し現地市場で販売するという旧来の構図はすでにない。トヨタにとって，IMVは日本で生産・販売しない初めての車である。つまり，IMVのマザー工場はタイトヨタである。（中略）IMVの競争力は100％現地の開発力にかかっている」（川邉 2011, 182頁）。トヨタがIMVの生産開始に当たって部品メーカー各社に要求したのは，3割のコストダウンと「先進国並みの品質」であった。タイトヨタがこの課題に応えることで，現地子会社が研究開発も行えるトヨタ生産システムの現地化が成し遂げられた。タイトヨタはIMVの1トン

表4-6 タイの自動車生産と輸出 1996－2015年

年	1996年	1997年	1998年	2000年	2005年	2010年	2013年	2014年	2015年
乗用車	138,579	112,041	32,008	97,129	277,603	554,387	1,071,076	743,258	396,724
商用車	420,849	248,262	126,122	314,598	847,712	1,090,917	1,386,010	1,137,519	538,527
合計	559,428	360,303	158,130	411,727	1,125,315	1,645,304	2,457,086	1,880,777	935,251
輸出台数	14,260	42,205	66,788	152,835	440,717	895,855	1,128,172	1,128,102	576,073
輸出％	3％	12％	42％	37％	39％	54％	46％	60％	62％

注：2015年は1月から6月までの数値。
出所：タイ中央銀行のホームページ https://www.bot.or.th （2015年8月25日閲覧）タイ中央銀行各種資料，タイ国ビジネス経済情報のホームページ http://motoda.biz/ （2015年9月13日閲覧）より作成。

ピックアップトラック4種のマザー工場であり，他の世界の生産拠点アルゼンチン，南アフリカ，インドネシアなど10ヵ国の頂点に立った生産体制となっている（伊藤 2007, 144-147 頁）。今年 2015 年 IMV の 1 トンピックアップトラックが 11 年ぶりに全面刷新され 2015 年 7 月 2 日から世界 100 ヵ国へ輸出が始まった（日本経済新聞 2015 年 7 月 3 日）。この記事によれば部品の現地調達率は 90％以上となり，2016 年には生産の 6 割 30 万台が輸出される予定である。タイからの IMV の輸出累計台数は 240 万台に達している。

タイは 2014 年度の自動車生産台数で世界 12 位，完成車輸出台数と自動車部品輸出で世界 12 位である。タイ自動車産業は既に輸出産業としての比重が高い産業となっている。

第3節　タイ社会の亀裂と民主主義

1. タクシン政権の軌跡

タクシンは北タイの華人系財閥の出身である。警察官僚から実業家となり携帯事業を興し，1990年代半ばに政界入りした。タクシン派が農民と都市下層の貧困層が中心であるため，社会正義に価値を置く政治家のように思われるかもしれないが，登場した時から現在までを子細に観察するとそうではない。タクシンの本質は，頭脳明晰で利己的な権力主義者であろう。ただ，彼は貧困層に票田を見つけ，自らの権力の源にすることをタイ政治史上初めて実現した政治家である。タイにおける政党はイデオロギーの対立をもたなかった。その意味では派閥的色彩が強く，利権争いを続け分裂と統合を繰り返し，議会制度の下で安定した政権を維持できなかった歴史がある。強い政党，安定した議会制による政府を創造することを目的に，1997年憲法[10]が制定されたことが，タクシンに政権への道を可能にした。

2001年1月，1997年憲法の下で総選挙が行われた。この選挙でタイ愛国党を率いたタクシンは 500 議席のうち 248 議席を獲得した。

総選挙による勝利はさまざまな要因によるが，筆者がとくに強調したいのは貧民対策である。タイ愛国党は真剣に農村に配慮した選挙公約を掲げた。農民

の債務3年間猶予や30バーツの支出で病院にかかることができる政策は貧しい農村部の有権者の心に訴えた。しかも，選挙で勝利した後，実直に選挙公約を実行したことで，貧しい庶民に選挙で生活が変わることを実感させた。政治に関心を抱かず，わずかな金で票を売っていた地方有権者の選挙行動が大きく変化する。クーデターや司法の恣意的解釈で，アマートが何度タクシン派を潰しても，農村部を中心に一般大衆の支持があるため，タクシン派政権が選挙によって復活する。

　次に，タクシンがクーデターで退陣するまでの経済的なパフォーマンスをみてみよう。GDP成長率は，政権初年の2001年こそ1.9％であったが，2002年からクーデターの2006年までの5年間の平均は5.5％であった。アジア通貨危機で年率10％を超えるマイナス成長を経験したタイ経済を成長軌道に再度乗せることに成功した。タクシンの施政期に最も貧しい東北地方の家計平均収入は40％増え，貧困人口も21.3％から11.3％にほぼ半減した（小林 2010, 22頁）。

　タイの政治ではタクシンが登場するまで，ある意味，国会は重要でなかった。政党は政策をもたず，官僚主導により政策が立案施行された。しかしタクシン以降は過半数を超える強固な政党が現れることで，国会の重要性が高まり，議会支配が国家の富の配分を決定するようになったことで旧来の保守派や王党派との軋轢を引き起こすこととなった。

2. 既得権益層と民主化

　タイは東南アジアでは植民地支配をうけなかったことで権力構造が継続性をもったという特殊性がある。1932年の立憲革命が徹底すれば支配構造が変わった可能性はあったが，人民党は内部分裂もあり，徹底できなかった。1947年クーデターで武官派閥の軍が勝利すると，王党派と軍が同盟する関係ができあがった。1957年のサリットの登場で，王権の復権は決定的となった。

　タイ式民主主義，国王を元首とする民主主義体制などで表されるタイの政治体制は，議会制民主主義に，民族，宗教，国王の三位一体の国体を上位に置くことで，軍事クーデターや国王の政治介入を正当化することとなった。特権に連なる人たちの目的は既得権益の保護である。しかし，タクシンの登場で，政党が有権者の利益となるマニュフェストを掲げ，国家が再配分機能をもち始め

保守派の特権が侵食され始めた。

　タクシンの政治は都市下層や農民層の政治的覚醒をもたらした。その背景に教育の普及，高学歴化がある。現在では大学進学率は数字の上では50%を超え，日本とほとんど変わらない大学進学率となっている[11]。農民の子弟は大学に進学し，郷里に帰った時に親類縁者にタイの社会状況，自分たちの置かれた状況の理不尽さを説明する。進学率上昇も地方の政治的覚醒を引き起こした大きな要因であった。

　2005年2月任期満了による総選挙が行われた。タイ愛国党は500議席のうち377議席を制し，タイの憲政史上初めて圧倒的過半数を制した。タクシンに対する国民の絶大な支持は，王党派や保守派にとっては悪夢であった。タクシンの息の根を止める政治的な運動が動き出し，呼応するようにバンコク中産階級動員部隊である黄シャツ（PAD=People's Alliance for Democracy）が2005年9月に組織され，バンコクで抗議活動を開始した。街頭政治の始まりである。さまざまな形で保守派のタクシンへの攻撃は続き，ついに軍による2006年9月19日のクーデターでタクシンは失脚した。

　クーデターを国王が裁可したことで，通常であればタクシンの政治生命はこれで終わるはずであった。しかし，保守派の書いた筋書きは狂い始める。保守派が黄シャツの運動を起こしたように，タクシン派は赤シャツの運動を組織した。憲法裁判所，汚職防止取締委員会，選挙委員会など保守派が牛耳る司法を使って，タクシン派政党の解党，汚職認定，選挙違反，首相の免職など司法の横暴ともいえる恣意的解釈でタクシン潰しを行った。また2006年クーデターの後制定した憲法では選挙制度を改変し，公選であった上院の半数を任命制に戻すなど，タクシン派の政党に不利な改正を行った。しかし，タクシン派政党はクーデターから民政に移行した2007年12月の総選挙で勝利した。反タクシン派は憲法裁判所による司法の恣意的解釈で総選挙に勝利した政権をまたしても葬った。タクシン派赤シャツの路上占拠による2010年4月からの抗議では軍が投入され掃討した結果，90名を超える死者を出した。しかし，保守派の弾圧をはねのけ，2011年総選挙でもタクシン派はタクシンの実妹インラックを党首として再度勝利した。

　このようにタクシン派は国民の大多数である都市下層や農民層の支持があ

り，選挙をすれば負けなかった。既得権益をもっている保守派は，権力基盤である司法を使う攻撃を 2006 年のクーデター以降行っている。タイの司法は本来，比較的汚職も少なく公平であると考えられていたが，タイの司法に対する信頼は大きく傷ついてしまった。法の平等という大原則を損なった不利益は大きく，国家の安定に対し将来的には禍根を残すであろう。

3. 2014 年 5 月 22 日のクーデター後の状況

2014 年 5 月 7 日にタウィン元国家安全保障会議事務局長の移動人事に関して，憲法裁判所はインラック首相と閣僚 9 名の不正人事関与を認め解職判定を下した。またしても，職権の乱用が明らかな憲法裁判所による政権の転覆である。解職決定から 2 週間後に対立を解消するとの名目で戒厳令を軍が布き，その 2 日後に対立するグループを集めて融和に向けて協議するという席ですべての参加者を拘束し，クーデターが宣言された。

その後は徹底した民主主義勢力や赤シャツ派への弾圧，言論統制が行われている。王党派，保守派とみられる人々は非合法的なさまざまな活動，街頭デモ，空港占拠，バンコク幹線道路封鎖，赤シャツの掃討での多数の死者に対しても一切お咎めなしで，法運用の二重基準は明白である。

さらに，刑法 112 条で規定されている王室に対する不敬罪は 1908 年に制定されてから，1980 年代まではほとんど適用例がなかったが，タクシン政権の崩壊後は起訴が相次いでいる。14 年 5 月のクーデター以後は赤シャツ派やクーデターに反対する勢力の活動封じに多用されている。例として，タマサート大学ソムサック・チエムティーラサクンのケースを述べて，現在のタイにおける言論の自由がいかに制限されているかを示そう。ソムサックは 1976 年 10 月 6 日反革命で軍部に捉えられ 1978 年 9 月に恩赦をうけるまで 2 年近く収監された経歴をもっている。歴史学者である彼は，タイ王室歴史研究の権威である。学生活動家であった頃の理想を一貫して追求してきており，その言動は多くの活動家に影響を与えることから軍部や保守派にとっては邪魔な存在であった。2011 年 5 月に不敬罪の疑いを受け警察が審議中であった。2014 年 2 月 12 日自宅が暴徒 2 名によって襲われ銃が乱射されたが，幸いけが人はなかった。5 月 22 日のクーデターで政権を握った軍部は，24 日に軍へ出頭するよう命令

を出したが，出頭しなかった。現在はフランスに亡命している。タマサート大学はソムサックを 2015 年 2 月解職した。

　タイへの FDI に関するクーデターの影響をみると，2006 年 9 月のクーデターによってはタイへの諸外国からの FDI は減少していない。最大の投資国日本の投資も増大している。表 4-7 が示すように，2006 年以前の最大値である 1995 年の 1966 億バーツを 2012 年には 3484 億バーツと大きく上回った。中国における反日暴動（2005 年，2010 年と 2012 年）によるチャイナプラスワンの拠点再編や 2011 年の洪水の影響があると推測される。ただ，2014 年のクーデターは民政化が大きく遅れ，クーデター当事者が政権を奪ったため，タイ国内の政治的混乱が諸外国や日本の投資行動に影響を与える可能性を否定できない。タイへの直接投資の指標で最も即効性のある投資委員会の申請ベース最新データでは，2015 年の 1 月から 10 月までの投資総額は前年度の 3300 億バーツから 905 億バーツへ大幅に減少し，日本も同様に 1164 億バーツから 279 億バーツへ減少している（http://www.boi.go.th，2015 年 12 月 16 日閲覧）。

　クーデターによって成立した現政権は強権をもって支配を継続しているが，プラユット政権が進めようとしている政策の中で，相続税と固定資産税の導入が計画されている。既得権益層が許すとも思えないが，もし実現するなら，今回のクーデターもそれなりの意味があったと後世で語られるかもしれない。議会政治でのこれらの政策の実現は，議員のほとんどが資産家であるのでかなり困難であり，クーデターのような超法規的な体制でしか実現可能性はないと思われるからである。難しいと思うが，筆者のささやかな希望である。

表 4-7　タイへの外国直接投資（認可ベース）2003–2014 年

年	2003年	2004年	2005年	2006年	2007年	2008年	2009年	2010年	2011年	2012年	2013年	2014年
合計	2126	3173	3,258	2,666	2,056	3,511	1,421	2,792	2,779	5,490	4,789	4,835
日本	976	1259	1,718	1,152	1,643	1,062	589	1,003	1,590	3,484	2,905	1,818

出所：バンコク銀行のホームページ http://www.bangkokbank.com（2015 年 8 月 15 日閲覧）とタイ国ビジネス経済情報のホームページ http://motoda.biz/ より作成（2015 年 9 月 13 日閲覧），原資料は投資委員会（BOI）。

おわりに：日タイ関係とタイ民主主義の行方

　タイで暮らす日本人の数は大使館の在留邦人数では，2014年には約6万4000人にも及んでいる。30年前の1976年には6000人に達しておらず，10年前には3万6000人であった。
　最近の邦人数増大には，中国との関係悪化も大きく影響している。中国における反日暴動が日系企業に中国以外の生産拠点構築の必要を意識させ，チャイナプラスワンとしてタイへの投資が増大している。日系のタイへの投資は，現在のタイにおける失業率が1％以下という，以前には考えられなかったような雇用状況を作り出している。
　2011年は日本で東日本大震災，タイで大洪水と天災が続いた。また，1997年アジア通貨危機でもタイは危機的な経済状況に陥った。「災い転じて福となす」というのがこれらの苦境時における日タイ関係であった。1997年の通貨危機で日本はアジア通貨基金設立を計画したが，米中の反対で実現しなかった。そこで，タイには宮沢基金を1999年3月に530億バーツの規模で供与した。主に地域開発に使用されたこの基金は，タイの地方における日本のイメージを大きく向上させる効果をもった。東日本大震災では東京電力の支援要請にタイ政府が応え，12万2000キロワットの三菱重工製のガスタービン発電所2基を東電に貸与することになった。スラムの貧しいタイの人々が日本へ義捐金を送ろうとする報道などもあり，タイの人々の思いやりに感動した日本人も多かった。同年今度はタイで大洪水が起こり，日本資本の工場が甚大な被害にあった。助川が詳しく日系企業とタイ政府の対応を分析しているが，危機を何とか乗り切ろうとする真摯な協力があったことがわかる（助川 2013）。大きな被害をうけたホンダに対し，タイ政府は洪水による生産損失補てんのため，2012年前半まで，完成車の無税輸入を特例として許可した。タイ政府の配慮がよくわかる事例である。また，日本企業からも，「タイ工場の投資拡大はあっても撤退はない」と豊田章男トヨタ社長はタイにエールを送った（日本経済新聞，2011年11月10日）。
　良好な経済関係から両国の関係は順調に見える。しかし昔からこのような良

好な関係があったわけではない。1972年から日本のオーバープレゼンスに反発する学生主導の日本製品ボイコットがあり，1974年1月田中角栄訪タイ時には反日デモがインドネシア同様起こっている。

　筆者が留学していた1980年代半ば，タイでは対日貿易赤字がタイ経済の大問題であり，タイから利益ばかりを吸い上げるエコノミックアニマルの日本人，という批判をマスコミは執拗に展開していた。今，タイと日本の関係は，タクシン派であれ反タクシン派であれ，経済的に互いを必要としていることが理解されており，どちらの政権になっても対日関係は良好である。日本のタイにおける経済活動がタイの経済成長にプラスに働くことが理解された結果である。1970年代から80年代の反日的な雰囲気は少ない。今は隔世の感がある。しかし一部の知識人が批判的な目をもって見ていることも事実である。1970年代の反日であったタイを忘れてはならないと思う。良好な関係にある今こそ，日本は奢らず対等のパートナーであることを肝に銘じなければならないと考える。

　最後に，タイのさらなる経済発展を考えるとき，民主化は避けることができないと筆者は考えている。経済が発展するとどうしても一部の人に富が集まる。そのため先進国社会では長い時間をかけて福祉国家をつくり，市場経済の矛盾を解消するシステムを内在させる努力をしてきた。タイでも工業化が進み，表4-1が示すように，1次産業の従事者は既に35％を切っている。高い教育を受けた国民を，法の前の平等，公正な選挙による政府を容認せず，恣意的な司法判断などで，従来の国王を元首とするタイ式民主主義で支配することは時代錯誤であろう。所得再分配による福祉政策を，ポピュリズムと切り捨て，相続税や固定資産税のない税制を維持し，自らの権益を守ることは不可能であることを，保守勢力は理解する必要がある。保守勢力があくまでも特権に固守し続けるのであれば，国民はさまざまな能力を啓発する機会を奪われるため，本来持つ能力を引き出すことができないであろう。上位中所得国から高所得国への飛躍には国民の技能や労働の質的向上が必要であるため，タイが中所得国の罠を抜け出すことは不可能であろう。タイの未来のために今後の民主主義の進展を願っている。

（山本博史）

注
1) タイにおける奴隷は西洋の奴隷概念とはかなり異なった存在である。バウリングは「パルゴワ主教（19世紀にタイに滞在したフランス人神父）はシャムにおいて奴隷はフランスの下男と同じくらい良く扱われていると述べているが、私は、自分の目で確かめたところにより、さらに一歩進めて、彼らは英国の下男より、よほどましに扱われていると言いたいくらいである（Bowring 1969, 第1巻193頁）」と述べている。西洋的な奴隷のもつ意味とはかなり違った待遇をタイの奴隷は受けていた。また奴隷は少なく見積もっても全人口の3分の1を占めていた（石井 1966, 6頁）。
2) 水牛はタイでは愚鈍な愚か者を意味する。
3) 都市下層民や東北タイ、北タイの農民層が支持層であるタクシン派、ただ中間層や高学歴層の支持者や民主主義の理念による支持者もあり、ただ単にタクシンの言いなりと言う訳でもない。
4) 国王を元首とする民主主義という言葉が使用されたのは1976年のターニン政権時で、憲法で記載されたのは1978年憲法であった（玉田 2013, 21頁）。
5) 1988年タイで首相となったチャート・チャーイが「インドシナを戦場から市場へ」と唱えて、カンボジア和変に向けて積極的に外交を展開した。周辺国の政情が落ち着くとさまざまな消費財がタイから輸出されるようになり、タイの商圏は拡大した。
6) ターウォンはピン・パオ派のプラマーン・アディレークサーン（ピンの娘婿）の紹介で中村明人元タイ駐留軍司令官を訪ね日本財界との知己を得て、日産と関係を築いた（末廣・南原 1991, 229頁）。
7) ただし以前から言われていることは、たとえ現地調達率が数字の上で高まっても部品に使う中間財を輸入するなどの要因から、現実の現地調達率はもっと低いとされる。2004年以前、タイで言われていた60から70％とされる現地調達率は、実際は30から40％に過ぎないとの指摘もある（伊藤 2007, 158頁）。
8) この政策変更はタイで最も効率的な内閣であったと言われるアーナン・パンヤーラチュンがクーデターの後政権を任されたことで実現した。
9) IMVとは革新的国際多目的車（Innovative International Multi-purpose Vehicle）のことで、トヨタが新興国を軸に2004年前後から世界で販売している戦略車である。
10) 1997年憲法は「人民の憲法」と呼ばれ、バンコクの中間層はタイで最も民主的な憲法と胸を張る。しかしながら、その内容は国会議員や閣僚の要件として大卒の規定を設け、タイ憲政史上初めて、国民の約90％（当時）から被選挙権を奪った非民主的な側面をもつ憲法であった（高橋 2013, 164-165頁）。
11) チャワリット政権の1996年に大学進学を可能にする貸与制度、国家育英基金が設置された。この学費無利子融資制度で貧困層の大学進学が可能となった。タイの大学就学率は、1980年が3.6％、90年は8.5％、95年は14.8％、2000年は39％、2005年は48.3％である（村田 2007, 43頁）（日本タイ学会 2009, 127頁）。1990年代に大学への就学が大きく伸びたことを示している。

参考文献
（日本語）
石井米雄（1966）、『タイにおける不自由労働制の解体』アジア経済研究所。
伊藤賢次（2007）、「トヨタのIMV（多目的世界戦略車）の現状と意義」『名城論叢』第7巻4号 名城大学。
川邉信雄（2011）、『タイトヨタの経営史　海外子会社の自立と途上国産業の自立』有斐閣。
黒川基裕（2015）、「タイ国自動車産業の歴史的変遷―国内市場の拡大とリージョナルハブに向けての取り組み」『季刊　国際貿易と投資』100号 国際貿易投資研究所。

小林秀明（2010），『クーデターとタイ政治―日本大使の1035日―』ゆまに書房。
末廣昭・南原真（1991），『タイの財閥―ファミリービジネスと経営改革』同文舘。
末廣昭（1998），「第4章 労働力調査」末廣昭編『タイの統計制度と主要経済・政治データ』アジア経済研究所。
助川成也（2013），「第3章タイ2011年大洪水の産業・企業への影響とその対応」玉田芳史・星川圭介・船津鶴代編『タイ2011年大洪水―その記録と教訓―』アジア経済研究所。
髙橋正樹（2013），「第9章タクシンとタイ政治」松尾秀哉・臼井陽一郎編『紛争と和解の政治学』ナカニシヤ出版。
玉田芳史（2003），『民主化の虚像と実像 タイ現在政治変動のメカニズム』京都大学出版。
玉田芳史（2013），「民主化と抵抗―新局面に入ったタイ政治」『国際問題』No.625（2013年10月号）国際問題研究所。
玉田芳史（2015），「タイ政治混乱の解剖 第4回 司法の政治」『所報』盤谷日本人商工会議所2015年1月633号。
日本タイ学会編（2009），『タイ辞典』めこん。
東茂樹（1998a），「第9章 貿易統計」末廣昭編『タイの統計制度と主要経済・政治データ』アジア経済研究所。
東茂樹（1998b），「第10章 投資統計」末廣昭編『タイの統計制度と主要経済・政治データ』アジア経済研究所。
村田翼夫（2007），『タイにおける教育発展 国民統合・文化・教育協力』東信堂。

（外国語）

Bowring, John (1969), *The Kingdom and People of Siam*, Kuala Lumpur, Oxford University Press, [Oxford in Asia Hardback Reprints (1st ed.1857)].
Ingram, James C. (1971), *Economic Change in Thailand 1850-1970*, Stanford University Press.
NATIONAL STATISTICAL OFFICE, *STASISTIKCAL YEARBOOK* 各年版。
Pasuk Phongpaichit and Chris Baker (2002), *Thailand—Economy and Politics*, Oxford University Press (Second Edition).（パースック・ポンパイチット，クリス・ベーカー著：日タイセミナー訳，北原淳・野崎明監訳『タイ国』刀水書房，2006年）。
Thak Chaloemtiarana (1979), *Thailand: The Politics of Despotic Paternalism*, Thammasat University Press.（タック・チャルームティアロン著：玉田芳史訳『タイ―独裁的温情主義の政治』勁草書房，1989年）。
ネートダーオ・タオタウィン（2013）「都市中間層におけるタイ田舎特性の消費と監禁（カーンボリポーク・レ・カーンカックカン・アタラック・チョナボット・コーン・チョンチャンクラーン・ナイ・ムアン）」『同じ空（ファー・ディアオカン）』第11巻3号（10-12月）。

第 5 章

フィリピン経済——低成長から脱出の可能性

はじめに

　フィリピンほど経済発展の初期条件に恵まれた国も少ない。アメリカ植民地以降，浸透した「民主主義」は，外資導入による工業化をいち早く進める条件となったといわれている。英語人口は東アジアにおいて群を抜いて多く，高等教育に至るまで高い就学率を誇る。農地改革や「緑の革命」に大きな成果がみられ，米生産性は2倍以上に向上した。ところが，ようやくBRICsに次いで将来成長が有望な11ヵ国，通称N-11の1国に選ばれたとはいえ，2014年のフィリピンの1人あたりGDP（4771米ドル）は，かつては「双子の経済」といわれたこともあるタイ（1万4552米ドル）の3分の1にすぎない。それは，同じN-11のナイジェリア（5600米ドル）やインドネシア（5433米ドル）を下回り，11ヵ国中8位の水準である。人間開発指標（2013年）も187ヵ国中117位（.660）と低迷している。1950年代はむしろ先進的であったフィリピンは80年代以降の「東アジアの奇跡」からはすっかり取り残されてしまった観がある。

　この謎を説明する仮説はたしかに存在する。農業開発は米作地帯に限られ，アジアでは他に例を見ないスペイン支配の残滓である私的大農園制度には及ばなかった。少数の大地主層が土地を基盤として政治権力を掌握する一方で，農業生産性には関心を示さなかったために，腐敗や階層間流動性の阻害など，様々な非効率性がもたらされたという議論である。しかし，それは必ずしも説得的ではないかもしれない。たとえば，新制度学派的な考え方に従うと，このような非効率的な制度はやがては経済的な誘因によって崩壊するからだ。「発

展」は約束されていたはずである。ところが，これまでのところ，フィリピンではその有利な条件が生かされてきたとは思われない。

　経済に発展の兆しが表れてきたかのようにみられる現在，それは持続的な発展につながり，低成長の歴史から脱出することはできるのであろうか。本章は，こうしたフィリピン経済の発展の遅速性の原因を，「持続性」という観点から検討することを目的としている。歴史的な初期条件を踏まえて，この問題を，産業構造の変化から考察することにしたい。

　本章の構成は以下の通りである。まず，第1節では，第2次世界大戦から現在までのフィリピンの経済成長におけるいくつかの特徴を概観する。これを受けて第2節では，フィリピン経済が陥ったと考えられる「中所得の罠」(Middle Income Trap: MIT) という現象についての検討がなされる。第3節では，これらの歴史的経緯を踏まえ，フィリピンの今後の経済成長を展望したい。

第1節　戦後の経済発展：「脱工業化」は何故生じたのか

　フィリピンは，堅調な東アジア諸国の中にあって，戦後，ほぼ一貫して低成長の状況が続いてきた。フィリピンの工業化はあきらかに失敗してきたと議論されている。1950年時点におけるフィリピンの1人あたり GDP は，アジア諸国においてマレーシア（＄1559）に次ぐ＄1070ドルであり，インドネシア（＄840）やタイ（＄817）のみならず，韓国（＄854）や台湾（＄924）を上回るものであった。しかし，それ以降，フィリピン経済は停滞を続け，1980年代には東アジアでは最低水準となった（図5-1）。

　2010年の数値をみても，台湾（＄2万3292），韓国（＄2万1701），マレーシア（＄1万0094），タイ（＄9372），インドネシア（＄4722）を下回る水準（＄3024）であり，この60年間で，フィリピンの平均成長率（1.7％）は，インドネシア（2.9％），マレーシア（3.2％），タイ（4.2％）を遙かに下回っていたのである。

　しかし，図5-2を見る限り，フィリピンの産業構造の変化は，定型化された経済発展過程のようにみえる。1960年から1970年代までは，工業の国内生産

図 5-1　ASEAN 諸国の 1 人当たり GDP の推移（単位：1990 国際ゲーリー・カミス・ドル）

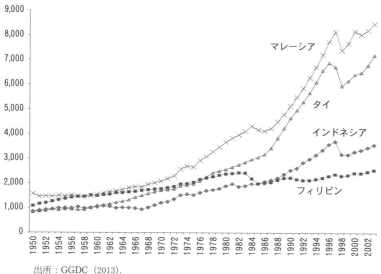

出所：GGDC (2013).

図 5-2　部門別の対 GDP 付加価値比率の推移

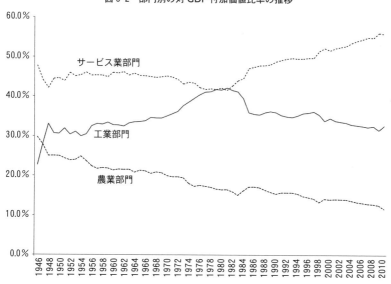

出所：フィリピン国立統計調整委員会。

におけるシェアが上昇し，農業のそれは下降し始める。つづく1980年代になると，工業のシェアが下落する一方で，サービス業のそれは戦後時の水準にまで回復した。この変化は，1990年代以降，より顕著なものとなっていく。これは，ペティ・クラークの法則（Petty=Clark's law）が教える産業構造の高度化を示しているかのようである。この見かけ上の産業構造の高度化状況はどのような理由から生じたのであろうか。

本節では，「中所得の罠」を考察するための準備として，この問題を検討したい。それは，フィリピンの戦後の経済発展を振り返ることによって，その経済に固有な特徴を抽出することと同義である。すなわち，フィリピンの戦後の経済発展について，初期条件を踏まえ，①1945年－50年の戦後復興期，②1950年－80年の輸入代替工業化期，③1980年－90年の輸出志向工業化期，④1990年以降の脱工業化期の4つに分け，それぞれの時期のフィリピンに固有な政府と市場の関係を考察する。

1. 初期条件：植民地時代に確立した経済構造

フィリピンの経済発展を理解するには，この国が長きにわたり外国の支配を受けつづけてきたという事実を忘れてはならない。すなわち，フィリピンは，16世紀前半から1898年の米西戦争までの300年以上にわたりスペインの，その後は，1946年の独立までアメリカの植民地として，宗主国の支配を受けてきたのである。

しかし，一般にスペインの植民地支配に対する評価はおおむね肯定的である。たとえば，John Crawfurd は *History of the Indian Archipelago* において「植民統治においてフィリピンのみが，文明，富，人口密度の面で改善を見た」と指摘する。表5-1が示すように，この時期，シンガポール，台湾，韓国を含む東アジアにおいて最も1人当たりGDPが高かった国はフィリピンであった。

1898年のパリ条約によってフィリピンはアメリカの植民地となるが，その後もフィリピンの貿易は活況を呈し，成長に貢献した。1903－05年の総貿易額は1億2500万ドル，1936－40年には2億4900万ドルであった（Golay 1974, p.9）。貿易構造もアメリカ市場への依存が顕著になる。Nagano（2015）

表5-1 19世紀のアジア諸国1人当たりGDP

(1990年米ドル)

国	1820年	1870年
マレーシア	603	663
フィリピン	704	776
シンガポール	615	682
韓国	600	604
台湾	499	550
タイ	646	

出所：Angus (2003, p.154).

によれば，アメリカ植民地初期ではヨーロッパとの間の輸出入のシェアは，平均して輸出の40.8%，輸入の33.0%，アメリカとのそれは，それぞれ41.6%，15.5%であった。しかし，第2次世界大戦時点にはアメリカはすでにフィリピンとの貿易において輸出の78.4%，輸入の66.4%を占めるに至った。ヨーロッパのそれは，それぞれ10.1%，11.3%にまで低下したのである。

では，スペイン，アメリカの植民地支配は，今日のフィリピンの経済にどのような影響をもたらしたのであろうか。まず，スペインの植民支配が経済の二重構造を生んだことには注意を要する。それは，伝統的で技術的に遅れている自給的農業部門と近代部門が併存し，相互連関を欠く二重構造のシステムであり，現在に至るまで残存し，所得分配に大きな影響を与えているからである。近代部門はフィリピンに土着化したスペイン人と少数の中国人が支配し，とくに貯蓄率が高く旺盛な投資意欲を有する中国人が植民地時代後期の自由主義経済の恩恵を受けた。それは，たしかに今日に至る発展の基礎を築いたとはいえ，遺産相続によって生き長らえ，現在の所得と資産の不平等な分配を決定づける負の遺産となった。

一方，アメリカ植民地時代は工業化の前提条件を用意したといえよう。アメリカの思惑によるものではあったが，政府主導の産業政策によって，純然たる一次産品主導の状態から工業化に向けての投資が始まったからである（Golay 1974, p.346）。たしかに，スペイン植民支配の終焉後，しばらくの間は，宗主国アメリカとの間の自由貿易の原則の下，台頭していた土着の伝統的地主層を

中心とする富裕層が一次産品を輸出品目として注目していた。最大の輸出品目は，初期ではマニラ麻，その後は砂糖になり，これらの大部分がアメリカに輸出されていたのである。

しかし，1929年からの大恐慌が起こると，アメリカは本国内の農業の保護に乗り出す。フィリピンとの一次産品の特恵関係を清算する一方で，その自治権を拡大させ，国家開発公社を活用した工業化を促進しようとした。この変化の中で，地主層や華人系商人は，植民地政府と連携し，一次産品に見切りをつけ，紡績や製紙などの製造業への投資を行うようになったのである。

2. 戦後復興期（1945年－50年）

戦後フィリピンが独立すると，第2次大戦によって大きな打撃を受けたフィリピンの農業は，砂糖を含め，アメリカにとってもはや脅威とはならなかった。むしろ天然資源開発と工業品市場としての経済誘因が顕在化し，アメリカによって一次産品主導のモノカルチュア型経済システムに回帰させられたのである。すなわち，戦後復興に必要であった一次産品のための資金と市場を提供したベル通商法（Bell Trade Act, 1946年）によって対米従属型経済構造が確立した。しかし，その資金は，増大する輸入を補填するに十分ではなく，すぐに工業化の必要に迫られた。植民地時代を引きずる農業によって，フィリピンの戦後復興は実現できなかったのである。

3. 輸入代替工業化期（1950年－80年）

一次産品輸出が増大する工業製品輸入を支えられなかったために生じた1949年の国際収支危機を契機として，フィリピンはアジア諸国では早くに輸入代替工業化（ISI: Import Substituting Industrialization）を開始した。しかし，アメリカ植民地支配当初よりフィリピンが自由貿易レジームにあったことを考えると，輸入代替工業化の保護貿易主義的な状況は，自由主義論者にとっては完全に逆行的な政策である。国際貿易危機に対処するための1つの方法は，自由貿易における輸出を通じて外国為替を獲得することであったはずである。農業局面から工業化へのこの転換では政策の連続性がないように思われる。

たしかに，この政策変更は，発展途上国における初期工業化において，通

常,観察される事態である。しかし,フィリピンの場合,アメリカの利害による変更であるが故に,産業政策には十分な配慮が行われていなかったように思われる。たとえば,Maxfield and Nolt（1990）は,アメリカが輸入代替工業化戦略（ISI）を強く後押ししたと主張する。この政策は,フィリピン政府が主導したものではなく 1950 年にフィリピンに送られたアメリカのベル・ミッション（Bell Mission）の指針であった。この事実は,一般的な政府主導の ISI についてのとらえ方がフィリピンには妥当しないことを示す。フィリピンの ISI における中間財・投資財の需要と保護部門に必要な直接投資が,旧宗主国アメリカの工業部門の利害と一致し,アメリカにおける工業部門のロビー活動がフィリピン政府に ISI を誘導するように働きかけたためである。確かに,米国やフィリピンの企業者が,フィリピン国内の農業部門においてすでに活躍していたが,彼らはこのロビー戦に負けた。結果として農業部門は繁栄の促進の機会を見逃し,現在に至るまで深刻な貧困をかかえる原因となった。

したがって,このようなフィリピンの輸入代替工業化戦略は以下のような特徴を有している。第 1 に,アメリカの国内企業に配慮し,輸出製造業への優先権はなく,従って海外市場の脅威となることはなかった（Golay 1961）。フィリピンの輸出構造は ISI 期において大きく変わることはなく,1949 年における輸出の上位の 6 品目（砂糖,ココナッツ油,乾燥ココナッツ,パイナップルの缶詰,ベニヤ板,合板など）は,1969 年の総輸出の 36％を,1970 年においても 32％を占める。

また,工業化は資本集約的技術によるものであった（Baldwin 1975）。保護産業は,繊維などの一部の産業を除けば,石油,金属,機械といった資本集約財産業に集中した。1950－68 年の間に,フィリピンの製造業における資本労働比率は,61 から 2 倍以上の 142 に上昇したという（Baldwin 1975, p.129）。

第 3 に,輸入代替産業は広範な分野に及び,ハーシュマンの議論のような後方連関効果にもとづく不均整成長（unbalanced growth）を実現できず,特定部門が輸出産業に発展することはなかったし,他の産業の発展を促進することもなかった（David et. al., 2007）。

最後に,フィリピンの輸入代替工業化はこれまでいわれていたような政府主導ではなかった。冷戦下の政治経済条件と相まって,旧宗主国アメリカの巨大

産業の利害によって，この政策は準備され，フィリピン政府をコントロールすることによって実現した工業化であると理解できよう[1]。

4. 輸出志向工業化期（1980年－90年）

国内重視のISI戦略から海外重視の輸出志向工業化（EOI: Export Oriented Industrialization）への転換は，一般に1970年の輸出奨励法の施行とペソの変動為替相場制への移行によって開始されたといわれている（Bautista and Tecson 2003, p.138）。しかしながら，一連の関税引き下げなどによって生じた製造業部門における有効保護率の下落（1983年の108％から1988年の75％）が示すように（Dohner and Intal 1989, p.442），政府による輸入代替産業の保護は1970年代においても継続したと考えられる（Bautista and Tecson 2003, p.141）。保護主義的な政策の撤廃は1980年代の政治的な変動の中で段階的に行われたといえよう。

国家統計局の輸出統計をみても，工業製品の輸出が5割を超え，7割に達するのは，1980年代末から1990年代にかけてである。たしかに，1970年代では，大きな比重を占めていた伝統的輸出品目（一次産品）にとってかわり，非伝統的輸出品目（電気製品，衣類）の輸出が伸張し，輸出構成の変化が観察される。1980年までに，一次産品輸出は6割を占めていたが，伝統的輸出品目の上位4品目のシェアは45.5％にまで減少したのである。（IPA Press Release, Sep.27, 2010）。

このように，フィリピンにおいて輸入代替工業化から輸出志向工業化への転換が遅れたのは，2つの戦略の間に連続性が欠如した結果であり，さらにはISI戦略の特徴とフィリピンに固有な条件が深く関わっているためであると考えられる。すなわち，① 輸入代替期においては，国内向けの資本集約財産業の保護が優先されたため，国際市場で競争できる財貨・サービスの生産を育成できなかった，② 輸入代替期における要素集約度は資本集約的であり，フィリピンの競争力であるはずの豊富かつ廉価な労働力を生かせなかった，③ 輸入代替期の保護産業は他の産業への連関効果に乏しく，競争力の源を提供するはずの国内の産業統合を実現することはできなかった，の諸点である。

5. 脱工業化期：1990年以降

1990年代半ばまで，GDPに占める製造業のシェアは比較的安定していたものの，それ以降は減少し，サービス部門の伸張が加速した。「脱工業化」（deindustrialization）といわれる現象である。この現象を支えたのが，情報通信技術（ICT：Information and Communications Technology）の発達に伴い台頭したビジネス・プロセス・アウトソーシング（BPO：Business Processing Outsourcing）である[2]。たとえば，2012年のフィリピン中央銀行のレポートは，サービス業の部門成長におけるBPOの重要性の評価から始まっている。

> 過去10年におけるサービス業部門の拡大は，特にコンタクトセンターと，その他のBPOなどの情報通信技術（ICT）の急速な発達に大きく影響を受けている。この産業の雇用世代，投資，外貨獲得への貢献を鑑み，またこの国のこうした種類のサービスにおける労働力に対して持つ比較優位を踏まえると，政府のICT-BPOサービス産業を発展させる推進力は，2005－2011年のフィリピン開発計画（PDP）と，その後継である2011－2016年のPDPにおいて明確に表現されている。（Remulla and Medina 2012, p.2）

フィリピン統計局の分析によると，2004年第2四半期から2007年の第1四半期におけるサービス業の4.1％平均成長率のうち，2.6％がBPO産業から生み出された（PSA 2007）。

しかし，BPO産業の発展は決して輸出志向工業化を前提としてもたらされたものではなく，ここでも連続性が欠如している。たしかに，BPO産業はフィリピンにおいて1980年代後半から存在し，1992年のAccentureの参入以降，相応の企業群が形成されるが，2000年代まではその規模は限られていたのだ。フィリピンで最初の多国籍BPO会社となるSykesは1997年に営業を開始し，People Support（1998年），eTelecare（2000年），ePLDT（2006年），Ventus（2006年）が続く。今日，この産業における基幹企業となった，Convergys（2004年），Teletech（2004年），P Morgan Chase（2005年），

24/7 Customer Philippines (2006年) も，すべて 2000 年以降の創業である。

Magtibay-Ramos et. al. (2008) の研究は，2000 年以降，アウトソーシングの機会が拡大したことをあきらかにしている。2000−06 年の間に，フィリピン投資委員会 (Philippine Board of Investment) とフィリピン経済特区庁 (Philippine Economic Zone Authority) に登録された投資プロジェクトの数は 420，合計額は 8 億 3000 万ドルにのぼるが，その内訳をみると，コンタクトセンター，ソフトウェア開発プロジェクトへの投資が，それぞれ 3 %，35％であるのに対して，BPO への投資は 4 割となったのである。

しかし，現在のフィリピンの急成長を支える BPO 産業が急激な発展を遂げるのは 2010 年代以降であり，それは，偶然に起きた事象にもとづいている。欧米における BPO 産業自体の見通しに不安をもたらした 2008−09 年の金融危機による景気後退である。サブプライム危機は，アメリカ金融企業に新興経済への投資の減少を引き起こしたが，他方でコスト削減による BPO の海外移転を強いた。その移転先が，JP Morgan Chase や American International Group といったフィリピンの ICT-BPO 部門だったため，フィリピンにおける BPO 産業の急速な発展が生じたのである。(NNA , 2008)

以上の事実は，フィリピンの脱工業化もまた，前段階の輸出工業化とは必ずしも連続していないことを示している。サービス業部門の基幹産業でもある IT 関連産業は，外部要因によって大きく決定された。それはフィリピンの経済発展の不安定性を示唆するものではないだろうか。

この点に関する我々の仮説は，フィリピンが一見すると順調な産業構造の変化を遂げてきたように見えながら，発展できなかった理由は，①インフォーマル部門を含む二重構造化，②政府誘導の欠如，③政策における連続性の欠如に求められるというものである。以下では，この問題を詳細に検討してみたい。

第 2 節　現代フィリピン経済の基本問題

フィリピンは，他の ASEAN 諸国との比較において，成長率が低いばかり

でなく，貧困削減も進んでいない（表5-2）。世界銀行『東アジアの奇跡』が公刊され20年以上経つが，フィリピンは「アジアの病人」とまで揶揄されてきたのである。

　最近では，「中所得の罠」（MIT）という術語によっても語られることが多くなった。この「罠」こそ，現時点においてフィリピンが直面する最も重要な経済開発課題であると我々は考えている。MITとは，低所得国のカテゴリーからの「離陸」は正常に行われているが，中所得水準において「罠」に陥り，高所得国レベルへの移行が困難な状況をいう。したがって，MITの判断は，国が一定の所得水準になってからの時間に依存している（Gill, Indermit Singh, et. al., 2007 ; Felipe, et. al., 2012）。

　Felipe, et. al.（2012）は，独自に設定した基準にもとづき（表5-3），上位中所得国と下位中所得国について，MITを次のように定義する。すなわち，上位中所得国については，14年の平均成長率で3.5%以下あるいは上位中所得国に14年以上とどまる場合に，下位中所得国については28年の平均成長率で4.7%以下，あるいは28年以上とどまる場合に，それぞれ，「中所得の罠」に陥っているものとする。この定義によれば，フィリピンは，34年間の中所得のカテゴリーに属しており（2010年），今後30年もその位置にとどまることが予想され，最も深刻な「罠」に陥っている国の1つということになる。さらに，そこで論じられている早期の脱工業化の問題もフィリピンに適合すると思われる。脱工業化は，工業のGDP比率の長期的な減少傾向を指すが，MITが問題となる国では，先進工業国の経験よりも早い開発段階で，この傾向が生じるというのである。

　では，どのようにすれば，この「中所得の罠」から抜け出すことができるのであろうか。Felipe, et. al.（2012）によれば，その鍵は「成長のエンジン」にある。脱工業化は「成長のエンジン」が工業からサービス業へシフトしていることを意味するが，それが早期であったとしても，政府が産業政策を誤り未熟な脱工業化を推し進めるのでなければ，必ずしもMITに陥るとは限らない。そこで我々は，この観点から早期の脱工業化について再検討してみよう。

　早期の脱工業化の最も早い段階での典型的事例は，1990年代のラテンアメリカ諸国の工業における雇用シェアの減少であろう（UNCTAD 2003）。すな

表5-2 ASEAN 4ヵ国の貧困層比の推移

国	貧困線$1.25（PPP）			各国貧困線		
	期間	貧困層比(%)	貧困層比の変化率	期間	貧困層比(%)	貧困層比の変化率
インドネシア	1987－2011年	16.2	-5.8	1996－2012年	12.0	-8.2
マレーシア	1987－2009年	0.0	-99.8	1976－2012年	1.7	-8.2
フィリピン	1985－2012年	19.0	-2.6	2003－2012年	25.2	0.1
タイ	1988－2010年	0.31	-16.7	1988－2012年	12.8	-6.6

出所：World Bank, Development Research Group をもとに計算。

表5-3 所得のカテゴリー

（1人当たり，1990年 PPP）

	1人当たり所得の範囲
低所得国	<\$ 2,000
下位中所得国	≧\$ 2,000, <\$7,250
上位中所得国	≧\$ 7,250, <\$11,750
高所得国	≧\$11,750

出所：Felipe, et.al. (2012).

わち，Rowthorn and Rawasmam (1999) によれば，脱工業化は，通常，1人当たり所得が$8000～$9000（1986年価格）の間で発生するとされるが，多くのラテンアメリカ諸国では，工業の雇用比率の低下が，この1人あたり所得水準の基準よりもはるかに低い段階で発生した。ラテンアメリカに固有な脱工業化は，輸入代替工業化から，天然資源が有する比較優位を活用し外向きの工業化への望ましい政策変更であるという解釈もあり得るが，UNCTAD (2003)はそれを批判し，その脱工業化を否定的に評価している。

図5-3はフィリピンにおける工業部門雇用者数の対総雇用者数比率を示している。それによれば，たしかに1980年代前半に工業の雇用者数比率が低下したものの，実際には工業の付加価値の対GDP比率は同じ期間では比較的停滞していたこと（図5-1）や，1980年後半には雇用者数シェアが上昇したことから，この雇用比率の変化をもってフィリピンにおいて脱工業化が生じたとは必ずしもみなすことはできないであろう。

図 5-3 フィリピンにおける工業部門労働者数の対総労働者数比率の推移

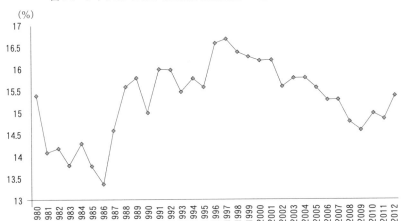

出所：International Labour Organization, *Key Indicators of the Labour Market database*.

ここで，Tregenna（2011）は，脱工業化を，「軽微な問題をもたらすにすぎない脱工業化」（LPD：Less Problematic Deindustrialization）と「深刻な問題をもたらす脱工業化」（MPD: More Problematic Deindustrialization）の2通りに分類し，脱工業化の質の違いに着目した。LPDでは主に工業の雇用水準，あるいは対総雇用比率のみが低下するのに対し，MPDでは工業の雇用比率が工業の付加価値やGDPの低下と同時進行しているという特徴を有する。

それは，相応の説得性を有している。理論的には，この議論は，脱工業化の前には，工業がダイナミックな経済成長のエンジンとなるべきであるという，カルドアや構造主義経済学の理論と整合的である。カルドアたちの議論は，工業における，連関効果，技術革新，学習効果および国際収支の改善効果が，経済成長を支える。したがって，それらが機能しないMPDでは，工業の対GDP比の下落による同部門の雇用比率の低下という深刻な事態をもたらすのである。実証面でも，有力な例証が存在する。MPDは開発に大きな遅れが生じたフィリピンやラテンアメリカ諸国に共通する特徴になっているのに対し，LPDは東アジアの新興工業国における開発過程に特徴的である。ただし，新

興工業国にも中南米にも，工業における労働集約度の低下があったことには留意すべきであろう。

さらに，Tregenna (2011) は，現在の発展途上国における脱工業化の原因を Rowthorn and Wells (1987) に依拠し，「正の脱工業化」と「負の脱工業化」に言及する。前者は，経済成長の過程において工業から析出される労働によって特徴づけられる。この現象は工業部門の生産性向上によって生まれた余剰労働がサービス業部門に吸収され，完全雇用が維持されることによってもたらされる。それは著しい発展を遂げた新興工業諸国に妥当する。他方，発展が停滞してきたラテンアメリカについては，後者の「負の脱工業化」によって説明され得る。工業の付加価値と生産性の低下によって放出された労働は，他部門にも吸収されることなく，失業の増加を生むのみである。

そこで，この議論を，フィリピンについて，農業部門，工業部門，サービス業部門における雇用の変化率とその変化の源泉を考察することによって，詳細に検討しよう。

表5-4は，フィリピンの農業部門の雇用者数比率が徐々に縮小する一方で，工業部門のそれは1981－2000年の第1期に上昇し，2000年以降の第2期間に下降していることを示している。他方，サービス業部門における雇用のシェアは，2つの期間で上昇していることがわかる。ここで，第2期における工業部門の雇用者数比（L_i/L_{tot}）の低下は，労働集約度（L_i/V_i）と GDP 比率

表5-4 産業別の雇用と GDP

		L_i/L_{tot}	L_i/V_i	V_i/GDP	GDP/L_{tot}
農業	1981－2000	-1.7%	-0.1%	-0.8%	-0.7%
	2000－2010	-1.4%	-2.1%	-1.7%	2.6%
工業	1981－2000	0.8%	2.8%	-1.0%	-0.7%
	2000－2010	-0.7%	-2.8%	-0.3%	2.6%
サービス	1981－2000	1.6%	1.3%	1.2%	-0.7%
	2000－2010	1.3%	-1.8%	0.6%	2.6%

注：L_i＝i部門の雇用，L_{tot}＝労働力，V_i＝i部門の実質付加価値，GDP＝実質GDP
出所：World Development Indicators, Philippine Department of Labor and Employment より計算。

（V_i/GDP）の低下をともなう点で，上にみたラテンアメリカ諸国のケースに酷似している。フィリピンの「中所得の罠」は，カルドアの意味での「成長のエンジン」としての工業部門の潜在力を生かすことができなかった「深刻な問題をもたらす脱工業化」（MPD）であるように思われる。

　しかしながら，「深刻な問題をもたらす脱工業化」は必ずしも「負の脱工業化」を意味するものではない。「正の脱工業化」は工業部門から析出される労働の移動が大きな特徴であり，それは工業部門の生産性の向上，あるいはサービス業による労働吸収によって達成されていることを示唆する。フィリピンの「中所得の罠」を正しく評価するためには，この点を考慮した上で失業率に注目する必要がある。すなわち，フィリピンでは，2000年代前半までは失業率が増加したものの，05年には急激な低下をみる（図 5-4）。そして，その後も低下傾向を示す。このデータは，フィリピンの脱工業化が「正」であることを示すとしてよいだろうか。

　じつは，この問題については，現時点では判断ができない。2005年の失業率の急落は，同年4月に変更された失業の定義によって説明することができるからである。しかも，2000年代の後半以降の現実の失業率は，公式発表の数値よりも一貫して約3倍にのぼるという指摘もある（Mangahas 2013）。したがって，この問題は未だ解決されていないとする議論が一般的であろう

図 5-4　フィリピンの失業率

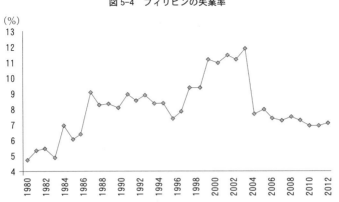

出所：International Labour Organization Database.

(Albert 2014)。

　フィリピンにおける早期の脱工業化を評価する上での第2段階は，それが真に MPD であるか否かを確かめることである。そこで，我々は，一次的なアプローチとして，部門別雇用，付加価値，また平均労働生産性の成長率に関連するパターンを抽出することとし，そのためにやや厳密性には欠けるが，カルドア (Kaldor, Nicholas) の議論に注目しよう。カルドアの議論は，成長のエンジンが機能する正確な仕組みを理解するものではないが，経済成長の源泉として工業の役割を重視する。そこで，以下では，フィリピンのような未成熟な経済成長段階にあって，その成長はカルドア型成長論の観点からは，どのようなパターンとして認識すべきなのかを検討したい。

　以下の3つの単純なカルドア的な成長分析では，それぞれが，一般的な「成長のエンジン」の3つのパターンに対応している。ただし，それは，相関関係によるパターン認識のために行うものであり，統計的な推定や因果関係の検討によって構造分析を行おうとするものではない。あくまでもパターン認識のための一次的アプローチにすぎない点を強調しておきたい。モデルは以下の通りである。

分析 I：第 i 部門成長率と GDP 成長率の相関をめぐる分析の線形式は次のように定める。

$$G_{gdp} = a_1 + a_2 G_i$$

ただし，G_{gdp} は，実質 GDP 成長率であり，G_i は第 i 部門の実質付加価値成長率である。

分析 II：第 i 部門の成長率が高ければ，その生産性上昇率も高くなる。この場合の線形推定式は次のようになる。

$$G_{prodi} = b_1 + b_2 G_i$$

ただし，G_{prodi} は第 i 部門の生産性上昇率である。

分析 III：第 i 部門の成長率が高く，他の部門における雇用増加率が低ければ，平均労働生産性の上昇率が高くなる。この場合の線形推定式は次のようになる。

$$G_{prodgdp} = c_1 + c_2 G_i - c_3 G_{Lj}$$

ただし，$G_{prodgdp}$ は，平均労働生産性上昇率で，G_{Lj} は i 部門以外の雇用増加率である。

この分析Ⅲは Rowthorn and Wells（1987）の「正の脱工業化」に関係しており，ここでの雇用者数比や工業部門生産量の低下は，その部門の生産性向上によるものである。これは，サービス業部門の成長が工業部門の雇用削減による場合である。

これら3つの分析は，「成長のエンジン」がどのような特徴を持っているのかを特定化する。具体的には，分析Ⅰにおいては，「成長のエンジン」が何であるかをあきらかにする。それは，単に各部門の付加価値が GDP の一部であるという会計上の関係から生じるものではない。「成長のエンジン」となる部門の生産性の向上があり（分析Ⅱ），他部門から，この「成長のエンジン」への労働移動が生じ，経済全体の生産性向上が生じる（分析Ⅲ）のである。ただし，本節の目的は，フィリピン経済を概観するための予備的考察であり，変数間の因果関係の検討は行っていない。これらの計量分析の結果は付論にまとめてあり，明らかになったパターンは以下の通りである。

まず，分析1によって，a）工業部門の成長率が GDP の成長率より高くなると，GDP の成長率が高くなること，そして，b）サービス業部門の成長率が GDP の成長率より高くなると，GDP 成長率が下がる傾向があることが示された。これは，「成長のエンジン」が工業部門にあることを意味する。

つぎに，分析Ⅱは，a）工業部門の成長率が同部門の労働生産性の上昇率よりも高ければ，工業部門の労働生産性の成長率はさらに高くなり得ること，b）サービス業の成長率にはそのような傾向が観察されないことをあきらかにしている。「成長のエンジン」としての工業部門において，生産性の向上が生じている可能性が確認できる。

これらの命題を受けて，分析Ⅲでは，a）工業部門の成長率が経済全体の平均労働生産性の成長率より高くなると，経済全体の平均労働生産性の成長率が高くなること，b）サービス業部門の成長率が GDP の成長率より高くなると，経済全体の平均労働生産性の成長率は下がる傾向があること，そして，c）工業部門，サービス業部門の両部門とも，それぞれ，他の部門における雇用の

減少が生じると，経済全体の平均労働生産性が高くなる傾向があることの3点があきらかになった。

以上の結果は，たしかに，現代フィリピン経済が，Tregenna（2011）のいう「深刻な問題をもたらす脱工業化」に妥当することを示唆する。とくに工業部門における雇用比率の低下がその付加価値のGDP比の低下をともなう第2期（2000-10年）に顕著だからである。しかし，他方で，この分析は，製造業が中心を占める工業部門の成長が，経済全体（分析Ⅰ），部門別の生産性（分析Ⅱ）および全生産性（分析Ⅲ）との間に，いずれも正の相関関係を有していることもあきらかにしている。それは，工業部門，なかんずく製造業をさらに積極的に振興させながら，サービス業部門については，過度な成長を抑えるような成長パターンが，GDPと全生産性の向上に不利にならないものであり得ることを示す。それは今後のフィリピンの経済発展の新しい可能性を示唆しているといえよう。

第3節　展　　望

OECDの『東南アジア，中国，インド：2015年経済見通し』は，フィリピン経済が2015-19年にASEAN5ヵ国において最も急成長すると予測している。このような明るい展望の実現には，どのような条件を満たすことが必要なのであろうか。現在のフィリピン経済において脱工業化が進行していることを踏まえて検討したい。

1. 既得権益集団と産業保護

前節においてみたように，サービス業部門のブームによる早期の脱工業化は，フィリピンの未成熟な発展段階を考えるとき，失速のリスクに直面しているといえよう。それゆえ成長のために追加的エンジンとして工業部門，なかんずく製造業を再起動させるような戦略が不可欠であるように思われる。しかし，そこには，以下のような問題が存在している点に注意しなければならない。

まず，既得権益集団による産業保護政策への介入である。これまでもフィリ

ピンの製造業を支援するための政策提言は確かに存在した。しかし，それは多くの場合，実効性に乏しいものであった。その典型的な事例が，自動車産業を対象とする産業政策である。2002年，マカパガル・アロヨ政権は，国内自動車産業を保護するため中古車の輸入を禁止する大統領令156号を発布した。しかし，この大統領令156号は多くの利害関係者たち（裁判所，政治家，密輸業者など）によって骨抜きにされてしまった。そこで，自動車業界は，その後も，政府からの支援確保のためにロビー活動を続けた。その成果が，2010年4月の大統領令877-A（新しい自動車開発プログラム）である。それは，主として多国籍自動車用アセンブラの部品サプライヤーの開発を支援することによって国内自動車産業を振興するというものであった。しかし，この大統領令877-A号もまた，実効性に欠けるものであり，何ら新基軸を打ち出すことのない「真夜中の大統領令」（De Vera 2013）という批判を受け，アキノ政権（2010～）下の2012年には棚上げされてしまった。結局，本格的な自動車産業振興策は，2015年6月の大統領令182号（総合自動車復活戦略プログラム）まで待たざるを得なかったのである（Calonzo 2015）。

　たしかに，従来のアメリカの利害による問題とは一線を画しており，さらに政府は一般的に，産業保護については消極的であったように思われることをふまえると，この自動車産業の顛末には一定の評価が与えられるかもしれない。しかし，それは，はからずも自動車産業ひとつとっても，産業政策の設計がこのように長期にわたらざるをえなくなるほど，輸入業者などの利害関係者のロビー活動による政治的な影響が大きいことを示すことになった。そして，その源泉は，植民地時代からの累積的な政治権力構造の残滓，すなわち新旧エスタブリッシュメントの存在にあると考えられよう。

2. 海外送金と輸出産業

　こうした産業政策の政治経済的な問題点に加え，フィリピンでは，さらに，海外出稼ぎ者の送金が「オランダ病」（Dutch Disease）をもたらしている可能性も否定できない。「オランダ病」は，海外フィリピン人労働者の送金に関連して議論されてきた。

　まず，為替効果が上げられる。出稼ぎ送金が生じると，実体経済の裏付けが

ないまま,海外から外貨が流入しペソ高を生む。ペソ高は,交易財産業,とくに輸出製造業にとって不利に,非交易財産業(公益産業,建築,運輸・交通などのサービス業やインフォーマル部門など)には有利に作用してきた。これは,1990年以降の「脱工業化」をもたらす要因として考えられる(中西 1996)。

また,海外直接投資(FDI: Foreign Direct Investment)と関係していることにも注意が必要である(マキト 2015)。図5-5は,ASEAN4ヵ国の累積送金を示している。フィリピンへの送金流入額は,2014年の時点で,捕捉されているものだけで,第2位インドネシアへのそれのほぼ4倍となっている。フィリピンでは1970年代から海外出稼ぎが「労働輸出戦略」として採用され,「出稼ぎ立国」とまでいわれてきた。しかし,図5-6に示されているように累積純外国直接投資において他のアジア諸国との比較をみると,出稼ぎ送金の場合と対照的な状況が示される。アジア通貨危機の影響で,1997年から2000年までに他のアジア,なかんずくインドネシアにおいて大幅な外貨純流出がみられた。それにもかかわらず2013年の時点では,フィリピンの累積純FDIは,ASEAN4国の中で最下位であり,インドネシアの約9分の1にすぎない。

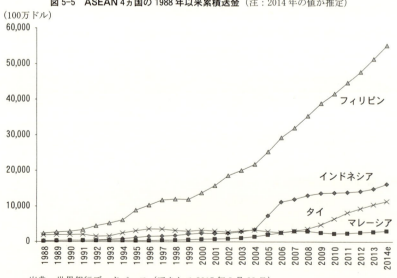

図5-5 ASEAN4ヵ国の1988年以来累積送金(注:2014年の値が推定)

出典:世界銀行データベース(アクセス2015年8月22日)。

図 5-6　ASEAN 4ヵ国への累積純海外直接投資

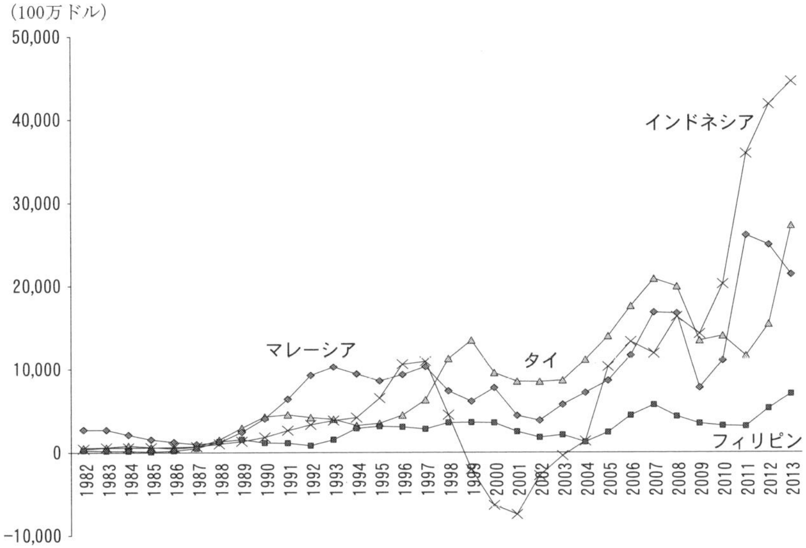

(100万ドル)

出典：世界銀行データベース（アクセス 2015 年 8 月 22 日）。

ここで，フィリピンの場合，累積出稼ぎ送金額が累積純 FDI の約 10 倍であることに留意すべきである。「オランダ病」は，基本的にフィリピン政府が，直接投資受け入れにそれほど積極的ではない重要な要因となり得ることを示唆している。これは，フィリピンにおける工業にとりわけ大きな影響をもたらす。膨大な出稼ぎ送金によって見込まれるのは，家計の消費需要である。国内投資が向かうのは，工業の設備ではなく，送金による大量消費を前提としたショッピングモール建設だからである。

3. 経済特区と拠点都市の分散化

しかし，よりミクロレベルでは，工業への投資について楽観的な見方が可能となる要因も存在する。経済特区（SEZ, Special Economic Zone）の存在である。2015 年 5 月現在，フィリピン経済特区庁（PEZA, Philippine Economic Zone Authority）が投資を誘致し，現在稼働中であるプロジェクトは，全国で 326 ヵ所に上る。前身の投資委員会（BOI）に比較してもパ

フォーマンスが高いという評価が新しい（Isip 2014）。この点について，Maquito and Carbonel（2010）は，雇用の安定性，ローカルコンテンツ（現地調達度），そして市場への応答性を識別し，これらがフィリピンの工業部門の SEZ のサンプルの生産性に積極的に貢献したことを明らかにした。

　PEZA はまた，現在のフィリピンのサービス業を牽引している ICT 部門への投資誘致にも貢献している。2015 年 5 月現在，配置され稼働中の IT 関連経済特区は全国で 216 ヵ所存在するが，そのブームを導いたのはメトロマニラとセブ以外の地域であり，いわゆる「次の波の都市」（next wave cities）を可視化する役割を果たしたのである。

　フィリピンは，2013 年現在，82 州と 144 都市からなる多様性を有する島嶼国である。輸入代替産業化時代から採用しているトップダウン・アプローチの開発計画とその実施とは対照的に，ボトムアップ・アプローチを通じて開発を図るのは自然であろう。より多くの地方自治体が，地域間連繋の下，固有の成長戦略を推進してゆけば，労働輸出戦略を継続するインセンティブも低くなり，貴重な適格労働者（eligible labor）が国内産業の発展に寄与することが可能になると考えられる。

おわりに

　最後に，本章の議論をまとめておこう。かつてフィリピンは，東アジアで最も高い経済水準の国の 1 つであった。また，外見上は，農業，輸入代替工業化，輸出志向工業化，そして最終的に脱工業化という経済発展のプロセスを実現してきた。それにもかかわらず，なぜ，フィリピンは持続的な成長を達成することができなかったのか。そして，それを実現するためには，今後，どのような政策があり得るのであろうか。本章では，これらの問題を扱った。

　産業間の資源移転に問題を絞ったため，詳論を展開できなかったが，たしかに，その原因の 1 つは，植民地遺制に起因する制度的な硬直性に求められるであろう。戦後，輸入代替工業化が早期に行われたにもかかわらず，他の国との比較において達成度が著しく低いのは，それが戦前同様にアメリカの利害に

よって進められたからである。また，その後の産業政策も，既得権益集団の利害に左右されてきた。こうした歴史的初期条件にもとづく政治経済学的側面からの分析は，今後の課題である。

しかし，本章の分析によれば，フィリピンが「中所得の罠」に陥っている主な原因の1つは，脱工業化に至る見せかけの産業構造の高度化が，一貫した経済政策の中で実現したのではなかったことである。これは比較的に堅調にみえる最近の経済状況にもあてはまる。BPO産業を中心としたサービス業部門を中心とする近年の高い成長も，決して熟慮された産業政策によるものではなく，外生的な要因が重なった幸運であるといってよい。基幹産業であったはずの製造業が脆弱なままであり，今後も持続的成長が実現されるかどうかは不確実であると予測せざるを得ない。

しかし，その一方で，フィリピンは，豊かな人的資源を活用し，持続的な経済成長の達成を実現するだけの「潜在能力」を有している国家であることもたしかであろう。本章では，早期の脱工業化と地方分権化を活用する「再工業化」に，フィリピンが低成長から脱却する活路を求めた。それは，マニラ首都圏にほぼ一極集中してきた成長の成果を，地方に分散させ，分配に配慮した成長の実現にもつながるはずであり，今後のフィリピンにおける貧困削減にも貢献するであろう。

（フェルディナンド・マキト／中西　徹）

注
1）このような事例は，フィリピン以外に存在する可能性も容易に理解されよう。この意味で，冷戦後に説明力を失ったとされている従属論アプローチにも一考の価値があるように思われる
2）1980年代には，既に雇用面における転換は始まっており，サービス部門の伸張が著しかった。しかし，それはインフォーマル部門の吸収によるところがおおきいものと思われる（中西：1991）

参考文献
（日本語）
NNA.ASIA「NNA.ASIA フィリピンの経済ビジネス情報」2008年9月25日．『米大手金融2社，比のBPO事業拡大へ』2015年3月13日．<http://news.nna.jp/free/news/20080925php002A.html>.
マキト，フェルディナンド（2015）「海外フィリピン人労働者（Overseas Filipino Workers: OFWs）の流出パターン」トラン・ヴァン・トゥ，松本邦愛，ド・マン・ホーン編著『東アジア経済と労働移動』文眞堂．

中西徹, 他（1997）『海外出稼ぎと労働市場に関する報告書』連合総研研究所。
中西徹（1991）『スラムの経済学』東京大学出版会。

〈外国語〉
Agoncillo, A. Teodoro (1990), *History of the Filipino People*, Quezon City: Garotech Publishing.
Albert, G. Jose Ramon (2014), "Is Growth Really Jobless?" *Policy Notes*.
Angus, Maddison (2003), *Development Center Studies The World Economy Historical Statistics: Statistical Statistics*. OECD Publishing.
Authority Statistical Philippine (2015), *Technical Notes on Labor Force Survey*.
—— (2015), *Technical Notes on Labor Force Survey*, August 24. <https://psa.gov.ph/article/technical-notes-labor-force-survey2012-08-16-1659>.
Baldwin, Robert (1982), *Foreign Trade Regimes and Economic Development: The Philippines*, New York: National Bureau of Economic Research.
Bautista, Romeo and Tecson, Gwendolyn (2003), "International Dimensions," Balisacan, Hill Hal, *The Philippine Economy: Development, Policies, and Challenges*, Oxford University Press.
Calonzo, Andreo (2015), "Ambitious EO to support PHL car parts industry," June 2, *GMA News Online* (2015), August 24. <http://www.gmanetwork.com/news/story/496882/money/business/ambitious-eo-to-support-phl-car-parts-industry>.
Commission of the Philippines Tariff Republic (2015), *Executive Order 877*. August 24. <http://www.tariffcommission.gov.ph/eo-877>.
—— (2015), *Executive Order 877*, August 24. <http://www.tariffcommission.gov.ph/eo-877>.
Constantino, Renato (1975), *The Philippines: A Past Revisited*. Philippines.
Crawfurd, John (1820), *History of the Indian Archipelago: Containing an Account of the Manners, Arts, Languages, Religions, Institutions, and Commerce of Its Inhabitants*, 第2巻, A. Constable and Company.
David, C. Cristina, Intal Ponciano, Balisacan, M. Arsenio (2008), "Distortions to Agricultural Incentives in the Philippines," Agricultural Distortions Working Paper.
De Vera, Ben Arnold O., "Philippine vehicle assembly contracts despite record car sales," 2013 February 11. *Interaksyon*, 2015 August 24. <http://www.interaksyon.com/business/54768/philippine-vehicle-assembly-contracts-despite-record-car-sales>.
Development Nations Conference on Trade and United (2003), *Trade and Development Report*, Geneva: United Nations Publication.
Dohner, S. Robert, Intal Ponciano (1989), "Trade Policy, Industrial Policy, and the Exchange Rate," National Bureau of Economic ResearchInc, *Developing Country Debt and Economic Performance*, 第3巻, National Bureau of Economic Research, Inc., 433-460.
Felipe, Jesus, Abdon Arnelyn (2012), "Tracking the Middle Income Trap," *Working Paper* 715.
Golay, H. Frank (1974), *The Philippines: Public Policy and National Economic Development*, Alemar Phoenix Publishing.
Groningen Growth and Development Center (2015), *Maddison Project*, 2013, 2015. May 24. <http://www.ggdc.net/maddison/maddison-project/home.htm>.
Indermit, Gill and Kharas Homi (2007), *An East Asian Renaissance: Ideas for Economic*

Growth, Washington DC: World Bank.

Isip, Irma (2014), "De Lima: PEZA Ain't Broke No Need to Fix," March 31. *Malaya Business Insight*. (2015), August 24. <http://www.malaya.com.ph/business-news/business/de-lima-peza-ain%E2%80%99t-broke-no-need-fix>.

Mangahas, Mahar (2013), *The Value of Statistical Competition*, National Statistical Coordination Board.

Maquito, Ferdinand and Carbonel, Henrietta (2010), "Rediscovering Japan's Leadership in "Shared Growth" Management," *Rikkyo Business Review* 3: 22-38.

Maxfield, Sylvia and Holt, N. James (1990), "Protectionism and the Internationalization of Capital: US Sponsorship of Import-Substitution Industrialization in the Philippines, Turkey, and Argentina," *International Studies Quarterly*: 49-81.

OECD (2013), *Economic Outlook for Southeast Asia, China, and India*. OECD.

Philippine Statistics Authority, "Factsheets," 2007.11.9. *Understanding the Business Process Outsourcing (BPO) Industry in the Philippines*, 2015 August 24. <http://www.nscb.gov.ph/factsheet/pdf07/FS-200711-ES2-01_BPO.asp#2>.

Remulla, M. and Marriel, Medina, M. Grace (2012), "Measuring the Contribution to the Philippine Economy of Information Technology-Business Process Outsourcing (IT-BPO) Services," *BS Review*.

Rowthorn, Bob and Wells, R. John (1987), *De-industrialization and Foreign Trade*, Cambridge: Cambridge University Press.

Rowthorn, Robert and Rawasmamy, Ramana (1999), "Growth, Trade, and Deindustrialization," *IMF Staff Papers*, 46.1.

Tregenna, Fiona (2011), "Manufacturing Productivity, Deindustrialization, and Reindustrialization," *Working Paper*, 2011/57.

付録:カルドアの成長論に基づくパターン推定のためのデータの記述

G_i (i=1, 2, 3) は,第1次産業(農業部門),第2次産業(工業部門),第3次産業(サービス業部門)の実質付加価値の成長率である。国家統計調整委員会(National Statistics Coordination Board)の4半期データをもとに,年次データに集約し,計算した。

G_{prodi} は,第i次産業の実質付加価値を労働者数で除した平均労働生産性の伸び率である。総労働者数に対する第i産業労働者数比率は,世界銀行の世界開発指標から得た。総労働者数のデータは2つのソースによる。すなわち,1980〜90年のデータは労働雇用省(DOLE, Department of Labor and Employment)から収集されたが,1990〜2010年のデータは,世界開発指標に基づいている。労働者数の時系列データは,1990年の重複年にスプライ

され，1990年におけるDOLE値の世界開発指標値に対する比率を用いて，1980年から1989年のDOLEの値を調整している。

$G_{prodgdp}$は実質GDPを総労働者数で除した国民経済全体の平均労働生産性の伸び率である。成長率は，中間点平均式を用いて計算した。

なお，推定は，基本的に最小自乗法（OLS）にもとづいて行っている。

ここで，本論の議論を傍証する分析結果とその解釈について触れておきたい。カルドアの分析Ⅰに基づく結果は，サービス業部門の成長率とGDPの成長率の間に強い正の相関が存在していること，そして，サービス業部門のみ係数が1より大きくなるというものである[3]。これは，本論において述べたように，工業部門の成長率はGDPの成長率に正の相関関係を有するが，サービス業部門の成長率はGDPの成長率に負の相関関係を有するようになる水準に達していることを示唆している。

表5-5 カルドアの成長論に基づく分析の推定結果

	推定係数	農業部門	工業部門	サービス部門
分析Ⅰ	a_2	0.587***	0.610***	1.147***
	フィットの良さ	0.214	0.93	0.872
分析Ⅱ	b_2	0.952***	0.818***	0.999***
	フィットの良さ	0.538	0.512	0.574
分析Ⅲ	c_2	0.607***	0.597***	1.118***
	c_3	-0.302	-1.120***	-0.628***
	フィットの良さ	0.254	0.899	0.842

注：***: 1%で有意。
　　フィットの良さは調整済みR2乗。

つぎに，分析Ⅱによれば，分析Ⅰと同様に，工業部門の係数が1未満になる傾向をもつ。これは，工業部門の成長率が同部門の生産性上昇率より高ければ，この生産性には，さらなる上昇が期待できることを示唆している。他方，サービス業部門の係数は1に近似しているため，サービス業部門の成長は同部門の生産性向上に関連付けられていないことになる。

さいごに，分析Ⅲでは，工業部門とサービス業部門の双方で，部門別成長率は全体の平均労働生産性と有意的に正の相関関係を示し，他部門の雇用増加率との間には有意的に負の相関関係があることが示されている。しかし，分析Ⅰ

の結果と同様に，部門別成長率の係数をみると，工業部門では1より小さく，サービス業部門では1より大きいために，サービス業部門が全体の労働生産性を制約する。また，工業部門とサービス業部門の分析結果は，それぞれ他部門での雇用増加率が負の相関関係を示すため，両部門における労働者数の同時減少が全体の生産性上昇に有意的に正の相関関係を有することを意味する。労働移動が生産性に与える効果は，サービス部門におけるよりも工業部門における方が大きいといえよう。

3) 推定係数では1という値が特別な意味を持つ。$Y=a+bX$という関数がなり立てると仮定しよう。ただし，YとXが変数で，aとbは推定係数である。そこから，$(1-b)Y=a+b(X-Y)$という方程式を導きだすことができる。bが1より小さいとすると，XがYより大きくなればなるほど，Yが大きくなるということがわかる。逆もまた同様である。

第6章

ベトナム経済──高位中所得への発展の展望

はじめに

　ベトナムは2015年に戦後40年，2016年にドイモイ30年を迎える。本章は2つの関連する視点からこれまでのベトナム経済の発展過程を評価し，現段階の課題を指摘した上，今後の長期展望を試みる。1つの視点は，中所得国の罠の分析枠組みに基づいて低位中所得国になったベトナムが今後，高位中所得のレベルに持続的に発展するための条件は何かである。もう1つは，東アジアのダイナミックな分業[1]の中でベトナムのキャッチアップ過程を分析し，今後新たなキャッチアップへの可能性を展望することである。高次のキャッチアップが工業化からみた新たな発展段階で中所得国の罠の議論に関連するのである。

　以下，第1節では，東アジアの経験からベトナムの発展成果を評価する。ベトナムは，ドイモイで貧困の罠から脱却し，低位中所得のレベルまで発展できた。しかし，社会主義指向型市場経済に拘り，制度改革が不十分であったので，発展成果が限られた。第2節では，ベトナムを東アジアのダイナミックな分業に位置づけ，ASEAN経済共同体や環太平洋パートナーシップ（TPP）などの自由貿易の潮流を意識しながらベトナムの新たなキャッチアップの課題を指摘する。ここでベトナムの工業化と外資との関係も評価し，その中で日本の役割を論じる。第3節では上記の第1視点から現段階の課題を検討し，低位中所得国の罠に陥らないための条件を吟味する。第4節は最近の経済改革の意識変化，FDIの役割などを考えながらベトナム経済の中長期展望を試みる。最後に結びに変えて，本章の要点を述べると共にベトナム経済の改革・発展過

程と今後の展望に対する日本の役割を評価してみる。

第1節　ベトナムのドイモイとその成果

　ベトナム戦争が1975年に終結し，翌年に南北ベトナムが再統一した後，1955年から推進してきた北ベトナムでの社会主義経済システムが全国に適用されるようになった。しかしその後，ベトナムをめぐる国際環境の悪化に加えて，欠陥の多い社会主義システムが経済に混乱や停滞をもたらした[2]。

1.　ドイモイの形成と成果

　危機に直面した共産党の指導者は経済システムの転換の必要性を認識し，1986年12月にドイモイ（刷新）政策を決定した。農業の集団的生産を改め，土地の請負制という家族単位ベースの生産システムを導入し，工業・サービスにおいて民間企業の活動を認め，外資導入政策も採択した。1993年に世界銀行や国際通貨基金（IMF）との関係が正常化し，日本などの先進国の政府開発援助（ODA）も導入できるようになったので，インフラの整備が本格化した。1995年にアメリカとの国交正常化，ASEAN加盟も実現した[3]。

　ドイモイと良好な国際環境の下でベトナム経済は好転し，1990年代初頭から成長軌道に乗った。

　現行の為替レートでベトナムの1人当たりGDPは1993年に250ドルしかなかったが，2008年に1000ドルを突破した[4]。これでベトナムは世界銀行の分類による低所得国から（低位の）中所得国に仲間入りすることができたのである。ベトナムでは貧困削減も90年代から着実に進展してきた。貧困人口比率（貧困線の下にある人口の比率）が1990年の50%強から着実に低下し，2004年以降は10%を下回るようになった（World Bank 2006, p.20）。

　この良好なパフォーマンスの主要な要因として次の2つが挙げられる。

　第1に，何よりもまず経済システムの転換に伴って，制度的に縛られていた生産要素が開放され，潜在生産力が顕在化したことである。特に農業部門での改革の成果が大きかった。共産党政治局の「10号決議」（1988年）以降，農民

の生産意欲が高まり，米を中心とする農業生産が急速に増加し，食糧生産量が88年から拡大した。1989年には米の輸出が再開され，しかも一気に131万トンを記録した。それ以降91年を除いて年間輸出量は200万トン前後を続けた後，400万トン台に達した。農業生産の停滞・食糧不足の状態が続いてきた1987年までの期間と比べれば画期的な成果であった。

工業部門においては外資系企業を含む民間企業の発展促進が工業生産の拡大をもたらした。労働力の多くも農業からより生産性が高い工業やサービス業へと移動した結果，雇用に占める非農業のシェアは1985年の25％から2010年には55％まで上昇した。工業化の進展に伴って経済構造が変化し，GDPに占める農業の割合が急速に低下し，工業・サービスのそれが着実に上昇した。90年代初頭において20％程度であった輸出の工業化率（総輸出に占める工業品のシェア）が2010年以降60％を上回るレベルまで上昇した。

第2に，ドイモイのもう1つの柱である対外開放政策も様々な面において経済安定化と経済発展を促進した。開放政策では，経済管理・運営に関する新しい知識，アイデアが導入され，マクロ経済政策の改善に役立ったし，海外市場に関する情報も入り，輸出が拡大し，国内資源を有効に活用できた。1985年に5％しかなかった輸出依存度（GDPに対する輸出の割合）は1995年に26％，2008年に64％，2013年に77％へと急速に上昇した。また，国内貯蓄が乏しかったベトナムにとって外国資本の導入が大きな役割を演じた。実際に国内の総投資に占める外国直接投資（FDI）の割合は平均して20％前後に達し，工業生産に占める外資系企業のシェアは2000年頃から40％以上上昇した（表6-1）。

ちなみに，その国内の総投資自体が1990年代初頭から急速に拡大し，投資率（GDPに対する投資の割合）が1991年の15％から2001年には31％へと上昇した。その背景には制度改革による国内民間企業の投資や対外開放（外資導入法の制定など）による外国企業の投資があったが，上述の1993年から開始されたODAが持続的に増加してきたことも，総投資の拡大に貢献したのである。投資の拡大が資本蓄積を促進し，労働生産性の向上，工業化の進展をもたらしたことはいうまでもない[5]。

表6-1 所有形態別のGDPと工業生産のシェア (%)

	1995	2000	2005	2010	2011	2013
A. GDP						
国有企業	40.2	38.5	38.4	33.7	33.0	32.2
非国有企業	53.5	48.2	45.6	47.5	48.0	48.2
集団所有	10.1	8.6	6.8	5.4	5.2	5
民間企業	7.4	7.3	8.9	11.3	11.6	10.9
自営業	36.0	32.3	29.9	30.9	31.2	32.2
FDI	6.3	13.3	16.0	18.7	19.0	19.5
B. 工業生産						
国有企業	50.3	34.2	25.1	19.1	na	16.3
非国有企業	24.6	24.5	31.2	38.9	na	33.6
集団所有	0.6	0.6	0.4	0.4	na	na
民間企業	6.4	14.2	22.7	32.5	na	
自営業	17.6	9.7	8.1	6.0	na	
FDI	25.1	41.3	43.7	42.0	na	50.1

資料：(ベトナム)『経済統計年鑑』より作成。

2. ドイモイの限界とその要因

さて，ドイモイは以上のような成果をもたらした。産業構造・輸出構造の高度化，貧困の悪循環からの脱出，低位中所得への発展などの点で高く評価できよう。しかし，他方，次の問題が指摘できる。

第1に，1990年代以降，内外環境の好転，東アジアのダイナミックな分業の中の技術・資本の導入による急速なキャッチアップの可能性を背景に低いレベルから出発したベトナムは10％前後の高度成長ではなく，6-7％の中成長しか実現できなかった。序章の表0-1をみると，ベトナムの1人当たり実質GDPの年平均成長率は4－5％で，1960－70年の日本，1990年代までの韓国・台湾，70年代後半以降の中国と比べてかなり低い。

第2に，経済発展が概ね非効率で，特に2000年前後以降の期間はそうであった。事実，限界資本係数（ICOR）[6]は上昇傾向にあり，特に2000年代後半から急速に上昇した。図6-1は3ヵ年移動平均を描いた経済成長率とICOR

が示されたものである。90年代前半に2または3の値をとったICORは2000年代以降に4そして5まで上昇した。生産要素と技術進歩（全要素生産性）の貢献を分解する成長会計（growth accounting）の考察も同様な結果を示している。例えば，Nguyen et. al（2012）によると，1991－95年の期間と比べて2006－2010年の期間における資本投入の貢献が増加し，逆に全要素生産性（TFP）のそれがかなり小さくなった。序章で詳論したように，発展段階の低い国の場合，資本投入の貢献が大きく，TFPのそれは小さいと考えられるが，その変化の方向が問題である。TFPが小さくなったことは非効率化を示すのである。

非効率な成長，しかも中成長しか実現できなかった要因は何か。次の相互に関連する2つの問題があったと考えられる。

第1はベトナム型漸進主義的移行戦略に関する問題点である。社会主義経済から市場経済への移行戦略は大別して急進主義と漸進主義がある[7]。本来の漸進主義は3つの段階がある。第1段階は政治的・社会的に敏感な国有企業の改革を棚上げすると共に非国有部門（国内民間企業と外資系企業）の発展を促進する。第2段階に国有企業の改革を進め，具体的には国有企業の市場での競争促進（市場に晒すこと），コーポレートガバナンスの導入などで国有企業の効率性を高めることである。第3段階は国有企業を本格的に民営化し，市場失敗などで存在意義が正当化できる分野に限る国有企業の存続・発展をすること

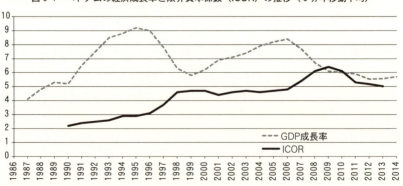

図6-1　ベトナムの経済成長率と限界資本係数（ICOR）の推移（3ヵ年移動平均）

資料：ベトナム統計総局のデータより筆者計算。

である。

　しかし，ベトナムの漸進主義は2・3番目の段階の改革が遅れたことが特徴的である。これをベトナム型漸進主義と名付けることができる。そのような特徴は，国有企業の保護・優遇を特に2007年以降も維持・強化した結果，2008年以降の経済成長の減速・マクロ経済の不安定化をもたらしたのである。優遇された国有企業が企業集団を形成し，土地・信用への有利なアクセスを背景に放漫な投資行動を行い，経済全体の非効率・弱体化をもたらした[8]。

　なお，国有企業の改革が棚上げされ，非国有企業の発展が促進されるべきであった第1段階においても民間企業や外資系企業の活動に対する規制が多く，規制緩和・発展促進への改革が遅れた。例えば，民間企業の活動がドイモイ決定時（1986年）に認められたが，企業法が制定されたのは1990年になってからで，また，本格的な規制緩和は新しい企業法が導入された1999年まで待たなければならなかった。1987年にできた外資導入法も規制が多く，少しずつしか緩和されなかったため，頻繁に修正しなければならなかった[9]。投資環境が不安定で不確実性が高かった。このため，ベトナム経済の潜在力が十分に発揮されなかった。

　第2の問題は，政治・行政改革が遅れ，一党独裁体制の下で，責任所在の不明確，政策決定の不透明などにより，汚職・浪費が経済の非効率をもたらしたことである。特に公共投資の決定過程と実施に透明性が欠けているので無駄な投資や投資予算の漏れ損などが深刻化した。投資の決定が，大規模な投資プロジェクトを除いて，地方に分権化が進んだことも重複投資を招いた。多くの省に国際空港，港などが建設されたが，あまり使用されていない。

　これらの点については，低位中所得国の罠の可能性を論じる第3節でまた戻ることにしよう。

第2節　東アジアの中のベトナム：工業化と外国直接投資

　ドイモイは遅い速度でしか進展してこなかったが，市場経済への移行によりベトナムはダイナミックな東アジア地域の分業に組み入れられるようになっ

た。この地域における ASEAN 各国のキャッチアップを考察した序章ですでにベトナムの工業化にも言及し，生産と輸出における工業化率が上昇したことを示した。以下，ベトナム工業化の特徴をもう少し詳細にみてみよう。

1. 現段階のベトナムの工業化と貿易構造

GDP に占める製造業のシェア，輸出総額に占める工業品のシェアが上昇しただけでなく，工業内部の構造変化もみられた。特に近年，1980年代以降の東アジアの生産と貿易の主流になった電子・電気製品・部品，自動車・同部品をはじめとする各種機械がベトナムの輸出の3分の1まで上昇してきた。2005年にはまだ 10％程度であったので，その変化は著しいと言える（表6-2）。こ

表6-2　ベトナムの輸出構造の変化　　　　　　　　　　　（単位：％）

		2000	2005	2010	2011	2012	2013
農産物		30.9	25.8	24.7	24.3	21.7	17.6
鉱物		31.1	29.1	12.7	12.9	11.2	9.4
工業品		38	45.1	62.6	62.9	67.2	73
重工業品		1.4	2.6	4.7	5.6	5.7	4.8
機械		9.9	10.6	16.9	20.6	28.5	32.7
発電機	(71)	0.4	0.8	1.2	1.4	1.3	0.9
工作機械	(72,73,74)	0.7	0.9	1.2	1.1	1.3	1.3
情報機器	(75,76)	4.5	3.8	7.7	11.5	17.5	22.8
電気・電子	(77)	3.6	3.9	4.9	4.7	6.2	5.9
輸送機械	(78,79)	0.8	1.3	1.9	2	2.2	1.9
軽工業品		26.7	31.8	41	36.6	33	35.5
繊維，アパレル	(65,84)	17	18.7	20	18.7	17.2	16.6
履物	(85)	2.5	2.5	4.5	4.2	3.6	6.4
家具など木製品	(82)	1.8	4.8	4.4	3.5	3.4	3.1
旅行用品	(83)	1.3	1.1	1.2	1.2	1.2	1.3
その他(266,61-64,66,8 除く 82-85)		4.1	4.7	10.9	9.1	7.5	8.1
輸出合計		100	100	100	100	100	100

資料：UN, *Comtrade Database* より計算。（ ）内の番号は HS コード。

図6-2 ベトナムの貿易収支の推移

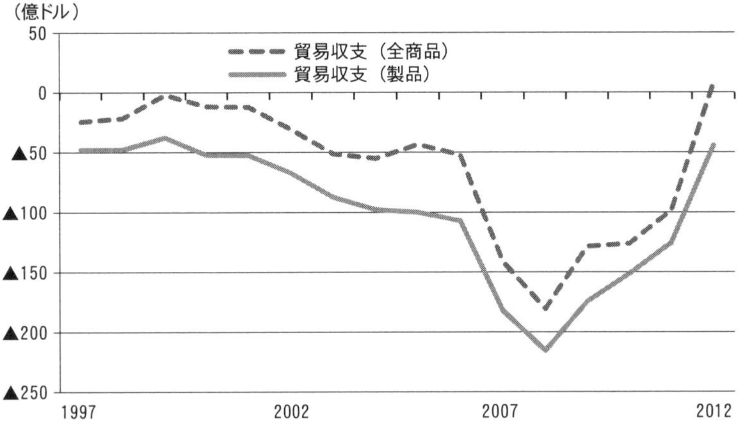

注:製品は HS 3～8 で定義される。
資料: UN Comtrade のデータより作成。

れは,後述のように韓国や日本を中心とする外国直接投資（FDI）の効果で,携帯電話およびその部品,パソコンおよび電子部品の輸出が増加したためである。輸出総額に占める各種機械のシェアは 2013 年の中国（43%）やタイ（44%）に及ばなかったが,ベトナムは急速にこの地域のサプライチェインに組み入れられているのである。

近年,そのような輸出構造の高度化と共に,輸出の拡大テンポが輸入を上回ってきたので貿易収支が着実に改善してきている。図 6-2 が示しているように,2000 年頃から赤字が拡大してきた貿易収支は 2010 年から縮小し,2012 年からバランスに転じた。工業品だけの貿易収支をみるとまだ赤字であったが,その幅が大きく縮小した。ベトナムの国別地域別貿易の特徴をみると対米輸出が着実に拡大し,対日輸出も増加して,両国との貿易ではベトナムが黒字を記録している。他方,対中・対韓貿易ではベトナムが大幅な赤字で,特に中国とのアンバランスが拡大してきている。対 ASEAN 貿易も赤字である。特にタイとは 2000 年頃から赤字が拡大する一方である。

2. 中国への依存体質と近年の動向

　以上のような状況の中，中国からの工業品の輸入が急増し，ベトナムの対中貿易赤字が拡大してきた。中国は 2003 年からベトナムの輸入に占めるシェアが第 1 位となり，それ以降，第 2 位の日本や韓国との差は開く一方である。しかも，近年は改善してきたがベトナムの対中輸出は大部分 1 次産品であるのに対して対中輸入は主として工業品である。さらにベトナムの対米輸出が拡大した工業品の素材・中間品の多くは中国からの輸入に依存している。この構造は裾野産業の未発達など，ベトナムの工業力の弱さを反映しているが，今後 TPP への加盟を準備する過程で本格的にその構造を改めなければならなくなる（後述）。

　以上のようなベトナムの対中貿易構造により，急速な台頭で世界の工場になった中国は，規模が小さいベトナムに大きなインパクトを与えたのである。

　ここで貿易理論の 1 つである重力モデル（gravity model）が想起させられる。このモデルは 2 国間の貿易の流れを説明するもので，貿易の基本的説明要因としては 2 国間の地理的距離と経済規模を考えている。距離が短いほど輸送

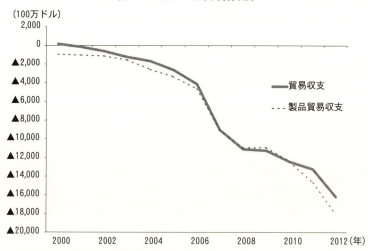

図 6-3　ベトナムの対中貿易収支

注：製品は HS3-8 で定義される。
資料：UN Comtrade のデータより作成。

コストが小さいし，市場に関する情報も入手しやすい。一方，相手国の経済規模が大きいほど市場が大きく，輸入品を吸収する力が強い。要するに，2国間の貿易はその2国間の距離に反比例し，経済規模とは正比例すると考えられる。言い換えれば2国の貿易はGDPとは正の関係，距離とは負の関係になると考えられる[10]。

　ベトナムと中国の貿易の流れをみると，両国の対外開放政策の進展と国交正常化に伴って，隣接している国土という地理的要因が貿易の拡大をもたらしたと言える。しかし，中国経済の規模がベトナムからの輸入をあまり誘発せず，ベトナムの対中輸入と比べて輸出が非常に少ない。中国市場の規模が大きく，地理的距離も短いにも関わらず，ベトナムの対中輸出が少ないのは，供給能力・国際競争力が弱いからである。グラビティ・モデルは需要側を重視する理論であるが，供給側の問題も考えなければならないのである。

　次に，地理経済学や空間経済学が論じている中心と周辺との関係の視点から中国とベトナムの関係を考えてみると，どのような示唆が得られるだろうか[11]。中国は規模が大きい市場で，しかも開発が先に進んでおり，「歴史」的出来事が形成された。規模の経済性がはたらき，生産がますます「中心」に集中した。交通費と関税を合わせた貿易コストが高い場合，工業生産は「周辺」のベトナム側でも行われうるが，地理的に近いし，高速道路の整備に伴う交通費の低下，ASEAN中国自由貿易協定による関税率の段階的撤廃という条件変化が生じたので，中心の中国側に生産が集中する傾向が強まったのであろう。

　ただ，「中心」と「周辺」の生産コストの格差が大きくなり，先に発展した「歴史」要因による累積生産量と生産規模の経済性を十分に相殺できれば生産拠点が中心から周辺に移転する可能性が生まれる。その生産コストは賃金以外のコスト（インフラコスト，行政コストなど）も含むので，「周辺」の努力で歴史と規模という宿命的不利を克服することができる。近年，ベトナムの北部（ハノイ，ハイフォン，バクニン，タイグエン，ビンフク）は交通・通信インフラや政策環境の整備された一方，中国の沿海地域での賃金が急速に上昇してきたので，日系企業などの多国籍企業が生産拠点をベトナムに移転しつつあって，電気機械を中心に中国とベトナムとの産業内分業が促進された（池部 2013，2015）。

3. 外国直接投資（FDI）への依存

ベトナムの工業化の最大の特徴の1つは外国直接投資（FDI）への依存が大きいことである。FDIの大きさと重要さを具体的にみると次のようである。

第1に，国内の総投資に占めるFDIのシェアは大きい。その比率は2000年代前半を除けば20%を上回った。Dinh va Pham（2015）によると，1996－2000年の期間に21.6%，2001－05年に15.7%，2006－10年に25.3%，2011－13年に22.6%であった。1980年代以降のアジア各国でも資本形成に対するFDIのシェアが大きかったが，ベトナムほどではなかった。例えば1988－93年の平均を見ると，シンガポール（29%）とマレーシア（21%）を別として，タイ（5%），フィリピン（8%），中国（6%）などとFDIのシェアはベトナムよりかなり小さかった[12]。

第2に，表6-1で示したように，GDPに占めるFDI関連企業のシェアは，総投資での比率とほぼ同じであるが，工業生産におけるFDIの存在はさらに大きく，2013年には実に半分を占めている。

第3に，ベトナムの輸出におけるFDIの役割はさらに重要で，2013年66.8%，2014年67.4%，2015年の前半に70%も占めた。工業生産と輸出でのFDIの存在を合わせて考えると，表6-2が示した，機械各種への輸出構造の高度化を牽引したのは外資系企業である。機械各種は概ね高い熟練労働集約的産業であるので，これらの産業の国際競争力は急速に高まってきた。

序章で論じた工業の雁行型発展の分析枠組みに沿って，ベトナムの比較優位構造の変化を考察してみよう。図6-4は工業品を3つのレベル（low, medium, high skill 集約的産業）に分けて，それぞれの国際競争力指数の推移を描いたものである。この分類は先進国（アメリカ，日本，EU）の比較優位構造を基準にする。具体的には，先進国の（工業）産業別顕示比較優位指数（序章の注14を参照）を作成し，この指数が0.5未満を low skill, 0.5以上1未満を medium，そして1以上を high skill として定義する。やや恣意的なやり方であるが，それらの具体的な産業群をみてみると，非現実的でなく，一応納得できるものである。

さて，図6-4によると，ベトナムにおいて労働の low 熟練集約的工業の競争力が維持される一方，medium と high skill 熟練集約的工業の競争力が改

善しつつある。特に前者は貿易収支が黒字に転換しようとしている。工業品の国際競争力が全般的に改善してきたのは外国直接投資が増加した結果である。

第4に，存在が大きい外資系企業は実際に100％外資が圧倒的で，ベトナム企業との合弁が非常に少ない（表6-3）。この特徴はベトナムの民族資本（国有企業と民間企業）の弱さを反映していると考えられる。つまり，外資が完全所有を選んで合弁形態を選ばない理由は様々であるが[13]，その1つは合弁相手になることができる民族系企業が少ないことである。ベトナムの民間企業は資本・土地など提供できる資産が少ない。一方，国有企業はそのような資産が多いが，なぜ外国企業との合弁が少ないかはよく分からないが，10年ほど前に筆者が外資系企業にインタビューした結果によると，国有企業の経営者は総じて企業家精神が乏しく，官僚のような行動をする傾向があるので，合弁企業での意思決定に支障が生じて，経営決定がスムースに行えないと指摘された。外国直接投資により国民経済全体への技術移転を促進するために合弁形態

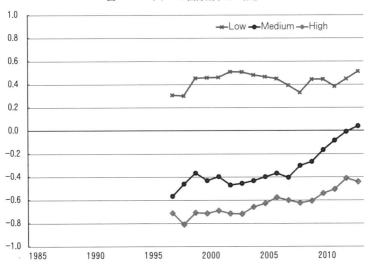

図6-4　ベトナムの国際競争力の推移

注：指数の計算方法は序章の図0-2と同じ。
　　3つのレベルの工業品について本文参照。
資料：UN comtrade database をもとに筆者作成。

表 6-3　ベトナムでの FDI の所有形態　　　　　(単位：%)

	1993-96	1997-2000	2014	2014年末までの累計
合弁	57.5	29.0	10.5	16.7
100%外資	38.0	63.7	89.5	80.9
その他	4.5	7.3	0.0	2.4

注：認可件数に基づく。
資料：MPI の資料より作成。

が望ましい[14]ので，ベトナムは外資導入と共に民族資本を育成・強化しなければならないのである。

第5に，外資系企業と国内資本系企業との関係，つまりその垂直的連携（リンケージ）が弱い。外資系企業が素材・中間財の調達を外国からの輸入か，外資系中小企業に依存する傾向が強かった。これはベトナムの民族系資本による裾野産業の発展が遅れたからである。近年，この問題は上述のように北部に産業クラスターが形成してきているので，少し改善してきているが，部品・中間財の生産の主役は依然として外国の中小企業である。やはり，ベトナムの民族系資本の育成が急務である。

第3節　低位中所得の罠の可能性：予備的考察

1. 要素市場と資源配分の歪み

さて，今後のベトナム経済を展望する時，1つのキーワードは「中所得国の罠」であろう。ベトナムでもこの問題についての議論が盛んになっているが，説得力のある見解がみられない。ベトナムの発展段階を特定し，その理論的特徴を明確にしなければ適切な判断ができないと思われる。序章で分析したような枠組みで考えれば，ベトナムに適用されるのは低位中所得国の罠の可能性であり，その罠を回避して高位中所得国への発展ができるかどうかは，要素市場の在り方に関わることである。現在盛んに議論されている中所得の罠は我々の分析枠組みでは高位中所得レベルであり，資本投入型成長が限界に達し，労働の無制限供給も終焉した経済である。それに対して低位中所得の場合，資本や

労働の要素投入型成長がまだ成長への主要な貢献を続けられるのである。このため，低位の罠に陥らず，上位中所得への持続的発展のためには資本や労働の市場が発達し，資源配分の歪みが少ないことが肝要である。この観点からベトナムの現段階の課題をみてみよう。

(1) 資本市場の現状と問題点

ベトナムは市場経済への移行から4半世紀以上が経過したが，要素市場の発展が依然として遅れている。特に資本市場と土地市場はそうである。資本市場は法律などの制定により名目上段階的に整備されてきたが，運用の面は恣意的で国有企業や企業集団にとって有利に働いている。

2015年半ば現在，ベトナムの資本市場は間接金融に加え，直接金融も機能しつつあり，銀行制度において国有，民間所有，外国所有が出揃っている。貸出金利の上限設定など市場への政府の介入も緩和してきている。

現在，4大国有商業銀行のほか，非国有銀行も増加した。株式商業銀行が1991年の4行から2013年末に34行へと増加し，外資100%の外銀もその期間に1行から5行に増えた。参入の自由化に伴って信用市場が競争的になり，それは預金金利と貸出金利の差（スプレッド）を，1993年の10%も高かった水準から近年の3-4%まで低下させてきたのである。貸出金利や預金金利への規制も緩和されてきている。また，証券市場が2000年にホーチミン市で，2005年にハノイでそれぞれ開設され，両市場での上場企業は2006年の193社から2014年には674社に増加した。

このように，ドイモイの過程で資本市場は発達してきている。しかし，4大国有商業銀行は，全国の信用残高のシェアを2000年の70%から2013年に55%へ低下させたが，依然として市場の支配力が強い。民間銀行などと比べて，国有商業銀行は国家（中央）銀行から資金供給において優遇されている。その4大銀行の融資先はほとんど国有企業であるので，結果として国有企業が資本市場において有利な立場にある。民間企業，特に中小企業は信用へのアクセスが依然として難しい。全企業数の約95%を占めている中小企業（非国有企業）の約30%しか信用を供給されていないのが現状である[15]。実際に非国有企業のGDPでの貢献は国有企業のそれよりもかなり大きい（表6-1）。

現段階の金融市場は，規制緩和により金融サービスを提供する主体が多様化

しつつあるが，市場の分散化現象がみられる。即ち，国有資本系，民間資本系，外国資本系銀行・信用機関は，別々の領域（国有企業，民間企業と外資系企業）でサービスを提供する傾向があり，市場全体の整合性および競争性が欠けている。このような状況で，それぞれの企業部門に対して資本市場へのアクセス条件も異なったのである。

(2) **土地市場**

　土地市場について工業・建設用土地へのアクセスは資本と同様，民間企業は困難な状況に直面し，国有企業・企業集団は優遇されている。ベトナム共産党経済部会が2014年6月に開催したシンポジウムで報告された資料によると，国有企業が生産・経営用地全体の70％も占めている（Dinh va Pham eds. 2015）。また，公共投資などの開発計画に絡む情報の非対称性が強いので汚職が発生しやすい。

　一方，農地については，土地の所有権は国家にある（公有制）という原則が堅持され，農民には使用権しか与えられない。しかも，農家が使用できる農地の最大面積（3ヘクタール）が規定されているので，農業経営者が原則として大規模農場を作ることができない。ただ，法律的に認められなくても，農村では土地の集中が少しずつ「もぐり」で実施されている。多くの地方政府が農地の売買を黙認しているので，90年代後半から大規模農園が形成されてきた[16]。

　しかし，そのようなインフォーマルな取引は土地市場の不安定と非効率をもたらすだけでなく，農村に法的尊重，契約の履行の精神が根付かないという弊害が生じている。今年（2015年）7月にベトナムの著名な農学者であるVo Tong Xuan博士から聞いた話では，現在，メコンデルタの農民と農産物流通業者との契約があまり履行されていないという。契約が簡単に破棄されることは，農村での市場の発展にとって障害要因になる。土地の所有権を認めて，土地の売買が正式にできることが肝要である。

　土地の保有・使用権に関する一層の制度改革が求められている。

(3) **労働市場**

　市場経済への移行（ドイモイ）に伴って，労働者が自由に職業を選択し，職場間の移動も自由にできるようになった。完全自由移動の場合を100とする労働の自由度指数は，2014年ではベトナムは70で，中国やインドネシアより高

い[17]。しかし，その評価は近代部門に関するものであり，インフォーマルセクターが大きいベトナムでは労働市場に参加していない労働者が多い。全労働者に占める個人業主・家庭業主の割合は2000年の87%から2013年に78%に低下してきたが，まだ圧倒的である。この期間に，国家部門（国有企業と行政事業）の割合は9％から10%へ，民間企業は2％から8％，FDI部門は1％から3％へとそれぞれ上昇した。このため，賃金労働者が全労働者の約35%にすぎない（2013年）[18]。もちろんこの事情は発展段階を反映しているので，今後改善していくであろう。

なお，大学卒労働者層，管理職，政府の職員などのレベルでの労働配分は効率的でない。縁故のほか，賄賂や仲介料などで取引コストが高い。また，共産党員かどうかによっても就職・昇進の機会が違う。これらの点が改善しなければ労働市場が発展しない。

要するに，資本，土地と労働の要素市場が発展しなければ資源配分が有効でなく，要素の生産性が改善されない。ベトナムの新たなドイモイの方向はそのような要素市場の発展を促進することである。

2. ガバナンスと資源配分

要素市場の問題のほか，政府サービスの質，許認可行政のありかたも企業の投資，資源配分に影響を与える。国際透明性事務局（Transparency International Secretariat）が毎年発表する汚職認識指数（Corruption Perception Index）をみると，「透明性ランキング」ではベトナムは依然として下位に位置づけられている。例えば2014年の透明性ランキングでは，ベトナムは調査175ヵ国中，119位である。世界銀行が各国の経営環境に関する状況を調査し，毎年発表する *Doing Business* を見ると，ベトナムは中国などと比べてもよくなく，しかも改善速度が遅いことがわかる。例えば企業が納めなければならない各種課税が32件に上り，2005年から2012年まで減少していない（中国は同じ期間に35件から7件への減少）。企業の納税に関する準備と実施は平均して872時間（2012年）に上った。2005年の1050時間と比べて改善したが，変化速度が遅かった。ちなみに，中国は同期間に832時間から338時間に改善した。

このように見てくると，要素市場に合わせて，ベトナムのガバナンスも問題が多く，資源配分の歪みをもたらしていると考えられる。

第4節　ベトナム経済の展望：高位中所得国への発展

1. 低位中所得の罠の可能性があるか

上述のような要素市場の歪みやガバナンスを改善するための制度改革を着実に進めていけば，ベトナムは低位中所得国の罠を回避し，高位中所得国へ発展できる。逆に制度改革が実行されなければそのような罠に陥る可能性があるだろう。

ベトナムはどちらの方向に展開するだろうか。現在，その制度改革を妨げる要因がある一方，それを促進する要因もある。

(1) 改革の阻害要因と促進要因

改革を妨げる要因として共産党の保守勢力や既得権益グループが挙げられる。保守勢力は国家建設の長期路線として「社会主義指向型市場経済」[19]を主張し，イデオロギーに縛られ，社会主義の根幹である生産手段（生産要素）の全国民所有重視の観点から，国有企業の保護の正当化，農地の公有制の堅持を主張し続ける。既得権益グループは保守勢力との癒着により現在の経済体制を維持しようとしている。

他方，新たな制度改革を促進する要因として，世界経済・アジア経済への統合過程が強まっていくことのほか，ベトナムの国際競争力の弱体化や中国の経済的台頭・軍事的脅威の高まりへの若手指導者の危機感が挙げられる。

ASEAN自由貿易地域（AFTA）が完全に実施され，ASEAN経済共同体が2015年12月に実現し，ASEAN中国自由貿易協定（ACFTA）も締結された。ベトナムはそれぞれのメンバーとして，工業品の輸入関税を削減・撤廃しなければならない。これらの協定において短期間で段階的に関税率を削減・撤廃するノーマル・トラック品目と自由化を延期するセンシティヴ・トラック品目があるが，前者については2015年末までにほぼ完全に関税が撤廃される予定であり，後者の品目については2020年1月までに関税率がほぼゼロになる

予定である。

　もう1つの自由貿易地域は環太平洋パートナーシップ（TPP）である。TPP関連の交渉が米国主導の下で進められるようになった2008年，ベトナムも参加意思を表明し，2010年以降，正式に交渉に参加してきた。TPPに対してベトナムが積極的な態度を表明したのは，第1に，TPP参加に伴って対米輸出が一層拡大することのほか，TPPの非加盟国にとってアメリカ市場における貿易転換効果が生じるので，それを回避するため，ベトナムで直接投資・現地生産を行い，米国への迂回輸出をする企業が増加するという期待があったからである。第2に，ベトナムは，今後の持続的発展のために国有企業や金融システムの改革が必要であるが，既得権益，イデオロギー的保守勢力の抵抗でなかなか実現されていない。こうした事情の中，TPPへの参加は質の高い市場経済への移行を促進させる外圧になることが期待できるのである[20]。

　このようにTPPに参加する大きなメリットの1つは制度改革を早め，市場経済への移行を促進することであるが，言い換えると，TPPによる市場開放のペースに制度改革が追いついていけない場合，TPPの負の効果が生じてしまう。制度改革が遅れて，国内企業に十分競争力がついていないうちに，また，国際競争力のある新しい工業が発展しないうちに，安価な工業品がTPP加盟国から大量に輸入されるからである。

　このようにベトナムには要素市場の発展のための抜本的制度改革を妨げる要因と促進する要因が同時に存在している。結局どちらの要因が支配的になるか。前者が圧倒的に強いならベトナムは低位中所得国の罠に陥るかもしれない。逆に後者が圧倒的に強いならベトナム経済が持続的に発展し，低位から高位中所得国への発展ができる。

　筆者の判断では向こう4−5年の中期的視野では制度改革を遅らせる要因が残るが，それが長期的には弱くなり，改革促進要因が支配的になるとみている。最近の動向をみるとそう考えられる。

(2) 最近の改革動向

　ベトナム共産党は，経済成長の減速，資源配分の非効率性，要素市場の歪を特徴づけられた現段階の諸問題を認識し，2011年1月の全国党大会で初めて「成長モデルのドイモイ（刷新）・経済の再構築」の必要性を主張した。同年

11月，再構築の対象となる3つの領域（国有企業，金融セクターと公共投資）が定められた。

これを受けて計画投資省が2012年3月に草案を公表し，各界の意見を参考して5月に「効率・生産性・競争力向上を目指す成長モデルへの変更に結びついた経済の再構築についての提案」を国会に提出した。この案はそのあと，国会での審議を経て採択された。この改革案は上記の3つの領域を再構築する具体的内容を定めた。

まず，国有企業の改革については，放漫な投資で多角化された分野のリストラ，金融・土地へのアクセスなどに関する諸特権の段階的廃止，企業統治（コーポレートガバナンス）の確立，企業活動への監視強化などである。

一方，金融システム再構築について，リストラ，合併などで銀行部門を強化する。また，貸出能力の強化，不良債権の処理の促進が図られる。さらに貸出の透明性，公平性の確保で民間企業，特に中小企業が金融サービスへアクセスしやすくする。

最後に，公共投資の再構築について投資プロジェクトのリストラによる重複・分散の改め，プロジェクトの決定過程の透明性，管理体制の強化などを重視する。また，今後，入札法の改正，政府調達法の制定，投資案件の評価方法の改善を図る。

これらの3つの領域の抜本的改革は，市場の健全な発展を通じて経済の効率的・持続的成長を可能にする市場経済の健全な発展のためである。

ところで，これらの方針は2012年に具体的に発表されたが，なかなか始動しなかった。しかし，2014年に2つのショックが生じて指導層や国民各層の間に危機感が高まった。1つは中国ショックで，中国の石油リグ「海洋981号」がベトナムの排他的経済水域に搬入され，不法な活動を展開したため，ベトナムで反中感情と共に，経済の「脱中」（中国への依存の引き下げ努力）の機運が高まった。2つ目はサムスンショックである。韓国の大手電子企業がベトナム北部両省のバクニンとタイグエンでスマートホーンを製造するための大規模な工場を建設し，生産を本格的に開始したが，大量の素材・部品を中国や韓国から輸入することになった。ベトナムの裾野産業発展の遅れが露呈したのである。こうした背景により，改革を速めなければならないという意識が高

まったのである。特に，サムスンショックなどへの対応策として 2014 年 3 月に出された政府決定 14 号は，企業をめぐる投資・経営環境を一層改善し，しかも具体的目標を掲げて実行した。例えば，ベトナムのビジネス環境をマレーシアやタイの ASEAN 先発国と同等なレベルにすることを目標にした。その結果の 1 つとして，872 時間必要とされていた企業の納税関連事務を，半年あまりで一気に 350 時間に短縮させることに成功した。

2. ベトナム経済の中長期展望

　以上のように投資環境を中心とする制度改革が最近進展した。しかし，これは第 3 節で分析した資源配分への影響の諸要因からみてごく一部にすぎない。全般的制度改革は 5 年程度の中期よりも長期的課題であろう。

　中期的には部分的改革でもビジネス環境が改善され，投資が促進されるであろう。また，第 2 節で分析されたように，工業化を中心とする経済発展に対して重要な役割を演じてきた FDI が依然として増加趨勢にある。第 2 節でも考察したように，ベトナム経済に FDI 部門と国内企業部門の 2 重構造が形成されている問題は，長期的には民族系資本の体質強化で改善されなければならないが，当面は FDI 部門の増加が経済全体の発展を引っ張っていくのである。

　これらの点を総合的に考えると，中期的には経済は 5－6％の中成長が実現できるだろう。同じテンポでさらに 5 年程度続けばベトナムは高位中所得国のレベルに達成できよう。ちなみに 2014 年 8 月にベトナム政府は経済社会 5 ヵ年計画（2016－2020）の策定を開始し，同期間の GDP 平均成長を 6.5－7％にする方向で検討している。また，世界銀行とベトナム政府が 2035 年までのベトナム経済の長期発展研究プロジェクトを進めているが，その結果の一次ドラフトをみると，2015－20 年の平均成長率は 6.3％，2021－25 年は 6％との展望が出されている（World Bank et al. 2015）。これらの目標は妥当だと思う。

　2025 年以降までの長期については不確実性が高いので展望が難しい。人口構成では不利な状況が予想されるが[21]，制度改革の余地が大きいので，ベトナム指導者層の気概と力量次第，抜本的改革で科学技術・教育の新興，資源配分の歪みの撤廃でベトナムの潜在力を高めると共に，それをフルに顕在化し

て，高度成長を実現する可能性がある。そうすれば，高位中所得国から高所得への発展ができる。逆にそのような改革ができなければ，（高位）中所得国の罠に陥る可能性がある。

おわりに：今後のベトナムの経済発展と日本

ベトナムはドイモイの成果として最貧国から脱出し，低位中所得国の水準に達した。しかし，これまで潜在力を十分に発揮できなかったので，平均して年6－7％の成長しか実現できなかったし，工業の発展もFDIへの依存が高い。

これからのベトナムは，FDIが引き続いて増加していく可能性が高いので，制度改革が部分的にしか進まなくても中期的には5－6％程度の成長はでき，低位中所得国の罠を避けられるだろう。長期的には抜本的な改革は不確実性が高いので，明確な判断ができない。2つの対立するシナリオが予想される。抜本的制度改革ができれば，ベトナム経済は9－10％の高度成長を実現し，高所得国へ発展するという良いシナリオが描ける。

さて，1990年代以降のベトナムのドイモイ・発展過程において日本の役割が大きかった。ODAとFDIだけでなく，政策立案や法的環境の整備への知的協力，人材養成などにおいても日本の協力が重要であった[22]。

ベトナムに対する主要な投資国・地域は，日本，台湾，シンガポール，韓国，香港などである。特に2012年以降は日本からのFDIが急増している。2011年まで認可額ベースでは日本からのFDIは第2位だったが，実行率が高かったので実行ベースでは日本がトップであった。2012年以降，認可額ベースでも日本がトップになった年もある。

これまでの日本企業の投資は製造業中心であったが，近年，不動産，造船，商業施設などの分野も増加している。製造業の投資はベトナム北部では機械関連業種が多く，華南経済圏とのリンケージ・分業を展開している。また，最近の日本のFDIのもう1つの特徴は中小企業による投資が急増していることである。この傾向は今後も続くとみられるので，ベトナムの中長期的発展に対す

る日本の貢献が依然として大きいと考えられる。

(トラン・ヴァン・トゥ)

注
1) ここでいうダイナミックな分業とは資本・技術・経営ノウハウの各国間の活発な移動により，地域各国の産業構造や貿易構造・比較優位構造が高度化していくことである。工業化の先進国・先発国から後発国への雁行型波及過程でもある。
2) 社会主義経済システムの欠陥について例えばトラン（2010）第1章と第2章を参照。1976年以降のベトナム経済の状況と問題について同書の第4章を参照。
3) 詳しくはトラン（2010）第3・4章を参照。
4) 実質ベースでは世界銀行の世界開発指標によると，2005年価格の1人当たりGDPはドイモイ開始年（1986）に240ドル，1993年に317ドル，2008年に776ドル，2013年に931ドルであった。
5) ただし，2007年から2010年までは企業集団の放漫な拡張投資などで投資率が40％前後まで上昇し，インフレの高進，非効率な成長などをもたらした（後出の図6-1を参照）。
6) 一定の生産量を増加させるために必要な資本の追加量を示す概念で，この指標が大きいほど非効率である。
7) 詳しくはトラン（2010）第2章を参照。
8) この点の詳細について例えばTran（2013a）を参照。
9) 後述のように，外資導入政策はWTOに加盟した2007年以降，逆に開放的過ぎて，生産・輸出における外資系企業の存在が大きくなってきた。
10) グラビティモデルについての研究は多いが，例えば遠藤（2005）第5章を参照。
11) この点への理論的示唆としてクルーグマン（1994）が参考的である。
12) アジア各国のデータはUnited Nations（2000）による。このデータはネットベース（FDI純流入）で，FDI流入のベトナムデータとは直接に比較できないが，ベトナムはFDI流出が極めて小さいので，FDI純流入もそのデータとほぼ同じであると考えられる。
13) Tran（2006）は多国籍企業が外国での投資に関してどのような所有形態を選好するかを理論的に検討した上，ベトナムでのケースを吟味している。
14) 詳しくはTran（2006），pp.406-408。
15) この状況についてDinh va Pham eds.（2015），pp.412-414が詳しい。
16) 大規模農場はベトナムで農園（trang trai）といわれる。トラン（2010）第8章を参照。なお，この問題について最近の詳細な分析として高橋塁（2013）がある。
17) シンガポールの指数は100に近い。Dinh and Pham eds.（2015），p.330。
18) この比率がフォーマル各部門の労働者合計の割合より高いのは，家庭業主も一部賃金労働者を雇っているためであると考えられる。
19) この概念は必ずしも明確な定義を持っていない。共産党の綱領や全国大会の政治報告などから「民が豊か，国が強く，公正・文明的社会」の建設を目指し，そのために生産手段の多様な所有形態を採用するが，国有企業など国家所有が基幹的役割を占めるという内容である。詳しくはトラン（2010）第3章。
20) 詳しくはトラン（2013）を参照。
21) ベトナムの人口ボーナスは1970年頃に始まり，2025年頃に終了するという推計がある。
22) 詳しくはトラン（2010）第12章を参照。

参考文献

（日本語）

池部亮（2013），『東アジアの国際分業と「華越経済圏」』新評論。

池部亮（2015），「ベトナム，カンボジア，ラオスの電気機械貿易構造の現状分析―中国及びタイとの間の国際分業構造の考察から」『アジア研究』第61巻第3号（7月）。

遠藤正寛（2005），『地域交易協定の経済分析』東京大学出版会。

クルーグマン，P. 著，北村行伸・高橋亘・妹尾美起訳（1994），『脱「国境」の経済学：産業立地と貿易の新理論』東洋経済新報社。

坂田正三編（2013），『高度経済成長下のベトナムの農業・農村の発展』アジア経済研究所。

高橋塁（2013），「現代ベトナム農業における経営規模の拡大とその雇用吸収力」坂田編，第1章。

トラン・ヴァン・トゥ（2010），『ベトナム経済発展論』勁草書房。

トラン・ヴァン・トゥ（2013），「環太平洋パートナーシップ（TPP）とベトナム」『東亞』No.554（8月）。

（外国語）

Dinh Tuan Minh va Pham The Anh eds. (2015), *Bao cao phat trien nen kinh te thi truong Viet Nam 2014* （ベトナム市場経済の発展報告2014年）, Hanoi: Nha xuat ban Tri thuc.

General Statistic Office (2010), *Thuc trang Doanh nghiep qua Ket qua Đieu tra tu nam 2000 den 2009* （2000-2009年のベトナム企業の現状についての調査） GSO編集（www.gso.gov.vn）.

Nguyen T., Nguyen T. T. H., Nguyen C. D. (2012), *Kinh te Vietnam Giai doan 2006-2010 va Trien vong 2011-2020* （ベトナム経済：2006－2010年の分析と2011－2020の展望）, Trung tam phan tich va du bao, Vien khoa hoc xa hoi, Hanoi.

OECD (2007), *Science, technology and industry scoreboard 2007*, Paris: OECD.

Tran Van Tho (2006), FDI and economic development: The case of Vietnam, In: Urata S., Chia S.Y. & Kimura F. (eds.), *Multinationals and Economic Growth in East Asia*, London: Routledge, 393-422.

Tran Van Tho (2013a), Vietnamese Economy at the Crossroads: New Doi Moi for Sustained Growth, *Asian Economic Policy Review* (2013) 8, pp.122-143.

Tran Van Tho (2013b), The Middle-Income Trap: Issues for Members of the Association of Southeast Asian Nations, *ADBI Working Paper* No.421 (May).

Tran Van Tho, (2013c), The Problem of Vietnamese Gradualism in Economic Reforms, *East Asia Forum*, April 12th, 2013.

United Nations (2000), *World Investment Report 2000*, Geneva.

World Bank (2006), *Taking Stock: An Update on Vietnam's Economic Development by the World Bank in Vietnam*, Consultative Group Meeting on Vietnam, Hanoi.

World Bank (2011), *Vietnam Development Report 2012: Market Economy for a Middle-Income Vietnam*, Hanoi: World Bank.

World Bank et al. (2015), *Vietnam 2035 Report: Draft Executive Summary*, July 5, Hanoi.

第 7 章

カンボジア経済—持続的な成長を目指して

はじめに

　カンボジア紛争が一応の終結をみせた 1991 年のパリ和平合意から四半世紀がたとうとするなか，ASEAN 経済共同体（AEC）が発足しようとしている。カンボジアは，長年の内戦で国内産業が疲弊していたことから，復興初期より外資を積極的に受入れることでの経済成長を目指した。そして，1990 年代半ば以降，中国系の縫製工場が米国向けの輸出の割当量の枠を求めて数多く進出した。豊富で安価な若年労働力を活用した縫製業はカンボジアのリーディング産業として，高成長の経済を支えた。その後，より持続的な経済成長を模索するなか，限られた産業や市場に依存する体制からの脱却，すなわち産業の多様化はカンボジア経済の課題とされてきた。2010 年以降，周辺国の賃金上昇などの投資環境の相対的悪化などの環境変化を受けると，縫製業以外の産業の進出が始まり，徐々に産業の多様化が実現し始めた。

　カンボジア政府は，「国家戦略的開発計画（NSDP）」にて，2030 年までに上位中所得国になることを目標に掲げている。1400 万人という人口規模から考えると，長期的に労働集約産業に頼り続けるには限界がある。さらに，これまで経済成長の恩恵に十分あずかることが出来なかった層からの不満をどうしていくのかは重要な課題であり，政治的リスクも皆無ではない[1]。そのような諸課題と AEC 発足を目の前にした 2015 年，カンボジア政府は「産業開発政策 2015−2025 年」を発表した。同政策は，将来の知識集約産業，技術に支えられた経済構造への転換を目指すことをうたい，今後の持続的な成長のモデルを探っている。

本章では，1990年代以降のカンボジアの経済復興・発展の歩みを振り返ったうえで，それを支えたカンボジアの投資奨励策，地域・国際経済とのつながりを紹介し，ASEAN経済共同体時代のなかでどのように産業発展を模索しているのか，産業開発政策の内容に触れながら，今後の課題と展望を検討する。

第1節 1990年代以降のカンボジアの復興と経済発展

1. 経済概況

和平後のカンボジアは，1990年代末まで政治的混乱と散発的な暴力が続いていた。1990年代半ばから縫製業の進出は始まっていたが，2000年までのカンボジアは，1人当たりGDPも300ドル未満に留まっていた。しかし，1990年代末にポルポト派の消滅と国内諸勢力の対立が一段落したことで政情が安定してくると，カンボジアの経済は大きな成長を見せるようになる。とくに2004-2007年には10％以上の経済成長を継続し，1人当たりGDPも2000-2011年までの間に3倍超の伸びを記録し，2013年に1000ドルを超えた（図7-1）。貧困率は，2005年に50％であったのが，2012年には20％以下に改善した（表7-1）[2]。

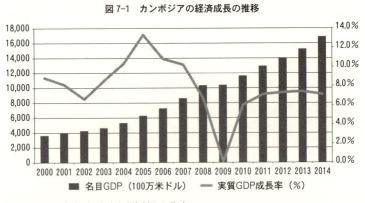

図7-1 カンボジアの経済成長の推移

出所：カンボジア経済財政省資料より作成。

表7-1 1人当たりGDPおよび貧困率の推移

	2000	2005	2010	2011	2012	2013	2014*	2015*
1人当たりGDP（米ドル）	288	487	830	911	973	1,042	1,135	1,228
貧困率（%）	NA	50.2	22.1	20.5	17.7	NA	NA	NA

注：2014年は速報値，2015年は予測値である。
出所：カンボジア経済財政省資料およびWorld Development Indicatorsより作成。

　カンボジアのGDP構成は，第1次産業26.4%，第2次産業26.9%，第3次産業41.1%である（2015年推定値）。第1次産業比率は，1990年代初めに50%近かったのが，徐々に減少してきているものの，依然として3割弱を占める（表7-2）。主要な産品であるコメについては，国内での精米産業が未熟であるために，生産されたコメの大半は籾米のまま隣国のバイヤーに安価で買い取られ，カンボジア産のコメとして国際市場に売り出すことができずにいた。カンボジア政府は2010年に「米の生産と輸出の振興政策」（通称コメ政策）を発表し[3]，2015年までに精米輸出100万トンを達成することを目標に，① 灌漑や

表7-2 GDP構成比の変化

	1995	2000	2005	2010	2015*
第1次産業	47.7%	35.9%	30.7%	33.9%	26.4%
第2次産業	14.3%	21.9%	25.0%	21.9%	26.9%
製造業	9.1%	16.0%	17.8%	14.7%	15.2%
建設	4.5%	5.2%	6.3%	6.0%	10.0%
その他	0.7%	0.7%	0.9%	1.1%	1.8%
第3次産業	34.2%	37.1%	39.1%	38.3%	41.1%
貿易	11.9%	10.7%	9.2%	9.3%	9.5%
ホテル・レストラン	2.8%	3.7%	4.3%	4.5%	5.0%
交通・通信	5.2%	6.6%	7.4%	7.6%	8.0%
その他	14.3%	16.1%	18.2%	17.0%	18.6%
その他税など	4.0%	5.0%	5.0%	6.0%	6.0%
	100.0%	100.0%	100.0%	100.0%	100.0%

注：2015年の数値は予測値である。
出所：カンボジア経済財政省資料より作成。

道路，電力などのインフラ整備，②農業技術の向上，③土地管理改革，④金融アクセス改善，⑤マーケティング，⑥農民組織，⑦制度づくりを通して，生産性の向上，多様化と農業の商業化を目指した。その結果，コメの余剰は2013年に400万トン以上となり，精米輸出は2014年に40万トンまで成長した。目標の100万トンには及んでいないが，今後も成長のポテンシャルを残したセクターとなっている。

第2次産業のなかでは，縫製業が大半を占める製造業が，輸出産業として，また雇用創出産業として，復興後のカンボジア経済を支えてきた（後述）。建設業は，2010年以降，都市部の不動産開発に伴って，活発になっている。第3次産業では，アンコールワットを擁する観光関連産業が盛んである。2014年には450万人の観光客がカンボジアを訪問している（Ministry of Tourism 2014[4]）。

カンボジアに立地する企業の9割以上が中小企業であり，従業員数2人以下の零細企業が全体50万5134社の79%を占める。企業の20%がプノンペンに立地しており，年間売り上げ127億ドルの55%がプノンペンの企業による（National Institute of Statistics 2011)[5]。大企業はプノンペンに集積しており，中小企業は全国に分散している。外資と国内財閥が占める大企業と，地場の中小企業とが両極化している。

2. 貿易・投資・対外援助
(1) 貿易

カンボジアの輸出は，アメリカ市場向けの衣料品がけん引してきた。輸入については，国内産業の発展が未熟であることから，衣料品の原材料のほかに，機械や石油製品から日用品にいたるまで，多くを輸入に頼ってきたため，恒常的に入超状態が続く。輸出相手国は，基本的には欧米が大半を占める。輸入相手国は，東アジアや隣国，ASEAN諸国が中心となっている。2000年代前半は，ASEAN域内への輸出は5%前後であったが，2010年以降は13-15%へと急増しており，域内とのつながりが深くなっている（図7-2，表7-3）。

(2) 投資

投資は，件数，金融とも中国企業が大きな割合を占めている。中国からの投

第7章 カンボジア経済　*183*

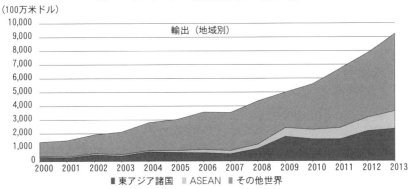

図7-2　カンボジアの地域別貿易相手（輸出・輸入）

■ 東アジア諸国　■ ASEAN　■ その他世界

出所：UN Comtrade より筆者作成。

表7-3　カンボジアの貿易相手国上位5ヵ国（2013年）

	輸出	金額（100万ドル）
1	アメリカ	2,563.1
2	香港	98.7
3	イギリス	789.1
4	ドイツ	760.2
5	カナダ	676.6

	輸入	金額（100万ドル）
1	タイ	4,604.3
2	中国	3,752.4
3	ベトナム	3,279.0
4	シンガポール	1,218.6
5	香港	1,030.0

出所：Asian Development Bank, ADB Key Indicators 2014.

表7-4 国別累積投資承認金額 (1994-2014年)

(単位:100万米ドル)

	SEZ 外	SEZ 内
中国	10,316	195.3
韓国	5,430	8.0
マレーシア	2,788	13.0
イギリス	2,532	0.0
ベトナム	1,643	5.3
アメリカ	1,330	20.9
台湾	1,117	126.4
タイ	901	53.5
香港	895	28.8
シンガポール	824	132.0
ロシア	620	0.0
日本	391	306.5
イスラエル	310	0.0
フランス	305	0.0

出所:JETROプノンペン事務所資料。

資は,縫製業の1件当たりの規模が小さいものを多数含む一方で,エネルギー関連産業や不動産開発,農業などの分野での大規模投資も見られる。一方,経済特区(SEZ)への投資に限ると,日本からの投資が突出している。日本からの製造業の投資は2011年以降活発になっているが,そのほとんどがSEZ内への投資である(表7-4)。

(3) 対外援助

1991年のパリ和平協定以降,復興のために多額の資金がカンボジアに流入した。1992年6月のカンボジア復興閣僚会議(ICORC)では,主催国日本を含む33ヵ国,12国際機関およびEC委員会が出席し,総額8億8000万ドルの支援が約束された。それ以降,日本は,第1位の2国間援助国として,積極的に国づくりの支援を行ってきた。日本友好橋(プノンペン),キズナ橋(コンポンチャーム)の建設や,教育・保健分野の草の根支援,民法制定といった制度づくりなど,幅広く支援してきた。隣国とのコネクティビティを改善する

表 7-5 機関別 ODA 支出金額（2006〜2013 年）　（単位：100 万米ドル）

	2006	2007	2008	2009	2010	2011	2012*	2013*
国連＆多国間	251.2	197.1	299.2	299.7	271.3	330.2	215.6	491.2
EU 諸国	156.1	153.2	191.0	200.7	192.7	232.5	199.6	182.0
中国	53.2	92.4	95.4	114.7	154.1	304.1	347.1	257.3
日本	103.7	117.2	126.4	134.0	140.0	116.1	175.8	124.6
韓国	13.3	31.3	10.5	15.8	35.2	45.5	42.1	73.2
米国	51.0	58.1	55.7	56.9	63.3	64.0	82.4	77.0
その他（2 国間）	34.5	50.4	67.1	69.9	84.3	101.6	115.7	88.7
NGO	50.2	77.7	110.8	108.5	162.7	191.6	197	64.5
合計	713.2	777.5	978.5	1,000.2	1,103.6	1,385.6	1,375.2	1,358.5

注：2012 年，2013 年の金額は確定値ではない。
出所：カンボジア復興開発評議会資料。

ようなインフラについても，シハヌークビル港の修復や国道 1 号線，5 号線の修復を支援し，経済成長による貧困削減を支えてきた。

2005 年ごろから，新興援助国，とくに中国の援助が拡大し始める。大臣会議建物，国道 8 号線や第 2 チュロイコンヴァー橋（プノンペン）などがつぎつぎに建設されており，金額も 2010 年に日本を逆転し，第 1 位の 2 国間援助国となっている（表 7-5）。

第 2 節　カンボジアの産業発展と国際社会や ASEAN とのつながり

1. カンボジア政府の投資誘致政策

カンボジア政府は，内戦の影響で荒廃したままだった国内産業，とくに 1980 年代の社会主義体制期に経済を担っていたはずの国営企業を保護することなく，外資の積極的な活用と企業の自由な競争による産業発展を目指した。1994 年の投資法制定以来，外資 100％の企業進出を認め，土地の取得以外は内外資無差別の原則をとってきた。2003 年には投資法を改正し，投資適格プロジェクト（QIP）として承認された投資に対して 3 − 9 年の免税措置，および

業種によって生産設備や建設材料などの免税輸入措置をとった。海外送金への規制がなく，ドル建てでの借入れも可能であり，外資企業にとっては比較的自由な活動が約束されている。2005年には，SEZ政令を制定し，輸出入手続きなどの行政手続きの窓口がひとつになったワンストップサービスを利用できるSEZの設立を承認し始めた（カンボジア開発評議会 2013）。これにより，①人口の集中するプノンペン，②港湾に隣接するシハヌークビル，③隣国のインフラを利用しつつカンボジアの安価な労働力を用いることができるバベット（ベトナム国境），ポイペトやコッコン（タイ国境）を中心とした各地にSEZが設置されるようになった（Kuroiwa and Tsubota 2013, Hatsukano, Kuroiwa and Tsubota 2012）。

しかし，自由な投資政策にもかかわらず，周辺国に比較して高い電力料金[6]に代表されるようなハード・インフラでの弱点に加え，不透明な行政手続き／透明性の欠如[7]は，総合的にカンボジアの投資環境評価を下げてきた。2000年代に入ってもカンボジアへの投資は，中国企業による縫製業が中心で，先行ASEAN諸国で起きたような日本企業による投資は少なかった。その様子は，2010年ごろまでかわることはなかった。

2. 地域経済とのつながり：ASEANおよびメコン地域での協力
(1) ASEANでの取り組み

カンボジアがASEANに加盟したのは1999年のことであった[8]。当時の経済関係を見る限り，ASEAN諸国との経済的つながりは必ずしも大きくなく，加盟による直接の経済的インパクトは明らかではなかったが，政治的には，長年の内戦と国際的・地域的な孤立状況から，地域社会に復帰を果たした象徴的な意味をもつ出来事であった[9]。

2000年代以降は，カンボジアと隣国との貿易・投資関係も深まり，ASEAN加盟国であることの経済的意味も増していく。たとえば，加盟と同時に，ASEAN自由貿易地域（AFTA）にも参加し，2015年までの域内の関税撤廃を進めた（一部例外品目については2018年まで）。また，他の後発加盟国であるラオス，ミャンマー，ベトナムとともに，ASEAN経済統合に向けた格差の縮小を目指し，ASEAN統合イニシアティブのスキームのもと，「底上げ」の

対象とされ，キャパシティー・ビルディングやインフラの改善などが行われてきた。

(2) 南部経済回廊

首都プノンペンはタイ・バンコクとベトナム・ホーチミンという，大陸部東南アジアの大都市を結ぶ 850km の南部経済回廊上に位置する。2000 年代に加速したメコン地域（カンボジア，ラオス，ミャンマー，ベトナム，タイを中心とする地域）での協力の進展に伴って，国内の輸送インフラは，2000 年代以降，飛躍的に整備が進んだ。南部経済回廊のカンボジア国内部分においては，タイ国境のポイペトからプノンペンをつなぐ国道 5 号線の改修工事が進められるとともに（2018 年完成予定），プノンペンからバベットをつなぐ国道 1 号線の改修およびメコン川を渡るネアックルン橋（つばさ橋，2015 年完成）の建設が行われてきた。今後，プノンペンからベトナム・ホーチミン間をつなぐ高速道

図7-3　カンボジアの輸送インフラ整備状況

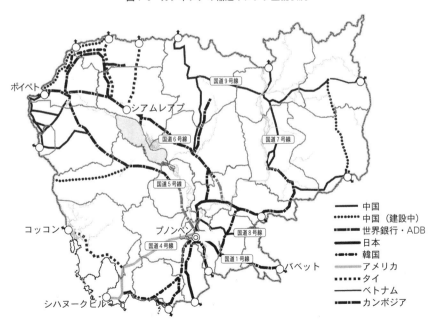

出所：Infrastructure and Regional Integration Technical Working Group (2015), p.22.

路の建設も計画されている。ほかに，カンボジアにとって唯一の国際港であるシハヌークビル港の整備および拡張，プノンペンとベトナムをつなぐ河川港のプノンペン港およびプノンペン新港の整備，隣国とを結ぶ鉄道インフラの整備も進められている（図7-3）。

さらに，道路インフラやSEZ開発，鉄道の修復といったハード面での開発のみならず，制度面での取り組みも進められており，越境交通協定にもとづき，タイとのあいだでは1日40台，ベトナムとのあいだでは1日300台のバスやトラック等がそのまま相手国に入れるようになっている。世界銀行がインフラ整備や通関手続き，所要時間等を総合的に指数化したロジスティクス・パフォーマンス指標は，2.74で全体の83位に留まっており（2010年は2.37，129位）[10]，今後も改善の余地は大きい。

3. 日本との経済的なつながり

日本は，1990年代－2000年代まで，最大の2国間援助国として，ハードおよびソフトの両面から国づくりを支援してきた。しかし，投資・貿易のパートナーとしては中国や韓国などに後れを取ってきた。2007年6月，日本はカンボジアと投資協定を締結した。協定は，投資財産の保護に加え，投資の許可段階の内国民待遇の原則付与，投資家との契約の遵守義務，現地調達要求，技術移転要求を始めとする投資阻害効果を有する特定措置の履行要求の原則禁止等を規定する[11]。また，投資協定締結を機会に，2009年以降，毎年2回，日本大使館，JICA，JETRO，および日本人商工会とカンボジア政府とのあいだで，官民合同会議が開催されるようになり，進出企業からの具体的な投資環境改善に向けた対話の場が確保されるようになった。会議では，投資手続きのワンストップサービス強化や，投資適格案件に対する優遇措置の明確化，通関手続きや労働許可取得手続きなどが議論されてきた。投資協定自体は多くの国と締結されているが，全体で行われる政府民間セクターフォーラム（G-PSF）以外に，2ヵ国でこのような対話の場を設けたことは画期的であった。

実際の日系企業進出は，2011年以降，「中国＋1」，「タイ＋1」（後述）といったタイプの投資が活発になるにつれて急速に増加し，2007年に34社であった日本人商工会正会員企業数は，2014年には152社にのぼった[12]。

4. 縫製業の発展

　縫製業は，1990年代半ば以来，輸出産業の中心として，カンボジアの経済を支えるとともに，雇用の機会を創出してきた[13]。2004年末までの衣料品の国際市場は，多繊維取極め（MFA）により輸出量に数量制限を設定することが許されており，中国などの大輸出国から欧米への輸出は大幅な制限が加えられていた。そのため，企業は輸出枠を求めて投資先を探し求めており，カンボジアが1995－1996年に欧米諸国との貿易関係を正常化させたのを機に，中国系の縫製企業が続々とカンボジアに進出し始めた。カンボジア経由でアメリカ向けの輸出の割当枠を確保することを主目的としたこれらの企業は，中国・香港などから原材料を輸入して，最終工程に近い裁断，縫製，包装をしてカンボジア製としてアメリカに輸出するという生産体制をとったため，カンボジア国内での付加価値は最低限に抑えられていた。また，原材料もASEAN域外から調達し，シハヌークビル港から工場が集積するプノンペン近郊へと運びこみ，縫製作業が終わったら，再びシハヌークビル港から輸出していたため，国内産業とのリンクはもちろんのこと，隣国の産業とも関連のない，飛び地的な発展であった。しかし，労働者が農村からプノンペンへと出稼ぎにきて，仕送りをするという人とお金の流れが発生した。2015年には60万人という雇用を創出しており，カンボジア最大の産業となっている。

　衣料品の輸出先は，2009年までは7割がアメリカに偏っていた。しかし，金融危機でアメリカでの需要が落ち込んだこと，2011年にヨーロッパへの一般特恵関税（GSP）の適用条件が緩和されたこと，中国で日本向け製品を生産していた企業が中国の投資環境の悪化からカンボジアに移ってきたこと等を反映して，ヨーロッパや日本など，アメリカ以外の市場への輸出が増加した。2014年までに，アメリカ市場向けの規模は20億ドル程度で推移しているが，全体に占める割合は50%以下に落ちてきている（図7-4）。

　カンボジアの縫製業は，1999年に米国との2国間協定にて労働条件の遵守状況を輸出量の割り当て量とリンクさせる仕組みをとってきた。それを引き継いで2000年代以降は，Better Factories Cambodia（BFC）というプロジェクトを実施し，ILO，労働省，縫製業協会とが協力して，労働条件の定期的な監査体制を整えてきた。一方で，2004年末のMFA期限切れ後の自由化のな

図7-4 カンボジア衣料品輸出推移

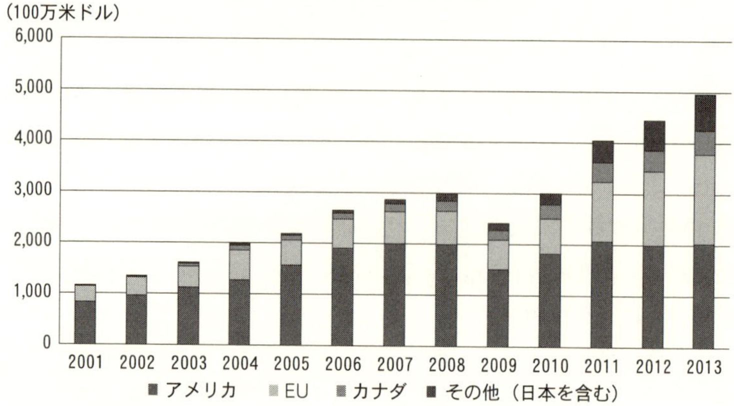

(100万米ドル)

■アメリカ　■EU　■カナダ　■その他（日本を含む）

出所：カンボジア縫製業協会（GMAC）資料より筆者作成。

かで競争が激しくなるなか，競争力の確保と労働環境の遵守の両立を目指す方法は岐路にたっている。2010年ごろから，カンボジア国内での賃金引上げを訴える労働運動が激しくなり，2012－2013年にはストライキ数が急増した。最低賃金は，2010年の時点で61ドルであったのが，2013年12月に100ドル，2014年10月に128ドル（2015年1月適用），さらに2015年10月には140ドル（2016年1月適用）へと急激な上昇を見せている（初鹿野 2014a, 2014b）。

5. 産業の多様化と「中国＋1」や「タイ＋1」

米国市場向けの縫製業に頼った発展は，カンボジアに「産業」をもたらし，多くの雇用を創出してきた。しかし，2009年の金融危機で米国の経済が落ち込むと，カンボジアの縫製業もまた大きな打撃を受け，5万人近い失業者が生じた。偏った産業・市場に頼ることでもたらされうる脆弱性を踏まえ，産業の多様化の必要性は2009年以前にも言及されてきていたが，実際には，すでに進出していた縫製業が根付くことのほうが優先的な課題とされた。新しい産業を選択的に呼び込めるだけの人材やインフラなどの優位性もなく，また，早期に自由化への舵を切っていたことから，国内産業を保護・育成するという選択肢はなかった。

しかし，2010年ごろから，国際的な環境の変化がきっかけとして，産業の多様化への動きが始まった。中国の投資環境が悪化し始めたことで，中国にすでに進出していた労働集約産業の外資企業が，中国以外の国での投資先，工場の移転先を模索するようになった（「中国＋1」）。とくに，人口が多くすでに工場がある程度集積していたプノンペンやホーチミン経由で北米や日本市場へのアクセスが容易なバベットへの企業進出が進んだ。その後，隣国タイでの賃金上昇，大規模洪水の発生，政情不安などから，より安価な労働力とリスク分散を考え「タイ＋1」という文脈で，すでにタイに進出している日本企業や，タイの地場企業で労働集約的な分野の企業が，プノンペンや，タイ国境のポイペトやコッコンに進出し始めた。これらのなかには，縫製業企業も含まれていたが，自動車部品や電子部品など，それまでのカンボジアにはなかったタイプの業種が含まれるようになった（植木 2015）。

カンボジアの投資誘致の基本的な設計は2005年のSEZ政令までに形作られており，制度上の優遇策が2010年以降に大きく変化したということはなかったが，周辺国の投資環境の相対的な悪化はカンボジアにとっての産業誘致と多様化のチャンスとなった。さらに，既存の制度枠組みを施行していくうえでの問題点（ハード面のインフラ整備や汚職やキャパシティの問題を含めたソフト面での整備の遅れ）が徐々に改善されていったことも近年の変化を支えた。

カンボジアの初期の産業発展を支えた縫製業は，隣国との連結性がなくても，すべての原材料を外から運び込み，アメリカへの輸出量割当の枠やカンボジア国内の安価な労働力を活用することでの生産体制を築くことができていた。しかし，「中国＋1」や「タイ＋1」というタイプの産業の多くは，ASEAN域内，とくにメコン地域内での分業体制をとる。たとえば，電気・電子部品産業においては，タイの工場からより労働集約的な作業の部分をカンボジアに移管し，タイの工場やベトナムの工場でさらに完成品にするような分業体制がとられている。すなわち，カンボジアはAECが目指す生産拠点の構築の一端を担うことで，その産業の多様化への歩みを進めようとしている。

第3節　産業開発政策 2015-2025

　2015年3月，カンボジア閣僚評議会は産業開発政策 2015-2025 年を承認した。カンボジアの産業構造が縫製業に依存した偏った構造にあり，国内産業の基盤が依然として脆弱なままであるという認識の下，ASEAN 経済共同体の効

表 7-6　産業開発政策の概略

■ビジョン 2025 年までに労働集約産業中心から知識集約産業中心の経済へと構造を転換する
■目標 ①第2次産業の GDP に占める割合を 30％に引き上げる ②輸出産品を多様化する ③中小企業を育成する
■戦略 ①海外直接投資を誘致しつつ，地場企業への技術移転を促進する ②中小企業を育成・近代化する ③既存の規制を再考する ④関連する政策を調整する（人材育成，インフラ，運輸，情報技術，電力，水，金融等）
■戦略的アプローチ 地域や世界的な生産ネットワークへの参加や経済特区・工業団地等の設置などを通して，製造業，アグロ・インダストリーの発展を促進する。 主要優先事項：高付加価値・高い競争力の新しい産業を優先する／すべてのセクターでの中小企業振興をする／輸出および国内市場向けのための農業生産を増やす／農業，観光，縫製業といった産業がグローバルバリューチェーンに入れるように促進する／地域の生産ネットワークに入る産業を支援する
■政策手段・行動計画 ①投資環境改善と SEZ・工業団地開発の推進による海外直接投資の誘致 ②中小企業のフォーマル化推進（登録，会計など）とアグロ・インダストリー分野の促進 ③規制環境の改善 ④技術・人材育成，科学技術，イノベーション，産業インフラ，金融などの関連政策との調整
■2018 年までの具体的な課題 ①電力料金の引き下げ ②国内交通・輸送路の改善のためのマスタープラン作成 ③労働市場のメカニズム（労働力の安定供給，最低賃金決定，労使関係の安定など）や技能訓練を強化する ④プレア・シハヌーク州に多目的経済特区を整備する

出所：カンボジア閣僚評議会資料より筆者作成。

果をできるだけ多く得て構造転換をはかるための成長戦略として，産業開発政策を位置づけている。産業開発政策の最大の目標は，2025年までに労働集約産業中心の経済から技術に裏打ちされた知識集約産業中心の経済へと転換することであり，そのために第2次産業のGDPに占める割合を30%にすること，輸出産品を多様化すること，中小企業を育成することといった目標をたて，表7-6のようなアプローチを発表した。これまでの外資を活用していく姿勢は堅持しつつ，それをいかに地場企業の成長につなげていくのか，中小企業の育成や労働市場の強化といった側面を重視している。

おわりに：課題と展望

　和平から25年をかけて，カンボジアは復興から経済成長を続けており，ASEAN経済共同体の発足に際して，その便益を十分に活用して，後発発展途上国から上位中所得国への成長と経済構造の転換を目指そうとしている。1990年代－2000年代にかけて，外資企業を中心とする縫製工場がカンボジア経済を支えてきた。カンボジア政府の積極的な外資誘致政策，若くて豊富な労働力と安定した政情であり，また，1999年のASEAN加盟，2004年のWTO加盟や，その他2国間の貿易・投資協定により幅広く国際・地域経済とのつながりを希求したことは，この経済発展を支えてきた。

　2010年代に入ると，「中国＋1」「タイ＋1」といった，周辺国・隣国との分業体制の一部に組み込まれるなかで，国内産業の多様化への兆しが見え始めている。一方で，これまでの高成長のなかで，富の分配の問題，格差や社会的公正の問題が十分に省みられてこなかったことから，労働運動の盛り上がりや，連動したかたちでの選挙での野党勢力の伸張が見られるようになった。農村部では，プランテーション開発に伴う土地の権利を訴える人々と企業との衝突も見られる。2013－2014年にかけての最低賃金の大幅な引き上げは，これまでの経済成長の恩恵を十分に受けてこられなかった人たちの不満を受けてのものである。

　2015年発表の産業開発政策では，大前提として，海外直接投資の重要性を

指摘しながらも,中小企業育成や人材育成など,カンボジア国内での付加価値を高めていくための試みが模索されている。2015年現在,70万人の人々が雇用機会を求めて隣国タイに出稼ぎに出ている現状を踏まえ,国内の雇用機会を創出しつつ,産業の多様化を目指すことで持続的な経済成長を目指していく。

(初鹿野直美)

注

1) 2013年国民議会選挙では,長年与党を担ってきた人民党が前回2008年の90議席から68議席へと大幅に議席を減らし,野党・救国党が55議席を獲得し,経済成長の結果のみに満足しえない人々の存在を浮き彫りにした(山田2013,初鹿野2014a)。
2) World Development Indicator, World Bank.
3) Royal Government of Cambodia, "Policy Paper on The Promotion of Paddy Production and Rice Export, Approved by the Council of Ministers Phnom Penh" 25 July 2010.
4) "Tourism Statistics Report December 2014" http://www.tourismcambodia.org/images/mot/statistic_reports/tourism_statistics_dec_2014.pdf
5) Economic Census of Cambodia, March 2011.
6) カンボジアの電力料金0.17-0.18米ドル/kWhは,タイの約1.3倍,ベトナムの2〜3倍程度である(JETRO投資コスト比較による)。
7) 2014年のTransparency Internationalによる汚職認識指数(Corrnption Perception Index)は100点中21点,175ヵ国中156位とされる。
8) 当初はラオス,ミャンマー,ベトナムとともに1997年に加盟するはずであったところ,1997年7月のクーデタ騒動(当時のラナリット第1首相が一時期海外亡命状態におかれた)のため,加盟が他国に遅れた。
9) 2004年にWTOに加盟したことで,カンボジアの内戦後の国際社会への復帰が達成されたといえる。
10) 世界銀行ロジスティクス・パフォーマンス指数ウェブサイト(http://lpi.worldbank.org/)参照。
11) 外務省ウェブサイト(http://www.mofa.go.jp/mofaj/gaiko/treaty/treaty168_3.html)参照。
12) JETROプノンペン事務所資料。
13) カンボジア縫製業の発展の経緯とその影響は,山形(2004),明日山・福西・山形(2011),福西・明日山・山形(2011)に詳しい。

参考文献
(日本語)
明日山陽子・福西隆弘・山形辰史(2011),「「底辺への競争」は起きているのか—バングラデシュ,カンボジア,ケニアの縫製産業で働く労働者の厚生」山形辰史編『グローバル競争に打ち勝つ低所得国—新時代の輸出指向開発戦略』(研究叢書No.592),日本貿易振興機構アジア経済研究所.
植木靖(2015),「新たな製造拠点としてのカンボジア」藤岡資正編『日本企業のタイ+ワン戦略』95-118頁,同友館.

カンボジア閣僚評議会（2013），『カンボジア投資ガイドブック』国際協力機構。
初鹿野直美（2005），「カンボジアの産業の現状―縫製業を中心として」石田正美編『メコン地域開発―残された東アジアのフロンティア』日本貿易振興機構アジア経済研究所。
――（2014a），「変化を求める若い世代が支えた救国党の躍進」アジア経済研究所編『アジア動向年報 2014』日本貿易振興機構アジア経済研究所。
――（2014b），「カンボジアとWTO」『アジ研ワールド・トレンド』No.225（2014年7月号），日本貿易振興機構アジア経済研究所。
福西隆弘・明日山陽子・山形辰史（2011），「市場自由化と低所得国の縫製産業―バングラデシュ，カンボジア，ケニアにおける企業の参入・退出，生産性と利潤の変化」山形辰史編『グローバル競争に打ち勝つ低所得国―新時代の輸出指向開発戦略』（研究叢書 No.592），日本貿易振興機構アジア経済研究所。
山形辰史（2004），「カンボジアの縫製業―輸出と女性雇用の原動力」天川直子編『カンボジア新時代』（研究叢書 No.539），日本貿易振興機構アジア経済研究所。
山田裕史（2013），「変革を迫られる人民党一党支配体制」『アジ研ワールド・トレンド』2013年12月/2014年1月合併号（No.219），日本貿易振興機構アジア経済研究所。

〈外国語〉

Hatsukano, N., I.Kuroiwa & K.Tsubota (2012), Economic Integration and Industry Location in Cambodia; *Economic Integration and the Location of Industries: The Case of Less Developed East Asian Countries*, Palgrave Macmillan.

Infrastructure and Regional Integration Technical Working Group (2015), "Ministry of Overview of the Transport Infrastructure Sector in the Kingdom of Cambodia (5th Edition)," http://www.mpwt.gov.kh/wp-content/uploads/2015/08/Overview-of-the-Transport-Infrastructure-Sector-in-Kingdom-of-Cambodia-5th.pdf.

Kuroiwa, I. and K. Tsubota (2013), Economic Integration, Location of Industries, and Frontier Regions: Evidence from Cambodia, IDE Discussion Paper 399, IDE-JETRO.

Ministry of Tourism, Cambodia (2014), "Tourism Statistics Report December 2014", Minisgry of Tourism of Cambodia (http://www.tourismcambodia.org/images/mot/statistic_reports/tourism_statistics_dec_2014.pdf)

National Institute of Statistics (2011), "Economic Census of Cambodia 2011," Ministry of Planning of Cambodia.

第8章

ラオス経済―ランドロックからランドリンクへ

はじめに

　海に面しない内陸国ラオスは，その8割が山岳に占められ，わずか670万人に過ぎない人口の大半が，限られた平地に集中して居住する。これはちょうど横浜市と大阪市を合わせた人口が日本の本州に居住する状態を思い起こすとよい。ラオスがかくも小人口なわけはなぜかと，よくきかれることがある。その大きな理由の1つが，ラオスがメコン川の中流域に立地することに大きく依存するように思われる。タイのバンコクはメナム・チャオプラヤー川の河口が広がり，ベトナムのホーチミンはメコン川の出口にあたる。ミャンマーの首都ヤンゴンにはイラワジ川の河口域が広がる。これら大河の河口には雨季に氾濫を繰り返して形成されたデルタ地帯が広がる。この肥沃なデルタでは，年三期作のコメが収穫できる。であるから，ラオスの周辺諸国ではコメ生産が盛んに行われ，増大する人口を養うことができたわけである。一方，ラオスはメコン川の中流域に立地するため，河川の氾濫は少なくデルタが形成されることもないから，農地面積も肥沃な農地も限られ，コメ生産が増大しなかった。

　ラオスは1975年に社会主義革命が成立し，産業の国有化と集団化を進めてきた。しかし社会主義のもとで工業活動は停滞し，干ばつなどの影響もあり農業生産も停滞したため革命直後から経済改革の必要性[1]が論じられてきた。工業製品はもちろんのこと，食料ですら輸入に依存せざるを得なかった。食料すなわちコメの自給はラオスの悲願であった。

　1986年にラオス版ペレストロイカと呼ばれる「チンタナカーンマイ」（新思考）が始まり，経済分野では「新経済管理メカニズム」のスローガンのもと市

場経済化の導入に踏み切った。国有企業改革が始まり，中央銀行が金融政策に特化することになったのもこの年で，商業銀行業務を分離独立させ，ラオス外国貿易銀行（BCEL）が設立された。為替レートについては，国有企業や大使館，一般ラオス人などで異なるレートが適用されていたが，これが一本化された。ラオス初の外国投資奨励管理法が制定されたのもこの年である。コメの国家独占を終了させ，農産物価格に対する統制価格を廃止し，市場価格で売買されるようになった（鈴木 2002）。

1991年に最大の支援国であるソビエト連邦が崩壊したことで，対ラオス援助が消滅し，ラオスにとって対外関係を見直す大きなきっかけとなった。世界銀行や IMF，アジア開発銀行などの国際機関や西側諸国との連携強化に向かわざるを得なくなった。1997年の ASEAN 加盟もまた地域統合への参画を決めた大きな転機となった。2012年の WTO 加盟は，社会主義国ラオスが世界経済の枠組みのなかで生きてゆく覚悟を示したと見て取れる。内陸（Land Locked）という外洋に面しない決定的なハンディーを自然条件として付与されたラオスが，地域連結性を強化し，ランドリンク（Land-Linked）国家に変貌することにこそラオスの未来があるといえるだろう。

第1節では，ラオスの経済成長や産業構造について解題する。第2節では，財政運営や外国貿易について考察する。第3節では，日本やアジア開発銀行のラオスに対する援助について概観する。第4節では，急増する日本の対ラオス直接投資について考察する。50万人を超えると言われるタイに流出したラオス人労働者を呼び戻すには，その受け皿となる経済特区をラオスのなかに整備し，外国企業が進出しやすい環境を作る必要がある。陸の孤島と言われたラオスがハードとソフトの面でコネクティビティーを活かした Land-Linked 国家となることこそ，ラオス発展の課題である。

第1節　拡大する経済

1. 経済構造に変化

2011年から2014年のラオスの実質 GDP 成長率は，およそ 8% という

ASEAN10ヵ国のなかで最も高い（図8-1）経済成長を牽引してきた背景は，その産業構造の変化に見て取れる。2000年のラオスの産業構造は，GDPのおよそ半分に近い45.2％が農業の産出で占められていたが，2014年には，27.5％まで4割も低下する。一方で工業が同期間に16.6％から31.1％へ1.9倍拡大し，サービスが38.2％から41.2％へ産出シェアを拡大した（表8-1）。

図8-1 ラオスの実質経済成長率と1人当たりGDP

出所：World Bank (2015) より筆者作成。

表8-1 ラオスの実質経済成長率・1人当たりGDP・産業構造

| | 実質経済成長率 | 1人当たりGDP($) | GDP | | 産業構造（％） | | | |
			100万$	兆キープ	農業	工業	サービス	合計
2000	5.8%	321	1,731	13.6384	45.2	16.6	38.2	100.0
2011	8.0%	1,270	8,283	66.5147	29.5	34.8	35.7	100.0
2012	7.9%	1,408	9,359	74.9461	28.1	36.0	35.9	100.0
2013	8.0%	1,653	11,190	87.9511	26.5	33.1	40.4	100.0
2014	7.4%	1,708	11,772	94.7502	27.5	31.3	41.2	100.0

出所：World Bank (2015) より筆者作成。

ラオスの1人当たりGDPは，2000年の321ドルから2014年には1708ドルに達した。過去15年を経て，1人当たりGDPは実に5.3倍増大したため，ラオスは，低所得国（Low income country）から低中所得国（lower middle income country）に昇格した。しかしながら成長の陰で都市と農村との所得格差の拡大や，都市における貧富の格差も急速に拡大しつつある。ラオスはタイと同様に相続税がなく，社会保証制度も充実していないため，所得格差は今後大きな社会問題となるに違いない。

2. 工業が牽引する経済成長

第7次社会経済開発5ヵ年計画（2011-15）期間中において，加工業は年率13％に上る成長率でラオス経済を牽引してきたが，内訳は，食品加工21％，部品加工18％，鉱物資源開発16％，飲料15.5％であった。鉱物資源産業は，サワンナケート県でランサンミネラル社が展開するセポン鉱山では約6000人が雇用され，パンオーストラリア社が開発するプービア鉱山においても5500人が雇用され，これら2社による金銅の輸出は，2008年にはラオス輸出総額の6割を占め（鈴木 2015b），現在でも4割を超えている。現在2社合わせ，年5億ドルの産出を誇るリーディング産業となっている（MPI 2015）。

総理論包蔵水力は，メコン川本流で1万6000メガワット，支流で2万6000メガワットの計4万2000メガワットと推計されている。このように豊かな包蔵水力をもつラオスは，地形の高低差を利用することで，2万3000メガワットの潜在発電能力をもち得るといわれている。しかし2012年末で，ラオスの水力発電所は，17基が稼働し，2555メガワットの発電で（橋本 2013），わずか9.4％が利用されているに過ぎない（EDL 2013）。売電先がタイに偏り，買い手独占となっているため，ラオスの売電価格交渉力が弱くなっている。特に乾期においてダムの水量が低下するため当然のことながら発電量も低下し，タイから火力発電で作られた電力を輸入せざるを得ない。タイからの電力輸入価格はラオスの売電価格の3倍も高い状態が続いている。

しかし現在13基の水力発電所と1基の火力発電所が建設中で，これらがすべて稼働すると3053メガワットの発電が得られることになる。既存の17基と建設中の14基を合わせると5840メガワットの電力が，2016年以降，産出さ

れることになる（鈴木 2015b）。これらの発電所が完成すると，ラオスでは電力の輸入は大幅に削減されることになる。2013年に金や銅の国際価格が下落し，ラオスの外貨収入が減少する一方，長期の買い取り契約が結ばれている売電は安定した外貨稼得源となっている。

　他のインドシナ諸国において電力が不足しているので，ラオスと隣接国との送電線網を拡充することは急務である。アジア開発銀行や日本政府等の支援により，電力網の拡充がなされるなら，ラオスとインドシナ諸国との電力面でのランドリンクが可能となり，地域の安全保障や経済開発に貢献するであろう。

3. 農業

　コメ生産は2012年度に306万トン，2013年度には400万トンに達し，第7次社会経済開発5ヵ年計画の目標値である420万トンの95％を達成した。数字の上では2000年以降コメの自給は達成されたと言われているが，コメ生産地域が，主にサワンナケート県，チャンパーサック県などの中南部のメコン川流域に集中しているため，比較的大きな人口を擁するヴィエンチャンは，物流の容易さから対岸のタイ・ノンカイからコメを輸入している。灌漑設備を持たない地域が多いため，天水に依存する雨季作が全生産量の80％を占め，灌漑設備をもつ乾季作が13％，焼き畑で栽培される陸稲が7％と推計される（MAF 2014）。

　コメ以外の商品作物としては，トウモロコシ，タロイモ，果物，野菜の生産が増えている。トウモロコシの生産は，2010年の10万8275トンから2013年には15万6000トンに44％増加した。タロイモの生産は，同期間に30万3000トンに倍増した。果物もまた同期間に62万7000トンから78万6000トンに25％増大した。野菜もまた122万5000トンから155万3000トンに26％増加した（MPI 2015）。主要輸出農産物はコーヒーおよびトウモロコシであるが，その二品目で農作物輸出額の86％2011年）を占める（農林水産省 2014）。コーヒーの生産は同期間に5万2000トンから8万9000トンに増加した。目標値を61％も超えた収穫となった。メイズの生産は目標値の94％を達成し104万トンとなった。キャッサバは首都ヴィエンチャン特別市，ヴィエンチャン県およびボリカムサイ県で生産され，同期間に74万3000トンから151万トンに2倍

に増大した最も需要ポテンシャルの高い作物である。

　農家にとって家畜は，貯蓄の一形態とみなされている。子供を買うか産み育て販売することで，農家の現金収入のおよそ半分を占めるほど重要な資産となっている（FAO 2012）。水牛の生産は年1〜2％で成長し，2013年には120万トンに達した。豚の生産は年5％で成長し，同年に306万トンに達した。ヤギの生産は年4％で増大し，49万トンに達した。いずれも第7次社会経済開発計画の目標の94〜97％を達成したが，飼育方法の改善や検疫設備の拡充をすれば，近隣諸国への輸出を増やせる分野と期待されている。加えて2015年末のASEAN経済共同体（ASEAN Economic Community：AEC）の成立により各国の輸入関税の削減・撤廃が進めば，この地域のランドリンク化をさらに一層促進させ，農産物貿易が活性化すると期待される。

第2節　財政運営・外国貿易

1. 財政運営・外国貿易

　歳入は，①税収，②税外収入，そして③外国からの無償資金協力いわゆる無償援助から構成される。2013年度の歳入（18兆7870億キープ）は，税収81.5％，税外収入10.3％，無償資金協力8.2％からなる（表8-2）。付加価値税が税収全体の23.9％を占める最も大きな税収源となっている。法人税の割合は18.8％を占め，2009年度と比べても3.8ポイント増大している。その理由は，鉱物資源開発からもたらされる利潤税が2009年と比べて50％も増大したからである。

　2013年度の歳出（22兆2940億キープ）のうち，公務員の賃金・給与が57.8％を占め，2009年度より19.9ポイントも激増した。金額ベースでは実に3.5倍も増加した。これは，2012年度より公務員給与の増額や公務員手当の新給付が行われたうえ，公務員の新規採用枠が増えたためである（JICA 2015）。このため，2014年度より公務員給与の引き上げを中止したほか，公共事業プロジェクトの新規差し止めなどにより歳出抑制策を実施し，歳出全体をGDP比1％削減する目標を立てた。

表8-2 ラオスの財政

(単位:10億キープ)

	2009/10	2010/11	2011/12	2012/13	2013/14 暫定値	2009/10 (%)		2013/14 (%)	
1. 歳入 (=1.1+1.2+1.3)	9,779	11,571	13,960	15,666	18,787	100.0%		100.0%	
1.1 税収	7,503	9,109	10,915	12,490	15,313	76.7%	100.0%	81.5%	100.0%
(1) 所得税	462	543	744	949	1,294		6.2%		8.5%
(2) 利潤税	1,125	1,592	2,196	2,123	2,879		15.0%		18.8%
鉱物資源開発	487	888	1,287	1,069	1,513				
その他	638	705	909	1,054	1,366				
(3) 付加価値税 (VAT)	1,869	2,403	2,827	3,201	3,663		24.9%		23.9%
(4) 物品税	1,687	1,948	2,344	2,554	2,965		22.5%		19.4%
(5) 輸入税	832	965	1,047	1,546	2,155		11.1%		14.1%
(6) ロイヤリティー	560	722	884	946	1,024		7.5%		6.7%
(7) その他の税	968	936	872	1,172	1,332		12.9%		8.7%
1.2 税外収入	1,035	1,073	1,513	1,738	1,932	10.6%		10.3%	
1.3 無償資金協力	1,242	1,389	1,532	1,438	1,542	12.7%		8.2%	
2. 歳出 (=2.1+2.2)	12,302	13,461	14,945	20,875	22,294	100.0%		100.0%	
2.1 経常支出	6,656	7,652	9,065	13,725	15,220	54.1%	100.0%	68.3%	100.0%
(1) 賃金・給与	2,525	2,940	3,560	8,000	8,800		37.9%		57.8%
(2) 移転支出 (年金等)	1,698	1,866	2,015	2,244	2,649		25.5%		17.4%
(3) 利子支払	398	431	591	962	925		6.0%		6.1%
(4) その他	2,034	2,415	2,899	2,519	2,846		30.6%		18.7%
2.2 資本支出	5,646	5,808	5,881	7,150	7,074	45.9%		31.7%	
3. 財政収支 (含・無償)	-2,524	-1,889	-986	-5,209	-3,507				
4. 財政収支 (除く・無償)	-3,766	-3,278	-2,518	-6,647	-5,049				
5. 赤字補填額	-2,524	-1,889	-986	-5,209	-3,507				
5.1 国内借入	1,708	1,116	1,828	2,178	1,992				
5.2 外国借入	851	1,262	1,038	1,043	1,636				
5.3 誤差	35	489	1,880	-1,988	121				
6. GDP (10億キープ)	13,638	66,515	74,946	87,951	94,750				
7. 財政赤字 (含・無償)/GDP	-18.5%	-2.8%	-1.3%	-5.9%	-3.7%				
8. 財政赤字 (除・無償)/GDP	-27.6%	-4.9%	-3.4%	-7.6%	-5.3%				

出所:International Monetary Fund (2015) より筆者作成。

以上をまとめると，2013年度[2]の歳入は，18兆7870億キープ（$1＝8000キープ換算で23億4838万ドル），歳出が22兆2940億キープ（27億8675万ドル），財政収支は3兆5070億キープ（4億3838万ドル）の赤字であった。無償資金協力を歳入に含めた場合，GDPに占める財政赤字は，3.7%に相当する。無償資金協力を歳入に含めない場合，GDPに占める財政赤字は，5.3%に当然のことながら増大する。

2. 外国貿易

2013年のラオスの輸出は，22億6394万ドルに上り，2008年と比べ2.1倍の規模に拡大した。2013年の輸入は，30億1968万ドルに上り，2008年と比べ2.2倍の規模に拡大した。貿易赤字は，7億5574万ドルに上り，2008年と比べ2.4倍拡大した（表8-3）。

2013年の輸出品目の第1位は鉱物資源で，輸出額の39.4%を占める。特に銅の輸出は鉱物資源出額の77%を占めるほどである。第2位は電力であるが，輸出額に占める電力の輸出は水力発所の完成に伴い，2009年の9.5%から26.1%に大幅に増大している。第3位は，特恵関税制度を利用したヨーロッパや日本への縫製品の輸出で2013年に輸出額の10%を占め，これに農・林産物（8.6%），木製品（5.4%），コーヒー（5.1%）が続く。コーヒーはダオフアン社やシヌークコーヒー社などの地場企業が，リーディングインダストリーとなって業界を牽引している。

2013年の輸入品目では，消費財と投資財が，輸入額の96.6%を占める。国内産業が未成熟なため，多くの産品を輸入に依存せざるを得ないことや，経済成長に伴い自動車やトラック，バスなどの輸送機器の輸入が増大するとともに，必然的に使用される燃料需要も増えるために，大幅な輸入赤字が発生する。この構造は，ガソリン車に変わり電気自動車や燃料自動車などが輸入の主流を占める時代が到来しない限り，今後も続くに違いない。

2013年の外貨準備高は6億6200万ドルで，2008年の6億3600万ドルとほとんど変わらない。その一方で輸入が増大しているため，外貨準備高で輸入をカバーできる月数は，2008年の2.6ヵ月から2013年にはわずか1.0か月に減少し，外貨稼得が緊急課題となっている。こうした中で，外貨稼得の第2位

204　第Ⅰ部　ASEAN各国の現段階の課題と展望

表8-3　ラオスの貿易

(単位：100万ドル)

	2008	2009	2010	2011	2012	2013	2008 (%)	2013 (%)
輸出 (f.o.b.)	1,091.91	1,052.68	1,746.37	2,189.55	2,269.03	2,263.94	100.0%	100.0%
鉱物資源	561.68	446.58	625.39	1,241.58	946.87	899.43	51.4%	39.7%
金	80.61	90.59	131.37	111.82	150.74	147.58		
銅	446.03	327.59	468.28	696.28	683.12	680.64		
他の鉱物資源	35.04	28.41	25.74	433.48	113.01	71.21		
電気	107.99	100.62	113.18	327.16	502.20	589.81	9.9%	26.1%
縫製品	256.03	127.09	171.07	219.91	183.90	227.30	23.4%	10.0%
農・林産物	52.66	91.41	169.02	152.16	220.83	194.65	4.8%	8.6%
木製品	65.70	41.74	37.40	81.66	131.11	123.38	6.0%	5.4%
コーヒー	18.49	21.71	26.09	67.78	113.30	116.50	1.7%	5.1%
その他	29.36	223.53	604.22	99.31	170.82	112.87	2.7%	5.0%
輸入 (c.i.f.)	1,403.17	1,461.08	2,060.43	2,404.19	2,467.11	3,019.68	100.0%	100.0%
消費財	611.42	373.22	670.42	867.63	1,186.94	1,187.09	43.6%	39.3%
投資財	567.63	920.20	1,066.30	1,423.70	1,180.01	1,729.76	40.5%	57.3%
縫製品材料	175.16	67.04	60.28	14.00	18.77	21.60	12.5%	0.7%
金・銀	20.20	59.74	209.76	51.86	8.55	8.46	1.4%	0.3%
電気	26.90	39.20	50.76	40.91	63.44	67.84	1.9%	2.2%
その他	1.87	1.69	2.90	6.10	9.40	4.93	0.1%	0.2%
貿易収支	-311.26	-408.41	-314.06	-214.64	-198.08	-755.74		
外貨準備	636	633	727	677	740	662		
輸入カバレッジ月数	2.6	2.0	1.8	1.2	1.1	1.0		
(参考) 観光収入	275.52	267.70	381.67	406.18	451.05	595.91		

出所：International Monetary Fund (2015) より筆者作成。

は，意外にも観光業（5億9600万ドル）であり，第1の鉱物資源（8億9943万ドル）には及ばないが，第3位の電力（5億8991億ドル）よりも大きい。観光関連産業のすそ野は広く雇用吸収能力も高いので，ラオス政府が力を入れている分野であるのはうなずける。

第3節　国際協力

1. 日本の政府開発援助

ラオスが日本に対するすべての賠償請求権を放棄したことを受けて，1958年10月15日に『日・ラオス間の経済および技術協力協定』が調印され，日本のラオスに対する援助が始まった。2015年10月18日には，青年海外協力隊派遣50周年事業がヴィエンチャンで盛大に開催されたが，実は1965年に青年海外協力隊（JOCV）が初めて派遣された国がラオスである。

ラオスは，ASEAN加盟国の中で最も遅れた経済であることから域内格差の是正に資するべく，日本は，「経済・社会インフラ整備」，「農業の発展と森林の保全」，「教育環境の整備と人材育成」および「保健医療サービスの改善」の4つを重点分野とし，特に環境などにも配慮した経済成長の促進に一層の重点を置いた援助を展開している（外務省 2015）。

社会主義革命により日本の対ラオス援助は中断を余儀なくされたが，1986年に着手されたラオス版ペレストロイカに相当する「チンタナカーンマイ」（新思考）により，市場経済メカニズムが導入されたことや，1991年のソビエト連邦崩壊によるソビエトの対ラオス援助が消滅したことで，日本の援助は勢いを取り戻した。1990年には青年海外協力隊の派遣が再開，男性隊員2名がタゴン農場に，女性隊員1名がヴィエンチャンの建設学校へ派遣された。1990－96年度の無償資金協力と技術協力の合計は年平均60億1000万円であったが，アジア通貨危機が発生した1997－2002年には，年平均109億3000万円と100億円の大台を突破したものの，2003－13年までの期間は73億3000万円に減少している。

技術協力の分野では，2009－2013年の間に年平均で青年海外協力隊員67

表8-4 日本の技術協力　　　　　　　　　　　　　　（単位：人）

年度	青年海外協力隊員	シニア海外ボランティア	専門家	ラオスから受け入れた研修員	調査団派遣
2009	64	25	309	475	207
2010	64	30	356	381	174
2011	82	29	342	459	124
2012	66	26	428	573	246
2013	60	16	452	427	101
年平均	67	25	377	463	170

出所：JICA ラオス事務所（2015）より筆者作成。

表8-5 日本の政府開発援助　　　　　　　　　　　　（単位：億円）

年度	有償資金協力	無償資金協力	技術協力	無償＋技協
2009	15.00	38.62	34.74	73.36
2010		31.11	30.69	61.80
2011	41.73	41.75	38.64	80.39
2012		47.06	36.08	83.14
2013	150.62	62.11	30.55	92.66

出所：外務省（2015）より筆者作成。

人，シニア海外ボランティア 25 人，専門家 377 人，調査団派遣 170 人がラオスに派遣され，ラオスから 463 人のラオス人研修員が本邦で研修を受けた（表8-4）。

　社会主義革命が成立する前年の 1974 年に始まった「ナムグム水力発電事業」に対するプロジェクト型円借款が，ラオスに対する円借款の始まりである。水力発電や鉱物資源開発に借り入れた対外債務が累積し，2005 年に IMF より債務持続可能性の低さを指摘され，世界銀行やアジア開発銀行とともに他の開発ドナー諸国もまた新規の借款を停止した。しかし援助国の政策・制度の状況を得点化した「国別政策・制度評価」（Country Policy and Institutional Assessment：CPIA）が赤信号から黄信号[3]に改善されたことを受け，7 年ぶりに新規プロジェクト型円借款実施が再開したため，2011 年度には南部地域電力系統整備計画に 41 億 7300 万億円，2013 年度には，ナムグム第一水力

発電所拡張計画（55億4500万円），ヴィエンチャン国際空港ターミナル拡張計画（90億1700万円），第9次貧困削減支援オペレーション（5億円）の計150億6200万円が実施されている（表8-5）。

2. 国内のコネクティビティー

　日本のラオスに対する援助は，農業や保健，教育等の分野にも支援を行っているが，企業誘致と雇用創出を通じて税収を拡大し，貧困削減の達成，ラオス経済の発展を促していくためには，ラオス国内のコネクティビティーだけでなく，ラオスとインドシナ諸国とを結ぶコネクティビティーを強化するための運輸交通や電力整備等の社会経済インフラ整備の拡充に傾注することが主要な戦略である。

　筆者が在ラオス日本国大使館に勤務していた1990年には，首都ヴィエンチャンから南部のパクセーまで車で約24時間を要していた。ラオスの背骨とも言われる国道13号線の補修工事はアジア開発銀行の支援を受けて着手されたが，国内コネクティビティーを改善するために，日本政府もまた国道13号線にかかるすべての橋梁を無償で建設した。その結果，ヴィエンチャンとパクセー670キロメートルは現在9時間で走行できるようになった。

　メコン川はタイとラオスの国境を形成しているが，チャンパーサック県でラオス国内に内流する。JICAは1998年にパクセ橋を無償資金協力で建設したことで，肥沃なボロベン高原でとれる果物や野菜，コーヒーなどが，パクセ橋を渡り，タイへ，また舗装された国道13号線を通り，ヴィエンチャンの市場に連結できるようになった。

　2018年には，JICAの支援で行われているセコン橋が完成すれば，チャンパーサック県とベトナムとのコネクティビティーが大幅に完全されるため，両国の期待は大きい。しかしそれだけではなく，中国の上海や香港・珠江デルタの日本企業が原材料を海運でダナンへコンテナ輸送し，陸路でパクセーに運ぶことができる。セコン橋の完成は，ラオスのパクセージャパン中小企業（SME）専用経済特区に第2工場を建設するという日本企業のチャイナプラスワン戦略にプラスの影響を及ぼすことになるであろう。

3. アジア開発銀行主導の地域コネクティビティーの拡充

1992年にアジア開発銀行によって提唱された拡大メコン圏開発計画 (Greter Mekong Subreagion : GMS) は，カンボジア，ラオス，ミャンマー，ベトナム，タイ，中国雲南の5ヵ国1地域をランドリンクさせ，市場を統合するためのプロジェクトである。GMSプロジェクトは，①南北経済回廊，②東西経済回廊，③南部経済回廊，④基幹通信回線，⑤地域電力系統接続と電力取引調整，⑥越境貿易・投資の促進，⑦民間部門参加と競争力の強化，⑧人的資源と技能開発，⑨戦略的環境枠組み，⑩洪水制御と水資源管理，⑪観光開発の11のフラッグシップを掲げている。全体予算の7割以上が，交通インフラ整備に傾注されていることから（春日 2013），それが最も重点分野であることに間違いはないが，道路だけを作るわけではなく，物流，投資の促進，都市開発と有機的な発展・連携が同時に改善されていかなければならない。

ラオスを経由する回廊には，東西経済回廊と南北経済回廊がある。東西経済回廊は，ベトナムのダナンを起点として，日本の円借款で建設されたハイバン峠を通り，ラオスのラオバオ，サワンナケート，タイのムクダハン，メーソートを経由し，ミャンマーのモーラミャインに到達する全長1450キロメールの回廊となる。東西経済回廊を通じて運ばれてきたベトナムやラオス，タイの商品が，ミャンマーの港からインド洋に向けて輸出されることに対する期待は実に大きいものがある。

東西経済回廊におけるラオス部分は，サワンナケート県を通過する国道9号線である。日本はこの国道の改修工事を無償で行った。サワンナケートとタイのムクダハンをつなぐ第2メコン国際橋は，日本の円借款で建設され，2006年12月に完成した。ランサンミネラル社の金と銅の輸出は，2007年に5億1000万ドルに達し，ラオスの総輸出の実に55.5%を占めた。また同年の同社の納税額は1億1603億ドル，歳入の21.9%を占めるほどの貢献をなした（鈴木 2008）ことからも，東西経済回廊や第2メコン国際橋の果たした役割は大きいといえよう。JICAは，東西経済回廊の有機的な発展を促すために，2001年にサワンナケート・セノ経済特区マスタープランを策定し，以下の節で述べるようにラオス初の経済特区の開発に貢献し，入居企業が雇用創出と輸出に貢

献している。

「南北経済回廊」は，中国雲南省昆明を起点とし，ミャンマーを経由し，タイのチェンラーイを通り，バンコクへ到達するルートと，昆明からラオスを経由しバンコクに至る2つのルートがある。

回廊を有効に活用するには，インドシナ半島を横断するメコン川に橋梁をかける必要がある。現在，タイとラオスの間に4つの国際橋がかけられている。第1メコン橋は，ヴィエンチャンとタイ・ノンカイ間（1994年完成），第2メコン橋は，上述のサワンナケートとタイ・ムクダハン間（2006年完成），第3メコン橋はカムアン県タケークとタイ・ナコンパノム間（2010年完成），第4メコン橋はボケオ県フエサイ郡とタイのチェンライ県チェンコン郡間（2012年完成）に建設された。ミャンマーとラオスの間を連結する初の国際橋（第5メコン架橋）は，2015年に完成。橋梁部691メートル，幅10.9メートルの総工費2600万ドルは，両国が折半出資した。このようにインドシナ半島の連結性は確実に向上し，ラオスはランドロックからランドリンクに変貌を遂げつつあるが，真の改善がはかられるためには，越境間の税関システムの改善・迅速化，国際間で異なる交通規則と標識の統一，コンテナやトラックの輸送条件の統一，危険物の運搬に対する合意など解決しなければならない課題が山積しており，アジア開発銀行主導の越境交通協定（CBTA）が現場で有効に機能するようになることを期待したい。

「一帯一路（シルクロード）構想」のもとで，中国・ラオス間の高速鉄道建設に関する了解覚書が結ばれたのが2010年であった。しかし建設資金の問題が解決されず，5年の歳月が流れていたところ，2015年9月にチュンマリー・サイニャソーン国家主席が中国を訪問し，同年11月，中国・ラオス鉄道工事が着工する運びとなった。懸案の資金問題は，建設費68億ドルのうち，中国企業とラオス企業の出資分と政府出資分を6対4で分け，さらに政府出資分のうち，中国政府とラオス政府が7対3で負担することで合意がなされた。つまりラオス政府は総工費の12％に相当する8億1600万ドルを工面すればよいことになった。中国とタイがラオス鉄道でリンクし，バンコクへ延伸し，マレーシアとシンガポールが中国の高速鉄道でつながる日が来るかもしれない。日本の新幹線か中国の高速鉄道かという議論がすぐに話題になるが，そうではな

く，地域のコネクティビティーを向上させるために各国が協力と協調を根気よく継続していくという気持ちが最も大切だ。

第4節　日本の対ラオス外国直接投資

1．急増する日本の投資

　日本の対ラオス投資は，登録資本ベースで2013年の2億5506万ドル（15件）から2014年には，2億5681万ドル（16件）に微増した。しかし2012年の2800万ドルと比べると，それぞれ9.2倍，9.3倍に激増している。

　日本のラオスに対する援助は，1991年から連続してトップドナーの地位を占めてきた。為替相場は時々刻々変動するので，$1＝100円として過去5年間の日本のODA（＝無償資金協力＋技術協力）をドル換算すると，年平均7800万ドルとなる。注目すべきは2012年まで日本の対ラオス援助が日本の対ラオス投資を大幅に上回っていたのが，2013年以降，民間投資が日本ODAを大幅に逆転したことである（図8-2）。2013年の日本の対ラオス投資は2億5506万ドル，2014年のそれは2億5668万ドルであるから，4500万ドルのODAを

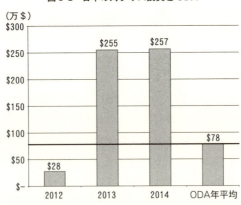

図8-2　日本の対ラオス投資とODA

出所：聞き取り調査より筆者作成。

表8-6　日本の対ラオス投資（2014年）：業種別

業種	件数	%
サービス	3	18.8%
製造業	8	50.0%
農林業	2	12.5%
輸送	1	6.3%
銀行・金融	1	6.3%
水力発電	1	6.3%
合計	16	100.0%

出所：聞き取り調査より筆者作成。

大幅に上回るようになり，ラオスは援助から民間投資の時代に入ったといってよいかもしれない。

業種別に2014年の日本の投資を見ると，製造業が8件（50%），サービス業3件（20%），農林業2件（13%），輸送1件（6%），銀行・金融1件（6%），水力発電1件（6%）の計16件であった（表8-6）。2014年には，日本製バイクや農業用機械などの割賦販売融会社や自動車や重機のリース会社が設立され，これまで日本製品に対するファイナンスビジネスが存在していなかったので営業を伸ばしている。

2. 進む規制緩和

ラオスは，2012年にWTOに加盟したことを受け，規制緩和を行ってきた。外国資本の出資割合は，観光分野で最大70%まで，建設業では49%まで認められるようになった。2015年6月には，卸・小売り業に対する外資規制が大幅に緩和され，250万ドル以上の登録資本に対して100%独資でさえ認められるようになった。125万ドル以上250万ドル未満は70%まで，50万ドル以上125万ドル未満は50%まで外資が占有することができるようになった。製造業に対する規制はむしろ逆規制というべきもので，外国資本は合弁事業において最低でも30%以上を出資することが義務付けられている。ラオスでは製造業の100%独資はむしろ歓迎されている点が特徴である。

3. 地域補完型工業化とプラスワン戦略

　ラオスへの日本の投資は，森林資源の豊富な木材を伐採し，丸太で輸出する事業に始まり，次第に加工度を増やした材木を輸出する事業に変遷を遂げていった。次いで人件費の高騰に悩む縫製業が，タイ，マレーシア，中国から賃金の安価な地を求めてラオスに移転してきた。ラオスの縫製品や靴製品に対して輸入関税を減免する日本やEU諸国の特恵関税（GSP）は，工場進出の意思決定に極めてポジティブなインセンティブとして働いたように思われる。安全靴のミドリ安全やラオシューズ，スーツのサンテイラオやアイシンアパレル，KBヤギ，作業服のタイロンラオはチャイナプラスワンの形態をとる。ワイシャツの山喜や101ハット，クラフトインダストリーはタイプラスワン型である。突然のオーダーや納期の短いオーダー，運搬に不効率な厚い重たい生地がベースの衣類，傷つきやすい高価なアクセサリーを装飾する衣類，技術レベルの高い製品（商品1）の生産は，タイや中国のマザー工場で行う一方，流行に左右されにくい相対的に標準化したデザインのリクルートスーツや下着，靴下などの納期に追われることが少ない衣類の生産は，ラオスの第2工場で生産する（図8-3）。このタイプの水平分業では，中国やタイのマザー工場からラオ

図8-3　製品差別化水平分業型フラッグメンテーション

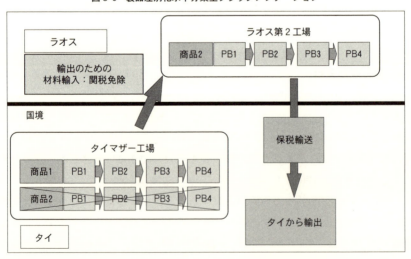

出所：鈴木（2009）。

図 8-4 前・後工程間垂直分業：中心国組立工場へ納入

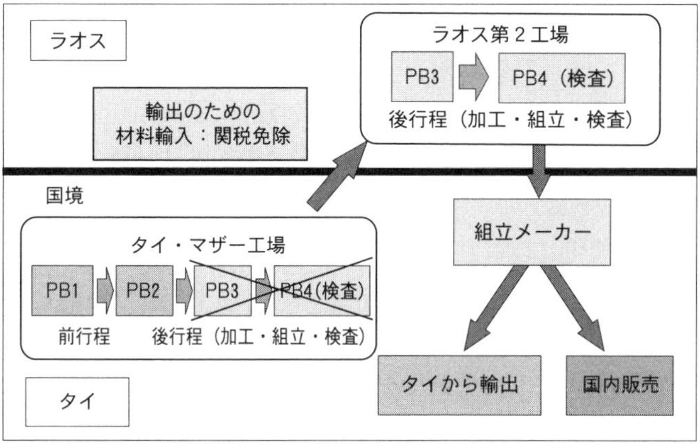

出所：鈴木 (2015a)。

ス第 2 工場へ材料が輸出され，賃金だけの決済が行われる委託生産方式がとられていることが多い（鈴木 2015b）。

　自動車やカメラや携帯電話，VTR などのハイテク商品に使われる軽量部品もまた高度技術が集約されているが，その生産工程は必ずしも資本集約的ではなく，資本集約的な生産工程と労働集約的な生産工程を連結させたモジュールを経て生産されることが多い（鈴木 2008）。単純化のため 1 つの部品を生産するために 4 つの生産工程を経ると仮定する。資本集約的な前工程（PB1 および PB2）をタイで，労働集約的な後工程（PB3 および PB4）をラオスに国際分散立地したケースを図 8-4 に示す。材料はすべて産業集積地に立地するタイ・マザー工場からラオス第 2 工場へ輸出されるが，加工したのち，全量輸出されるため材料の輸入関税は無税となる。輸入した材料を加工・組立・検査してできあがった部品を，保税扱いでタイ国内を経由して全量，世界市場へ輸出する。あるいはタイ国内で販売してもよい。これが地域補完型工業化戦略すなわちタイプラスワンの基本形態である（鈴木 2006）。ヤザキが自動車用ワイヤーハーネスの技術協力を行うヴィエンチャン・オートメーション・プロダクト社は，ラオスにおけるタイプラスワン型投資の第 1 号であった。

4. 整備が進む経済特区

経済特区の整備が進んでいなかった時代に進出したこれらの企業のすべてがラオス人の民間が保有する土地に入居する他に選択肢がなかった。

経済特区に入居し，70%以上を輸出する企業は，最初の利益が生じた年から10年間の法人税免税，それ以降は8%，個人所得税は一律5%，輸入関税免税，付加価値税免税というアジアでは破格の恩典が与えられている。その上，用地のレンタル期間として75年が保証されており，タイやベトナム，カンボジア，ミャンマー，中国の工業団地が与える「50年」よりも長い。この恩典が保証されたラオス初の経済特区が，メコン川を挟み，サワンナケートとタイのムクダハンを第2メコン架橋でつなぐ東西経済回廊の要衝の地にあるサワン=セノ経済特区として誕生した。しかし同経済特区が脚光を浴びたのは，2013年に一眼レフの組立を行うニコンラオ社と座席シートカバーを縫製するトヨタ紡織ラオス社が進出したことによる。これら2社と，電線用導体を生産する三鈴，さらに2015年7月に操業を開始したアデランスラオ社が続いた。KPビューラオ社は，マザー工場のある深圳からおもちゃと化粧品の原料・部品を調達し，コンテナでベトナムのダナン港に運び，東西経済回廊を経由してサワン=セノ経済特区に運び入れるチャイナプラスワン方式である。ヴィエンチャンのVITAパーク経済特区には，サーミスタを生産する三菱マテリアルのMMCエレクトロニクス社や，ペンチを生産するラオツール社はチェンマイにマザー工場を持つタイプラスワン方式の進出である。VITAパーク経済特区で給湯器のワイヤーハーネスを生産する第一電子社は，香港にマザー工場を持つチャイナプラスワン方式である。

5. 世界初：中小企業専用経済特区の誕生

中国やタイ，ベトナムなどでは，大企業と中小企業が同じ工業団地内で操業する場合，中小企業の労働者が大企業に流れる現象が発生する。タイのトヨタなど自動車組み立て大手のボーナスは年10か月であるのに対し，縫製などの労働集約産業は1～3か月と大きな開きがある。また賃金のベースも異なるため（鈴木 2014），中小企業の離職率は高くなる傾向にあるだけでなく，募集をかけても働き手が集まりにくくなっている。このことは，同じ工業団地内にブ

ランド力や手当など性質・体力に差のある企業が共存することが難しいことを意味している。

　2015年8月5日，ラオスで11番目となる「パクセー・ジャパン中小企業（SME）専用経済特区」の認可式典がヴィエンチャンのラオプラザホテルで開催された。パクセー・ジャパン（SME）専用経済特区では中小企業の入居を第一義的に歓迎している。自社だけが高い賃金を与えても他企業が同じ水準に追いつくので，賃上げの意味はすぐに希薄化する。賃金が高くなった経験を反面教師として，パクセー・ジャパン中小企業（SME）専用経済特区に入居する企業は，特区内では賃金・手当は互いに横並びとすることを，自主的なモラルとしている。これは，タイや中国の工業団地での賃金の上昇スパイラルを経験し，これを反面教師としているからだ。

　パクセー・ジャパン中小企業（SME）専用経済特区には，各種センサー用コイルを生産するジャパンテック社，かつらのレオンカワールド社，着物の帯留めを生産するヴァリタ・ヒューマン・アンドウ・ラオ社，自動車・オートバイの電装品を生産する新電元社，皮財布のナダヤラオ社が操業を開始，順調に輸出を伸ばしている。ワイヤーハーネスを生産するダイワハーネスラオ社は2015年11月に工場が完成したばかりである。ヴァリタ・ヒューマン・ラオ社（着物の帯留め）はチャイナプラスワン，それ以外はタイプラスワン方式の進出形態をとる。原材料の輸入と製品の輸出を迅速に行える連結性の向上こそ，プラスワン戦力の有効性が発揮される条件である。

おわりに

　ラオスは豊かな国だとよく言われる。バナナなどの果実が豊富になっている森に行けば収穫できるから飢えのない国だと。しかし山岳地帯を訪れると，陸稲の収穫が始まる前の7−9月の3ヵ月は食料が不足する農家が多いことに気づく。親の農作業を手伝いする子供は学校へ行けないので当然未就学となる。教師も給与が遅配されるため，農作業に出かけ，結局のところ学校を建設しても児童も教師も集わない風景を見かける。山岳地と平地部（都市部）では生活

水準が大きく異なることを否応なく実感させられる時だ。

過去数年のヴィエンチャンでは，レクサスやベンツなど高級車の増加と建設ラッシュがすさまじく，年平均8%の経済成長を実感できる。しかし都市部でもまた貧富の差が拡大している。

第8次社会経済開発5ヵ年計画（2016-20）（MPI 2015）では，最終目標を貧困撲滅におき，後発開発途上国（Least Developed Country：LDC）からの脱却を目指している。貧困家計の割合を全家計の7%以下に引き下げる計画である。目標の実質経済成長率7.5%を達成し，経済成長の恩恵を他部門へスピルオーバーさせるためには，GDPの30%に相当する規模の投資が必要であると試算されている。ラオス政府は，このうち3%を国内予算から，そして4.5%を外国援助と外国借入から，また国内借入から5.5%捻出する計画であり，残りのおよそ半分に相当する17%を民間外国直接投資に期待をかけている（MPI 2015）。外国直接投資の流入を今まで以上に増大させるには一体どうしたらよいのであろうか。

タイの経済を支えるために50万人以上のラオス人が出稼ぎに出ていると言われている。タイの最低賃金はラオスよりおよそ3倍高いが，賃金が高いからタイへ出稼ぎに出ているわけではない。最大の理由は，産業の未発達なラオスでは働く場が極めて限られていることによる。筆者の調査（鈴木 1998）では，農家1件当たり平均1.4ヘクタールの農地を保有し，年平均2333kgの籾を生産している。これにかかる労働力は，田植え（播種）や除草，収穫の時期を除けば通常家族4人で済むという。ラオスの1家計人口は都市部を含めた全国平均で5.9人であると報告されているので（鈴木 2014），単純に言えば，1農家当たり平均2人の余剰労働力すなわち偽装失業を抱えている。余剰労働力は，農業生産の増大に寄与しないばかりか，1人当たりの食糧を減らし，窮乏化を招く。生産に寄与しない家族の食い扶持を減らすためには，出稼ぎにいくしかないのである。こうして50万人を超えるラオス人がタイへ出稼ぎに出るようになったが，親であれば娘をタイの工場に出すのはさぞかし心配であろう。祖母などに預けられない子供を持つ親は，実際のところタイの出稼ぎに子供を連れていかざるを得ず，その結果その子供たちはタイで未就学となる傾向がある。彼らがラオスに戻ってきたとき，労働者としての基本的な教育装備に欠け，新

たな失業問題と社会問題を引き起こすことになりかねない。

　1.4 ヘクタールの農地で必要な労働力はわずか 4 人である一方，同じ面積の工場用地では 2000－4000 人の労働力が吸収できる。工場が進出してくるためには，電気，水道，道路といったハードインフラの整備と，輸出入のための迅速な通関手続きや魅力的な投資恩典制度といったソフトのインフラを装備する経済特区の設立が，集中と選択の観点から非常に効率的である。ラオスにおける経済特区の整備が進めば，外国工場の進出が加速され，まとまった数の工場が集積してくれば，タイへ出稼ぎに出ているラオス人が雇用を求めて戻ってくることができ，ラオス国内で家族とともに生活できる時がくるかもしれない。

（鈴木基義）

注

1) 1979 年 11 月に，① 農民に対する価格インセンティブとして，調達価格の 300～500％の引き上げ，② 小売りレヴェルの補助金撤廃，③ 政府職員給与の引き上げ（100％），④ 県相互間物資輸送の禁止解除，⑤ 農民の市場における直接販売の認可，等の当時としてはかなり斬新な政策が実施された。また政府が国有企業の改革に初めて着手したのは 1981 年 7 月である。政令第 11 号「経済運営の改善・調整・強化」は，市場メカニズムの重要性をいち早く唱導し，経営者や労働者に対する研修を通じて管理責任能力を高め，生産性の向上を図るように指導している。1984 年 9 月には，1981 年の政令第 11 号を基本的に踏襲した政令第 61 号「経済運営の再建」が施された。政府は国有企業に対して生産計画の策定権限と管理責任の分与を促進し，これによって生産性の向上を図った（鈴木 2002）が，抜本的な改革には至らなかった。
2) ラオスの財政年度は，10 月～翌年 9 月である。
3) 開発途上国が，世界銀行・IMF から新しい借款を受けるためには，債務指標が定められた水準（閾値）を下回ることが要求される。国別政策・制度評価（CPIA）が中（Medium）と診断された国で，対外債務残高の現在価値/GDP 比率の閾値が 40％，対外債務残高の現在価値/輸出の閾値が 150％，対外債務残高の現在価値/財政収入の閾値が 250％，デッド・サービス・レシオの閾値が 20％を下回る場合，黄信号国と評価され，無償資金協力 50％，ローン 50％が適切な配分と診断される。国別政策・制度評価（CPIA）が弱（weak）と診断された国で，対外債務残高の現在価値/GDP 比率の閾値が 30％，対外債務残高の現在価値/輸出の閾値が 100％，対外債務残高の現在価値/財政収入の閾値が 200％，デッド・サービス・レシオの閾値が 15％を上回る場合，赤信号と評価される。このときローンを受ける資格を喪失し，当面 100％無償資金協力が適切な国と評価される（鈴木 2011）。

参考文献

（日本語）
国際協力機構（2015），『ラオス国 JICA 国別分析ペーパー JICA Country Analysis Paper』。
JICA ラオス事務所（2015），ラオス人民民主共和国の現状と JICA 事業概要。
日本外務省『政府開発援助』参照先：http://www.mofa.go.jp/mofaj/gaiko/oda/region/e_asia/l

aos/index.html（引用日：2015年8月10日）。
日本農林水産省（2014），ラオスの農林水産業概況。参照先: http://www.maff.go.jp/j/kokusai/kokusei/kaigai_nogyo/k_gaikyo/lao.html（引用日：2015年8月5日）。
春日尚雄（2013），「メコン地域開発とGMSプログラム」『亜細亜大学アジア研究所紀要』第39号。
鈴木基義（1998），「ラオス・市場の建設と農村開発（上・下）」『世界経済評論』（1998年10月号，1998年11月号）世界経済研究協会。
鈴木基義（2002），「ラオス―新経済体制下の模索」池端雪浦・末廣昭編『岩波講座東南アジア史第9巻』岩波書店。
鈴木基義（2006），「ラオスの地域補完型工業化」天川直子編『後発ASEAN諸国の工業化　CLMV諸国の経験と展望』アジア経済研究所。
鈴木基義（2008），「地域補完型工業化による四段階ラオス工業化の展望」鈴木基義・山田紀彦編［2008］『内陸国ラオスの現状と課題』JICAラオス事務所・ラオス日本人材開発センター。
鈴木基義（2009），『ラオス経済の基礎知識』日本貿易振興機構（JETRO）。
鈴木基義（2011），「対外債務と債務持続可能性」山田紀彦編著『ラオスにおける国民国家建設：理想と現実』アジア経済研究所。
鈴木基義（2013），「タイ・ラオス間の労務費格差と物流コストの考察」鈴木基義編著『変貌するラオスの社会と経済：現状と展望』JICAラオス事務所発行。
鈴木基義（2014），「ラオスの労働問題と経済特区の開発」鈴木基義編著『ラオスの開発と協力』JICAラオス事務所発行。
鈴木基義（2015a），「地域補完型でラオスは発展する―タイ＋ワン・チャイナ＋ワンの進化」藤岡資正編著『日本企業のタイ＋ワン戦略』同友館。
鈴木基義（2015b），「経済」ラオス文化研究所編『ラオス概説』めこん。
橋本信雄（2013），「エネルギー・電力セクターの現状と課題」鈴木基義編著『変貌するラオスの社会と経済：現状と展望』JICAラオス事務所発行。

(外国語)
Asian Development Bank (2014), Key Indicators 2013.
Bank of the Lao PDR (2014), Annual Report 2014.
Electricite du Laos (EDL) (2013), Annual Report 2012. 参照先: http://www.edl.com.la/uploads/files/Documents/Annual_Report_2012.（引用日：2015年8月10日）
Food and Agriculture Organization (FAO) (2012), Lao Census of Agriculture 2010/11. 参照先: http://www.fao.org/fileadmin/templates/ess/ess_test_folder/Workshops_Events/APCAS_24/Paper_after/APCAS-12-11_-_Lao_PDR_Census_01.pdf#search='Lao+Census+of+Agriculture'（参照日：2015年8月5日）
International Monetary Fund (2015), Lao People's Democratic Republic 2015 Article IV Consultation.
Laos' Ministry of Agriculture and Forestry (MAF) (2014), Agriculture Statistics Year Book 2013.
Laos' Ministry of Planning and Investment (MPI) (2015), Five Year National Socio-Economic Development Plan VIII (2016-2020).
World Bank (2015), World Development Indicators.

第9章

ミャンマー経済——始動する経済のこれまでとこれから

はじめに

　2010年に新しい憲法下での総選挙によって発足したテイン・セイン大統領のもとで，ミャンマーでは驚くような速度で民主化と経済改革が進められている。この変化に対して，先進国から一時期，ミャンマーブームとでもいうべき好意的な注目が集まり，日本からは特に，近隣ASEAN諸国や中国に続く日系企業の進出対象として大きな期待を集めた。

　政治の民主化といっても現行憲法では議席の4分の1が軍に割り当てられているなど著しく限定的で，先般2010年の選挙は軍政の露骨な干渉や野党・国民民主連盟（NLD）の参加拒否のあった不完全なものだったので，選挙後発足した議会政治は軍を母体とする連邦団結発展党（USDP）による権威主義体制にすぎない。

　経済改革の面でも改革の成果はまだまだ限られ，あらわになる様々な歪みや腐敗，いまだ頻発する少数民族との武力衝突などを前にして，2015年半ばには11月の国政選挙も控えて，ブームは少し下火になり，国際社会は冷静な見極めの段階に来ていた観があった。そして，この選挙のNLDの大勝によって，ミャンマーの民主化と改革は次の大きな局面変化を迎えつつある。

　しかし，そうはいってもテイン・セイン政権以降のミャンマーは，1988年から約20年以上に及ぶ軍政下で基調となっていた対外的な孤立志向から大きな転換を成し遂げ，停滞・孤立・人権抑圧に塗られたミャンマーのイメージは一新されたことは間違いない。2014年にはAPCE首脳会議の主催もこなし，国際社会への復帰を果たしてきた。

本章では，ミャンマー経済の概要を紹介するにあたり，1990–2000年代の軍政の時代からの接続を重視する。植民地期や独立直後，そして60年代からの「ビルマ式社会主義」の経済運営は，独特の性格を持った興味深いものであるが，その詳しい紹介は既存の研究や教科書にゆずることにする。第1節では，1980年代以前の前史に触れた後，1990年代から20年間の軍政期の経済政策と経済構造について詳述する。第2節では，2011年以降のテイン・セイン政権の経済改革についてまとめる。第3節では，この改革の中で現れてきた現在のミャンマーが抱える経済構造のリスクについて，指摘を行う。

第1節　軍政下の経済変容：1990–2000年代

1. ビルマ式社会主義の時代

1948年にイギリスからの独立を達成した当初，ミャンマー政府は世界的な潮流の中で経済建設に協同組合や国営工場を重視する方針を示したものの，実体としては植民地時代からの民間資本を中心とする経済運営を基調とした。独立の当初から非ビルマ族との国民統合の問題を抱えていたこともあって，内戦と議会の機能不全に苦しみ，中央政府は植民地期に形成されたイギリス・中国・インド人資本が牛耳る経済活動を抜本的に解決する力を持たなかった。1962年に国家統合に危機感を抱いたネ・ウィン率いる国軍がクーデターによって実権を握ると，彼らは「ビルマ式社会主義」を標榜し，外国資本のみならずミャンマー人資本も含めた徹底した接収・国有化をすすめ，国有企業を中心とした生産システムを確立する。土地の国有化や5人組などの国民の管理体制も徹底し，外にむかっては「鎖国」とよばれるほどの厳しい貿易統制を敷いた。

1974年になると新憲法を制定して，一応は民政に移行する。ただ議会政治も，軍が組織し前衛党的な機能をはたす「ビルマ社会主義計画党」のコントロール下に置かれ，強い権威主義体制が引き続き維持された。70年代から80年代にかけての時期には国際化の進む世界に取り残される形で，こうした体制のまま経済は停滞を深めて行く。80年代には物不足が深刻化し，密輸や闇経

済が拡大した。

　80年代後半には部分的な経済活動の自由化も試みられるが，特に85年と87年の二度にわたる高額紙幣の廃貨措置が経済混乱を招き，1988年3月には反政府の民主化運動が一気に盛り上がりを見せる。これに対して国軍は9月にクーデターで実権を掌握する。1990年に民政移管を目指した選挙を行うものの，アウンサンスーチー率いる野党NLDの圧勝に対して，国軍はこれを認めずに，以後四半世紀にわたり政権委譲を拒否し続けた。

2. 軍政の「経済改革」

　1988年に国家秩序回復評議会[1]として権力を掌握した軍政は，経済面では「ビルマ式社会主義」からの脱却を図るため経済改革を試みる。その基調は，社会主義体制からの移行経済改革であったが，ミャンマー独特の旧体制からの脱却でもあったので他にみられない特色も帯びていた。例えば，全面的に禁止されていた民間貿易を公認したことで，改革の初期には貿易量が爆発的に拡大し，これが一時的にせよ成長をもたらした。また，市場経済を志向しながらも随所で政府による経済統制が維持され，これが軍政期全般を通じて経済構造のゆがみを増幅させることになる。

　移行経済改革の根幹である財政と金融の分離は早い時期から実施された。軍政は，1990年に中央銀行法，金融機関法などの金融関連法制を整備し，70年代にモノバンクから分離された中央銀行や国営銀行の役割を明確化するとともに，民間銀行の参入を認めた。その結果，90年代半ばまでに多くの民間商業銀行が設立された。財政面では，まず国営企業の民営化が試みられた。ただ結果として民営化が実現したのは小規模な消費財生産工場や，商店・映画館などの事業所にとどまり，実質的な成果は乏しかった。

　対外経済関係の開放では，旧体制のもとで原則禁止されていた貿易が公認され，港湾・空港経由では原則自由な輸出と許可制のものでの輸入が拡大した。国境貿易も90年代半ばまでに許可されるようになった。直接投資の受入についても，外国投資法（88年），民間工業企業法（90年）やミャンマー国民投資法（94年）の施行，工業開発委員会（95年）の設置などの制度整備が進められた。

こうした改革は，1990年代に一定の成果をもたらしている[2]。まず，輸出額は貿易を解禁した90年代初めから急拡大している。主な輸出品は豆類などの農産物，海産物，木材，木工製品などである。翡翠をはじめとする宝石・貴卑金属類も，貿易統計上は十分に把握されてはいないが，国境貿易を通じて輸出された額はかなりの量に上ると考えられる。直接投資の流入額も，1990年の2億8100万ドルから，90年代ピークの1996年には28億1400万ドルと約10倍も増加した。流入した直接投資の主な業種は鉱業部門と建設，ホテル・観光など国内のサービス部門である。GDPの実質成長率は1992年頃から回復傾向を示し，92-96年の平均で7.8％を達成している。

ただ，この90年代の経済構造は，その構造は対外開放による「貿易の利益」の発生や，直接投資による投資率の上昇に特徴づけられるものであり，工業化による持続的な成長メカニズムの形成が内在したものではなかったことに注意が必要である。前述の通り輸出品のほとんどは一次産業製品で，直接投資も国内向けのサービス業が中心であったし，資本財輸入の増加によって貿易収支は恒常的に赤字に陥っていた。

3. 不安定なマクロ経済

軍政による経済改革下では，実物経済の成長がある程度実現する一方で，常にマクロ経済の不安定性という問題を抱えていた。それは，貿易や直接投資が活発化して外貨の取引が拡大したにもかかわらず，その管理の面で柔軟性を欠いた制度が維持されてきたことが大きな原因となっている。為替レートは，1977年以来公定レートはIMFの特別引出権（SDR）に固定され（1SDR＝8.50847チャット），事実上1ドル＝5-6チャット程度のドルペッグ制として機能してきた。政府は，外貨キャッシュの保有を制限し，外貨収入をミャンマー投資商業銀行とミャンマー海外貿易銀行という2つの外為銀行の口座のいずれかに保有することを義務づける一方，国内での外貨キャッシュの代替通貨として外貨兌換券を導入した。

著しく柔軟性を欠いたこのような制度に対しては，当然ながら外貨の闇市場が形成される。市場レートは早くから公定レートと相当乖離していたと推測されるが，実物経済が成長しインフレも進む90年代にもその乖離は継続的に拡

大した。桐生・西沢（1996）は，1994年度頃の市場レートを1ドル＝100−120チャットと言及している[3]。この時期ですでに公定レートは市場レートより20倍もチャットが過大評価されていたことになる。ドルキャッシュと等価に設定された外貨兌換券（FEC）は，市場ではドルよりも割安に評価されつつも90年代には一定程度流通した。

公定レートと市場レートの間の著しい乖離は，政府の規制の実効性を弱める結果となり，外貨市場では混乱した状況が常態化した。例えば，政府は，輸入の外貨支払いには2つの外為銀行における公定レートでの外貨調達を義務づけたが，実態から著しく乖離した状況のもとでこのルールは機能せず，実際には，輸出業者が保有する口座の外貨の使用権を市場レートで売買する闇市場が形成された[4]。

政府が実効性が乏しいにもかかわらず公定レートの維持にこだわったのは，輸入代替部門で主に構成される国営企業や軍を含む政府部門に公定レートで外貨を配分することによって成立していた補助金メカニズムの維持が目的であったと理解されている。政府は2つの外貨銀行から外貨で徴収する8−10%の輸出税もあわせて，外貨を低いレートで徴収し，それを政府部門の輸入資金にあててきたのである。

このようなマクロ経済運営の問題点が顕在化するのは，1997−98年に東アジアを襲ったアジア金融危機の余波によって，まがりなりにも成果をあげていた経済成長が変調した時である。ミャンマーはアジア金融危機の影響を直接は受けたわけではなかったが，実物経済を通じた間接的な影響は大きく，直接投資が激減し，輸出も減少して貿易赤字が深刻化したため，国内の外貨準備が不足する事態に陥った。政府はその対処として市場レートで流通している民間部門の外貨の調達（収奪）の実効性を高めようと模索した。2つの外為銀行への外貨預金強制を強化し，あるいは市場レートに近い準公定レート（Exchange Center Rate）を導入して闇市場の外貨資金を外貨銀行での取引に誘導することを試み，さらには直接的に厳しい輸入制限を行って外貨準備の確保に努めた。しかし，インフレの昂進のもとでのチャット価値のさらなる低下もあって，政府は市場の外貨流通のコントロールを回復することはほとんどできなかった。90年代末から2000年代はじめのミャンマーは外貨準備不足に苦し

図 9-1 直接投資額流入額の推移（認可ベース）

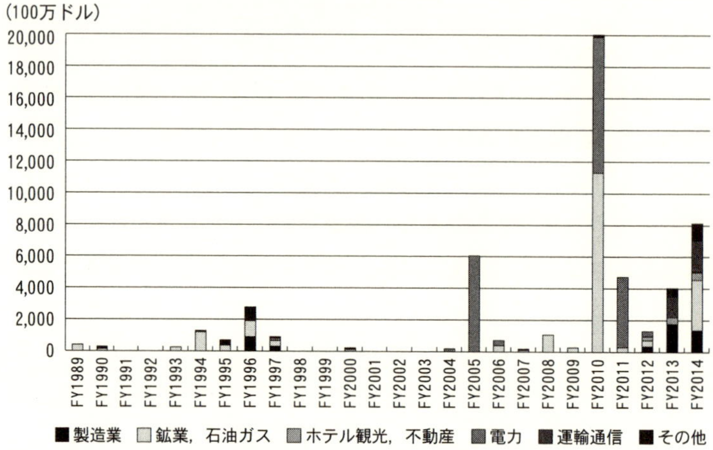

注：2014年度は4月－翌1月の実績値を月割り加重した予測値。
出所：Selected Monthly Economic Indicators, CSO, various years.

み，マクロ経済は不安定性を強めていく[5]。

4. 2000年代の経済の大きな変容

アジア金融危機から銀行取り付け：1997－2003年まで

アジア金融危機直後のこの時期から2011年の改革がはじまるまでに，ミャンマー経済は2つの段階の変容を経験する。このことを図によって，1990年代とも比較しながら見ていきたい。アジア金融危機の余波が，1990年代にそれなりの経済成長を実現していたミャンマーに与えたダメージは長期趨勢に明瞭に示されている。図9-1は，直接投資流入額の趨勢を示したものである。最近の改革以降の動きの大きさを比較するとスケールが小さくて見えにくいが，1990年代はじめの改革が功を奏して，直接投資は93年頃から着実に増加していた。これがアジア金融危機の影響が到達する98年から激減し，2000年代半ばまで流入がほとんど停止する状況に陥っている。図9-2は，輸出入総額と輸出品目の構成の推移をまとめたものである。90年代半ばから輸入が増加する中で貿易赤字が広がる傾向があり，赤字は98年頃にピークを迎えてい

図 9-2 主要輸出品の構成と貿易収支の推移

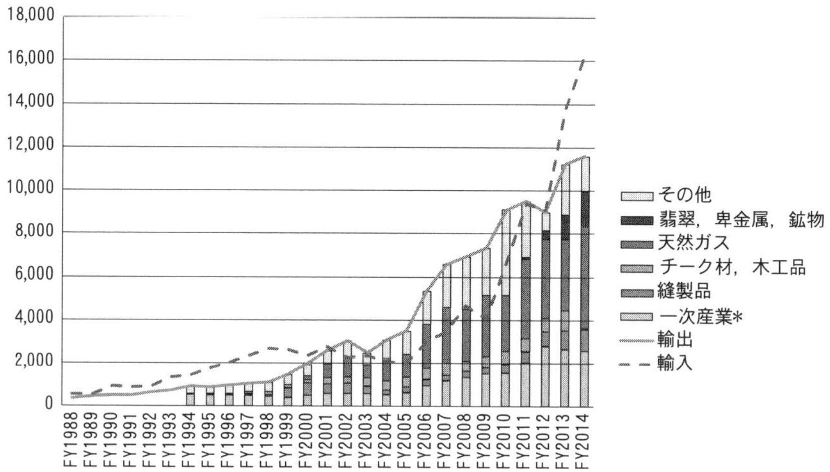

凡例：その他／翡翠，卑金属，鉱物／天然ガス／チーク材，木工品／縫製品／一次産業*／輸出／輸入

注：100万ドル。2011年度以前の輸出品目別金額については，チャット建ての数値に公定レートをかけて推計。2014年度の数値は4月〜翌1月の実績値から月割りの加重加算の予測値。「翡翠，碑金属，鉱物」は2012年度以降から区別可能で，それ以前は「その他」項目に含まれると考えられる。
出所：Statistical Yearbook, CSO.

る。

ただ，このアジア金融危機によって経済成長がどの程度悪化したのかという問題は，実はやや複雑である。何よりもまず，1999年度から2012年までの政府の公式統計（特にGDPの成長率）は，一般にほとんど信頼されていないため，成長率自体がはっきりしないという事情がある。図9-3は，1990年代以降の実質成長率の各種推計値をまとめたものである。政府統計ではアジア金融危機後の1999年度には成長率は年11％台まで一気に跳ね上がり，その後2000年代半ばまで14％台が報告されている。経済環境の悪化を覆い隠すための作為的な数値であると一般には理解され，2001年頃からはIMFやEIU[6]などが代替的な推計を行って，それを採用しはじめている。そこで報告される成長率は2000年代を通じて年5-8％台である[7]。

ここではこの時期の成長率についてIMF推計に一応の信頼をおいて見ていこう。図9-3で公式統計による1990年代の成長率とIMF推計をつないで観察

図9-3 実質GDP成長率 各種推計

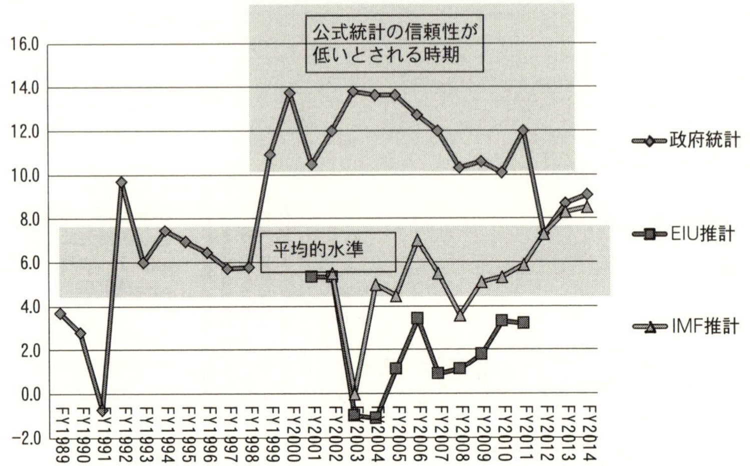

注：2013年度の数値は推定値，2014年度の数値は予測値。
出所：公定レート：1993-94: Key Indicators 2003, Asian Development Bank; 1995-2008: Statistical Yearbook 2008, Central Statistical Organization; 2008-2011.
　　　EIU推計：Economic Intelligent Unit, 1999-2001: ver. Nov. 2002-05, ver. Sep. 2005, 2006-07: ver. April 2009, 2008-2011: Regional Outlook, ISEAS, 2012-2013, p.171.
　　　IMF推計：IMF Country Report, and other publications.

してみると，99-2000年度というアジア金融危機直後の動きはわからないものの，危機によって経済状況が持続的に悪化したわけでもないことは確かなようである。2002年まで成長率は5％台を維持していた。2000年代はじめころは外資の流入が低迷したとはいえ，都市部の不動産開発は持続し，ヤンゴンでは地価の高騰も報告されていた。また，再び図9-2に注目すると，1次産品の輸出が低迷する中でも，99年度から縫製品の輸出が増加傾向を見せており，この時期に軽工業の萌芽的な成長が見られていたことが示されている。

他方で，物価や為替レートは著しく不安定化した。インフレ率は2001年には40.1％におよび，為替の公定レートと市場レートの乖離はいよいよ拡大している。図9-4は，国内通貨チャットと対ドルおよびFECのレートの市場レートの推移をプロットしたものである。このスケールのもとで横軸にほぼ張り付いているのが公定レートである。著者が収集できたドルやFECの闇市場の市

図9-4 対ドル為替レート（公定レート，各種市場レート）

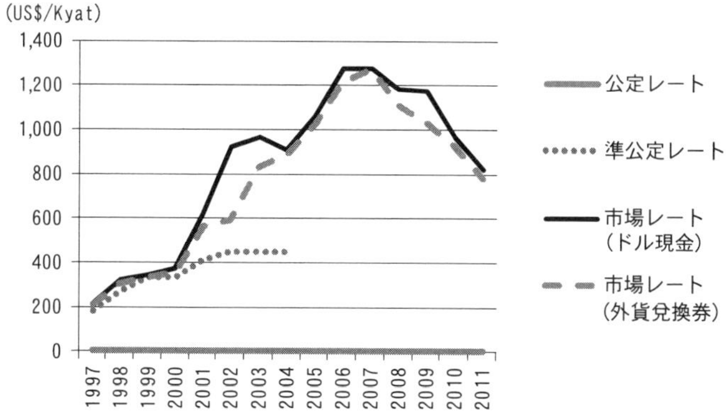

出所：岡本郁子氏，JETROヤンゴン事務所，在ミャンマー日本大使館の協力のもとで，各種情報ソース（匿名ソースを含む）より著者集計。

場レートの情報は1997年以降のものであるが，ドルで測ったチャットの価値が97年から2000年までに半分（200チャット⇒400チャット）に下落していることがわかる。前述のように政府は97年から，市場レートにあわせた準公定レート（Exchange Center Rate）を導入し，過渡的にこれを柔軟に運用しながら二重為替制度の解消を図ったといわれている。しかし2000年以降もチャットの下落は一段と進み，ドル現金とFECの価値や準公定レートと市場レートの乖離も広がり，2003年頃にはこうした枠組みでの試みも実効性を失っている。この時期以降は，為替取引は大きな規模で市場レートのまま放置されている民間部門と，公定レートで極端に増価されたチャットを適用する政府部門との間で，ほとんど分断・併存する形になる。

筆者の実感としても，2000年代はじめは物価や為替レートが不安定な中で，ヤンゴンやマンダレーなどの都市部では不動産ブームに沸くという奇妙な雰囲気があったことを記憶している。しかし，そのような状態は，02年末から03年にかけて起こった銀行取り付けによって破裂するように収束する。民間銀行の新規参入は1997年までの20行の設立で一旦終了するが，その後，当時総合金融サービス会社（General (Financial) Service Companies）と呼ばれる銀行類似会社が群立し，高金利を唱う預金類似商品が流行する。資産価格の高

騰と同時期に起きた事象である。この総合金融サービス会社の破綻が引き金となって，当時の大手行を含む3つの民間銀行に取り付けが起こり，その2つが閉鎖・解散される事態に至った。2行の閉鎖には，麻薬取引にかかわるマネーロンダリングの嫌疑も関係しているが，全体として90年代からの経済成長の中での建設業，不動産業，銀行業の急成長にともなう資産の拡大，および混乱した為替制度を遠因とするアンバランスなマクロ経済を背景とした「不慣れな投機ブーム」が行き着いた先と，総括できるように思える。図9-3でIMFやEIUの推計が示しているように，この取り付けをきっかけに信用が収縮して景気全体が後退した。2003年には（EIUでは04年も），経済はマイナス成長に陥っている。

5. 2000年代半ばの国際的孤立

経済が変調する2003年前後には，政治・外交の方向性にも変化が起きている。「テロとの戦争」の中で米国が主導する麻薬取引とマネーロンダリングの監視強化と，2002年5月のアウンサンスーチーの自宅軟禁の再開に際して，欧米諸国からのミャンマーへの経済制裁が強化された。その結果，伸び始めていた縫製品輸出は禁輸措置によって厳しい制約を受けることになり，また欧米系企業の投資の大きな制約となった。こうしたことも背景に「民主化ロードマップ」を策定するなど改革志向とみられていたキン・ニュン首相が2004年10月に突然解任され，その後はあらゆる政策が内向きの色合いを強めていく。2005年にはヤンゴンからの移転を目指して，内陸部での新首都ネピドーの建設が始められた。2007年にはヤンゴンでの僧侶・市民のデモ行進に対する発砲事件，2008年にはサイクロン・ナルギスの被害への対応の閉鎖性を巡って国際社会からの非難が重なり，国際社会での孤立を深めた。

もっともこの時期には，一方で政権中枢では2011年からの改革につながる動きもはじまっていた。2007年にはテイン・セインが首相に就任し，凍結されていた「民主化ロードマップ」の実行にむけて議論が動き出していた。翌09年になると2010年に新憲法を制定した上で，早急に選挙を実施する方針が公表されている。

6. 2000年代半ばからの経済の静かな回復

　2003年に大きな景気後退に見舞われてから，国際的な孤立感を深める時期のミャンマーでは，実は次の段階の経済構造の変化が生じていた。図9-2に示されているように2000年代の始めに天然ガスが主要輸出品として登場し，05年以降は圧倒的な大きさで輸出の急拡大をもたらすのである。これは1990年代に主に欧米系企業をパートナーに開発をはじめたベンガル湾のガス田開発が生産を開始し，輸出に大きく貢献し始めたことによる。2000年代に生産された天然ガスのほとんどは，エネルギー需要が旺盛なタイにパイプラインで輸出された[8]。これによって貿易収支が大幅に改善して黒字を回復した。図によると99年から2005年頃まで輸入額は横ばいになるが，これは直接的な輸入規制と景気の後退による消費の減少によるものと考えられる。その輸入の抑制傾向のもとで，天然ガス輸出が急伸し，2005年以降は総輸出額が桁違いに増加していることがわかる。改革のはじまる2010頃まで大幅な貿易黒字を享受する状態となっている。

　このことにより90年代末から2000年代前半にミャンマーが直面した深刻な外貨準備の危機は，一気に解決したと見られる。2006年からは輸入も増加しているが，これはネピドー建設をはじめ国内のインフラ整備のための資本財の輸入が増えているからと考えられる。そのような輸入を増やすだけの余裕ができはじめていたことを示唆するものでもある。天然ガスの開発と輸出は，国営企業であるミャンマー石油ガス公社（Myanmar Oil and Gas Enterprise: MOGE）が管轄する外国企業との合弁事業であるので，輸出による外貨は直接政府部門に流入する。それゆえ，天然ガス輸出による公社の利益は，財政を潤すだけでなく，公定レートと市場レートの乖離に影響を受けずに政府が直接獲得できる外貨収入として，直接的に外貨準備の回復につながったと考えられる。そしてそのことによって，2000年代はじめには外貨不足から危機的な状況に陥っていた公定レートの適用よる国営企業への補助金配分が，公社の稼ぐ余剰を他の国営企業に分配するという形で，つまり，民間部門の外貨を収奪することなしに，政府部門の中だけで完結できるようになってきたのである。この変質を反映して，2000年代後半には政府の外貨闇市場への規制や介入はほとんどなくなり，市場レートで取引が行われる民間の外貨市場と，政府内での

外貨の流通とはほぼ完全に分離された状態となっていた。

　天然ガス輸出の急伸は，当然ながら実物経済の構造についても大きな変化が起きたことを意味する。90年代の改革は，その半ばの時期までは1次産品の輸出と国内のサービス・セクターへの投資を中心とする成長をもたらしたに過ぎず，その余波が90年代末からの数年はバブル経済的な状況を作り出した。ただこの時期には，二重為替レートによって輸出がきわめて不利な状況にあったにもかかわらず，90年代末からは縫製業の成長という形で，労働集約産業による工業化の萌芽が見えていた。しかし，そうした萌芽は，欧米の禁輸措置や一段と厳しい輸入規制による原材料の輸入制約によって，大きな成長の機会を逸してしまった。

　そして2000年代後半から天然ガス輸出が急伸し，それが経済の回復を主導したことは，それまでとはまた別の方向に経済成長の構造が変質したこと，つまり資源輸出型の経済構造の性格を強めたことを意味している。このような経済構造には，「資源の呪い」として知られるように，為替レートの増価傾向が工業化の阻害要因になる問題（オランダ病）や，資源価格の変動に，国の財政収支と通貨供給が影響を受けてしまいマクロ経済運営が難しくなる，といった問題が知られている。そして，このような変質は同時期の資源の国際価格の高騰を背景に，多くのアフリカ諸国，ラテンアメリカ諸国あるいはラオスなどの近隣諸国が経験した高成長の構造と共通したものでもある。

7. 経済の担い手

　ここで，この時期の経済成長の担い手である産業や企業の特徴について触れておきたい。軍政下の経済改革では，国営企業改革は，初期に小規模な工場や商店の民営化を実施した以外では目立った成果はなく，むしろ二重為替レートの固守に見られるように，軍政期を通じて国営企業の保護が政策の優先事項となってきた。しかし，実質的な機能面をみると，この20年を通じて，生産の付加価値の比重は明らかに低下している。例えば，全産業では国営企業の付加価値比率は，1986年に全体の21%であったものが，2007年には7.8%にまで低下している。国営企業は形式的に実体を維持しているものの，生産能力という観点から見ればいわば立ち枯れてきた，ということができよう。現在でも国

営企業が圧倒的な役割を果たしているのは，エネルギー分野（2007年時点で76.3%）など特定部門に限られている9)。

国営企業に代わる経済活動の主要な担い手として，軍政期には民間の企業家が大きな成長を遂げている。1990年代に成長した企業家の多くは軍政初期の貿易の「公認」に対応して，農水産物，宝石・碑金属，木材の輸出や消費財の輸入業によって第一段階の財をなし，その上で不動産開発，ホテル・観光，建設業，銀行業などの国内サービス部門に多角化しながら再投資することで飛躍的な成長を遂げて，企業グループを形成してきた。2000年代になると，新首都建設等にかかわるインフラ整備に関与した企業家が新しい世代として台頭する。これらの世代の企業家は軍政と密着した政商色が強いものが目立つ10)。

初期の世代の企業グループの例を挙げると，FMI-SPAグループは，香港で成功した中国系ミャンマー人が，1990年代の軍政の改革に応じて帰国してはじめた企業であり，当初は化粧品などの輸入代行などを行い，後に多くの子会社を設立して，不動産，金融，ホテル，商業にビジネスの範囲を広げている。カンボーザ銀行グループ（Kanbowza Bank Group）は，シャン州のルビー鉱山主が出資して1994年にカンボーザ銀行を設立してはじまっている。2003年の銀行取り付けのあと，高い信用力によって預金を拡大し，民間の最大手行となった。2011年の改革以降は，航空業など近代的サービス業にも参入している。

2000年代以降の新世代の企業グループとしては，例えばアジア・ワールド・グループ（Asia World Group）は，シャン州北部コーカン地域の武装組織のリーダーで，麻薬王としても知られた人物が，政府との和解のあとシンガポールで合法ビジネスに転換して始めた企業グループで，2000年代半ばの新首都建設やヤンゴンのインフラ整備に軍政に協力してミャンマーに再参入をはたしてきた。改革後にもティラワの港湾建設などを担い大きな存在感を示している。同様にツー・グループ（Htoo Group），マックス・ミャンマー・グループ（Max Myanmar Group）などは，ネピドー建設に関与して軍政との協力関係を築いてきたといわれる。

軍政下では軍や政府のさまざまな部門が，民間企業活動に乗り出す動きもあり，これらも一種の企業グループを形成してきた。例えばMyanmar

Economic Corporation と Union Myanmar Economic Holding Limited は，軍が管理する持株会社で，それらの傘下に数多くの企業が運営されている。また，1990年の金融機関法の施行後には，複数の省庁が自ら民間銀行を設立している。各省庁の現業部門である国営企業とは別にこうした形で経済活動に政府・軍が関与を深めたことが，この時期の経済変容の1つの特色である。

産業構造上の1つの特徴は，これらの大規模な企業グループは基本的に国内向けのサービス業，非製造業を担う企業を中核としていることである。90年代末頃から成長の見られた縫製業の業者はきわめて小規模なものとどまる。こうした対照は，輸入代替部門の国営企業を保護する観点から，実効的な為替レートや手続き面の規制などさまざまな形で，輸出部門にとって不利な構造を政府が維持していたことの結果として，経済成長に非製造業への偏りがあったことのミクロレベルでの現れであると，みることもできる。

ただし，輸出部門として特筆すべきは，農産物の輸出である。図9-2にあるように，1990年代には農産物は海産物と合わせて過半を占める主要輸出品だった。輸出品は3種類の豆類が大宗を占め，貿易の開始によって作付面積が広がり続けた。特に2005年以降は生産と輸出の拡大が著しい。ただ，生産の拡大はもっぱら作付面積の拡大によるものであって，生産性の向上は乏しいと言われている[11]。ミャンマーは戦前にはコメの主要輸出国として知られたが，軍政時代にはコメの流通は国営商社を通じてきわめて強い規制下に置かれ，長い間輸出は禁じられてきた。そのコメの輸出は軍政時代の末期の2007年にはじめて認められ，改革後の2012年からは大きな勢いで伸びている。このような結果，農水産物は，軍政時代から現在に至るまで輸出量と輸出品に占める比率を延ばしており，経済の重要な基盤となっている。

第2節　テイン・セイン政権の経済改革

1. テイン・セイン政権の登場と経済改革の開始

テイン・セインが，タン・シュエ国家主席の指名によって首相として登場し

たのは 2007 年である。テイン・セインは首相に就任すると意外な素早さで死文化していた「民主化ロードマップ」を実施に移し，2008 年 5 月には憲法を改正，2010 年 11 月には新憲法に基づく議会選挙を行って議会を再開させた。議会の再開は 20 年ぶりのことであったが，与党も議会も軍の強いコントロールの下におかれ，野党 NLD も選挙をボイコットしたこともあって，この時点では国際社会はまだ情勢変化について懐疑的だった。ところが，2011 年 3 月に招集された議会によって大統領職に就くと，テイン・セインは矢継ぎ早に政治，経済改革に乗り出す。6 月には野党指導者のアウンサンスーチーを自宅軟禁から解き，2012 年 1 月には政治犯の大規模な特赦を実施する。4 月の補欠選挙ではアウンサンスーチーが議員に当選し，「正規の」野党指導者として議会政治に参加を果たすことになった。

　こうした政治改革と平行して経済改革も本格化した。就任直後から，政権は貧困削減と地方開発に重点を置いた経済発展の重要性を唱えてきた。議会政治の開始以降も，建国以来の宿痾ともいうべき複数の少数民族との内戦は終結しておらず，地方開発に重点を置く経済開発の目標もその解決を視野にいれたものであった。2011 年度の間，政治改革を急速に推し進め，政権基盤を固めながら，経済改革に関する基本方針の表明や専門家顧問団の組織化を行ってきた。そして 2012 年度から経済改革への取り組みが本格化する。

2. 為替制度の変革と経済構造改革

　今般の経済改革では，戦略目標を地方を重点とする貧困削減に置きつつも，実際の取り組みは，軍政下で維持されてきた政府の経済運営への強いコントロールを撤廃し，市場経済と工業化という基本的な成長戦略に合うように経済体制を組み替えることが基本方向である。これまで約 4 年間，経済改革は実に様々な面で進められてきている。ここでは見通しをよくするために，その取り組みを大きく 3 つに分けて整理しておきたい。

　第 1 は，政府の強いコントロール下にあった経済システムを，市場経済に移行させていくための経済構造改革である。そのもっとも根本的な課題として，価格メカニズムを機能させるための基本的な制度整備が進められた。2012 年 4 月に，政府は 35 年間維持してきた二重為替レート制のもとでの公定レート

を廃止して，市場レートと同等の「参考レート」を公表する形に切り替えた。これによって市場レートを事実上公認し，管理フロート制として政府・中央銀行が政府と分離していた市場に介入するチャンネルの形成に取り組み始めたのである。これと同時に金融政策の体制の整備も進める。軍政下では，中央銀行は財政歳入省の一部局として位置づけられ赤字財政のファイナンス手段として貨幣供給が左右されて，そのことが根強いインフレ体質をもたらしていた。政権は財政当局と切り離した独立性の高い中央銀行の確立を企図し，2013年8月には新しい中央銀行法のもとで，中央銀行が新規発足した。

　このような標準的な貨幣・金融政策の制度整備は，背後にある軍政下の経済構造と根本的に決別するという，強い政治的決断なしには動き出すことはできないものである。既述のように，政権が2012年度のはじめにまずもって廃止（一元化）に踏み込んだ二重為替レートの制度こそが，価格メカニズムを歪め，工業化につながる輸出成長の基本的な阻害要素でありながらも，国営企業部門を保護する補助金メカニズムの根幹であったために，手をつけることができなかった制度だからである。これを廃止することは国営企業に対する補助金を廃止して，現行の国営企業のシステムを根本的に改革する強い意志があることを意味しているのである。

　同様に，長い間財政に従属していた中央銀行と金融政策を独立させたことは，財政をその貨幣化によって補填することから決別し，為替レート改革の先の視野にある国営企業改革と併せて，財政の構造改革を進める強い意志があることを意味している。

　現実に，為替レートの一元化以降，それまで行われていた国営企業に対する外貨割当は原則として廃止され，移行期間を設けながら，国営企業をどのように改革し民営化を進めて行くかについて検討が始められている。現業部門の数そのものが十分に開示されていないので進捗の実態は必ずしも明らかではないが，工業省傘下の工場のかなりの部分は，すでに民間資本への売却や提携が相当程度進んでいるといわれているし，情報通信や農産物輸出などの分野では，既存の国営企業体を元にしながら外資も含めた民間資金の導入も進められている。

　ただし，2000年代半ばから引き続きミャンマー石油ガス公社を通じた天然

ガスの輸出が財政収入と外貨獲得の重要な要素となっており，公定レートの適用による国営企業への補助金配分のメカニズムは，この公社の収益の配分を他の国営企業が（おそらくは軍などその他の政府機関も）受け取るという形で，政府部門内で完結する構造になっていた。この制度の廃止によって，ほとんどの国営企業が経営困難に直面する一方で，公社において膨大な利益が留保され，明示的な財政収入の増加となってあらわれているはずである。つまり，政府部門全体として補助金の原資には変化はないはずなので，今後の本質的な課題は，必要な部門へのより透明な補助金のメカニズムをどのように再設計するかということにあるはずである。

しかし，現在のミャンマー政府が直面している課題は，実は，それ以前のもっと初歩的なレベルのものである。為替レートの「正常化」を踏まえて，天然ガス輸出の収入が実際にはどのように財政収入につながっているのかという財政フローをミャンマー政府の財政当局者自身が把握しきれていないのが現状で，目下，主要な国際ドナーや国際 NGO である採取産業透明性イニシアティブ（Extractive Industries Transparency Initiative: EITI）の協力とともに，その把握と透明化が進められてきている段階にある。資源輸出に依存する経済のもとでは，資源の国際価格の変動が財政や貨幣供給に意図しない変動をもたらすので，それを制御する制度を構築することが重要であるが，現状はそのためのごく初歩的な準備段階にある，といえる。

3. 輸出工業化にむけての環境整備

上の経済構造改革は，財政金融の安定した運営を確立し，それによってマクロ経済の安定を確立することを目的とするものである。安定したマクロ経済のもとで機能する価格メカニズムは適切なインセンティブをもたらし，先行 ASEAN 諸国が経験したように，国際分業の比較優位に基づく工業化を始動させると見込まれる。軍政下のミャンマーでは建設，不動産といった国内の非貿易部門に偏った成長がみられたが，それらは非貿易部門に有利な価格構造がもたらした歪みであったとみるべきであろう。

先行 ASEAN 諸国が実現しつつある貧困削減は，工業化による長期で安定した経済成長の過程によるものである。前提となる経済構造改革のもとで，具

体的な成長戦略の柱はやはり工業化戦略である。経済改革において経済構造改革と並んで，2011年からミャンマー政府が意欲的に取り組んだものは，この工業化のための基盤整備，とりわけ，直接投資による工業化を本格化させるための投資環境整備に係わる課題である。早くからミャンマー政府の念頭には，港湾と隣接する工業団地というインフラを整備すると同時に輸出加工特区の制度を用意し，輸出製造業を海外から誘致して工業化を進めるという，先行ASEAN諸国の採用したオーソドックスな構想があった。

ただ，ミャンマーではその前提段階として解決しなければならない大きな問題があった。まず，軍政に対する欧米諸国の経済制裁が欧米外資の進出と繊維製品などの輸出の重大な障害となっていた。政府が民主化，野党・少数民族との和解に積極的に取り組んだのは，ある点ではこの欧米の制裁解除を視野に入れたものであり，その意味で制裁は有効であったということができるかもしれない。民主化，内戦の和平交渉への取り組みを踏まえて主な制裁は2012年末までに解除され，この面での障害は概ね除去された。

もう1つの問題として，軍政以前から積み上がってきた対外累積債務が，日本などDAC諸国から新規の政府開発援助（ODA）を受けることの障害となっていた。この点の解決には圧倒的に大きな債権を持つ日本が積極的に協力し，DAC諸国，国際機関に連携して働きかけたことによって，2013年1月までに債務解消が実現した。

こうした環境整備を踏まえて，新たな政府開発援助の計画と共に大規模な港湾インフラの整備が進められている。旗艦プロジェクトとして，日本からの援助を中心とするヤンゴン川河川港のティラワ地域の開発がすすんでいる。この開発は，成果を急ぐミャンマー政府の強い意向もあって2015年秋には一部が稼働を始める予定である。また，ラカイン州のチャオピュー地域では中国の援助によって港湾インフラと工業団地が造成され，沖合のガス田からここを経由して中国雲南省につながるガス・パイプラインも2013年に稼働をはじめている。タイも関与する南部のダウェー地域の計画とあわせて輸出製造業の拠点の形成が進みつつある。これらの港湾インフラは輸出加工特区として税制等の優遇策が与えられる方針といわれ，そのための法制度も徐々に整備されはじめている。その他，ODAの再開によって鉄道，道路，発電設備のリハビリや新規

計画が進行中であり，さらにはODAとの連携によって空港，電気通信分野などでは外資の本格的な導入が試みられている。

このように再開されたODAによるインフラ整備の先に，直接投資による外資の本格進出とそれによる工業化が期待されるところである。2015年半ばの時点で港湾インフラ・工業団地の稼働はまだ端緒についたばかりなので，本格稼働にはなお数年を要すると考えられる。これが本格化するのは2010年代後半になるだろう。

図9-1によって，2000年以降の直接投資の流入の動きを確認しておこう。アジア金融危機の余波で1998年から数年間は新規の直接投資はほとんどなくなる。2005年や2010年には電力やガス田開発分野の特大規模の投資があるが，継続的な外資の進出は，2000年代を通じてほとんど皆無であった。そして，経済改革が本格化する2012年以降，明らかに直接投資は回復する傾向があり，13年にはすでに90年代のピークである1996年の水準を超えるに至っている。進出業種には製造業がある程度含まれるようになってきているが，まだ観光・ホテル・不動産あるいは天然ガス・鉱業分野の投資が過半を占めている。改革で想定している本格的な工業化の始動は，やはりまだ期待される今後の成果という段階に留まっている，といえよう。

4. 各分野の制度構築への取り組み

上記2つの大きな括りの他に，経済改革ではさまざまな分野の基本的な制度構築への取り組みがはじまっている。それは金融政策，金融・企業，土地所有，労働など多岐にわたる。長い間の国際的な孤立の中で，ミャンマーでは経済的制度，法制度の整備が圧倒的に遅れており，政府は改革以降，各分野の制度構築に精力的に取り組んでいる。

例えば，上述のように民間企業部門は，軍事政権下である程度の成長をしてはきたが，きわめて歪んだ構造に陥っていた。政権に近い政商たちが鉱業・建設部門を中心に巨大な企業グループを形成する一方で，中小規模企業からなる縫製業などの輸出製造業は，意図的にゆがめられた為替制度や輸出税などによって不利な環境に直面してきた。2011年以降，政府は競争促進や企業統治の改善を目指している。当面は企業登記の把握や植民地期に制定されたままの

会社法の改正など、より基礎的な取り組みからはじめなければならない。

　企業システムの構築と関係して、中央銀行や市中銀行の決済システムの構築や、今年秋にも予定されている証券取引所の開設といった金融面での制度構築は、日本の官民が集中的に支援する分野でもあり、その成果が期待されるところである。

　制度構築は、労働権や土地制度、教育、社会保障の分野などについても進められている。土地の実質的な所有が認められる方向で制度改革が進み、最低賃金制度も2015年秋に具体的に導入された。教育についても政府の強い管理から自由度を広げることが議論され、医療保険制度の導入の検討も、当局者の話題に上るようになってきている。

　ただ、現状ではあまりに多くの課題がある中で、具体的な成果につながる動きはまだまだ少ない状況である。実質的な成果としては、証券取引所の開設、土地所有の実質的な解禁、労働関係の制度整備といった程度である。2015年11月に迫る議会選挙を控えて、取り組みも少し鈍ってきていた印象もある。

第3節　今後の課題

1. リスク

　一連の政治・経済改革の中で、経済環境は好転しているように見える。ヤンゴンなどの都市部での消費生活はここ数年で劇的に変化したし、自動車の増加や次々と進むホテル・ビル建設は、ミャンマーが経済発展にむけて動き出していることを感じさせる。実際、図9-3にもあるように、成長率はIMF推計で見て、2012年以降7－8％と上昇する傾向にある。ただ、こういった改革以降の経済の好転は、多分に国内・海外の期待に牽引されている面が大きいと見られる。

　テイン・セイン政権は当初から、2015年後半に予定される選挙のタイミングも睨んで、それまでに改革の一定の成果をあげることを目指してきた。現段階でも、インフラ整備、金融制度、一部のサービス産業で部分的に実効的な成果が現れている。しかし、これまで述べたように、今のところ海外からの製造

業の直接投資は大きく拡大してはおらず,それに牽引される工業化の成長経路が回り出すまでには,もう少し時間がかかりそうなのが実状なのである。

　言い換えれば「稼ぎがしら」,つまり生産部門の本質的な構造は,改革以前の 2000 年代後半とまだほとんど変化していないことになる。現在の比較的安定したマクロ経済は,2011 年以降の改革が進められたから実現したものではない。国際社会の批判の中で政権が内陸のネピドーにこもっていた 2007 年頃から天然ガス輸出の余剰が顕著になり,2009 年頃に為替も物価も安定したというのが正しい理解である。すなわち,マクロ経済の安定は改革の結果ではなく,その背中を押した環境であったにすぎないのである。天然ガスの輸出による外貨と財政資金の制約が緩和したからこそ,その余裕の中で,長い間動かすことのできなかった二重為替レートによる国営企業・政府部門への補助金メカニズムの廃止に踏み込むことができた。今般の改革は,経済的に行き詰まったからはじまったものではない点には注意が必要であろう。

　その点で懸念すべきリスクと思われるのは,改革の進む 2011 年以降,そのマクロ経済の前提条件が早くも崩れつつあるように見えることである。図 9-1 にあるように,天然ガス輸出によって大幅に増えた貿易黒字であったが,2010 年から輸入の急増によって,それがほぼ消失してしまい,早くも 2013 年から貿易赤字が急拡大している。輸入の急増の一因は直接投資の拡大による資本財の輸入拡大であろうが,もう 1 つの要素として輸入規制緩和と国内消費の拡大による消費財輸入,特に自動車などの耐久消費財の輸入拡大によるものとも推測される。天然ガス輸出の増加を背景に輸出総額が明らかに伸びているにもかかわらず,この傾向が続いているのである。2015 年の現段階では外貨準備が減少する傾向が指摘され,チャット安も一段と進行している。このことはマクロ経済が再び不安定化するリスクが現実味を帯びてきていることを示しているようでもある。

　このように国際収支環境は明らかに悪化している。天然ガスの国際取引価格は,石油に連動するといわれているので,15 年に入って進む石油価格の低下の影響にも注意が必要である。政権が大胆な政治経済改革に踏み出す際に前提を形成していた良好なマクロ経済をなんとか維持して,できるだけ早く輸出製造業による本格的な工業化を成長軌道に乗せる,これが目指すべき方向性であ

ろう。

2. 改革の現状の到達点

　改革の当初に抜本的な改革が進むと期待されていた経済構造改革は，2015年半ば現在，思ったよりも進捗が遅いように感じられる。二重為替レートの一元化が起爆剤になると見込まれていた国営企業，財政，金融システムなどの経済構造改革については，前述の天然ガス収入を含む財政フローの基本情報の把握といった基礎的作業の目処が立ってきた段階で，改革のグランドデザインが示される段階には至っていない。同様に金融システムについては，一般的な金融機関法の改定案が国会に上程されている段階である。税制，支出についての本格的な改革案や旧体制で機能していた外為銀行や他の国営銀行をどのように改変するかといった議論は，おそらく 2015 年 11 月に実施された国政選挙の後の課題となるだろう。選挙を控えて財政支出拡大と財政赤字の深刻化の噂も聞こえてきている。この選挙後にミャンマー経済は 1 つの正念場を迎える可能性があるかもしれない。

おわりに

　本章では，ミャンマー経済の特徴を紹介するために，対象を主に 1990 年代以降に絞って経済変容の経緯を説明した。これまで述べてきたように，1990年代の軍政の中で形成されたミャンマー経済の構造は非常に複雑である。軍政期のミャンマーでは，二重為替レートをはじめとして政府の強い介入によってきわめて歪んだ構造をもちながら，民間資本の一部に力強い成長が見られ，縫製業の中に工業化の萌芽も見られ，そして豊かな天然資源の輸出を政府が主導する形で，断続的に成長が続いてきた。2011 年からの経済改革は，これを踏まえて，一面ではその活力を引き継ぎ，一面ではその歪みを大胆に是正しながら持続可能な成長経路に経済を乗せていく大仕事である。
　2015 年半ばの現段階では，それはまだまだ途上にある。工業化のためのインフラ整備の側面は比較的順調に進捗し，これから数年で成果が現れてくると

予想される。しかし，財政・金融をふくめた経済構造改革は，実質的な内容にはまだほとんど踏み込めていない。

そうした経済改革の課題を多く残したまま，2015年11月の選挙の結果，政権がNLDに移行する見通しになった。新しい政権は，テイン・セイン政権の改革路線を基本的には引き継ぐことになると予想されるが，財政・金融あるいは企業システムなどの経済構造改革に具体的に切り込むとすれば，軍などのもつ既得権に直面し，その調整が必要となってくるであろう。おそらくその調整は時間のかかる作業であろうし，軍が対少数民族和平などに一定の役割を果たしている現実を踏まえると，実際，段階を踏んで進めていくべきものであるように思われる。おそらくは，新政権にこのような意味での軍との妥協と協力関係の構築ができるかどうか，そしてテイン・セイン政権の中で，改革の実質的部分を担いながら形成されてきた文民テクノクラート層をうまく引き継ぐことができるかどうか，こうしたことが今後の改革の成否の鍵となろう。

ミャンマー経済に関する情報は，GDP成長率すら確定できないことからもわかるように，質的なもの量的なものともに，きわめて乏しいのが現状である。小論を閉じるに当たって，本章の説明がそうした乏しい断片的な情報をつなげながら著者が得た理解に過ぎないことを，付言しておきたい。

本章で取り上げた図表の貿易統計には，ミャンマーの主要輸出品である宝石・貴金属類の把握が不十分だとの指摘がある。直接投資には，2000年代半ばの中国からのさまざまな形式の投資が含まれていない可能性が，国際収支統計には在外ミャンマー人の送金がほとんど把握されていないといった問題点が，しばしば指摘されている。質的情報については，例えばいくつかの企業グループ，特に軍系の企業グループの実態についての情報はなかなか出てこない。政府部門についてですら，国営企業の詳細ははっきりしないのが現状である。2014年8月に公表された30年ぶりの人口センサスの結果，ミャンマーの総人口はこれまでの政府推計の6100万人より1000万人程度も少ない5141万人であることが判明している。ミャンマー経済の本当の姿は，政府統計の向上によって，将来より詳細に解明されてくる余地が大いに残っている。

（三重野文晴）

注

1) State Law and Order Restoration Council: SLORC。1993年にタン・シュエ将軍が実権を握り，2010年まで国家主席として軍政を主導する。SLORCは，1997年に国家平和発展評議会 (State Peace and Development Council: SPDC) に名称変更されている。
2) この節では，数値については必要部分を挙げるにとどめているが，基本傾向は，次節以降の図9-1から9-4の長期趨勢の中に含まれているので，あわせて参考にされたい。
3) 西沢・桐生 (1996)，97頁。
4) 久保 (2012)。
5) 例えば，2004, 2005年度のインフレ率はそれぞれ40.1%, 43.5%に達した (Mieno 2013, p.102, Table 1)。
6) Economic Intelligent Unit，ロンドン・エコノミスト誌系の情報会社。
7) 政府の公式統計は，現在の経済改革後の2012年度からIMF推計とほぼ一致するようになってきている。
8) なお，2013年にはチャオピュー経由で中国雲南省までのパイプラインが完成し，中国への輸出も拡大している。
9) The Ministry of National Planning and Economic Development Review.
10) Aung Min & Kudo (2014) は新聞・雑誌情報からミャンマーの主要企業グループの概要をまとめている。三重野 (2005), Mieno (2009) は，ヒアリング調査からいくつかの企業グループの概要を整理している。
11) Fujita & Okamoto (2009)。

参考文献
(日本語)
尾高煌之助・三重野文晴 (2012),『ミャンマー経済の新しい光』勁草書房。
桐生稔・西沢信善 (1996),『ミャンマー経済入門』日本評論社。
久保公二 (2013),「対外開放後ミャンマーの資本蓄積」藤田幸一編『ミャンマー移行経済の変容―市場と統制のはざまで―』アジア経済研究所。
久保公二 (2012),「為替レートの増価と為替制度改革」尾高煌之助・三重野文晴編『ミャンマー経済の新しい光』勁草書房。
福井龍，久保公二，三重野文晴 (2005),「移行経済下ミャンマーの金融セクター」藤田幸一編『ミャンマー移行経済への変容―市場と統制のはざまで―』アジア経済研究所。
藤田幸一・岡本郁子 (2005),「開放経済下のミャンマー農業」藤田幸一編『ミャンマー移行経済の変容―市場と統制のはざまで―』アジア経済研究所。
三重野文晴 (2005),「対外開放後ミャンマーの資本蓄積」藤田幸一編『ミャンマー移行経済の変容―市場と統制のはざまで―』アジア経済研究所。
三重野文晴 (2012),「成長の構造とマクロ経済―軍政下の経済20年の解釈」尾高煌之助・三重野文晴編『ミャンマー経済の新しい光』勁草書房。

(外国語)
Asian Development Bank (2012), Myanmar in Transition: Opportunities and Challengers. Manila: Asian Development Bank.
Asian Development Bank (2014), Myanmar Unlocking the Potential: Country Diagnostic Study. Manila: Asian Development Bank.
Aung Min & Toshihiro Kudo (2014), "Business Conglomerates in the Context of

Myanmar's Economic Reform," In: Lim H. and Yamada Y. (Eds), *Myanmar's Integration with Global Economy Outlook and Opportunities*, Chapter 6, BRC Research Report, Bangkok.

Fujita, Koichi & Okamoto I. (2009), "Overview of Agricultural Policies and the Development in Myanmar," In: Fujita K., Mieno F. & Okamoto I. (Eds), *Economic Transition in Myanmar after 1988: Market Economy versus State Control*, pp.169-215, Singapore: NUS Press & Kyoto University Press.

Fujita, Koichi, Fumiharu Mieno and Ikuko Okamoto (2009), *Economic Transition in Myanmar After 1988: Market Economy Versus State Control*, NUS Press & CSEAS of Kyoto University, Singapore.

Mieno, Fumiharu (2009), "Characteristics of Capital Accumulation in Myanmar, 1988-2003." In: Fujita K., Mieno F. & Okamoto I. (Eds), *Economic Transition in Myanmar after 1988: Market Economy versus State Control*, pp.23-65, Singapore: NUS Press & CSEAS of Kyoto University.

Mieno, Fumiharu (2013), "Toward Myanmar's New Stage of Development: Transition from Military Rule to the Market," *Asian Economic Policy Review*, Vol.8, No.1, June 2013.

Mya Than & Myat Thein (2000), *Financial Resources for Development in Myanmar: Lessons from Asia*, Institute of Southeast Asian Studies, Singapore.

Myat Thein (2004), *Economic Development of Myanmar*, Singapore: Institute of Southeast Asian Studies.

Turnell, Sean (2009), *Fiery Doragons:Banks, Moneylenders and Microfinance in Burma*, Niras Press, Copenhagen.

Turnell, Sean (2011), "Fundamentals of Myanmar's Macroeconomy: A Political Economy Perspective," *Asian Economic Policy Review*, 6(1), 136-153.

Sandra Wang (2004), "Private Banks in Myanmar (1990-2003)," 「市場経済移行下のミャンマー：その発展過程および現状」プロジェクト中間報告書。

第Ⅱ部

地域としてのASEANと日本・中国

第 10 章

FTA から経済共同体へ
―ASEAN の経済統合の現状と展望―

はじめに

　ASEAN は世界で最も成功した途上国の地域協力機構といわれているが，地域統合でも途上国で ASEAN は最も成功していると評価できる。1993 年に開始した AFTA は今では世界も自由化率の高い FTA である。2015 年末創設の ASEAN 経済共同体は AFTA の次の統合としてサービス貿易や投資など深い統合を目指している。市場統合だけでなく，インフラ整備など輸送やエネルギーの協力，知的財産権保護，格差是正など非常に広範な分野での統合と協力を行う壮大なプロジェクトである。2015 年末は「通過点」であり，2016 年以降も自由化，円滑化，インフラ建設など経済共同体への行動は継続される。

　本章は，AFTA から ASEAN 経済共同体への展開を統合の深化として捉え，その経緯，統合のメカニズムと内容，成果と見通しなどを検討している。第 1 節では，1977 年の PTA の挫折を踏まえて 1993 年に開始された AFTA の目的，制度，展開，成果と成功の要因などを検討している。第 2 節では，ASEAN 経済共同体について，何のために創るのか，どのような経済統合なのかなど基本的な事項を説明している。第 3 節では，公的資料を使って 2015 年 12 月 31 日創設の ASEAN 経済共同体創設の行動計画の進展状況を検討しており，「おわりに」で課題と展望を論じている。

第1節　ASEAN 自由貿易地域の創設と成果

1.　AFTA 創設前の貿易自由化

　ASEAN が本格的な貿易自由化に取り組んだのは，1992 年に ASEAN 自由貿易地域（AFTA）に合意してからである。1967 年 8 月に創設された ASEAN が経済協力を開始したのは 1976 年の「ASEAN 協和宣言」以降であり，経済大臣会合は 1976 年に初めて開催された。貿易自由化については，1977 年に発効した ASEAN 特恵貿易制度（PTA）に取組んだ。PTA は，基礎的産品，ASEAN 共同工業プロジェクト（AIP），ASEAN 工業補完協定（AIC）の 2 つの産業協力プロジェクトの産品と交渉で合意した品目を対象に関税を削減するというスキームだった[1]。PTA そして AIP と AIC は，政策の実践および域内市場の相互依存性の創出の点で失敗に終わった（清水 2015a，144-145 頁）。PTA の失敗の理由は，① 品目ごとの交渉だったこと，② スキーと原子炉を自由化品目に指定したことに象徴される真剣さの欠如，が指摘されている（Chia and Plummer 2015, pp.3-4）。基本的な理由は，各国の輸入代替工業化戦略を ASEAN が支援する集団的輸入代替重化学工業化戦略による自由化であり，各国の利害が対立し，それを解決できないことであった（清水 2015a, 144-145 頁）。

　実効性のある協力が実現したのは，1988 年のブランド別自動車部品相互補完流通計画（BBC）である。BBC は三菱自動車工業が ASEAN に提案したスキームで，自動車メーカーが部品の ASEAN 域内貿易に対して 50％の関税削減を与えた。BBC は三菱自工，トヨタ，日産などにより活用され，部品の集中生産と域内補完を進展させた（清水 2015b，254-256 頁）。1992 年に ASEAN 自由貿易地域（AFTA）創設が合意されると BBC を全品目に拡大し AFTA に統合する AICO（ASEAN 産業協力スキーム）が 1996 年から実施された。AICO は ASEAN 域内の企業内貿易に 0－5％の特恵税率を適用するなど自由化率も高まった。実効性のある協力を行うようになった背景には，1985 年のプラザ合意以降，日本を初め NIES からの直接投資が急増し，ASEAN 各

国が外資主導の輸出指向型工業化に転換し，ASEAN がそれを支援する「集団的外資依存輸出指向型工業化戦略」を推進するようになったことがある（清水 2015a，144-145 頁）。1990 年代に入り，NAFTA や EU の単一市場実現など世界的な地域統合の進展，中国の改革開放による急成長と外国投資の急増，APEC（アジア太平洋経済協力）の制度化，カンボジア和平の実現（インドシナの戦場から市場への転換）などの ASEAN を取巻く環境変化を受けて，ASEAN は本格的な貿易自由化スキームである AFTA を開始することになった（清水 2015b，145 頁）。

2．AFTA の創設
(1) AFTA の創設とその目的

AFTA は，1991 年の経済閣僚会議での合意を経て，1992 年にシンガポールで開催された首脳会議で承認され，1993 年 1 月から開始されている[2]。1992 年の首脳会議では，ASEAN 経済協力強化のための枠組み協定（The Framework Agreement on Enhancing ASEAN Economic Cooperation，以下，枠組み協定）が調印された。枠組み協定は，第 2 条で，① 全加盟国が ASEAN 自由貿易地域（AFTA）に 15 年以内に加わることに合意，② 共通効果特恵関税制度（Common Effective Preferential Tariff, CEPT）が AFTA のメカニズムとなること，③ 非関税障壁の削減・撤廃を行うこと，を規定している。

首脳会議では，シンガポール宣言を発表するとともに CEPT 協定に調印した。シンガポール宣言は，AFTA については，1993 年 1 月 1 日から 15 年以内に域内関税を 0-5％に削減することと 15 品目を自由化加速品目とすることを明らかにしている。CEPT 協定は AFTA 実現のための関税削減方式，原産地規則などを規定している。当初は 15 年で 0-5％への関税削減を行なう計画だったが，後述のとおり変更が加えられ 10 年間で当初目標を実現している。

（AFTA の目的）

AFTA はタイが 1991 年に提案した構想であり，タイの提案には ① ウルグアイラウンド締結によるグローバルな貿易自由化に備える，② 多国籍企業の投資を誘致する，③ NAFTA と EU の単一市場創設の中で ASEAN が重要性

を失わないためには統合が必要,④ APEC に ASEAN がより強固な経済実体として参加する,の4つが AFTA の目的として掲げられていた。中でも重要なのは,外国投資誘致であり,シンガポールのゴー・チョクトン首相（当時），タイのアナン首相という2人の AFTA 推進者は,外国投資の誘致を強調している (Chia and Plummer 2015 pp.50-51)。この背景には，中国への外国投資ブームが 1990 年代に入り起きたことがある。

(2) 柔軟かつ段階的な関税削減

AFTA の当初の目標は関税撤廃ではなく，0－5％への削減であり，関税撤廃は 1999 年に目標年次が決定された。削減を目標としたのは，AFTA が発展途上国間の FTA であるため，WTO と地域貿易協定についての規律上では GATT24 条ではなく授権条項に基づいているためである[3]。また，削減は下記のように段階的に行う方式を採用した。

（関税削減）

削減方式は，① 自由化品目と一時的除外品目など4つに品目を分け，一時的除外品目を順次自由化品目に移す，② 国と品目により異なる削減スケジュールを設定し段階的に削減する，という柔軟な方式である。

対象品目は，自由化品目 (IL : Inclusion List)，一定期間削減の対象外とする一時的除外品目 (TEL : Temporary Exclusion List)，未加工農産物であるセンシティブ・リスト (SL : Sensitive List)，安全保障や公徳，健康の保護のための一般的除外品目 (GEL : General Exclusion List) に分けられている。IL は 0－5％への関税削減品目である。TEL は段階的に IL に移行する。削減目標は，ASEAN6は，2002年，ベトナムは 2006 年，ラオスとミャンマーは 2008 年，カンボジアは 2008 年である。SL の 0－5％への関税削減は ASEAN6 が 2010 年，ベトナムは 2013 年，ラオスとミャンマーは 2015 年，カンボジアは 2017 年までとなっている。

関税撤廃スケジュールは，ファスト・トラックとノーマル・トラックに分かれている。ファスト・トラックは 15 品目を対象として早期に関税削減（関税率 20％以上品目は 2000 年1月，20％と 20％以下の品目は 1998 年1月）を行う。ノーマル・トラック品目は，関税率 20％以上の品目は 2002 年1月，20％および 20％以下の品目は 2000 年1月に 0－5％に削減する。

(原産地規則)

累積付加価値基準を採用しており、ASEAN加盟国からのコンテント（原材料、部品）が40%以上であれば、ASEAN原産品と認められる。1ヵ国でも累積でも良い。なお、2008年に日系企業などの要望に応えて関税番号変更基準が追加され、付加価値基準か関税番号変更基準のどちらかを満たせばよい（選択方式）。原産地証明書はフォームDと呼ばれ、各国政府（経済産業省、商業省など）が発給する。第3国を経由する貿易には、Back to BackフォームDを取得すればAFTAの対象とすることが出来る。

(その他の規定)

特恵関税の供与は互恵的である。相手国が削減の対象としていない品目は関税削減の対象としなくてもよい（互恵方式）。実質的に例外品目を増加させることになるが、各国が関税撤廃を進めれば問題はなくなる。数量制限の撤廃および譲許の享受（0-5%への関税削減）後5年以内に段階的に非関税障壁の撤廃を行う。ただし、非関税障壁の撤廃はほとんど進展しなかった。

(3) AFTAの加速と完成

(AFTAの加速)

1994年と1998年の2回にわたり、AFTAの加速が決定された。1994年の経済閣僚会議では、0-5%への削減を当初計画の2008年から2003年に前倒しすることなどが決定された。翌1995年の首脳会議では、2000年までに0-5%への削減品目を最大とすること、2003年までに関税撤廃品目を拡大することが合意されている。

通貨危機の最中の1998年に開催された首脳会議では、ASEAN6の関税率0-5%への削減を2003年から2002年に1年早めること、2000年までに0-5%品目を90%以上とすることなどが決められた。新規加盟国についても、ベトナムが0-5%品目を2003年までに、ラオスとミャンマーが2005年までに最大とすることなどが合意された。

関税撤廃は、1999年の首脳会議で、ASEAN6は2010年、新規加盟国は2015年（センシティブ品目の一部は2018年）との約束が行われた。同年のAFTA評議会（AFTA Council）では、ASEAN6は2015年、新規加盟国は2018年と決定されており、関税撤廃時期も前倒しされている。さらに、2004

年のビエンチャン行動計画で関税撤廃時期は ASEAN 6 が 2010 年，CLMV が 2015 年に前倒しされた。ASEAN 6 は計画通り 2010 年 1 月に関税撤廃を実現している。

(4) AFTA の評価

（極めて高い自由化率）

AFTA は段階的で柔軟な自由化を行なったため，開始直後は自由化の進展が遅く，極めて評価が低く，Agree Fast Talk After（合意は早いが後はおしゃべりばかり）と揶揄されるほどだった。しかし，何度かの自由化加速を経て，関税削減・撤廃を進めてきている。2015 年 10 月時点の自由化率（関税撤廃品目の比率）は ASEAN 6 が 99.2%，CLMV が 90.9%，ASEAN 全体では 95.9% となっている（ASEAN Secretariat 2015, p.10）。CLMV は残りの 7%の品目の関税を 2018 年 1 月に撤廃するので，最終的に AFTA の自由化率は 99% を超え，TPP（環太平洋経済連携協定）とほぼ同じ自由化レベルの高い FTA になる。ちなみに，日本の締結してきた FTA の日本側の自由化率は 84%〜89% であり，AFTA よりもはるかに低い。なお，TPP の日本の自由化率は 95.1% となった。

（AFTA の利用）

AFTA の利用状況については厳しい評価が多い。Chia and Plummer (2015) は AFTA の利用率は極めて低いと述べ，その理由として，① 特恵マージン（AFTA の税率と一般に適用される MFN 税率の差）が小さい，② 非関税障壁の存在，③ IT 製品は WTO の情報技術協定（ITA）により関税がゼロとなっている，④ 投資優遇措置などにより無関税輸入が可能，⑤ 中小企業が利用していない，⑥ 原産地規則による制約などを指摘している（Chia and Plummer 2015, pp.54-55）。

Inama and Sim (2015) も 2011 年の AFTA 評議会への報告に基づき AFTA の利用率は極端に低いとしている（Inama and Sim 2015, pp.7-11）。この報告はフォーム D による輸入額の ASEAN 域内からの輸入に占める比率をまとめたものである（表 10-1）。各国の輸入における AFTA 利用率は (2010 年)，最も高いのがカンボジアの 47.1%，続いてフィリピンの 41.2% である。タイは 22.6%，インドネシアは 19.0%，ベトナムは 13.4%，マレーシア

は 11.1% であり，ラオスは 3.4%，ブルネイ 3.3%，ミャンマー 0.5% と極めて低い。ただし，相手国別の利用率をみると，インドネシアの対ミャンマー輸入が 86.7%，対タイ輸入が 56.0%，フィリピンの対ミャンマー輸入が 77.3%，対インドネシア輸入が 70.6%，対タイ輸入が 67.9%，タイの対フィリピン輸入が 45.8% など「極端な低さ」ではない。

　一方，助川は，タイ商務省が公表している AFTA の原産地証明（フォーム D）の発給額を使い，輸出額に占める AFTA を利用した輸出額の比率（AFTA 利用率）を算出し，AFTA の利用率が高まっていることとインドネシアとフィリピンへの輸出の利用率は高いと指摘している（助川 2014）。それによると，タイの輸出における AFTA 利用率は 2000 年の 6.4% から 2013 年には 31.4% に上昇している。2013 年をみると，インドネシア向けが 66.1%，フィリピン向けが 60.0%，ベトナム向けが 52.1% などと高くなっている。シンガポール向け輸出では大半の品目で AFTA を使う必要がないため，2013 年のシンガポールを除く ASEAN 向けの利用率は 37.1% となる。

　評価がこのように異なっているのは，① 輸出国と輸入国の組み合わせにより利用状況が非常に異なっている，② 年を追うに従い AFTA の関税削減・撤廃が急速に進展し特恵マージンが大きくなり利用率が高まる傾向にあること，③ 特恵マージンの大きな品目は自動車，家電などであり，日系企業など外資の役割が大きな業種であること，などがあると考えられる[4]。

　自動車産業については，2005 年と 2013 年を比較すると域内貿易額は増加しており，とくにマレーシアからタイへの完成車輸出は 50.6 倍，インドネシアへは 10.8 倍，ガソリンエンジンのタイからインドネシアへの輸出は 1574 倍と急増している（山元 2015，221-222 頁）。企業ベースでみると，自動車部品製造のデンソーの ASEAN 域内取引における AFTA 利用率（2013 年）は，98% と極めて高い（助川 2015c，186 頁）。

　FTA の正確な利用率の算出は容易ではない。正確な利用率は，MFN の無税品目，無税輸入品目が可能な品目を除き，有税品目に対する FTA 利用品目の割合とすべきであろう。また，FTA の利用は産業および企業により大きく異なることも留意すべきである[5]。

　（域内貿易比率の評価）

表 10-1　2010年のAFTAの利用率

（単位：％）

輸入国＼輸出国	ブルネイ	インドネシア	マレーシア	フィリピン	シンガポール	タイ	ベトナム	カンボジア	ラオス	ミャンマー	ASEAN
ブルネイ		23.5	2.6	13.9	1.2	5.3	18.7	0	0	0	3.3
インドネシア			19.1	33.2	4.9	56.0	25.2	10.3	30.7	86.7	19.0
マレーシア											11.1
フィリピン	186.2	70.6	37.1		19.1	67.9	12.0	0	0	77.3	41.2
タイ	0	41.4	15.8	45.8	13.9		33.8	18.9	45.4	1.4	22.6
ベトナム	0	21.2	12.7	10.8	4.2	19.8		18.9	0	4.4	13.4
カンボジア											47.1
ラオス	0	1.4	0	0	0.2	3.8	0.1	0			3.4
ミャンマー	0	0.5	1.1	0	0.1	1.4	0.4	0	0		0.5
ASEAN	0.7	47.4	19.2	38.2	8.2	49.9	21.2	18.6	32.0	3.2	

注：①マレーシア，カンボジアは合計額のみ。②ブルネイとベトナムは1月-6月，タイは1月-9月。③フィリピンのブルネイからの輸入は，フォームD発行額が輸入額を超えている。

出所：Inama and Sim (2015), pp.8-9, に一部追加。原資料は，2011年8月11日のAFTA評議会への提出資料である。

AFTAについては，域内貿易比率が低く，したがって効果がないという評価がある。たしかに，AFTAの域内貿易比率は1990年の17%から2003年には25%前後に上昇したが，その後は高まっていない。NAFTAの域内貿易比率は56%（2012年），EUは40%であり，確かにAFTAの域内貿易比率は小さい。

一方，ナヤ（2013）は，規模の影響を切り離して評価すれば（世界の貿易におけるASEANの貿易規模を考慮すれば），AFTAは「自然発生的な貿易協定である」と評価している（ナヤ 2013，148頁）[6]。岡部（2014）は，域内貿易結合度（ナヤの貿易バイアスと同じ計測方法である）でみるとAFTAはAPEC，EU，NAFTAを大きく上回っており，ASEANの域内貿易はかなり大きいと評価している。さらに，ASEAN各国のGDP，加盟国間の距離などを考慮して理論的な域内貿易額を計算すると域内貿易率は約26%となり，25%というAFTAの域内貿易比率は妥当であるとしている（岡部 2015，51-52頁）。

域内貿易比率が25%前後である背景には，ASEAN主要国は域外から資本を導入し，主に先進国に製造業完成品を輸出することにより発展してきており，20世紀に入ってからは中国向けの中間財が輸出を牽引したという歴史的推移がある。今後，各国の消費市場の発展によりASEAN域内向けの消費財輸出が上れば域内輸出比率が徐々に高まることが期待できる。

（AFTAの成功要因）

AFTAは，①極めて高いレベルのFTAを計画通り実現した，②企業によるFTAの利用率も高まっている，という点で成功と評価できる。AFTAがPTAと異なり成功した背景には，輸入代替工業化期であり経済ナショナリズムに基づく外資に対する警戒心が強い時期の試みだったPTAに対して，ASEAN主要国が輸出指向工業化に転換し外資を積極的に導入するように変わった時期にAFTAが開始されたことがある。自由化の進め方については，前述のように関税削減・撤廃を極めて柔軟かつ段階的に行なったことが大きい。1993年に開始し最終的に完成するのは2018年であるから25年をかけたことになる。経済格差，産業の発展レベルの違いが極めて大きいため，漸進主義による自由化が奏功したと評価できる。また，原産地規則などルールをユー

ザーである企業の要望を取り入れることにより使いやすいものに改善するなどの柔軟さがあったことも利用率の向上の面で効果があったと考えられる。

第2節　FTAから経済共同体へ：ASEAN統合の深化

1. AFTAの次の統合としてのASEAN経済共同体

　AFTAの当初目標を2002年（一部品目は2003年）にほぼ実現したASEANは，次の統合の目標にASEAN経済共同体（AEC）を掲げた。AECは，物品の貿易（AFTA）に続く統合であり，サービス貿易，投資，人の移動などを含む「深い統合」を目指している。サービス貿易，投資などは1990年代から自由化が進められてきたが，AECにより目標を明確に設定し総合的に自由化を進めることになった[7]。

（ASEANビジョン2020）

　経済だけではなく，安全保障，社会文化まで含む統合構想が最初に打ち出されたのは1997年の「ASEANビジョン2020」である。「ASEANビジョン2020」は，「外向きで，平和と安定，繁栄のうちに生存し，ダイナミックな発展における連携と思いやりのある社会の共同体に結合された東南アジアの国々の協調」というビジョンを提示している。そして，安全保障，経済，社会・文化の3つの分野で協力の方向が具体的に提示された（ASEAN Secretariat 1997）。

　経済分野については，「ダイナミックな発展における連携（A Partnership in Dynamic Development）」として，物，サービス，投資の自由な移動，資本のより自由な移動，平等な経済発展，貧困と社会経済的不均衡の削減が実現した，安定・繁栄・強い競争力のあるASEAN経済地域の創造を目標としている。そのために，AFTAの完全実施，サービス貿易の自由化加速，2010年までのASEAN投資地域（AIA）の実現と2020年までの投資自由化，金融・通貨協力など広範な分野での協力を戦略として打ち出している。

　ASEAN共同体構想を具体的な目標として明らかにしたのは，2003年10月の第9回首脳会議で採択された「第2 ASEAN協和宣言」である。第2 ASEAN協和宣言は，安全保障共同体（後に政治安全保障共同体に改称：ASEAN

Political and Security Community: APSC), 経済共同体 (ASEAN Economic Community: AEC), 社会・文化共同体 (ASEAN Socio-Cultural Community: ASCC) より構成される ASEAN 共同体を2020年に創設することを明らかにした。なお, ASEAN 共同体の創設は2007年の首脳会議で2015年に前倒しされている (ASEAN Secretariat 2003)。

ASEAN 経済共同体は「ASEAN ビジョン2020」で提示された経済統合の最終目標の実現であり,「明確なスケジュールと既存および新たなイニシアチブにより経済統合を深化・拡大する」ことと, ASEAN は「単一の市場と生産基地 (a single market and production base)」となり,「多様性をグローバルなサプライチェーンのダイナミックで強力な一部とする機会に転化する」としている。

2. AEC ブループリントの発表

AEC 創設に向けて, 2004年から2010年までのビエンチャン行動計画が作られ, 物品貿易, サービス貿易自由化など既存の取り組みに加えて, 11分野の統合を優先的に行なう枠組み協定が締結され, ASEAN 6 は2007年までに関税を撤廃するなどの早期自由化措置が決められた。AEC 全分野をカバーし, 2015年までの行動計画として ASEAN 経済共同体ブループリントが2007年の首脳会議で採択された (ASEAN Secretariat 2008)。

AEC ブループリントは, 2008年から2015年までの経済共同体実現のためのマスタープランである。ブループリントによると, ASEAN 経済共同体により, ASEAN は自由貿易地域 (FTA) から「物品, サービス, 投資, 熟練労働者の自由な移動, 資本のより自由な移動」が行われる地域に統合が深化し, ダイナミックで競争力のある地域になるとともに発展の格差に取り組むとしている。

ブループリントは, ASEAN 経済共同体の4つの特徴 (目標) として, ① 単一の市場と生産基地, ② 競争力のある地域, ③ 公平な経済発展, ④ グローバルな経済への統合, をあげている[8]。また, コア・エレメントとして物品の自由な移動からグローバル・サプライ・ネットワークへの参加まで17項目をあげている。ブループリントの構成は, 4つの特徴の各コア・エレメントに

措置とスケジュールを提示し，実施メカニズムと戦略スケジュールを加えたものである（表10-2）。戦略スケジュールは，2008－2009年のフェーズ1から2014－2015年のフェーズ4まで4段階となっている。

（重層的な行動計画の実施）

ASEAN経済共同体は，AECブループリントをベースとしつつ，その他の計画を併行して実施している。最も重要なのは，2010年に発表されたASEAN連結性マスタープラン（MPAC）である（ASEAN Secretariat 2011）。連結性（connectivity）とは，物，サービス，人などの移動を円滑にするためのインフラ，制度を意味している。物的連結性（道路，鉄道などインフラ整備），制度的連結性（交通協定など），人的連結性（観光など）の3つの連結性に分けて合計19のプロジェクトを提示している。MPACは，ブループリントの内容が貧弱であり実施が遅れていた輸送関連インフラ建設・整備および交通協定の実施を促進する目的を持っている。輸送関連インフラ整備はCLMVで遅れており，MPACは格差是正にも大きな役割を果たすことが期待されている。

分野別には，輸送分野のブルネイ行動計画など多くの分野別行動計画が作られている。アジア開発銀行が主導して1992年に開始された大メコン圏（GMS）プログラムは道路およびメコン川の橋梁建設を核に工業団地，観光などの開発を行なう経済回廊構想を進めており，東西，南北，南部の3大経済回廊が重要である[9]。3大経済回廊はすでに実現し一部では日系企業の利用が始まっている。ASEANの対話国はASEANに対しハード，ソフトの支援を行

表10-2 経済共同体ブループリントの4つの目標

A. 単一の市場と生産基地	①物品の自由な移動，②サービスの自由な移動，③投資の自由な移動，④資本のより自由な移動，⑤熟練労働者の自由な移動，⑥優先統合分野，⑦食料・農業・林業
B. 競争力のある経済地域	①競争政策，②消費者保護，③知的所有権，④インフラ開発，⑤税制，⑥電子商取引
C. 公平な経済発展	①中小企業，②ASEAN統合イニシアチブ
D. グローバル経済への統合	①対外経済関係，②グローバル・サプライ・ネットワークへの参加

出所：ASEAN事務局，ASEAN Economic Community Blueprintにより作成。

なっている[10]。

3. なぜ経済共同体を創るのか

ASEAN経済共同体は,2002年の首脳会議でシンガポールのゴー・チョクトン首相(当時)が統合の次の段階をASEAN経済共同体と名づけるべきとして提案したものである。ゴー首相および他の首脳は,通貨危機後ASEANの外国投資を惹きつける力が弱体化していることを懸念しており,統合の深化が困難に対処する唯一の方法であると確信していた。そして,ASEANは,統合に真剣であり,統合の明確な目標を持ち,そのための明確なステップを持っていることを投資家に理解させねばならないと考えていたことが経済共同体という言葉を使用した理由となっている(Severino 2006 pp.343-344)。

この背景には,ASEANは1997年-98年のアジア通貨危機でインドネシア,タイなど主要国が大幅なマイナス成長を記録するなど経済的に大きな打撃を受けた一方,21世紀に入り中国に加えインドが外国投資先として注目を集めたことがある。AFTAと同様にASEAN経済共同体も外国投資の誘致を狙いとしていたのである。

外国投資の誘致は,AECの目的の1つである「グローバルなサプライチェーンへの参加」にも不可欠である。グローバル企業の競争力はコストとスピード(リードタイムの短縮)で決まる。そのためには,原材料・部品の調達から生産,販売にいたる国境を越えたサプライチェーンを効率的に構築することが求められる。途上国の産業競争力の強化と持続的発展には国境を超える生産ネットワークへの参加が決定的に重要であり,関税撤廃だけでなく国境措置(浅い統合)だけでなく投資,サービス貿易の自由化など国内措置の自由化(深い統合)が求められる。AECは深い統合の実現を目的としている。

4. ASEAN経済共同体とは

ASEAN経済共同体は,AFTAの次の段階の統合として提案されている。具体的な内容は,AECブループリントに示されており,4つの目標は,① 市場統合,② インフラ整備など共通政策,③ 格差是正,④ 域外とのFTA,と換言できる。この中で最も重要なのは市場統合である。ベラ・バラッサによる

と，地域統合の発展段階は，自由貿易地域（FTA），関税同盟，共同市場，経済同盟，完全な統合とされており，欧州の地域統合はほぼこの順序で発展している。ASEAN 経済共同体の市場統合は次のような特徴を持っている。① 物品貿易は自由化するが，原産地規則を満たした産品が対象である，② サービス貿易は制限が残る（後述），③ 投資自由化は最低限の規制が残る，④ 人の移動は熟練労働者のみが対象，⑤ 政府調達は自由化の対象外，⑥ 域外共通関税は採用しない，⑦ 共通通貨は目指さない。こうした統合は，関税同盟あるいは共同市場ではなく，ましてや経済同盟ではない。しかし，ASEAN 経済共同体は FTA を超える深い統合であり，FTA プラスと呼ぶことができる。自由化の範囲とレベルは，日本が締結している経済連携協定（EPA）に似ている。ただし，ASEAN 経済共同体は，輸送やエネルギー協力，インフラの整備，格差の是正，域外との FTA 締結などを含んでおり，EPA よりも対象分野ははるかに大きく壮大な統合計画である。

第3節　ASEAN 経済共同体の創設と行動計画の進捗状況

本節では，2015 年 12 月 31 日創設の ASEAN 経済共同体行動計画の進捗状況について ASEAN 事務局の資料などにより説明する[11]。進捗状況は 2015 年 11 月の第 47 回 ASEAN 首脳会議で公表された資料で確認できたものまでである。

1.　単一の市場と生産基地
(1)　物品の貿易
① 関税と非関税障壁撤廃

最も重要な関税撤廃は，計画通り実現することが確実である。前述のとおり ASEAN 6 は 2010 年 1 月に関税を撤廃した。CLMV は 2015 年 1 月に 93％の品目，2018 年 1 月に残りの関税を撤廃し，2018 年に ASEAN 全域をカバーする FTA が創設される。AFTA の自由化率は 99％を超える極めて高いレベルとなる見込みであり，AEC の最大の成果となる。一方，非関税障壁撤廃につ

いては，1992年のCEPT協定から撤廃が明記され，ブループリントでも撤廃年次が明示されていたが，大幅に遅れている。各国の非関税措置データベースを作成したものの，肝心の撤廃はほとんど進展しておらず，2016年以降の大きな課題となっている。非関税障壁は，数量制限，輸入許可だけでなく，規格・基準に関連したものが多く，国内規制に関連しているため撤廃は先進国でも容易ではないためである。

② 貿易円滑化

貿易円滑化では，複数の行政機関にまたがる貿易に関する手続きを1つの窓口に統一し電子化された書類を提出することにより行うシングル・ウィンドウが大きなプロジェクトである。2005年の「ASEANシングル・ウィンドウ設立協定」でASEAN6は2008年，CLMVは2012年までにナショナル・シングル・ウィンドウ（NSW）を自国で構築することになっていた。NSWをASEAN各国間で接続してASEANシングル・ウィンドウ（ASW）を構築する計画である。CLMはNSWが遅れているため，CLMを除く7ヵ国がASWパイロットプロジェクトに参加し接続実験を行なっている。

③ 規格・適合性評価

ASEANは1992年に基準品質協議委員会（ASEAN Consultative Committee on Standards and Quality：ACCSQ）を設立した。1997年に20品目の標準を2003年までに調和すること決定し，1998年に適合性評価を相互に認める「相互承認（MRA）枠組み協定」を締結している。化粧品（2003年調印）と電気電子機器（2005年調印）の強制規格の調和について規制の枠組みに調印している。調整食品，自動車，医療機器，伝統的医薬品と健康サプリメントの強制規格の調和を進めようとしている。

④ 原産地規則

前述のように2008年から付加価値基準に加え関税番号変更基準の選択方式となり，企業の使い勝手が良くなった。政府機関が発行していた原産地証明書については，自己証明制度の導入が図られている。2010年から2つの「認定輸出者自己証明制度」のパイロットプロジェクトが実施されており，2015年末までには統一される計画であったが2016年に延期されている。第1パイロットプロジェクトは，シンガポール，マレーシア，ブルネイが開始し，タイ

が 2011 年に参加した。制約条件の大きい第 2 パイロットプロジェクトは 2012 年にインドネシア，フィリピン，ラオスが開始し，2014 年にタイ，ベトナムが参加した（助川 a 189 頁）。

(2) サービス貿易自由化

ASEAN は 1995 年に ASEAN サービス枠組み協定（AFAS）を締結し，1996 年からリクエスト・アンド・オファー方式で自由化交渉を開始した。2004 年からまず 2 ヵ国以上が先行して交渉し他国は後から参加する ASEAN－X 方式を採用している。交渉は段階的に行われ，2008 年の第 7 パッケージからブループリントに従って交渉している。ブループリントは，実質的に全てのサービス貿易の制限を次のスケジュールで除去するとしている。① 空運，e-ASEAN，ヘルスケア，観光の 4 優先分野は 2010 年まで，ロジスティクスは 2013 年までとし，その他分野は 2015 年までとなっている。モード別では，モード 1 （サービスの越境）とモード 2 （国外消費）は例外を除き制限を撤廃する。モード 3 （業務拠点）では，外資出資比率制限を緩和し，2015 年に 70 ％とする。モード 4 （サービス供給者の越境）では，自由職業サービスの MRA を締結している（後述）。2014 年に第 9 パッケージに合意し，その後第 10 パッケージを交渉している。

サービス貿易は，WTO のサービス貿易協定（GATS）での自由化約束（WTO 加盟国全てに適用される）を超えた自由化約束（GATS プラス）をどの程度行なうかが重要である。AFAS による GATS プラスの自由化は非常に緩やかながら進展している（伊藤・石戸 2012，75 頁）。ブループリントには，自由化の例外を認める「15％柔軟性規定」があり，自由化をしたセクターの内訳をみると例外となっているサブセクターが残されているなど 2015 年末時点では自由化例外が相当残されている。

(3) 金融自由化と資本市場の統合

金融サービス自由化はサービス貿易交渉とは別に交渉している。「ASEAN－X」方式を採用し，2020 年が目標年次となっており，2015 年までは特定セクターのみを自由化するとしている。銀行業については，2 国間で「適格 ASEAN 銀行」を選定し，相互進出を進めることを 2015 年の財務大臣会議で決定した。資本市場の統合では，インドネシア，マレーシア，フィリピン，シンガポール，

タイ，ベトナムの7証券取引所が連携してASEAN Exchanges創設を進めている。2012年にはシンガポール，マレーシア，タイの証券取引所を接続するASEAN取引所リンクが創設された（赤羽 2013, 112-113頁）。

(4) 投資自由化

ASEANは，1987年にASEAN投資促進保護協定（ASEAN Agreement for the Promotion and Protection of Investment, 通称ASEAN投資保証協定，IGA）を締結し，1998年に投資促進のためのASEAN投資地域（ASEAN Investment Area, AIA）枠組み協定を締結した。AIAはASEANの投資家に対して2010年までに，ASEAN以外の投資家に対して2020年までに内国民待遇を与えると規定している。

この2つの協定の見直しと統合を行い，ASEAN包括的投資協定（ACIA）を2009年に締結，2012年に発効している。ACIAは，設立前と設立後の内国民待遇，パフォーマンス要求の禁止，投資家と国の紛争解決（ISDS）などの規定を含む自由化レベルの高い投資協定である。自由化は，ネガティブリスト方式により2015年までに最小限の規制を残して段階的自由化を行うとしている。投資留保リスト分野の自由化が2016年以降の課題となる。

(5) 熟練労働者の自由な移動

人の自由な移動は熟練労働者が対象であり，単純労働者の自由な移動は対象外である。ブループリントでは2008年までに自由職業サービスの資格の相互承認取決め（MRA）を締結するとしている。専門家の資格のMRAは，エンジニアリングサービス（2005年），看護サービス（2006年），建築サービス（2007年），測量サービス（2007年），会計サービス（2009年），医療サービス（2009年），歯科医療サービス（2009年），観光サービス（2012年）の8分野が調印済である。MRAは出来ているが，実際にASEANの中で外国人（ASEAN他国民）の就労が実現しているわけではない。8分野では，エンジニアリングと建築が比較的進展している[12]。たとえば，国内免許を得た建築士はASEAN建築士登録制度（ASEAN Architect Register）によりASEAN建築士（ASEAN Architect）としてASEAN建築士審議会（ASEAN Architect Council：AAC）に登録する資格を得る制度が出来ている。しかし，この資格を得たことにより自動的に各国で就労できるわけではな

い。国籍あるいは居住などが条件になっているからだ。外国人建築士は自国内に適格者がいない場合に限りプロジェクトベースで就労できることが多い。商用訪問者，企業内転勤者，契約サービス供給者，その他の約束表で認められた一時的滞在者を対象とする ASEAN 自然人移動協定（AMNP）が 2012 年に締結されている。

2. 競争力のある経済地域

競争力のある地域という戦略目標には，インフラの整備と ASEAN 各国が取組む共通政策が掲げられている。まず，物品の移動に極めて重要な輸送インフラ整備について説明する[13]。

(1) インフラの整備

陸上輸送では，シンガポール－昆明鉄道（SKRL）と ASEAN 高速道路網（AHN）が 2 大プロジェクトである。SKRL は 1995 年に ASEAN メコン地域開発協力（AMBDC）のプロジェクトとして開始された。全長 5382 キロで 431 キロの未通区間がある。SKRL の完成は 2020 年に延期されている。AHN は 1999 年に運輸大臣会議で決定しており，23 ルート，3 万 8400 キロが決まっている。AHN では未通部分の建設とクラス 3（2 車線，設計速度 30－60 キロ/時）の格上げが優先されている。海上輸送では ASEAN 単一海運市場の創設が目標であるが，実現は 2016 年以降となる。航空輸送は単一航空市場創設を目標としている。2004 年の「航空輸送部門統合に向けたロードマップ：RIATS」により構想計画の実施が進展している。目標どおり進んでも単一航空市場ではなく，実態は多国間オープンスカイ協定に近いものになる（花岡 2010，28-40 頁）。

国境を超えて貨物を輸送する際の障害を解消するとともにルールを決め複雑で時間のかかる手続きの簡素化を実現するために結ばれるのが交通円滑化協定である。ASEAN では，1998 年に「通貨貨物円滑化に関する枠組み協定（AFAFGIT）」，2005 年に「マルチモード輸送に関する枠組み協定（AFAMT）」，2009 年に「国家間輸送円滑化に関する枠組み協定（AFAFIST）」が締結された。AFAFGIT は第 2 議定書と第 7 議定書の批准を 2016 年中に行うとしている。AFAFIST は批准が 3 ヵ国，AFAMT は同じく 4 ヵ国と遅れている（春

日 2013a, 85-88 頁)。

　エネルギー協力では, ASEAN 電力網 (APG), ASEAN ガスパイプライン (TAGP) が 2 大インフラプロジェクトである。APG は 2007 年に覚書が締結されており, 16 プロジェクトに 59 億ドルの投資が必要とされている。TAGP は 2002 年に覚書が締結され, ガスパイプラインは合計 4500 キロとなり, 8 本 2300 キロは稼動している (春日 2013b, 97-101 頁)。

(2) 共通政策

① 競争政策

　2015 年までに全加盟国で競争政策を導入することが目標である。公平な競争環境を創出するために各国の経験, 国際的なベストプラクティスに基礎を置いた競争政策の地域ガイドラインを作るとしている。2015 年 8 月時点の競争法導入国は 8 ヵ国 (未導入はミャンマー, カンボジア) となり, 目標の 7 ヵ国を超えた。

② 消費者保護

　ASEAN 消費者保護協調委員会 (ACCCP) は創設され, 9 ヵ国が消費者保護法を制定した。2011 年にはリコールおよび禁止された製品についての通知情報交換ガイドラインが作られるなどブループリントの目標は順調に実施されている。

③ 知的所有権

　知的所有権 (IPR) 分野の協力は, ASEAN IPR 行動計画と著作権についての ASEAN 協力のための作業計画により進めるとしている。意匠についての ASEAN ファイリングシステムの創設, マドリッド議定書 (標章国際登録マドリッド協定補足議定書) への参加, IPR 保護の各国機関間の協議と情報交換, 伝統的知識 (TK), 遺伝子資源 (GR), 伝統文化表現 (CTE) についての域内協力の促進を行なうなどが目標である。特許協力条約は 8 ヵ国, マドリッド議定書は 4 ヵ国 (フィリピン, シンガポール, ベトナム, カンボジア) が加盟した。

④ 税制と電子商取引

　税制では, 2 国間の二重課税防止条約を 2010 年までに全加盟国間で締結するのが目標である。2 国間租税条約のためのフォーラムはできたが, 二重課税

防止条約は締結されていない。電子商取引では，e-ASEAN 枠組み協定の実施により，ASEAN 域内の電子商取引とオンラインによる物品の取引を可能にする政策と法制面のインフラの整備を行う。

3. 公平な経済発展
(1) 中小企業開発
ASEAN 中小企業開発政策ブループリント（APBSD）2004-2014 が中小企業開発の枠組みとなっている。情報，市場，人的資源，金融，技術などへのアクセス改善による競争力強化を目的としている。情報サービス整備は進んでいるが，開発ファンド，金融ファシリティなどは遅れている。

(2) ASEAN 統合イニシアチブ
格差是正の対象は，CLMV とインドネシア・マレーシア・タイ成長の三角地帯（IMT-GT）およびブルネイ・インドネシア・マレーシア・フィリピンが参加する東 ASEAN 成長地帯（BIMP-EAGA）である。そのためのプログラムは，ASEAN 統合イニシアチブ（IAI）である。IAI の優先分野は，インフラ，人的資源開発，ICT，地域統合の能力養成，エネルギー，投資環境，観光，貧困削減，生活の質の改善である。行動は次のとおりである。IAI 作業計画 1 が完了し作業計画 2 を実施中である。IAI は予算の制約が大きいためインフラ整備は含まれておらず，人材育成や調査が中心である。

4. グローバル経済への統合
ASEAN と域外の FTA の締結は順調に進展している[14]。中国，韓国，日本，インド，豪州とニュージーランドとの 5 つの ASEAN+1 FTA が締結，発効しており，中国，韓国と ASEAN 6 の間では 2010 年 1 月に関税が撤廃されている。ASEAN と香港の FTA 交渉開始が合意されている。東アジア地域包括的経済連携（RCEP）の交渉は 2015 年妥結を目標に 2013 年に開始されているが，2015 年内の合意は難しく，2016 年を目標にしている（清水 2015c）。

おわりに：ASEAN 経済共同体の課題と展望

（ポスト 2015 ビジョンとその方向性）

2015 年 12 月末の ASEAN 経済共同体創設は「通過点」である[15]。物品貿易の自由化については，95.9％の関税がすでに撤廃されており，2018 年にはほぼ全廃される。ASEAN とアジア太平洋地域の主要国との FTA は締結されている。一方で，サービス貿易や投資は相当程度の自由化が実現するが，例外となっている分野も多い。金融自由化は 2020 年が目標となっている。非関税障壁はほとんど撤廃されていない。

2015 年末の時点でも未達成目標は多く，2015 年中に実施すべき高度優先措置と 2008 年以降に実施した措置を合計した 506 措置に対しての実行率は 92.7％，ブループリントの全措置 611 に対する実行率は 79.5％と発表されている（ASEAN Secretariat 2015a）。2016 年以降も自由化，円滑化，インフラ建設などの多くの行動計画は継続されることになる。そのため，2025 年を目標年次とする AEC2025 ブループリントが現在作られており，2015 年 11 月の首脳会議で発表されることになっている。その基本的な方向と内容は 2014 年 11 月の「ASEAN 共同体のポスト 2015 ビジョンに関するネピドー宣言」で明らかにされている（ASEAN Secretariat 2014）。

ネピドー宣言によると，AEC2025 は，目標（柱）が 1 つ増え，① 統合され高度に結束した経済，② 競争力のある革新的でダイナミックな ASEAN，③ 強靱で包括的，人間本位，人間中心の ASEAN，④ 分野別統合・協力の強化，⑤ グローバル ASEAN，の 5 つとなっている。新に加えられた柱は，④ 分野別統合・協力の強化である。AEC2025 は，AEC2015 の延長であるが，イノベーション，人間中心などの概念が追加され，環境・防災・イノベーションなど社会文化共同体で扱われていた課題を取り入れるなど対象分野を拡大している（福永 2015，230-234 頁）。

AEC の構成要素として，① 統合深化と強い結合により高い経済成長と強靱性を支える，② グリーンテクノロジーとグリーンエネルギーによる持続可能

な成長，③格差是正と貧困削減による公平で包摂的な成長，④良い統治，透明性，民間セクターや利害関係者の関与する感応度の高い規制レジーム，⑤紛争解決メカニズムの活用，⑥イノベーションと技術開発による競争力強化により技術集約的製造業と知識集約型サービス業の競争力を強化，⑦ASEANの連結性の強化，⑧食糧安全保障，エネルギー安全保障，自然災害などへの対応，⑧東アジアの経済統合におけるASEAN中心性維持，⑨グローバルな課題への取組みへのASEANの積極的参加，が挙げられている。詳細な説明はないが，①環境の重視，②民間セクターの参画，③イノベーションと製造業の高度化，サービス業の発展，④自然災害への対応などの方向性が伺われる。③は懸念されている「中所得の罠」への対応策と考えられる。

（今後の課題）

2016年以降の課題は，目標を達成していない多くの分野での行動計画を着実に実施し目標を実現することである。とくに，非関税障壁やサービス貿易など国内措置の自由化により深い統合を実現することが優先課題となる。サプライチェーンのグローバル化により企業の国際生産ネットワークの形成が進み，貿易と投資が一体化した21世紀型貿易では，サービス貿易，投資，知財権の保護，競争政策，規制の調和など国内措置への取組みが必要である（馬田 2015, 7-8頁）。「深い統合」は外国投資の誘致にも不可欠である。

次に2025年を目指しての新たな目標への挑戦が課題になる。AEC2025については，2015年11月にASEAN2025に関するクアラルンプール宣言でAEC2025ブループリントが発表された（ASEAN Secretariat 2015c）。規格・基準の相互承認の拡大，人の移動などの実効性を高めること，ASEANでは全く取組んでこなかった政府調達の開放も検討すべきであろう。

最後にアジアの広域FTAへの取組みがあげられる。ASEANは，「ASEAN中心性」を交渉の指針とするRCEPの交渉に10ヵ国が参加している。一方，2015年10月に合意したTPPには，シンガポール，ブルネイ，ベトナム，マレーシアが参加している。RCEPとTPPは，ともにアジア太平洋自由貿易地域（FTAAP）を目指しており，TPPによるASEANの分断を懸念する声もある中，ASEANが求心力と中心性を維持しつつFTAAP創設に向けてどの

ような役割を果たすことが出来るのか，注目すべきである。

(石川幸一)

注
1) PTA と AIC, AIP については，清水（1998）51-58 頁を参照。
2) AFTA の法的枠組み，制度については，Davidson (2002), pp.68-124 による。
3) FTA についての要件は GATT24 条で規定されており，実質的に全ての関税と制限的通称規則を撤廃することが主なものである。ただし，途上国は GATT24 条の要件の特例扱いを認めている。
4) タイは自動車および家電製品の生産基地となっている。
5) 産業では特恵マージンの大きさと企業ではコスト・手間を負担できるかどうかおよび FTA 利用の手続きについて知識を有する人材の有無によるところが大きい。
6) ナヤによると，2000 年のタイの輸出は世界の輸出の 5.5%だったが，ASEAN 向け輸出はタイの輸出の 19.4%を占めており，タイの ASEAN 向け輸出バイアスは 3.5 となる。ASEAN が一組のランダム（任意）に分布した国の集合であった場合の 3.5 倍の輸出をしたことを意味する（ナヤ 2013, 169 頁）。
7) ASEAN 経済共同体の経緯・全体像・対象分野などの詳細については，石川・清水・助川（2009），石川・清水・助川（2013）を参照。法的な枠組み制度については，Inama and Sim (2015b) を参照。
8) ブループリントの各項目の詳細な解説は，石川幸一・清水一史・助川成也（2013）の各章を参照。
9) GMS プログラムについては，春日尚雄（2014）を参照。
10) ASEAN の対話国は，日本，豪州，カナダ，中国，EU，インド，ニュージーランド，韓国，ロシア，米国の 10 ヵ国・機関である。
11) 使用した資料は，ASEAN 首脳会議，経済大臣会議の声明など 2015 年 11 月までの関連資料，とくに ASEAN Secretariat (2015a), ASEAN (2015b) である。ASEAN Annual Report, ASEAN Integration Monitoring Office の資料，ERIA，ジェトロなどの資料である。日本語でまとめたものとして，石川（2015）および福永（2015）がある。
12) Nikomboriank and Jitdumrong (2013)
13) 輸送インフラについては，春日尚雄（2013）。
14) 域外との FTA については助川（2015a），RCEP については清水（2015c）「RCEP―東アジアのメガ FTA」が詳細に分析している。
15) 2015 年末の意義と残された課題（宿題）については，福永（2015）を参照。

参考文献
(日本語)
赤羽裕（2013），「ASEAN 経済共同体における金融サービス・資本市場の連携・統合」石川・清水・助川（2013）所収。
石川幸一（2015），「ASEAN 経済共同体構築の進捗状況と課題」浦田・牛山・可部（2015）所収。
石川幸一・清水一史・助川成也編（2009），『ASEAN 経済共同体―東アジア統合の核となりうるか』ジェトロ。
石川幸一・清水一史・助川成也編（2013），『ASEAN 経済共同体と日本』文眞堂。

石川幸一・朽木昭文・清水一史（2015）編,『現代ASEAN経済論』文眞堂.
石川幸一・馬田啓一・国際貿易投資研究会編（2015）,『FTA戦略の潮流』文眞堂.
石川幸一・馬田啓一・高橋俊樹（2015）編,『メガFTA時代の新通商戦略　現状と課題』文眞堂.
伊藤恵子・石戸光（2012）,「サービス貿易」黒岩郁雄編著（2012）『東アジア統合の経済学』.
馬田啓一（2015）,「メガFTA時代のWTO：その新たな役割」石川・馬田・国際貿易投資研究会（2015）所収.
浦田秀次郎・牛山隆一・可部繁三郎（2015）,『ASEAN経済統合の実態』文眞堂.
岡部美砂（2015）,「ASEAN域内貿易の進展—担い手が多様化，更なる経済規模へ」浦田・牛山・可部（2015）所収.
春日尚雄（2014）,『ASEANシフトが進む日系企業—統合一体化するメコン地域—』文眞堂.
春日尚雄（2013a）,「ASEAN連結性の強化と交通・運輸分野の改善」石川・清水・助川（2013）所収.
春日尚雄（2013b）,「ASEAN経済共同体とエネルギー協力—持続的成長を可能にするために—」石川・清水・助川（2013）所収.
清水一史（1998）,『ASEAN域内経済協力の政治経済学』ミネルヴァ書房.
清水一史（2015a）,「世界経済の構造変化とASEAN経済統合」石川・朽木・清水（2015）所収.
清水一史（2015b）,「ASEANの自動車産業—域内経済協力と自動車産業の急速な発展」石川・朽木・清水（2015）所収.
清水一史（2015c）,「RCEP—東アジアのメガFTA」,石川・馬田・高橋（2015）所収.
助川成也（2014）,「FTA網の多層化で拡大する機会と規則の複雑化」,深沢淳一・助川成也（2014）『ASEAN大市場統合と日本』文眞堂.
助川成也（2015a）,「AFTAと域外とのFTA」,石川・朽木・清水（2015）所収.
助川成也（2015b）,「AFTAの生産ネットワークと日本企業」,石川・馬田・高橋（2015）所収.
セイジ・F・ナヤ著,吉川直人・鈴木隆裕・林光洋訳（2013）『アジア開発経済論』文眞堂.
花岡伸也（2010）,「アジアにおける航空自由化の進展とローコストキャリアの展開」,『運輸と経済』第70巻（12）.
福永佳史（2015）,「ASEAN経済統合の将来展望」,石川・朽木・清水（2015）所収.
山元哲史（2015）,「グローバル化するサプライチェーン：自動車産業」,石川・馬田・高橋（2015）所収.

(外国語)
ASEAN Secretariat (1997), "ASEAN Vision 2020".
ASEAN Secretariat (2003), "2003 Declaration of ASEAN Concord II".
ASEAN Secretariat (2008), "The ASEAN Economic Community Blueprint".
ASEAN Secretariat (2011), "Master Plan on ASEAN Connectivity".
ASEAN Secretariat (2014), "Nay Pyi Taw Declaration on the ASEAN Community's Post 2015 Vision".
ASEAN Secretariat (2015a), "ASEAN Economic Community 2015: Progress and Key Achievement".
ASEAN Secretariat (2015b), "ASEAN Integration Report 2015".
ASEAN Secretariat (2015c), "ASEAN 2025: Forging Ahead Together".
Basu, Sanchita, Menon, Jaya, Severino, Rodolfo and Shrestha, Omkar Lal eds. (2013), *The ASEAN Economic Community A Work In Progress*, ISEAS.
Chia, Siow Yue and Plummer, Michael G. (2015), *ASEAN Economic Cooperation and*

Integration Progress Challenges and Future Directions, Cambridge.
Davidson, Paul (2002), *ASEAN The Evolving Legal Framework for Economic Cooperation*, Times Academic Press.
Inama, Stefano and Sim Edmund W. (2015a), *Rules of Origin in ASEAN A Way Forward*, Cambridge University Press.
Inama, Stefano and Sim Edmund W. (2015b), *The Foundation of the ASEAN Economic Community An Institutional and Legal Profile*, Cambridge.
Nikomboriank, Deunden and Jitdumrong, Supunnavadee (2013), "An Assessment of services Sector Liberalization in ASEAN," in Sanchita Bas eds. *ASEAN Economic Community Scorecard Performance and Perception*, ISEAS Singapore.
Severino, Rodolfo C. (2006), *Southeast Asia In Search of ASEAN Community*, Singapore, Institute of Southeast Asian Studies.

第 11 章

メコン河流域諸国の開発と ASEAN

はじめに

　メコン河は，中国青海省に源流を持ち，チベット自治区と雲南省を通り，ミャンマーとラオスの国境，タイとラオスの国境（一部はラオス国内）を経て，カンボジアを突っ切り，ベトナム南部のメコン・デルタで南シナ海に注ぐ国際河川である。メコン河流域とは，降った雨がメコン河に注ぐ分水嶺の内側の地域を指す（石田 2005, 19 頁）。本章では ASEAN 加盟国のなかでメコン河流域を含むカンボジア，ラオス，ミャンマー，タイ，ベトナム（アルファベット順）をメコン河流域諸国と呼び，この地域の開発について述べることとしたい。

　なお，上述の 5 ヵ国にメコン河上流域の中国・雲南省を含めた大メコン圏（Greater Mekong Subregion: GMS）を対象にアジア開発銀行（ADB）のイニシアティブの下，1992 年以降 GMS 経済協力プログラムが実施されている。GMS 経済協力プログラムでは，① 交通，② エネルギー，③ 通信，④ 環境，⑤ 観光，⑥ 人的資源，⑦ 貿易，⑧ 投資，⑨ 農業の九分野を対象に，2005 年に広西チワン族自治区がメンバーに加わり，経済協力が進められている（石田 2007, 18-21 頁）。ただ，開発予算の多くは交通に費やされており，今日メディアでも目にする機会が多い東西経済回廊，南北経済回廊，南部経済回廊などは，GMS 経済協力プログラムの大きな成果のひとつである。

　ASEAN によるメコン河流域諸国の開発は，GMS 経済協力と重複する部分も少なからずある。ただ，GMS 経済協力が中国の雲南省並びに広西チワン族自治区を含むサブ地域を面として捉える傾向がある一方，ASEAN による取り組みはメコン河流域諸国のなかでもタイを除くカンボジア，ラオス，ミャン

マーの3ヵ国（CLM 諸国）ないしはそれにベトナムを加えた CLMV 諸国への支援により多くの重点が置かれている。その理由は，CLMV 諸国が 1990 年代に ASEAN に新たに加盟した国々であり，旧メンバーであるブルネイ，インドネシア，マレーシア，フィリピン，シンガポール，タイの6ヵ国（以下では「先発 ASEAN 6ヵ国」と呼ぶ）との間に相当な所得格差が存在するためである。このため ASEAN にとっては，域内の格差を是正し地域統合を実現していくことが求められる。その取り組みは人材を育成していく一方，越境道路や越境鉄道を敷設することで，近隣諸国の市場や第3国へのアクセスを改善することを通じて行われている。

そこで，本章では第1節で CLMV 諸国の加盟の流れと ASEAN 域内格差解消の課題を中心に，まず ASEAN にとってのメコン河流域諸国の開発の意味を明らかにしたい。第2節では人材育成の取組として ASEAN 統合イニシアティブ（Initiative for ASEAN Integration: IAI）について述べる。第3節では，ASEAN ハイウェイ，ASEAN メコン流域開発協力（ASEAN Mekong Basin Development Cooperation: AMBDC）の下で進められているシンガポール昆明鉄道リンク（Singapore Kunming Rail Link: SKRL）など鉄道開発，さらには越境交通のルールに関して述べることとする。なお，ASEAN のプログラムは 2007 年に ASEAN 経済共同体（ASEAN Economic Community: AEC）などのブルー・プリントが出され，2010 年には ASEAN 連結性マスター・プラン（Master Plan on ASEAN Connectivity: MPAC）が発表されており，これらの前後をより明確にする形で，論じていくこととしたい。第4節は日本の役割として日メコンの枠組について言及した後に，第5節で ASEAN 域内での格差がどう変化したのかを論じ，「おわりに」で全体を総括することとする。

第1節　ASEAN にとってのメコン河流域諸国の開発

1. CLMV 諸国の ASEAN 加盟の流れ

1989 年 11 月 9 日の「ベルリンの壁の崩壊」は，東西冷戦の終結を象徴する

大きな出来事であったが，東西冷戦の終結の流れは，東南アジア諸国にも大きな地殻変動をもたらした。それは，それまでソ連の経済的支援に支えられてきたベトナムにとっては後ろ盾を失うことを意味し，1978年以来カンボジアに駐留していたベトナム軍を撤退させ，中国とASEANとの関係改善に駆り立てたのである。

一方，1975年のサイゴン陥落以来インドシナ3国に成立した社会主義政権に対し反共連合としての姿勢を示し（西口 2013, 5頁），前述のベトナム軍のカンボジア侵攻以来対話の扉を閉ざしていた一部の先発ASEAN諸国は，1980年代半ば以降輸出志向外資導入政策を通じ高成長を謳歌していた。先発ASEAN諸国にとって，ベトナムからの関係改善の動きは，市場の拡大を意味した。実際，「インドシナを戦場から市場へ」の標語を残したタイのチャーチャーイ首相は1990年4月9日訪日時に日本政府にベトナム援助の再開を求める一方，インドネシアのスハルト大統領が同年11月19-22日にベトナムを訪問しており，先発ASEAN 6ヵ国は，7300万人の人口を擁するベトナムなどインドシナ進出の先陣争いをしていた（村野 1991; 村野 1992; Frost, 1995）。

こうしてベトナムのASEAN加盟が1995年7月29-30日の第28回ASEAN外相会議で実現した。ベトナムのASEAN加盟を受けて，残るCLM諸国のASEAN加盟の気運が一気に高まり，1997年5月31日のASEAN臨時外相会議の場でラオスとミャンマーがASEANに加盟し，1999年4月30日にカンボジアがASEANに加盟した[1]。

2. ASEANにとってのメコン河流域開発の意味

ASEANにおけるメコン河流域諸国の開発への取り組みが始まったのはベトナムがASEANに加盟し，CLM諸国の加盟への気運が高まっていた1995年12月14-15日の第5回ASEAN首脳会議であり，1992年に始まったGMS経済協力プログラムと比べると少々遅い。メコン河流域諸国の開発を提唱したのは，今日のASEANプラス3の原型ともいえる東アジア経済グループ（EAEG）を1991年から提唱していたマレーシアのマハティール首相であった（村野 1996）。

しかし，カンボジアが ASEAN に加盟し，ASEAN 加盟が 10 ヵ国となった 1999 年における ASEAN 事務局発表の 1 人当り GDP をみると，2 万 900 米ドルのシンガポールと 189 米ドルのミャンマーとの間には 145 倍の格差が存在し，経済危機に疲弊した 687 米ドルのインドネシア[2]と CLMV で最も水準が高い 374 米ドルのベトナムとの間でさえ，1.8 倍の格差が存在していた。したがって，先発 ASEAN 6 ヵ国と CLMV 諸国との間の開発ギャップを狭めることが大きな課題となった。2001 年にハノイで開催された定例外相会議では，CLMV 諸国のインフラ，人材育成，ICT を優先した特別な努力が必要であるとの「ハノイ宣言」が採択された（ASEAN Secretariat 2001a）。

一方，1995 年時点では飛ぶ鳥を落とす勢いを示していたタイやインドネシアなど ASEAN 諸国の経済は，1997 年以降アジア通貨危機に蝕まれた。かつて新たに加盟した CLMV 諸国に進出しようと意気込みに満ちたこれらの国々は，国内の少なからぬ民間銀行が国有化されるなど資金繰りが難しくなるなか，もはやかつての勢いはなくなっていた。アジア通貨危機以前には，アジア太平洋経済協力（Asia-Pacific Economic Cooperation: APEC）やアジア欧州会合（Asia Europe Economic Meeting: ASEM）を通じ欧米諸国からも一目置かれていた ASEAN ではあったが，アジア通貨危機から回復した 2000 年代に入っても，海外の投資家を惹きつけることはなかった。むしろ，2003 年 10 月にブラジル，ロシア，インド，中国から成る BRICs という標語が出回る頃から，アジア域内では急速な成長を遂げる中国に加え，インドの存在が注目されていた（石田 2008, 220 頁）。

こうした状況を打破する意味で 2003 年 10 月 7 － 8 日の第 9 回 ASEAN 首脳会議で採択されたのが「ASEAN 協和宣言 II」である。そのなかで ASEAN 政治安全保障共同体（ASEAN Political-Security Community: APSC），ASEAN 経済共同体（AEC），ASEAN 社会文化共同体（ASEAN Socio-Cultural Community: ASCC）の 3 つの共同体を 2020 年までに設立することが盛り込まれた。その設立年は，2007 年 1 月の第 13 回首脳会議で 2015 年へと前倒しされることとなり，同年 11 月の第 13 回 ASEAN 首脳会議では，全加盟国によって「ASEAN 憲章」が署名され，AEC の 2015 年までのロードマップである「AEC ブルー・プリント」が発行された（清水 2013, 6 頁）。

AECブルー・プリントは，A. 単一の市場と生産基地，B. 競争力のある経済地域，C. 公平な経済発展，D. グローバル経済との統合，を掲げている。A. の単一の市場と生産基地は，まさに地域経済統合をめざしたもので，実はこうした方向性は 2000 年前後からみられたものである。先発 ASEAN 6 ヵ国と CLMV 諸国の開発ギャップが地域経済統合を妨げかねないとの危機感から（Salazar and Das 2007, p.2），「開発ギャップの解消（Narrowing the Development Gap）」が，地域経済統合を進めていくうえでの大きな柱のひとつとなっていった。

AEC ブルー・プリントではハード・インフラの計画が弱かったとの認識から（石川 2013, 25 頁），2009 年 10 月 24 日の第 15 回 ASEAN 首脳会議で「ASEAN 連結性（ASEAN Connectivity）」のコンセプトが掲げられ，2010 年 10 月 28 日に第 17 回 ASEAN 首脳会議で「ASEAN 連結性マスター・プラン（MPAC）」が採択された。MPAC は，① 物的連結性，② 制度的連結性，③ ヒトとヒトの連結性から構成されるが，物的連結性に関しては，交通の繋がりが東南アジア大陸を通らざるを得ないとの観点から，CLMV 諸国がインフラ開発で最も大きな恩恵を受けることが記されている（ASEAN Secretariat 2010, p.1）。

第 2 節　ASEAN 統合イニシアティブ（IAI）

1. IAI のキックオフ

ASEAN 地域の競争力を高める一環として，域内の開発ギャップを解消するため，ASEAN が「隣人の繁栄」を助ける取組として ASEAN 統合イニシアティブ（IAI）が，2000 年 9 月 25 日の第 4 回非公式首脳会議で，議長国のゴー・チョクトン首相によって提唱され，採択されている。IAI は教育，技能開発，労働者研修などに焦点が置かれている（ASEAN Secretariat, 2000）。なお「統合」という言葉が用いられたのは，ASEAN が地域経済統合を引き続き推進していくことへの誓約であるとともに，地域経済統合において CLMV 諸国を排除せず，それらの国を ASEAN の本流に統合していくことの決意で

あるとロドルフォ・セベリーノ（Rodolfo C. Severino）元事務局長は述べている（Severino 2007, p.39）。

ゴー・チョクトン首相は，IAI のキックオフとして，5 年間の技術協力プログラムを発表[3]，CLMV 各国に研修施設を設立し[4]，IT の研修員のための研修などを実施するほか，シンガポールを除く ASEAN 諸国の年間 30 名の国民に奨学金を供与し，シンガポール国立大学および南洋工科大学の大学で 2 年間受け入れるプログラムを発表した（ASEAN Secretariat, 2000）。CLMV 諸国の研修センターでは，2002 年から政府職員向けに英語，IT，行政，貿易，観光などの研修コースを実施し，約 2 万 9000 人がこれまで研修を受けている[5]。また，シンガポール国立大学などに留学するために奨学金を供与するプログラムは，大学で 2 年間勉強してきた学生にその後の 2 年間の学習機会を与えるプログラムである[6]。

IAI 実施のスキームとして，ASEAN 各国の代表[7]から成り IAI の方向付けをする IAI タスク・フォースが設けられ，ASEAN 事務局にも IAI ユニットが設けられ，各国の局長クラスの高官から構成される ASEAN 常任委員会（ASEAN Standing Committee）が IAI 作業計画 I の実施に向けて動き出した（ASEAN Secretariat 2001b; Severino 2007, p.40）。ドナーからの資金動員を目的として，IAI タスク・フォースと ASEAN の対話国や国際機関が参加して対話する第 1 回 IAI 開発協力フォーラムが，2002 年 8 月 15－16 日にジャカルタで開催されている[8]。

2. IAI 作業計画 I

こうして IAI の 6 ヵ年（2002 年－2008 年）の第 1 期作業計画が，2002 年 11 月 4 日の第 8 回 ASEAN 首脳会議で採択され，① インフラ，② 人材育成，③ 情報通信技術（ICT），④ 地域経済統合の 4 分野で，CLMV 諸国を対象に実施されることとなった。実際のプロジェクトは 4 分野について，先発 ASEAN 6 ヵ国各国からの提案に基づいて行われるが，その多くは対話国や国際機関と協調して実施されるものが少なくなかった。

具体的なプロジェクトを紹介すると，① インフラでは，鉄道研修，内陸水運とフェリー輸送研修プログラム，電力産業のキャパシティ・ビルディングが

実施されている。② 人材育成では英語研修プログラム，灌漑システム管理研修プログラム，技能者育成のためのカリキュラム作成，ビル建設とメンテナンスに関する国際コースなどがある。③ 情報通信技術ではASEAN e-Commerceプログラム，ネットワークの計算と進化などのコースが実施されている。④ 地域経済統合では標準化と品質に関するワークショップ，税関職員のための研修旅行などが実施されている[9]。

IAI第1期作業計画の中期レビューでは，① 関係機関同士の調整機能が弱い，② 4分野だけではCLMV諸国の緊急ニーズに対応できない，③ CLMVのオーナーシップの意識を高める必要がある，③ 先発ASEAN 6ヵ国のなかにもブルネイ・インドネシア・マレーシア・フィリピン東ASEAN成長地域 (Brunei Darussalam-Indonesia-Malaysia-Philippine East ASEAN Growth Area (BIMP-EAGA) やインドネシア・マレーシア・タイ成長の三角地帯 (Indonesia-Malaysia-Thailand Growth Triangle: IMT-GT) など後発地域が存在するといった問題点が指摘された[10]。その結果，IAIタスク・フォースとIAIユニット，ASEAN事務局，先発ASEAN 6ヵ国とCLMV諸国，先発ASEAN 6ヵ国各国間の調整を改善すべきとの提言が出された。また対象となる分野も，① インフラ（交通とエネルギー），② 人材開発（公的部門のキャパビル，労働・雇用，高等教育），③ ICT，④ 地域経済統合（物品・サービス貿易，通関，基準，投資），⑤ 観光，⑥ 貧困削減と生活の質の改善，⑦ 一般対象のプロジェクト，の7分野に拡大された。

最終的には総額5197万米ドルで232プロジェクトが実施され，公的部門のキャパビル並びにICT関連のプロジェクトが多数実施された。先発ASEAN 6ヵ国が3353万米ドル (64.5%)，対話国と開発機関が1843万米ドル (35.5%) を支出し，先発ASEAN 6ヵ国ではシンガポールが47.1%，他のドナーでは日本が12.3%を占めた (ASEAN Secretariat 2012a)。

3. IAI作業計画 II

IAI作業計画II (2009-2015年) は，2009年2月28-3月1日にフアヒンで開催された第14回ASEAN首脳会議で採択された。

IAI作業計画IIは，戦略的枠組を述べた後，具体的なアクションについて言

及している。戦略的枠組においては、プロジェクトのクライテリアは、① 対外援助、② 国家開発計画におけるプロジェクトの役割の重要性、③ ASEAN プログラムへの CLMV 諸国の参加能力の構築、④ 長期的な継続性と持続可能性、⑤ CLMV 諸国の吸収能力に関する CLMV の正確なニーズの特定を含むとしている。作業計画の実施・運営に関しては、IAI タスク・フォースが、IAI 作業計画に関する政策ガイドライン、方向性、一般的な助言を行い、加盟国間の調整を保障し、対話国や開発機関などとの緊密な財政的支援と作業を求めていくとしている。具体的なアクションは、AEC、ASCC そして APSC のブルー・プリントに基づいて作成されており、それぞれ 94 アクション、78 アクション、6 アクションが掲げられ、3 つのブルー・プリントに属さない一般的で可能なアクションとして 4 アクションの計 182 アクションが示されている。

2014 年 3 月 28 日にオーストラリア政府の資金援助の下、メコン研修所 (Mekong Institute) による IAI 作業計画 II のプロジェクト評価が行われている。それまでのところ、AEC 関連で 82、ASCC 関連で 74、APSC 関連で 6、一般可能なアクションで 54 の計 245 プロジェクトが完了しており、実施中のプロジェクトが 20 件となっている。また IAI 作業計画 II で掲げられたアクションのうち、すでに取り組まれているアクションは表 11-1 のようになっている。

表11-1 作業計画IIの中間レビュー時の実施状況

	AEC 関連	ASCC 関連	APSC 関連	一般可能	計
ブルー・プリントで掲げられたアクション	94	78	6	4	182
これまで実施されているアクション	32	18	4	4	58
これまで実施されているプロジェクト	97	83	8	57	245
すでに完了しているプロジェクト	82	74	6	54	216
実施中のプロジェクト	15	9	2	3	29

出所：Mekong Institute (2014).

第3節　交通関連のプログラム

1. ASEANハイウェイ

　ASEANにおける協力が多様化していくなかで，ASEANの第1回交通閣僚会議が開催されたのが1996年3月18日のインドネシアのバリにおいてである。1997年2月28日にタイのチェンマイで開催された第2回交通閣僚会議では，互換的な道路の設計および安全性の技術基準が完備したASEAN加盟国のハイウェイ網の共同開発が決定された。このASEANハイウェイ開発の決定を受けて，1997年9月5日にフィリピンのセブで開催された第3回ASEAN交通閣僚会議では，タイがASEANハイウェイ専門家会合を主導していくことが確認された。また首脳会議のレベルでは，1997年12月15日にクアラルンプールで開催された第2回ASEAN非公式首脳会議で採択されたASEANビジョン2020には統合・調査された汎ASEAN交通ネットワークの開発が決定されている (ASEAN Secretariat 1999; ASEAN Secretariat 1997)。なお「ハイウェイ」というと高速道路を想起されるが，英語のHighwayは幹線道路を意味し，高速道路の意味としてはExpresswayが用いられることが多く，ASEANハイウェイも幹線道路網との認識がより妥当かと思われる。

　こうして1999年9月15～16日に開催された第5回ASEAN交通閣僚会議で，ASEANハイウェイ・ネットワーク・プロジェクト開発に関する閣僚合意が採択されている。閣僚合意の目的のポイントは，
  a．戦略的ルートの構造と技術設計基準への制度的な仕組みの供与
  b．資金調達を念頭においたASEANハイウェイ・インフラ開発の策定
  c．ASEANの道路基準と安全要求条件の技術的互換性を保障したうえでの域内・域外と道路交通の結び付きを確保するための国際・地域組織との協力促進
  d．ASEAN地域における国際道路交通促進の協力強化

である。なお，付属文書BではASEANハイウェイの基準が以下のように示されている[11]。

プライマリー：4車線以上・自動車専用道路，設計速度60〜120km/時
クラス1： 4車線以上，設計速度50〜110（100）km/時
クラス2： 2車線，設計速度40〜100（80）km/時
クラス3： 2車線，設計速度40〜80（30〜60）km/時

なお，設定速度は1999年時点から現在改定が行われており，括弧内の数字が現在設定されている数字である[12]。また，道路舗装条件はプライマリーからクラス2までがアスファルトないしはセメント・コンクリートで，クラス3は二層式アスファルト表面処理（Double Bituminous Treatment）の簡易舗装と規定されている。そのうえで，表11-2に示すような一時的な目標を定めている。

表11-2 ASEANハイウェイの実施開発戦略

	完成年	技術的要求条件
第1段階	2000年	ネットワーク構造と国内ルート指定が完了
第2段階	2004年	交通標識をすべての指定ルートに設置。すべての指定ルートを少なくともクラス3まで改修。すべてのミッシング・リンクを建設し，すべての指定越境箇所を運用させる
第3段階	2020年	すべての指定ルートをクラス1もしくはプライマリーに格上げするが，交通量の少ない主要でないルートはクラス3でも可能。

出所：ASEAN Secretariat（1999）．

また付属文書Aでは1号線から16号線まで，総延長3万8400キロに及ぶ具体的ルートを指定している。この時点のルートはアジア・ハイウェイに準じて決められているが，そのルートと番号は異なっている。ところが，その後のASEAN公式文書をみる限り[13]，アジア・ハイウェイのルートと番号を踏襲している。具体的なルートと区間は図11-1に示す通りである。また2007年2月8日に，後述するトランジット貨物円滑化に関するASEAN枠組協定（ASEAN Framework Agreement on the Facilitation of Goods in Transit: AFAFGIT）の議定書1が公布されたことに伴い[14]，ASEANハイウェイのうち越境交通上重要と思われる2万1206キロに及ぶトランジット交通ルート（Transit Transport Routes: TTR）が指定された（AFAFGIT Protocol 1; Umezaki 2012, p.316）。

図11-1 アジア・ハイウェイおよびASEANハイウェイ路線図

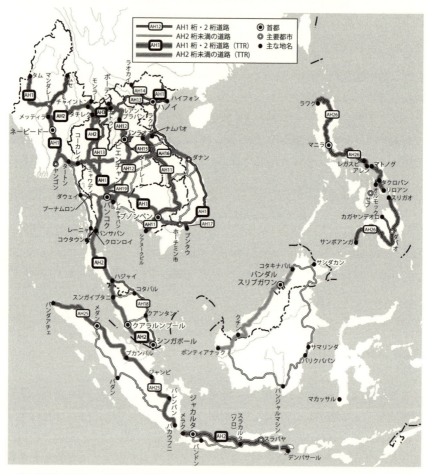

注:後述するように,地図上の道路には少なからずミッシング・リンクが存在する。
出所:ジェトロ (2008),林 (2014),各種地図をもとに筆者作成。

　2010年に発行されたASEAN連結性マスター・プラン (MPAC) では,1999年の閣僚合意のなかでのASEANハイウェイ実施戦略の2004年までにすべての指定ルートをクラス3以上に改修するとの目標が達成されていないとしたうえで,2万1206キロのTTRsのうち2069.5キロが依然としてクラス3未

満であるとし，2015年までに表 11-3 に示されるミッシング・リンクとクラス 3 未満の区間を Key Strategies のひとつとして挙げている。このうち AH123 については，イタリアンタイ社がダウェイ港および SEZ を建設するための道路が未舗装ながら完成している。また 2012 年 8 月時点で，AH12 はすでに改修が完了，AH15 は建設中となっている。また AH1 のタートン－ミャワディ間のうちティンガンニーニョ－コーカレイ間 46 キロは，それまで道幅が狭く日替わり一方通行の交通規制が行われていたが，2015 年 7 月に新しい 2 車線道路が開通している。

表 11-3　MPAC で改善が勧告されたミッシング・リンクとクラス 3 未満の区間

＜ミッシング・リンク＞

AH No.	国	国全体の区間・距離と対象区間・距離
AH112	ミャンマー	タートン－クロンロイ間 1,145km[1]のうちレーニャ－クロンロイ間の 60km
AH123	ミャンマー	ダウェイ－プーナムロン[2]間 150 キロ

＜クラス 3 未満の区間の改善＞

AH12	ラオス	ターナレーン－ナトゥイ間 682 キロのうちビエンチャン－ルアンプラバン間 389km
AH15	ラオス	バンラオ－ナムパオ間 132km のうちバンラオ－ラクサオ間 96km
AH1	ミャンマー	タム－ミャワディ間 1,656 キロのうち，タム－マンダレー間 610km とタートン－ミャワディ間 195km
AH2	ミャンマー	メッティラ－タチレク間 807km のうちメッティラ－チャイントン間 643km
AH3	ミャンマー	チャイントン－モンラー 93km

注：1) タートン－クロンロイ間 1,145km のうち，モーラミャイン－カマウギ間 1,019 キロはクラス 3 未満。
　　2) プーナムロンは ASEAN Secretariat（2010）においてはメーサンパスと記載されている。なおプーナムロンはタイ側の国境である。
　　2) ラオスの国道 8 号が国道 13 号に至るバンラオは別名「ビエンカム」とも呼ばれる。
出所：ASEAN Secretariat（2010）および ASEAN Secretariat（2012b）をもとに筆者作成。

2. ASEAN メコン流域開発協力とシンガポール昆明鉄道リンク

　ASEAN メコン流域経済協力（AMBDC）は，1995 年 12 月 14～15 日にバンコクで開催された第 5 回 ASEAN 首脳会議で，マレーシアの提案に基づき

採択され，現在のASEAN 10ヵ国と中国がコア・メンバーとして，1996年6月17日に基本枠組みに合意している。協力の目的として，① 経済的に健全で持続可能なメコン流域の開発を進め，② 対話を通じた互恵的で強固な経済連携となり得るプロジェクトの選定のプロセスを奨励し，③ ASEAN諸国とメコン沿岸国との相互連結と経済的な結びつきを強化する，ことを目的に掲げている（ASEAN Secretariat 1996）。ASEAN諸国とメコン沿岸国とを別に扱っている点に奇異な印象を受けるかもしれないが，採択された時点でCLM諸国はまだASEANに加盟していない。マレーシアがイニシアティブを採った背景には，GMS経済協力プログラムで道路とともに鉄道も優先プロジェクトに掲げられたことで，GMSに含まれなかったマレーシアがGMSに対抗するために提唱したとされている（柿崎 2010, 328頁）。

したがって，AMBDCのフラッグシップ・プロジェクトがシンガポール昆明鉄道リンク（SKRL）である（図11-2）。マレーシアのコンサルタント・チームは1997年から1999年にかけてF/Sを実施し，全体ではシンガポールからクアラルンプールとバンコクを経由して昆明に向かう6ルートを検討，その結果バンコクからプノンペン，ホーチミン市を通り，ハノイまで北上した後，ベトナムのラオカイを経由して昆明に至り，かつホーチミン市とブンタウまでとブンアンとビエンチャンまでの支線を含む総延長5382キロのルート（東線）が推奨され，2000年10月4－5日にバンダルスリブガワンで開催された第6回ASEAN交通閣僚会議で採択された（IAI Project Report 2002）。このルートが採択されたのはミッシング・リンクが少ないとの理由であるが，総延長距離は最も長いため，中国が代替案としてミャンマーを経由するルート（西線）を提案，2004年に採択されている（ジャファール・ユーソフ 2013）。ASEANの枠組みではこれら東線と西線が指定され，東線のミッシング・リンクのうち，ポイペト－シソポン間はマレーシアが古いレールを供与したほか，中国政府がプノンペンとロックニン（Loc Ninh）間のF/Sを実施してきているが，資金不足などが理由で具体的な工事まで漕ぎ着けることはできなかった。2010年のASEAN連結性マスター・プランでは，表11-3のASEANハイウェイと同様にSKRLのミッシング・リンク解消を，Key Strategiesのひとつとして挙げている。

第 11 章　メコン河流域諸国の開発と ASEAN　*285*

図 11-2　シンガポール・昆明鉄道リンク

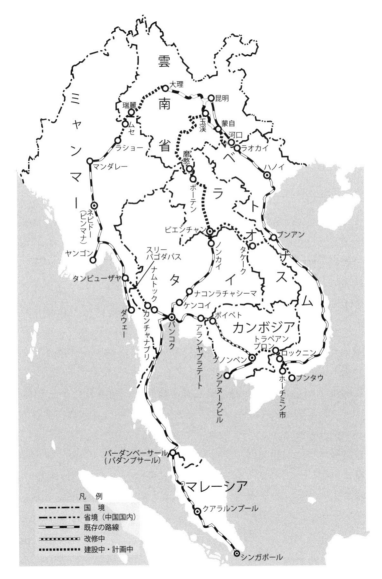

注：ASEAN で決定されたルートにビエンチャンを経由する中央ルートは含まれていない。
出所：石田（2013）に加筆のうえ，筆者作成。

他方，東線および西線とは別に，タイのノンカイからビエンチャンを経由して，中国に向かうルートの建設が，2012年頃からにわかに脚光を浴びてきた。2012年11月5日に温家宝首相とトンシン首相との間で，ビエンチャンと昆明を結ぶ鉄道建設プロジェクトの調印が行われた。次いで，2013年4月3日にタイのインラック首相とラオスのトンルン副首相がラオスを経由して中国とタイとを結ぶ鉄道にともに賛意を示し，2014年11月9日にタイのプラユット首相と習近平国家主席との間で覚書が結ばれた。こうして2015年10月1日を目途にバンコクからケンコイとナコンラチャシーマを経てノンカイを結ぶ626.5キロとケンコイとマプタプットを結ぶ246.5キロを結ぶ計画が進められることとなった。

　東線については，タイのアランヤプラテート駅から国境ゲートのあるクロンルックまでの6キロの区間の工事は，筆者が2014年3月に現地を訪れた際に既に工事が行われていた。ポイペト－シソポン間についても周辺住民900世帯の立ち退きに2015年から着手しているとの報道があり，建設が間近のようである。他方，ベトナム政府も2015年に入ってラオカイ－ハノイ間の新路線建設への着手を表明している。西線では国際協力機構が2013年完成を目的にヤンゴンから首都ネーピードーを経てマンダレーに至る616キロの高速鉄道に円借款が供与されることが2014年に表明されている。他方，ナムトックからタンビューザヤに向かうルートではなく，ダウェイからカンチャナブリを経てカンボジア国境に向かうルートの支援も日本政府に期待されたが，2015年7月4日の日メコン首脳会議ではバンコク－チェンマイ間の高速鉄道建設は決まったものの，見送られた。

　なお，東南アジア大陸部は，線路の幅が一メーターのメーター・ゲージを基準に建設されていた。他方，中国は日本の新幹線などと同じ標準軌（1435ミリ）を採用している。今後の方向性としては，ラオス経由で中国とタイとを結ぶ路線は標準軌を採用するなど，次第に標準軌が増えるものと思われるが，タイと結ばれるポイペトとシソポンの区間はメーター・ゲージが採用されるなど，必ずしも規格が統一されているわけではない。したがって，シンガポールと昆明を1編成の列車で輸送するには3本のレールの区間が採用される場合もあり得る。また，新設される区間が，既存の路線と同じ場所に建設されるの

か，それとも別の路線を建設するのか，さらには時速 300 キロ/時の高速鉄道をめざすのか，それとも旅客・貨物併用の鉄道をめざすのかなど，今後検討すべき課題は少なくない。

3. ASEAN による交通円滑化の取組み

メコン河流域諸国では，東西，南北，南部経済回廊など越境交通インフラ (Cross-border transport Infrastructure: CBTI) などハード・インフラが整備されるなか，国境を通過するトラックやバスなど車両の越境移動に関する協定交渉には，多くの時間を要している。GMS においては，越境交通協定 (Cross-border Transport Agreement: CBTA) の話し合いが 1995 年から進められ，2003 年 9 月 17 日に本協定が中国を含む 6 ヵ国により署名と批准がなされ，2007 年 3 月 20 日に 17 付属文書と 3 議定書の署名が行われた。その後，2008 年までに中国とラオス，カンボジア，ベトナムがすべての付属文書と議定書の批准を済ませ（石田 2010，74-75 頁），タイも 2015 年 3 月 30 日付けで全文書を批准，ミャンマーも 2 付属文書と 1 議定書の批准を残すのみとなっている（石田 2015）。ただ話し合いから 20 年の年月を経ており，その間 2 国間や 3 ヵ国の覚書により車両の越境輸送は次第に改善され，国境である国と別の国のトラックが後部を寄せて，積み荷を移動させている荷役の光景も最近ではかなり少なくなってきている。

ASEAN の枠組でも「トランジット貨物円滑化に関する ASEAN 枠組協定 (ASEAN Framework Agreement on the Facilitation of Goods in Transit: AFAFGIT)」の本協定が 1998 年に署名されており（表 11-4），本協定の署名日だけをみる限り，2003 年に署名に漕ぎ着けた CBTA と比べるとその取組は速い[15]。ところが，現在でも署名されていない議定書が 2 文書存在し，その後の取組は遅れていると言わざるを得ない。また関連文書として「マルチ・モーダル輸送に関する ASEAN 枠組協定 (ASEAN Framework Agreement on Multimodal Transport: AFAMT)」と「国家間輸送円滑化に関する ASEAN 枠組協定 (ASEAN Framework Agreement on Inter-State Transport: AFAFIST)」がすでに署名されている。前者は，道路や鉄道，船，空路など複数のモーダルに関わる協定とともに荷主と荷受人と輸送業

表 11-4 交通円滑化に関する ASEAN 枠組協定

<ASEAN トランジット貨物円滑化に関する ASEAN 枠組協定>

文書	タイトル	署名日
本協定	トランジット貨物円滑化に関する ASEAN 枠組協定	1998 年 12 月 16 日
議定書 1	トランジット輸送ルート (TTRs) と施設の指定	2008 年 2 月 8 日
議定書 2	国境検問所の指定	未署名
議定書 3	道路車両のタイプと品質	1999 年 9 月 15 日
議定書 4	車両の技術的要件	1999 年 9 月 15 日
議定書 5	ASEAN 強制的動力車両責任保険のスキーム	2001 年 4 月 1 日
議定書 6	鉄道国境と車両交換駅	2011 年 12 月 16 日
議定書 7	税関トランジット・システム	未署名
議定書 8	衛生・植物衛生措置	2007 年 10 月 27 日
議定書 9	危険物	2002 年 9 月 20 日
本協定	マルチ・モーダル輸送に関する ASEAN 枠組協定	2005 年 11 月 17 日
本協定	国家間輸送円滑化に関する ASEAN 枠組協定	2009 年 12 月 10 日

出所：Ishida (2015) をもとに筆者作成。

者との契約関係を取り決めたものである。また，後者は AFAFGIT をもとに作成されており，キーワードである「トランジット輸送」と「国家間輸送」が入れ替えられている条文がほとんどである。むしろ 3 ヵ国以上の国を越境するトランジット輸送は国家間輸送の特別なケースであり，トランジット輸送に関する協定が先に署名されている点については，CBTA がトランジット輸送についての付属文書を設けているのと対照的である。

表 11-4 に示されている文書のタイトルをみると，越境輸送手続きの簡素化と各国との共通化をめざしたものであるという点で CBTA と非常に良く似ている。危険物についての付属文書も CBTA には存在するし，衛生・植物衛生措置は CBTA の「腐敗しやすいモノの運搬」と内容的には非常に類似している。ただ，異なる点は CBTA が道路輸送と橋梁のない区間でのフェリーのみを扱っているのに対し，AFAFGIT は鉄道と内陸水運に加え，ASEAN 島嶼部も含んでいることから，空路と海路も対象としている。また AFAFGIT などがモノの輸送のみを扱っているのに対し，CBTA は旅客の道路輸送も扱っ

ている点でも異なる。また，CBTAでは税関・出入国・検疫（CIQ）をひとつの窓口にするシングル・ウィンドーと車両の出国時と国境の向こう側の入国時の手続きを入国時のみにするシングル・ストップを謳っているのに対し，AFAFGIT は税関の共同管理（Joint Customs Control）のみに限定している点でも異なる。またメンバー国とそれ以外の第3国の車両についても，AFAFGIT は最恵国待遇の原則から，メンバー国で登録された車両に対し「第3国に劣らない有利な（no less favorable than）対応をする」と規定しているが，CBTA は「第3国と同等もしくは劣らない有利な（equal or no less favorable than）対応をする」と規定している。このことを字義通りに解釈すると，CBTA がマレーシアやシンガポールで登録された車両に同等の扱いを保障しているのに対し，AFAFGIT は例えば中国で登録された車両には ASEAN で登録された車両と同等の扱いを保障していないものと解釈される。

　問題はこの2つの似通った協定の双方にメコン河流域の5ヵ国が署名ないし批准している点である。これら2協定には双方で相容れない部分もわずかに認められており，他の ASEAN 諸国ないし中国で登録された車両がこれら5ヵ国に越境してくる場合，どのような対応をしたら良いのか現場の担当官が少なからず混乱する可能性が否定できない。他方共通の新たな枠組を決めるには，多大な歳月がかかることが予想され，現実的ではない。この似通って異なる2協定にどのように対処するのかは，5ヵ国にとっての大きな課題といえよう。

第3節　日メコンの枠組による支援

　日本政府のメコン河流域諸国への取組は，宮澤首相が ASEAN を歴訪した際の 1993 年 1 月 16 日にバンコクで行われた政策演説で提唱されたインドシナ総合開発フォーラム（Forum for Comprehensive Development of Indochina: FCDI）に始まる。この取組は，GMS 経済協力プログラムより約3ヵ月遅く，ASEAN による取組よりも早い。着目すべき点は，この時点で 1988 年 9 月 18 日に民主化運動を鎮圧して成立したミャンマーが対象とされて

おらず，また対象となるカンボジア，ラオス，ベトナム（CLV）がまだ ASEAN に加盟していない点である。小笠原（2011, 185 頁）によれば，その狙いはインドシナ 3 国の経済発展を促し，ASEAN 拡大の環境整備を行うことにあったとされている。

ところが FCDI も 1995 年 2 月 26－27 日に第 1 回閣僚会議が開催されたものの，それ以後閣僚会合は開催されていない。その後，日本のメコン河流域諸国への協力は，GMS 経済協力を側面支援する形で進められた（小笠原 2011, 186 頁）。実際 2000 年 10 月 1 日に着工し，2005 年 6 月 5 日に開通式が行われているベトナムのフエとダナンを結ぶハイバン・トンネル（黒田；塚本 2006），2001 年に交換公文が締結され，2006 年 12 月 20 日に開通式が行われたタイとラオスの第 2 メコン国際橋など（石田・工藤編 2007）は，いずれも GMS 経済協力プログラムの東西経済回廊上の案件を日本の ODA でもって建設したものである。

しかしながら，2000 年代に入りしばらくすると，メコン河流域国支援にも日本の独自色が強まってくる。2004 年 11 月 27 日にビエンチャンで開催された日 CLV 外相会議で，CLV 諸国から日本に支援が要請された（Ishida 2013, pp.3-11）。その要請を受けた形で，日 CLV 首脳会議が同年 11 月 30 日に開催され，メコン地域開発[16]の枠組において CLV 諸国と協力していく意向が示され，3 年間で総額 15 億ドルの支援が表明された。この会議で，カイメップ・ティーバイ国際港開発事業への円借款が表明されたほか，1999 年 10 月 22 日以降 CLV 3 ヵ国で開発が進められている CLV 開発の三角地帯[17]に 20 億円の支援が表明された。2007 年 11 月 20 日の第 2 回日 CLV 首脳会談では，日本 ASEAN 統合資金（Japan ASEAN Integration Fund: JAIF）の支援で東西経済回廊と南部経済回廊と，CLV 開発の三角地帯にそれぞれ 2000 万米ドルの計 4000 万ドルが支援されることが表明された。ただし日 CLV の枠組の会議は 2008 年 7 月 22 日に第 4 回会議を最後に開催されていない。

日 CLV の枠組に代わって，2008 年 1 月 17 日には「日メコン」の枠組として，第 1 回日メコン外相会議が開催され（表 11-5 参照），「東西回廊等の物流円滑化支援」と「CLV 開発の三角地帯」への支援にそれぞれ 2000 万ドルが供与されることになったほか，2009 年を「日メコン交流年」とすることが決め

表11-5　日メコンの枠組の首脳会議と外相会議

日付	会議	開催地
2008年1月17日	第1回日メコン外相会議	東京
2009年10月3日	第2回日メコン外相会議	シェムリアップ
2009年11月6～7日	第1回日本・メコン地域諸国首脳会議	東京
2010年7月21日	第3回日メコン外相会議	ハノイ
2010年10月29日	第2回日本・メコン地域諸国首脳会議	ハノイ
2011年7月21日	第4回日メコン外相会議	バリ
2011年11月18日	第3回日本・メコン地域諸国首脳会議	バリ
2012年4月21日	第4回日本・メコン地域諸国首脳会議	東京
2012年7月10日	第5回日メコン外相会議	プノンペン
2013年6月30日	第6回メコン外相会議	バンダルスリブガワン
2013年12月14日	第5回日本・メコン地域諸国首脳会議	東京
2014年8月10日	第7回日メコン外相会合	ネーピードー
2014年11月12日	第6回日本・メコン地域諸国首脳会議	ネーピードー
2015年7月4日	第7回日本・メコン地域諸国首脳会議	クアラルンプール
2015年8月5日	第8回日メコン外相会合	東京

出所：外務省ウェブサイトに基づく（2015年9月3日参照）。

られた。2009年11月7日には第1回日本・メコン地域諸国首脳会議が開催され，①総合的なメコン地域の発展，②人間の尊厳を重んじる社会の構築，③協力・交流の拡大，④アジア太平洋地域の他の枠組との協力の推進，⑤日メコン関連会合，を重点分野とする「東京宣言」で，今後3年間で5000億円以上のODA支援を行うことが表明される一方，「63項目の行動計画」が発表された。2012年の第4回日本・メコン地域諸国首脳会議では，2015年までの日メコン協力の方針として「東京宣言」に代わる「東京戦略2012」が発表され，3つの柱として①メコンの連結性を向上する，②共に発展する，③人間の安全保障および環境の持続可能性を確保する，が採択され，総額6000億円のODA支援が日本政府により表明された。そして2015年7月4日の第7回日本・メコン地域諸国首脳会議では，「東京戦略2012」で表明された6000億円がすべて利用され，それに代わる「東京戦略2015」として，①メコン地域における産業基盤インフラの整備と域内外のハード連結性の強化，②産業人材

育成とソフト連結性の強化，③「質の高い成長」実現のための持続可能な発展に向けたグリーン・メコンの実現，④「質の高い成長」実現に向けた，効率的・効果的支援等の実施のための多様なプレーヤーとの連携，の4本の柱が設定され，3年間で7500億円のODAが供与されることとなった。

なお，第3回日メコン外相会議以後は，日メコン外相会議はASEANの定例外相会合に合わせて開催されるようになり，日本・メコン地域諸国首脳会議は東京で開催される場合と，ASEAN首脳会議に合わせて開催される場合と2通りあるようである。

第4節　評価と考察

1. 開発ギャップに関する指標の検討

開発ギャップの解消という課題は，どの程度改善されたのであろうか。図11-3は，Menon (2013, p.38) を参考に，1人当りGDPをカンボジアがASEANに加盟した翌年である2000年を基準に指数化したものである。CLMV諸国の1人当りGDPの水準は，2012年時点でのミャンマーの6.8倍は別としても，2013年時点でカンボジアの3.5倍が若干低いが，ラオスが4.9倍，ベトナムが4.7倍と，先発ASEAN6ヵ国の平均の2.9倍を大きく上回り，13年間のCLMV諸国の高成長振りが窺える。しかし，1人当たりGDPが1017米ドルのカンボジアと5万5182米ドルのシンガポールとの格差は54倍であり，1999年時点でのミャンマーとシンガポールとの145倍の格差よりもその格差は拡大している。逆に1909米ドルのベトナムと2793米ドルのフィリピンとの格差は，1999年のベトナムとインドネシアとの1.8倍の格差と比べると，1.5倍にまで縮小している。

一方，貧困に関しては1日の支出が2米ドル未満の人口の割合がラオスでは2012年時点でまだ過半数を示しているが，2011年時点でカンボジアは41.3％とインドネシアのよりも減少しベトナムに至っては12.5％まで減少している。（表11-6）。また，都市部と農村部で各国の貧困腺未満の人口の違いをみてみると，ベトナムでは2008年時点で都市部が3.3％，カンボジアは2007年時点で11.8

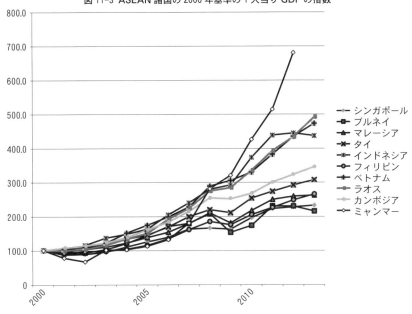

図11-3 ASEAN諸国の2000年基準の1人当りGDPの指数

出所：ASEAN事務局の統計をもとに筆者作成。

表11-6 ASEAN諸国の2ドル未満の人口の推移

	2米ドル未満人口		2米ドル未満人口		2米ドル未満人口	
マレーシア	1997	6.8	2004	7.8	2009	2.3
タイ	2000	32.5	2004	11.5	2010	3.5
インドネシア	2002	52.4	2005	53.8	2011	43.3
フィリピン	2000	46.4	2003	43.8	2012	41.7
ベトナム	n.a.		2004	52.5	2012	12.5
ラオス	1997-98	79.9	2002	76.9	2012	62.0
カンボジア	1997	77.7	2004	68.2	2011	41.3

出所：World Development Indicators 各年版をもとに筆者作成。

％，ラオスは17.4％と都市部の貧困率は下がってきている。他方，農村部については ベトナムが18.4％まで減少している一方で，カンボジアが34.5％，ラオス

表 11-7　ASEAN 諸国の主な人間開発指標の推移

	出生時平均余命（歳）				15歳以上成人識字率（%）				人間開発指数（HDI値）			
	2000	2005	2010	2012	2000	2005	2010	2012	2000	2005	2010	2012
シンガポール	77.6	79.4	80.7	81.2	92.3	92.5	94.5	96.1	0.826	0.852	0.892	0.894
ブルネイ	75.9	76.7	77.4	78.1	91.5	92.7	95.0	95.2	0.830	0.848	0.854	0.854
マレーシア	72.5	73.7	74.7	74.5	87.5	88.7	92.1	93.1	0.712	0.742	0.763	0.769
タイ	70.2	69.6	69.3	74.3	95.5	92.6	93.5	93.5	0.625	0.662	0.686	0.690
インドネシア	66.2	69.7	71.5	69.8	86.9	90.4	92.0	92.6	0.540	0.575	0.620	0.629
フィリピン	69.3	71.0	72.3	69.0	95.3	92.6	93.6	95.4	0.610	0.630	0.649	0.654
ベトナム	68.2	73.7	71.8	75.4	93.4	90.3	92.5	93.2	0.534	0.573	0.611	0.617
ラオス	53.5	63.2	65.9	67.8	48.7	68.7	72.7	72.7	0.453	0.494	0.534	0.543
カンボジア	56.4	58.0	62.2	63.6	67.8	73.6	77.0	77.6	0.444	0.501	0.532	0.543
ミャンマー	56.0	60.8	62.7	65.7	84.7	89.9	91.9	92.3	0.382	0.435	0.490	0.498

注：HDI指数は，2012年の指数と同じ計算方法を，2000年，2005年，2010年に適用している。
出所：UNDP Human Development Report（各年版に基づき筆者作成）。

が31.7%と農村部の貧困はまだ解消されていない（World Bank pp.86-87; Menon 2013, p.40）。

　出生時の平均余命および15歳以上成人識字率，人間開発指数（HDI値）をみると，ラオスは12年間に平均余命が14.3歳も伸びており，先発ASEAN6ヵ国の平均余命が2.5歳しか伸びていないのに対し，CLMV諸国は平均で9.6歳も伸びている。成人識字率では，ベトナムでは逆に0.2%の減少を示しているのに対し，ラオスが24.0%の改善を示し，カンボジアとミャンマーでもそれぞれ9.8%と7.6%も改善しており，先発ASEAN6ヵ国の平均2.6%の改善を大きく上回っている。HDI全体では，ミャンマーが2012年時点でも0.5を下回っているが，この12年で同国のHDIは0.116ポイントも改善，カンボジアも0.099ポイント，ラオスも0.090ポイント，ベトナムも0.083ポイント改善している。それに比べ，ブルネイは0.024ポイント，フィリピンは0.044ポイントと，改善の度合いが小さい。

　以上をまとめると，先発ASEAN6ヵ国とCLMV諸国は最先進国のシンガポールと比べると格差は拡大している。他方で，現状ではベトナムはフィリピンやインドネシアと同じグループで括った方が良い状況にあり，CLM諸国

もそれら3ヵ国に追いつこうとしている状況にある。

2. ASEAN の取組みの評価

このように CLMV 諸国は先発 ASEAN 6 ヵ国でも下位のグループに属するフィリピンやインドネシアとの間の格差は明らかに縮小した。しかし，これらの指標の改善が，これまで述べてきた ASEAN の枠組による CLMV 諸国への支援によるものであるかというと，そうとはいえない。むしろその検証は，具体的なプロジェクトの効果をミクロ経済学的な手法を通じ，統計的に検証すべきであろう。

ASEAN の取組について，ASEAN が IAI に取り組んだ背景として，資金不足ゆえに先発 ASEAN 6 ヵ国が CLMV 諸国に提供できるのはハード・インフラではなく，教育，技能開発，労働者の訓練などのソフト・インフラに限られるとセベリーノ元 ASEAN 事務局長が述べていることが，何よりも実情を示している（Severino 2007, p.39-40；西口 2013, 13頁）。ASEAN ハイウェイは，その地図をみる限りは，広範囲でかつ詳細なネットワーク網を掲げているが，ASEAN 連結性マスター・プラン（MPAC）で示された Key Strategies の規模は，GMS 経済協力プログラムが実施してきた3つの経済回廊と比べるとその規模は小さく，むしろそれとの相互補完的な意味合いが感じられる。また，シンガポール・昆明鉄道リンク（SKRL）については，小規模ながらその取組は F/S レベルに留まっていた。ただ GMS 経済回廊がほぼ完成した現状において，MPAC のミッシング・リンクの解消に向け，GMS におけるインフラ開発の軸足は，日本と中国さらには韓国のインフラ輸出競争にも示されるように，今後は鉄道に移っていく可能性が高い。

IAI については，対話国や開発機関の支援を受けながらも，シンガポールなど先発 ASEAN 6 ヵ国が主導的に行ってきたといえる。しかし，上述の HDI などの指標の改善に直接貢献するほどの規模ではなく，IAI のプロジェクトは CLMV 諸国の政府職員の英語研修や ICT 研修に少なからぬ資金を費やしてきた。このことは，CLMV 諸国の政府職員の ASEAN の様々な会合への参加を円滑化し，まさに ASEAN 共同体の統合に直接的な効果をもたらしたものと思われる。

おわりに

　これまで ASEAN によるメコン河流域国への取組を，先発 ASEAN 6ヵ国と CLMV 諸国との開発格差の縮小という観点から概観してきた。本章を通じ，明らかになった点をここでまとめてみることとしたい。

　第1に ASEAN による取組が，CLMV 諸国が ASEAN に加盟する前後の「開発ギャップの縮小」を標語に掲げた取組から，3つの ASEAN 共同体のブルー・プリントと ASEAN 連結性マスター・プラン（MPAC）に沿った「ASEAN の地域統合」を念頭に置いた取組への変遷が明らかになった。第2に ASEAN 統合イニシアティブ（IAI）の取組は，対話国や開発機関との協力を仰ぎながらも，シンガポールをはじめ先発 ASEAN 6ヵ国主体で進められ，特に CLMV 諸国の政府職員の研修などを通じ，ASEAN の地域統合を進める話し合いを円滑化する役割を果たした。第3に ASEAN ハイウェイの取組は，GMS 経済協力プログラムと比べると，その規模は小さいが GMS プログラムと相互補完的であったといえるし，またその相互補完性をより一層高めていくことが求められよう。第4にシンガポール昆明鉄道リンク（SKRL）は，ASEAN メコン流域協力（AMBDC）の下では十分にその建設が進まなかったものの，MPAC でミッシング・リンクの解消が謳われ，2013年以降日本や中国，韓国などが相次ぎ鉄道建設の支援を表明するようになってきており，次第に交通インフラの軸足の中心となるような様相を示してきている。第5として，日メコンの枠組は，ASEAN ハイウェイや SKRL などのインフラ・プロジェクトの遂行にとって，ASEAN の資金不足を補う意味があった。第6に開発の指標をみる限りにおいて，シンガポールなど先発6ヵ国のなかでも高位の国と CLMV 諸国との格差はさらに拡大したが，先発6ヵ国のなかでもベトナムはすでにインドネシアやフィリピンと同等の水準に達してきており，CLM 諸国もこれら3ヵ国とのギャップを解消すべく，1人当たり GDP や人間開発指標でも大幅な改善傾向がみられることが明らかになった。

　最後に本章でカバーできなかった課題としては，ASEAN 自由貿易協定

(AFTA) をはじめとする種々の自由貿易協定並びに経済連携協定における CLMV 諸国の取り扱いについては触れることができなかった。またこの地域にはメコン河流域 5 ヵ国によるエーヤワディ・チャオプラヤー・メコン経済協力戦略 (ayeyawady-chao-phraya-mekong Economic Cooperation Strategy: ACMECS) など多数の経済協力の枠組があり，日本が関わる枠組みとしても米国のクリントン国務長官のイニシアティブで始まったメコン河下流域開発 (Lower Mekong Initiative: LMI) や日中メコン政策対話などもある。紙幅の関係もあり，本章では取り上げることができなかったが，今後の課題として本章を終えることとしたい。

(石田正美)

注
1) CLMV 諸国の ASEAN 加盟プロセスの詳細は本筋ではないのでここでは割愛したい。詳細は石田 (2008, 20 頁) を参照されたい。
2) ASEAN 事務局の統計でインドネシアの 1999 年の 1 人当り GDP は示されていないため，ADB Key Indicators の数字に基づいている。
3) シンガポール政府は IAI 向けに 2001－2005 年で 5950 万 S ドル，2006－2008 年で 2890 万 S ドル，2009－2011 年で 3000 万 S ドル，2012－2015 年で 5000 万 S ドルを制約している。なお，S ドルはシンガポール・ドルを意味する。
4) Cambodia-Singapore Training Centre, Lao-Singapore Training Centre and Vietnam-Singapore Training Centre.
5) http://www.scp.gov.sg/content/scp/iai_programmes/about.html (2015 年 8 月 28 日参照)。
6) http://www.mfa.gov.sg/content/mfa/overseasmission/phnom_penh/technical_assistance_scholarships.html (2015 年 8 月 28 日参照)。
7) ジャカルタの常駐代表 (大使級) が IAI タスク・フォースを構成している。
8) 第 2 回は 2007 年 6 月 12－13 日にハノイで，第 3 回は 2012 年 10 月 29 日に ASEAN 事務局で開催されている。
9) *Initiative for ASEAN Integration (IAI) Work Plan for the CLMV Countries, Progress Report as at 15 May 2005* in http://www.asean.org/archive/IAI-Article.pdf.
10) 先発 ASEAN 6 ヵ国の後発地域も対象とすべきであるとの提案は後述する IAI 作業計画 II では実現していない (2015 年 9 月 18 日のメイルを通じた ASEAN 事務局からの回答による)。
11) ASEAN ハイウェイの道路基準は，アジア・ハイウェイ，GMS の経済回廊とともにヨーロッパ・ハイウェイに準じている (春日 2013, p.81)。また設計速度と最小曲線半径は，平野部，なだらかな起伏の地形，山岳地帯ごとに異なった値が設定されている (ASEAN Secretariat 1999)。
12) 国土交通省ウェブサイト (http://www.mlit.go.jp/kokusai/kokusai_tk3_000075.html) を参照 (2015 年 8 月 30 日参照)。
13) AFAFGIT の議定書 1 の付属文書および MPAC など。

14) トランジットとは、例えばタイからラオスを経由して、ベトナムに輸送するといった場合の輸送のことをいう。この場合ラオスがトランジット国で、トラックの荷物にシールが貼られている場合、トランジット国の税関などの物的検査は免除され、荷物も課税対象外となる。
15) 以下では Ishida（2015）に基づいて記されている。
16) 本章ではメコン河流域国との表現を用いているが、外務省の文書では「メコン地域」との文言が用いられている。
17) 1999 年時点ではカンボジアのストゥントレン州、ラッタナキリ州、モンドルキリ州、ラオスのセコン県、サラワン県、アタプー県、ベトナムのコントゥム省、ザーライ省、ダクラク省、ダクノン省の 10 地域が対象であった。2009 年にカンボジアのクローチェ州、ラオスのチャンパサック県、ベトナムのビンフォック省が加わり、13 地域となった。

参考文献
（日本語）

石川幸一（2013）,「ASEAN 経済共同体はできるのか」石川幸一・清水一史・助川成也『ASEAN 経済共同体と日本：巨大統合市場の誕生』文眞堂.

石田正美（2005）,「メコン河とメコン地域」石田正美編『メコン地域開発：残された東アジアのフロンティア』アジア経済研究所.

—— （2007）,「大メコン圏経済協力と 3 つの経済回廊」石田正美・工藤年博編『大メコン経済協力：実現する 3 つの経済回廊』アジア経済研究所.

—— （2008）,「ASEAN・ミャンマー関係：相互依存から膠着へ」工藤年博編『ミャンマー経済の実像：なぜ軍政は生き残れたのか』アジア経済研究所.

—— （2010）,「越境交通協定（CBTA）と貿易円滑化」石田正美編『メコン地域国境経済をみる』アジア経済研究所.

—— （2013）,「特集にあたって」『所報』No.616 盤谷日本人商工会議所、1-3 頁.

—— （2015）,「メコン地域における物流事情：インフラ整備の経済効果」三菱東京 UFJ 銀行海外ビジネス関連レポートのウェブサイト（2015 年 9 月 4 日参照）.

小笠原高雪（2011）,「ASEAN 二層化問題と日本：メコン地域開発への取組み」黒柳米司編『ASEAN 再活性化への課題：東アジア共同体・民主化・平和構築』明石書店.

小野沢麻衣（2013）,「格差是正」石川幸一・清水一史・助川成也『ASEAN 経済共同体と日本：巨大統合市場の誕生』文眞堂.

外務省（2004）,「小泉総理大臣 日 CLV 共同新聞発表（仮訳）」（外務省）.

—— （2008）,「日メコン外相会議（結果概要）」（外務省）.

—— （2009）,「第 1 回日本・メコン地域諸国首脳会議東京宣言（仮訳）—共通の繁栄する未来のための新たなパートナーシップの確立—」（外務省）.

—— （2012）,「第 4 回日本・メコン地域諸国首脳会議（評価と概要）」（外務省）.

—— （2015）,「第 7 回日本・メコン地域諸国首脳会議」（外務省）.

柿崎一郎（2010）,「王国の鉄路：タイ鉄道の歴史」京都大学出版会.

春日尚雄（2003）,「ASEAN 連結性の強化と交通・運輸分野の改善：ASEAN 経済共同体に向けた取り組みの柱として」石川幸一・清水一史・助川成也『ASEAN 経済共同体と日本：巨大統合市場の誕生』文眞堂.

黒田昌司,「ベトナム中部地帯に建設されるハイバンパストンネルの概要紹介：東南アジア最長となる道路トンネル」（http://www.jsce.or.jp/committee/rm/News/news4/haivanpass.pdf）.

ジェトロ（2008）,『ASEAN 物流ネットワークマップ 2008』日本貿易振興機構.

清水一史（2013）,「世界経済と ASEAN 経済統合：ASEAN 経済共同体の実現とその意義」石川幸

一・清水一史・助川成也『ASEAN 経済共同体と日本：巨大統合市場の誕生』文眞堂。
塚本敏行（2006），「東南アジア最長のハイバン・トンネル」『コンサルタント』230 号，60-61 頁。
西口清勝（2013），「ASEAN 域内経済協力の新展開とメコン地域開発」西口清勝・西澤信善編『メコン地域開発と ASEAN 共同体：域内格差の是正を目指して』晃洋書房。
林克彦（2014），「陸の ASEAN における輸送インフラ整備と国際陸上輸送サービス」『物流問題研究』No.62, 66-81 頁。
ハリナ・スザナ・ジャファール＆ダトー・ロハイニ・モハマド・ユーソフ（2013），「東南アジア諸国連合（ASEAN）とメコン地域における鉄道計画についてのマレーシアの見解」『所報』No.616 盤谷日本人商工会議所，4-7 頁。
村野勉（1991），「「脱ソ連・東欧」路線を模索：1990 年のベトナム」アジア経済研究所編『アジア動向年報』アジア経済研究所。
──（1996），「「ASEAN10」の早期実現で合意」アジア経済研究所編『アジア動向年報』アジア経済研究所。

(外国語)
ASEAN Secretariat (1997), "Basic Framework of ASEAN-Mekong Basin Development Cooperation, Kuala Lumpur, 17 June 1996," in website of ASEAN Secretariat (referred on August 31, 2015).
── (1997), "Joint Press Statement the 3rd ASEAN Transport Ministers Meeting Cebu, Philippines, 5 September 1997," in website of ASEAN Secretariat (referred on July 10, 2015).
── (1999), "Ministerial Understanding on the Development of the ASEAN Highway Network Project," in website of ASEAN Secretariat (referred on July 10, 2015).
── (2000), "Press Statement by Chairman, 4th ASEAN Informal Summit, Singapore, 25 Nov 2000," in Website of ASEAN Secretariat (referred on July 10, 2015).
── (2001a), "Ha Noi Declaration on Narrowing Development Gap for Closer ASEAN Integration Hanoi. Vietnam, 23 July 2001," (referred on July 10, 2015).
── (2001b), "Joint Communique of the 34th ASEAN Ministerial Meeting Hanoi, 23-24 July 2001," (referred on August 29, 2015).
── (2005), "Report on the Mid Term Review of the Initiative for ASEAN Integration (IAI) Work Plan," in Website of ASEAN Secretariat (referred on July 10, 2015).
── (2008), *ASEAN Economic Community Blueprint*, ASEAN Secretariat.
── (2009), *ASEAN Socio-Cultural Community Blueprint*, ASEAN Secretariat.
── (2010), Master Plan on ASEAN Connectivity: One Vision, One Identity, One Community, ASEAN Secretariat.
── (2012a), "Final Report of the IAI Work Plan I (October 2012)," in Website of ASEAN Secretariat (referred on August 29, 2015).
── (2012b), ASEAN Connectivity Project Information Sheets, ASEAN Secretatriat.
Asian Development Bank (2014), Key Indicators 2014, in Website of ADB (referred on August 25, 2015).
Frost, F. (1995), "Vietnam's Membership of ASEAN: Issues and Implications," *Current Issues Brief*, issued by Commonwealth of Australia, No.3, 1995-96.
Ishida, M. (2013), "Development of Five Triangle Areas in the Mekong Region," Ishida, M. ed., Five Triangle Areas in the Greater Mekong Subregion, Bangkok: Bangkok

Research Center.

—— (2015) "What are the Differences between CBTA and ASEAN Framework Agreements?," a paper submitted to ERIA (forthcoming).

Mekong Institute (2014), *The Initiative for ASEAN Integration Development Cooperation Forum (IDCF) Volume 2 Technical Annexes*, ASEAN Secretariat.

Menon, J. (2013), "Narrowing the Development Divide in ASEAN: the Role of Policy," *Asian-Pacific Economic Literature*, Vol.27, No.2, pp.25-51.

Salazar, L. C. and S. B. Das (2007), "Bridging the ASEAN Development Divide: Challenges and Prospects," ASEAN Economic Bulletin, Vol.24, No.1, pp.1-14.

Soverino, R. C. (2007), "The ASEAN Developmental Divide and the Initiative for ASEAN Integration," ASEAN Economic Bulletin, Vol.24, No.1, pp.35-44.

Umezaki, S. (2013), "Building the ASEAN Economic Community: Challenges and Opportunities for Myanmar," Lim, H. and Y. Yamada ed., *Economic Reform in Myanmar: Pathways and Prospects*, Bangkok Research Center.

World Bank (2005, 2010, 2012, 2014, 2015), *World Development Indicators*, World Bank. (2015年版はWorld Bankのウェブサイトから入手)

第12章

中国の台頭とASEAN

はじめに

　中国は2000年11月のASEANとの首脳会議の際に，中国とASEANの自由貿易圏の形成を提案したが，当時はその経済効果について疑問視する向きが少なくなかった。なぜなら当時中国とASEANの貿易関係はさほど密接なものではなく，むしろ両者は産業構造や経済発展のレベルが似通っていて，アメリカや日本など第3国への輸出をめぐって競合する関係にあったからである（Voon 1998; 奥村 2001; 石田 2006）。競合相手との間で自由貿易圏を作ればいっそう競合を深めるだけとの予測が成り立つ。それゆえ，中国による自由貿易圏形成の提案は経済的メリットを狙ったものというよりもむしろASEAN側の中国の経済発展に対する警戒心を解き，政治的関係を深めたいという意志に基づくとの解釈も成り立ち得た（丸川・長谷川 2006）。トラン・松本（2007）は，中国側は政治的利益を求めて自由貿易協定を提案し，ASEAN側は経済的利益を狙って提案を受けた，とまとめている。

　だが，ASEANと中国の経済関係は21世紀に入ってから予想を覆して大きく発展した。2000年から2013年の間にASEANと中国の貿易額は約10倍に拡大し，ASEANのいくつかの国にとって中国は最大の貿易相手へと浮上してきたのである。これは両者の産業構造が競合的なものから補完的なものへと変化したことを示すものである。本章の第1節では，ASEANと中国の貿易がいかに成長し，両者の間にどのような分業関係が生まれているのかを分析する。

　ASEANと中国の間の直接投資も大きく発展している。中国が改革開放政策を始めて間もないころにはASEANの華僑系企業がいわば市場経済における

企業経営の指南役を演じていた。だが，2000年代後半以降は中国からASEANへの直接投資が活発化している。第2節ではASEANと中国の間の直接投資について代表的な事例にもふれながら検討する。

経済関係の密接化は，ASEANと中国との外交にも影響を与える。第3節では経済関係と外交との関係について簡単にふれる。最後に，ASEANと中国との関係密接化を日本がどう受け止めるべきかについて筆者の考えを述べる。

第1節　中国とASEANの貿易関係

1. ASEAN・中国経済圏

中国とASEANの貿易の全体像から確認しよう。ASEAN 10ヵ国から中国に対する輸出額は2000年には222億ドルだったのが2013年には1996億ドルに，中国からの輸入額は2000年の187億ドルから2013年には2042億ドルに拡大した[1]。中国への輸出が9倍，中国からの輸入が11倍に拡大した結果，表12-1に示すように，ASEAN 10ヵ国の輸出入に占める中国との貿易の割合は5％から16％へ拡大した。かつてASEANの主要な貿易相手であった日本とアメリカはその重要性を大幅に後退させ，代わって中国がASEANにとって域外で最も重要な貿易相手国となったのである。表12-1からは，ASEAN域内での貿易比率が同じ期間にほとんど伸びていないことも読み取れる。ASEAN自由貿易地域の創設など域内での貿易促進の努力も続いてきたが，表12-1をみるかぎり，域内の経済統合は世界との貿易拡大のペースと同じ程度の進展にとどまっている。このまま中国との貿易ばかりが拡大していくと，ASEANと中国の貿易関係はハブとスポークのような形になってしまう。ASEANの経済統合をいっそう進める必要があることを表12-1は示唆している。

中国との貿易関係にはもちろん国によって濃淡がある。輸出額と輸入額の合計でみると，中国との貿易比率が最も高いのはミャンマーで，比率は2013年に35％に及んだ。ラオスが26％でこれに続く。この両国は中国を含めた近隣国との貿易が多い。フィリピンは中国との貿易比率は23％で，ASEAN域内との貿易の比率（19％）よりも中国との貿易比率の方が高い。ベトナムも中国

表12-1 ASEAN 10カ国の貿易相手国ごとのシェア

年	輸出				輸入			
	中国	ASEAN	日本	アメリカ	中国	ASEAN	日本	アメリカ
2000	5%	23%	14%	19%	5%	22%	19%	14%
2005	11%	25%	11%	14%	10%	24%	14%	10%
2010	15%	25%	10%	10%	14%	24%	12%	9%
2013	16%	26%	10%	9%	16%	22%	9%	7%

注：ブルネイ，ラオス，ミャンマーについては貿易相手国側のデータから推定した。
　　また，各国から中国への輸出，中国から各国への輸出はいずれも相手側の輸入によって計算している。
出所：UNcomtradeのデータをもとに筆者計算。

との貿易比率（20％）がASEAN域内との比率（15％）を上回る。逆に中国との貿易比率がASEANのなかで最も低いのはシンガポールとブルネイで，比率は9％にとどまる。ちなみに，2013年に日本との貿易比率が中国とのそれを上回っていたのはブルネイのみだった。一方，中国の側からみても，ASEAN 10ヵ国との貿易は2000年には中国の世界との貿易額の8.3％を占めていたが，2013年には10.7％に拡大した。中国とASEANの相互依存関係が深まっており，ASEAN中国自由貿易地域（ACFTA）は1つの経済圏としての実質を備えつつある。

2. 中国との貿易関係の特徴

ASEAN・中国経済圏の中身をより詳しくみていこう。ASEAN 10ヵ国と，世界および中国との貿易関係の特徴を見るうえでの重要な数字を表12-2にまとめた。

ここから次のことが読み取れる。第1に，ASEAN 10ヵ国ではいずれも輸入全体に占める中国からの輸入の割合（表12-2の「対中国輸入比率」）が2000年から2013年の間に顕著な増加を見せ，5ヵ国では輸入の25％以上を中国が占めるまでになっている。またどの国でも2013年には中国からの輸入の9割前後ないしそれ以上が工業品によって占められている。ただし，フィリピンに限っては工業品の割合が82％とやや低いが，これはこの年に中国から石

表 12-2　ASEAN 10 カ国の貿易構造

	年	対中国輸出比率	輸出に占める一次産品		輸出集中度		対中国輸入比率	輸入に占める工業品	
			対世界	対中国	対世界	対中国		世界から	中国から
カンボジア	2000	4%	4%	14%	0.85	0.68	8%	73%	95%
	2005	1%	3%	47%	0.92	0.35	17%	83%	97%
	2010	2%	4%	63%	0.82	0.46	25%	83%	98%
	2013	4%	7%	48%	0.71	0.32	33%	82%	98%
インドネシア	2000	7%	41%	55%	0.17	0.19	6%	64%	58%
	2005	10%	50%	53%	0.16	0.17	10%	57%	71%
	2010	13%	59%	75%	0.17	0.22	15%	66%	89%
	2013	17%	60%	79%	0.17	0.25	16%	62%	93%
タイ	2000	6%	21%	28%	0.24	0.22	5%	79%	90%
	2005	13%	21%	20%	0.25	0.33	9%	73%	95%
	2010	18%	24%	20%	0.24	0.32	14%	75%	95%
	2013	17%	24%	27%	0.23	0.21	16%	71%	96%
ベトナム	2000	6%	54%	93%	0.22	0.64	9%	75%	80%
	2005	8%	49%	80%	0.22	0.45	16%	74%	76%
	2010	10%	34%	47%	0.21	0.19	24%	77%	87%
	2013	13%	24%	27%	0.22	0.22	28%	79%	92%
シンガポール	2000	4%	10%	18%	0.46	0.35	5%	83%	87%
	2005	7%	14%	14%	0.38	0.37	10%	78%	91%
	2010	7%	19%	20%	0.32	0.30	11%	67%	85%
	2013	7%	20%	18%	0.28	0.29	12%	63%	88%
フィリピン	2000	4%	7%	11%	0.60	0.56	2%	79%	76%
	2005	31%	10%	3%	0.56	0.80	6%	78%	90%
	2010	32%	12%	7%	0.61		9%	69%	88%
	2013	34%	21%	17%	0.33	0.53	13%	66%	82%
マレーシア	2000	6%	18%	24%	0.39	0.31	4%	87%	79%
	2005	14%	23%	14%	0.32	0.52	12%	83%	91%
	2010	25%	31%	23%	0.25	0.44	13%	78%	92%
	2013	26%	36%	22%	0.22	0.45	17%	72%	93%
ミャンマー	2000	6%	49%	91%	0.30	0.61	20%	72%	88%
	2005	7%	83%	96%	0.28	0.80	30%	71%	85%
	2010	13%	69%	80%	0.26	0.37	39%	73%	92%
	2013	27%	74%	55%	0.24	0.34	40%	78%	94%
ブルネイ	2000	2%	88%	100%	0.78	1.00	1%	77%	89%
	2005	3%	94%	100%	0.87	1.00	4%	77%	91%
	2010	7%	98%	94%	0.95	0.88	13%	76%	97%
	2013	1%	97%	81%	0.93	0.64	27%	84%	99%
ラオス	2000	2%	41%	99%	0.29	0.61	6%	70%	93%
	2005	4%	47%	70%	0.24	0.48	9%	64%	98%
	2010	29%	59%	89%	0.25	0.72	15%	68%	94%
	2013	26%	68%	91%	0.26	0.75	26%	71%	98%

注：一次産品は SITC0－4（ただし SITC266 を除く）。工業品は SITC5－8 および 266。輸出集中度は SITC0－9 におけるハーフィンダール指数。

出所：UNcomtrade のデータをもとに筆者計算。

油製品とガスをかなり輸入したからである。

　第2に，多くの国にとっては中国の輸出先としての重要度（表12-2の「対中国輸出比率」）も顕著に高まっている。ただし，カンボジア，シンガポール，ブルネイにおいては輸出全体に占める中国の割合は2013年の時点でもそれほど高くない。

　第3に，中国への輸出の中身をみると，中国と「垂直貿易」を行っている国々と「水平貿易」を行っている国々とに大きく2分できることがわかる。「垂直貿易」とは，中国から工業品を輸入し，中国に1次産品を輸出する関係を指すが，その典型はインドネシアで，中国への輸出は1次産品に偏る傾向を強めている。中国向けの輸出の「輸出集中度」[2]からわかるように，中国向け輸出はインドネシアの輸出全般よりもいっそう特定品目に集中する傾向を見せている。このように中国との貿易関係が深まるにつれ特定の1次産品に集中する傾向を見せている国はラテンアメリカ，アフリカ，オセアニアにも数多くみられる（丸川・梶谷 2015）。ASEANではブルネイとラオスも対中輸出における1次産品の比率が非常に高い状態が続いているし，カンボジアも2000年に比べて2013年は1次産品の割合が大きく上昇している。ミャンマーも対中輸出における1次産品の比率が2013年の段階で55％と高いので垂直貿易グループに属しているが，1次産品比率が急速に下がっている。

　一方，中国と相互に工業品を輸出しあう「水平貿易」を行っている国々としてはタイ，シンガポール，フィリピン，マレーシアがあり，これらでは対中輸出における1次産品の比率は2割前後と低い[3]。注目すべきはベトナムで，2000年の段階では中国と垂直貿易を行うグループに属していたのが，2013年の段階では水平貿易をするグループに移っている。

3. 中国への主要な輸出品目

　ASEANから中国への主な輸出品目は垂直貿易グループと水平貿易グループでは大きく様相を異にしている。垂直貿易を行っている5ヵ国は少数の1次産品に対中輸出が集中している。まずインドネシアは石炭が対中輸出額の26％を占め，次いでニッケルやボーキサイトなどの非鉄金属鉱（19％），パーム油などの固形植物油（8％），石油製品（6％）が続く。（カッコ内はその国の対

中輸出額に占める当該品目の割合。以下も同じ）ラオスは各種木材の輸出が対中輸出の43％を占め，非鉄金属鉱（29％），生ゴム（8％），銅（8％）が続く。ミャンマーは真珠・宝石（36％），木材（19％），非鉄金属鉱（12％）が対中輸出の主要品目である。ブルネイは石油（78％）と有機化学品（19％）によって対中輸出の大半が占められている。カンボジアは工業品の衣服が対中輸出の35％を占める点は他の垂直貿易グループの国と異なるが，他の主な輸出品は木材（24％），生ゴム（11％）など1次産品である。以上のように，垂直貿易グループの5ヵ国からは各国特産の1次産品が中国に向かっている。

　一方，水平貿易グループを見ると，まずタイは事務機器が対中輸出の17％を占め，その他の電気機械（10％），生ゴム（10％），プラスチック原料（再生セルロース，レジン）（9％），有機化学品（8％），ゴム原料（6％）がそれに続いている。マレーシアはその他の電気機械（55％），石油製品（6％），パーム油などの固形植物油（5％）が主たる輸出品目である。ベトナムはその他の電気機械（17％），通信機器（10％），楽器・録音機器（9％），糸（6％）が主要な対中輸出品目である。フィリピンはその他の電気機械が対中輸出の38％を占め，事務機器（23％），非鉄金属鉱（11％），通信機器（5％）がそれに続く。シンガポールはその他の電気機械（26％），石油製品（16％），プラスチック原料（再生セルロース，レジン）（11％），有機化学品（10％），機械部品（7％），事務機器（6％）が主たる対中輸出品目である。

　水平貿易グループの対中輸出においてはどの国でも「その他の電気機械」が最大もしくはそれに次ぐ重要品目であり，タイとシンガポールの場合はそれに加えて石油化学製品もかなり重要な位置を占めている。

　ここで気になるのは，これら5ヵ国から中国に盛んに輸出されている「その他の電気機械」とはいったい何かである。より詳細な品目分類が得られるHS分類によってASEANから中国へのHS85（電気機械）の輸出の内訳をみると，輸出の大半が半導体であることがわかった。2013年には，この5ヵ国から総計で672億ドルの電気機械の輸出が行われている。最も輸出額が多いのはマレーシアで355億ドルを輸出し，シンガポール（94億ドル），フィリピン（88億ドル），ベトナム（70億ドル），タイ（66億ドル）と続いている。品目別にみると電気機械輸出の7割近い467億ドルが半導体の輸出である。もっと

細かく見ると，最も輸出額が多いのはプロセッサおよびコントローラーICで，マレーシアから228億ドル，シンガポールから33億ドル，ベトナムから27億ドル，フィリピンから24億ドル，タイから9.6億ドル中国へ輸出されている。次に多いのは「その他のIC」で，マレーシアから45億ドル，フィリピンから23億ドル，タイから15億ドル，シンガポールから12億ドル中国へ輸出されている。また，ダイオード，トランジスター，発光ダイオードなど単体の半導体はマレーシアから28億ドル，フィリピンから8.2億ドル中国へ輸出されている。メモリーICはシンガポールから17億ドル，マレーシアから4.2億ドル輸出されている。

半導体以外の品目の重要度は大きく下がり，やや目立つものとしてはベトナムから「テレビカメラ，ビデオカメラ，デジタルカメラ」が16億ドル，シンガポールからの「ディスク，テープその他の記憶媒体」が12億ドル，マレーシアからの電話機及び部品が11億ドル，ベトナムからのヘッドホンとイヤホンが7億ドル，フィリピンからの電話機部品7億ドルがそれぞれ中国へ輸出されている。

以上の5ヵ国から中国へ向けた半導体の輸出とは主にこれら各国に拠点を置くインテル，マイクロン，フリースケール，NXP，TI，インフィニオン，ロームといった欧米や日本のICメーカーからの輸出であることは間違いない。2014年3月にクアラルンプールから北京に向かう途中で行方不明となり，後に墜落したことが判明したマレーシア航空機にはアメリカ系半導体メーカー，フリースケールの中国人とマレーシア人の社員20名が乗り合わせていたが，図らずも半導体貿易によるマレーシアと中国の結びつきを浮き彫りにした。半導体だけでASEAN 10ヵ国から中国への輸出の4分の1近くを占めている。ASEANと中国との「水平貿易」は主に欧米や日本の電子メーカーが担い手となっていると言ってよいだろう。

なお，中国とASEANの間における電子産業の国際分業について分析した先行研究は意外に少ないが，中国とベトナムとの分業については池部（2013，2015）が詳細な分析を行っている。それによれば，ベトナムから中国へのプロセッサIC輸出は2010年にインテルが後工程の工場をベトナムに設置したことによるものである（池部 2013，191頁）。また，ベトナムから中国に輸出さ

れている「テレビカメラ，ビデオカメラ，デジタルカメラ」とはそのほとんどがウェブ用カメラや監視カメラに使われるカメラモジュールで，2000年代半ばに日系企業8社がベトナムに工場進出して以降，輸出が始まったという（池部 2015, 61頁）。

ASEANと中国が1つの経済圏としての実質を備えつつあるとは言っても両者の間にはかなりの地理的距離があるので，工業製品の分業はおのずからICやカメラモジュールのように製品の価値に比べて輸送コストが小さなものに偏りがちである。

第2節 双方向の直接投資

1. 直接投資の流れを決める要因

オーソドックスな資本移動の理論によれば，資本の限界生産性の低い国，すなわち資本が豊富な国から，資本の限界生産性の高い国に資本は移動するはずであるとされる。つまり簡単に言えば，資本は豊かな国から貧しい国に移動するはずだという。実際，第1次世界大戦以前の時期には海外直接投資の大きな割合はイギリスやアメリカなど欧米先進国からラテンアメリカやアジア，東ヨーロッパへ向けてなされていた（Jones 2005）。ところが，第2次世界大戦後になると，海外直接投資は先進国どうしでなされるものが多くなった。こうした変化を受けて，海外直接投資は企業が競争相手に対して優位に立つために行うのだというHymer (1976) の産業組織論アプローチが提唱され，多くの研究がこのアプローチによって展開された。

中国とASEANの間の直接投資を考える際にも，やはりそれぞれの企業がどのような優位性を競争相手に対して持っているのかという点を考えていくことになる。だが，直接投資がどちらからどちらへ流れるのかという大きな流れを見るうえではオーソドックスな資本移動の理論が実はかなり有用である。

図12-1ではASEAN 10ヵ国から中国への直接投資と中国からASEAN 10ヵ国への直接投資の総額の推移を示している。なお，いずれも中国政府が発表した中国の対内直接投資と対外直接投資の統計を使っている。2005年以

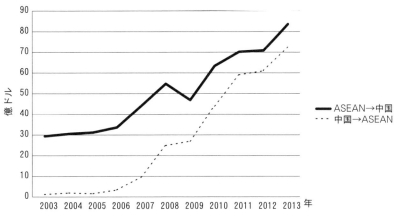

図12-1 中国とASEANの間の直接投資

出所：ASEAN→中国：『中国統計年鑑』各年版，中国→ASEAN：『中国対外直接投資統計公報』各年版。

前はASEANから中国へは毎年30億ドル程度の直接投資がなされる一方，中国からASEANには毎年2億ドル以下しか投資が行われていなかった。

　中国がいわゆる「外へ出る戦略（走出去戦略）」と呼ばれる対外直接投資の規制緩和を行ったのが2004年であるが，その2年後の2006年からASEANへの直接投資が急増し，近年は逆向きの投資額に迫る勢いである。一方，ASEANから中国への直接投資も，リーマンショックの影響で一時的な減少はみられたもののやはり大きく伸びている。ただし，日本から中国への直接投資は2013年には91億ドルでASEANから中国への直接投資より多く，日本からタイ，シンガポール，マレーシア，インドネシア，フィリピン，ベトナムへの直接投資は2013年には234億ドルで中国からASEANに向かった投資よりもはるかに多かった。直接投資の金額においては日本はまだアジアのハブとしての面目を保っている。

　中国とASEANの間の直接投資の流れを，国ごとに直接投資の流出から流入を差し引いた収支の形でみると，興味深いことに，より豊かな国からより貧しい国へ資本が流れるというオーソドックスな資本移動の理論に沿った形で資本が流れていることがわかる。たとえば，シンガポール，マレーシア，ブルネ

イの1人あたりGDPは2003年から2013年のあいだ常に中国よりも多かったが,直接投資も中国からこの3ヵ国に向かう金額よりも,この3ヵ国から中国へ向かう金額が常時上回っていた。(ただし,2013年のマレーシアに限っては,中国からマレーシアへの直接投資が急増したため,中国側の流出超過になっている。) シンガポールと中国の間では,中国からシンガポールへの直接投資も急速に増えてはいるが,直接投資の収支をみると,シンガポールから中国へ20−50億ドルも流出超過になっている。

一方,カンボジア,ラオス,ミャンマー,ベトナムはこの間常に中国よりも1人あたりGDPが少なかったが,直接投資もほぼ中国からの流出超過になっている。面白い位置にあるのがタイとインドネシアである。タイの1人あたりGDPは2010年までは中国を上回っていたが,2011年以降は中国の方が多くなった。一方,直接投資は2003−2008年はタイ側の流出超過,2009年以降は中国側の流出超過となっており,両国の所得水準の変化とかなり対応しているのである。また,インドネシアの1人あたりGDPは2003年から2008年までは何とか中国の7−8割で持ちこたえていたのが,2008年以降はだんだん差をつけられ,2013年には5割ほどになってしまう。これに対応するように2007年まで直接投資はインドネシア側の流出超過,2008年以降は中国側の流出超過となる。

こうした法則にあまり合致しないのがフィリピンである。フィリピンの1人あたりGDPはインドネシアよりやや少なく,2003年には中国の79%だったのが2013年には40%になっている。となると,直接投資の収支は中国側の流出超過がだんだん拡大するような展開が予想されるが,実際には,ほとんどの年でフィリピン側の流出超過になっている。

中国とASEAN 10ヵ国の間で直接投資の収支が,1人あたりGDPの相対的な大きさによって決まるという上記の議論を回帰分析によって検証してみる。ASEAN側から見た直接投資の収支をX(=中国からの直接投資流入—中国への直接投資流出)とし,1人あたりGDP比をG(=ASEAN側のある国の1人あたりGDP/中国の1人あたりGDP)として回帰分析を行った結果,

$X = -13940G + 19435$　　　$R^2 = 0.40$　　観察数 101
　　　(−8.11)　　(1.91)　　　カッコ内はt値

という結果を得た。t 値と R^2 の高さによって示されるように，1 人あたり GDP 比によって直接投資の流れる方向がかなり説明できる。推計式から，ASEAN 側の国の 1 人あたり GDP が中国の 1.4 倍というラインが ASEAN から中国への純流出が純流入に転じる分岐点であることがわかる。直接投資が純流出から純流入に転じる分岐点が 1 人あたり GDP の等しい点ではなく，ASEAN 側がやや多い点であるということは，中国の方が所得水準の低い段階から割に積極的に対外直接投資を行っていることを示している。それは「走出去戦略」のように政府が中国企業の海外進出を後押ししているから，という説明も可能であろうが，むしろ，中国の企業の方が発展の早い段階から ASEAN にすでに存在する企業に対して優位性を持ちうるという展望をもって積極的に海外進出していることを示しているのではないかと思われる。

2. ASEAN 企業の優位性

図 12-1 でみたように 2005 年まで直接投資は ASEAN から中国へほぼ一方的に流れていた。中国で 1979 年に外資の受け入れが始まってから今日までの間に ASEAN 諸国から中国に対してなされた直接投資の代表的な事例をいくつか取り上げ，それらの投資がいかなる優位性に依拠して投資を行ったのかを考えてみたい。

中国が改革開放政策を始めてのち，真っ先に中国に進出してきた企業の 1 つがタイの華僑系企業，CP（チャルンポーカパン）グループであった。CP グループは 1979 年に深圳にアメリカの穀物商社との合弁で飼料工場を設立し，それ以来，飼料工場や養鶏場を中国各地に展開している（東 2006）。それだけでなく CP グループ（中国では正大集団と名乗っている）は食品，小売スーパー（「ロータス・スーパーセンター」），製薬，オートバイ，不動産，金融などに及ぶ 300 社もの現地法人を中国で展開している。また 1990 年から中央テレビ局で人気番組のスポンサーとなっており，その番組制作を行う会社も持っている。2015 年には伊藤忠商事と組んで，大手国有企業の中信集団に資本参加し，企業改革にも一役買った。

マレーシアの華僑系企業，ライオン・グループ（金獅集団）も中国で積極的な事業展開を行っている。1994 年に北京に「百盛（Parkson）ショッピング

センター」を開業したのち,「百盛」ブランドの大規模小売店を中国各地に建設し, 2015年現在33都市で59店舗を展開している。それ以外に, ビール製造, オートバイ, 自動車, 自動車部品などの分野でも中国に投資していたが, 2000年代にこれらを他社に売却して撤退し, 現在中国ではショッピングセンター事業にほぼ集中している。

1993年には香港に本部を置く中策投資有限公司という会社が多数の国有企業を買収して一躍脚光を浴びた。同社は, インドネシアでパーム油, パルプなどの事業を営む華僑系企業, シナル・マス・グループの創業者の二男である黄鴻年(ウィー・ホンリョン)が設立したものである。黄は1960年代に中国で学校教育を受けた経験を持つ中国通で, 1991年に香港上場企業の紅宝石発展を買収すると, これを中策投資有限公司(China Strategic Holdings)と改名した。中策投資は山西省のゴム工場を買収したのを皮切りに浙江省でビール工場とゴム工場など4社, 寧波市では35社, 泉州市では41社, 大連市では軽工業の企業を101社など, 1993年までに180社あまりの国有企業を買収した(『日経産業新聞』1993年5月28日)。最初は経営状況の悪い国有企業に資金を注入し, 不採算部門のリストラや賃金制度の改革によって経営を改善する企業再生が事業の中心だった。やがて各地で買収したビール工場をまとめた会社を作って海外に上場し, その会社にアサヒビールの出資を招き入れるなど, ビール産業を中国事業の1つの柱に据えた (「華商名人堂」http://www.hsmrt.com/ 2015年8月30日閲覧,『日本経済新聞』1994年1月7日,『日経産業新聞』1994年10月7日)。同様に, タイヤとゴムの工場もまとめて1つの会社とし, ニューヨークに上場し, タイヤ事業も1つの柱とした。しかし, 2000年に黄鴻年が中策投資有限公司の持ち株を売却して経営から離れ, その後中策はタイヤやビールの事業から撤退した。2014年の中策の年報によれば現在の主たる事業は金属鉱物の売買である。

シンガポールの対中国投資というと, 1994年に中国政府とシンガポール政府の合意に基づいて設立された蘇州工業園区のように政府主導の事業を広く展開していることで知られる。蘇州工業園区は中国側のコンソーシアムが52%, シンガポール側のコンソーシアムが28%, その他の投資者が20%出資する開発会社によって建設, 運営されている。これと同様の事業モデルは2007年の

両国政府の合意によって発足した天津エコシティでも採用された。港湾開発などに従事しているシンガポール企業のケッペル・コーポレーションと中国側との合弁により天津エコシティ投資開発会社が設立され，天津市の臨海部に環境保護を基調とする新たな都市を建設している。

ケッペルの株式の20％はシンガポールの国有資本を管理しているテマセク・ホールディングズによって保有されているが，そのテマセクは2015年3月末の時点で，全投資額のうち27％を中国に投資している。テマセクは投資の28％をシンガポール国内で行っているが，中国は国内に次ぐ2番目の投資先ということになる。ただし，中国での主な投資先は中国銀行の株の1％強，中国建設銀行の5％，中国工商銀行の2％，中国平安保険の2％，アリババの2％などであり，各投資先における保有比率は低く，直接投資ではなくポートフォリオ投資の範疇に属する投資が多いようである。

さて，以上に例示した各企業はいかなる優位性に依拠して中国事業を行ったのであろうか。まずCPグループはタイで早い時期に飼料生産，養鶏，鶏肉加工，販売に至る垂直統合体制を確立し，中国以外にもアジア各国で飼料生産と養鶏事業を展開している（東 2006）。同社は飼料と養鶏における技術や事業モデルにおける優位性を持ち，それをテコとして中国での事業も成功させたといえるだろう。シンガポールは自国での工業団地開発の経験とノウハウに依拠し，それを中国でも展開している。また，ライオン・グループは1940年代から砂糖と鉄鋼製品の生産に着手し，その後は鉄鋼業を中心に発展してきたが，1980年代にスズキとの提携によるオートバイと自動車の生産，不動産，金融などかなりの多角化を行い，その1つがParksonというブランドのデパートであった。つまり，自国で小売業の経験とノウハウを積んでから中国に進出したわけである。

一方，中策の場合はシナル・マス・グループのインドネシアのビジネス（パーム油，パルプなど）とおよそ無関係な事業を中国で始めている。中策に何らかの優位性があったとすれば，それは市場経済に適応できずに経営不振に陥っていた中国の国有企業に比べて，市場経済における企業経営についてより多くの知識と経験を持っていたということぐらいであろう。それは当時の国有企業に対して市場経済国の企業の多くが持ちうる相対的優位性というにすぎ

ず，他国からも中国に進出する企業が多いなかでは中策に確固たる収益の根拠を与えるものではない。中策はビールとタイヤに集中することでより確固たる優位性を構築しようとしたとみられるが，結局成功しなかった。

　実はCPグループやライオン・グループも，飼料や養鶏の技術，小売業のブランドやノウハウといった確固たる優位性に依拠しただけでなく，市場経済における企業経営の経験という相対的な優位性も生かして中国での事業を多角的に展開したと思われる。華僑系企業の場合，他国から中国への進出を目指す企業に比べて中国を知っているという相対的優位性もある。これと，中国の企業に比べて市場経済を知っているという相対的優位性とを合わせることで中国での事業を成功させようとする企業がASEANの華僑系企業や香港・台湾の企業には少なくないように見受けられる。つまり，華僑系企業の対中投資における特徴として，相対的優位性しか持たない状況でもあえて投資する傾向があるといえるだろう。

3. 中国企業の対ASEAN投資

　中国からASEANへの直接投資は2013年までに累計357億ドルなされており，その内訳は電力・ガス・水道が16.9％，鉱業が14.8％，卸売・小売が13.4％，製造業が13.1％，リース・ビジネスサービス業が11.0％などとなっている。なお，対外M&Aによる投資は業種を問わず「リース・ビジネスサービス業」に分類されるので，それを含めると製造業などへの投資比率は上記よりもう少し高い可能性がある。固有のブランドや技術といった優位性に依拠して東南アジア市場への進出を目指すタイプの直接投資がもっとも顕著にみられたのが家電産業であり，近年は自動車産業でも進出の動きがみられる。

　中国の家電産業では1990年代前半に国内市場が急速に拡大するとともに，激しい市場競争が展開され，そのなかでテレビの長虹やTCL，白物家電のハイアールなどが日系企業や他の国内企業とのシェア争いに打ち勝って自信をつけた。これらの中国メーカーがその余勢を借りて海外市場の攻略を始めたのが1990年代後半からである。白物家電の代表的メーカー，ハイアールは1996年にインドネシアに現地家電メーカーのサッポロと合弁で工場を設立し，翌年にはフィリピンとマレーシアにも合弁による工場を設立した。完成品に対する高

い関税を回避するためにCKD部品を中国から輸出し，現地で組み立てて現地で販売するのが目的であった（大原 2002）。インドネシアにはハイアールに続いて長虹（テレビ，エアコン），康佳（テレビ），新飛（冷蔵庫）などが販売拠点や工場を設立した。中国製家電製品は2004年ごろには洗濯機，エアコン，扇風機，炊飯器といった分野ではインドネシアでかなり高いシェアを獲得したといわれる（松井 2006）。ただ，2011年時点でみると，中国ブランドの家電製品は長虹がエアコンでシャープ，LGと並ぶ3大ブランドの一角に入っていること，洗濯機ではハイアールの傘下に入った三洋電機がシャープ，サンケン（インドネシア企業）に次ぐ第3位であることが確認できるのみである（ICN 2012）。

　タイではハイアールが2002年に販売会社を設立したのち，2007年に経営不振に陥った三洋電機からタイの工場（冷蔵庫，洗濯機）の持ち分の9割を買い取って傘下に収めた。この工場では三洋電機からの出向者の支援も得ながらハイアールと三洋ブランドの家電製品を生産し，現地市場や中国，マレーシアに販売していた（苑 2014, 第7章）。また，中国の家電メーカー，TCLは2004年にフランスのトムソンの合弁会社を作ることによって事実上そのテレビ事業部を買収したが，トムソンはタイに工場を持っていたので，それを引き継ぐ形でタイに進出した。だが，日本や韓国の電機メーカーが地歩を固めているタイの家電市場で中国ブランドがシェアを拡大することは困難だったと見えて，2007年の段階でハイアールは冷蔵庫市場においてシェア5％で7位，TCLはテレビ市場でシェア9位と苦戦している（川井 2010）。

　ベトナムへはTCLが1999年に香港資本の設立したテレビ工場を買い取って進出した。その時すでにソニー，パナソニック，JVC，東芝，サムスンなどが先にベトナムにテレビ工場を持っていた。ベトナム政府のテレビ国産化政策によりブラウン管のベトナム国内調達が可能な21インチテレビに販売が集中する状況のもと，TCLは先行する日本，韓国のメーカーを追いかけたが，2004年時点でもシェアは第7位あたりだったとみられる（丸川 2006）。

　以上のようにハイアール，長虹，TCLらはASEAN各国に進出後，おおむね韓国メーカーや日本メーカーに次ぐ存在にはなっている。しかし，中国国内でのように日本メーカーなどを圧倒するほどの競争力は見せていない。

もっとも，2011年にハイアールがパナソニックから旧三洋電機の白物家電事業を買収し，東南アジアでの製造拠点も引き継いだことで新たな展開も予想される。買収した拠点を統括するハイアール・アジア・グループは日本，タイ，マレーシア，フィリピン，ベトナム，インドネシアに製造拠点や販売拠点を持ち，日本には3ヵ所の研究開発拠点も持っている。研究開発拠点を獲得したことで，中国の家電メーカーにこれまで欠けていた確固たる技術面での優位性を構築できる可能性がある。

また，近年中国ブランドのASEAN進出が著しい分野としてスマートフォンがあげられる。とりわけ広東省の電機メーカー，歩歩高の子会社であるオッポ（OPPO）は2010年にタイ市場に進出したのち，インドネシア，フィリピン，マレーシア，ベトナムでもスマートフォンを販売し，ベトナムではシェア3位，インドネシアでは4位に食い込んでいる（佐藤 2015）。

以上のように電機産業では，中国企業は苦労しながらもなんとかASEAN市場で地歩を固めつつある。それに対して自動車産業ではASEAN進出の話題ばかりが先行している感がある。2000年代に急速に生産を拡大して注目された地場乗用車メーカーの奇瑞と吉利はマレーシアで自動車を売るために現地でノックダウン生産を行う計画を進めていたが実現せずに頓挫した。吉利は2007年にインドネシアに工場を設立し，CKD部品を現地で組み立てる方式によってインドネシアの乗用車市場へ参入した。ただ，その販売台数は2011年段階で2000台ほどにとどまっている（*China Daily*, August 3, 2011）。一方，国有自動車グループの上海汽車集団はCPグループとの合弁企業を2012年にタイに設立し，上海汽車集団が買収した「MG」ブランドの乗用車をタイで生産してASEANで販売する計画である（『中国汽車報』2012年12月・17日）。また上海汽車集団は子会社でGMとの合弁会社である上汽通用五菱との合弁でインドネシアに工場を建設する計画を進めている。かつて上海汽車集団はGMと組んでインドにも進出したが，その事業が失敗に終わったのち，インドネシアで捲土重来を狙っている。上汽通用五菱は軽ワゴンの分野では中国市場で有力なメーカーなので，インドネシアでも同様の安価な自動車を販売する戦略だとみられる（『21世紀経済報道』2015年3月3日）。

上海汽車集団は中国で最大の自動車企業グループだが，その売り上げのほと

んどはVWとGMとの合弁企業が稼いでおり，中国国内でも欧米メーカーのブランドと技術の優位性を借りている状況にある。中国国内でさえ自社固有の優位性を有するとは言い難い状況であるにもかかわらず，海外で自社ブランドの自動車を展開しようというのはいかにも時期尚早であるように思われる。企業として未熟な段階であるにも関わらず海外進出が行われる背景には，「自主ブランド」の乗用車の発展を見たいという中国政府の強い期待があるように思われる。

第3節　経済関係と外交

　これまで中国とASEANの貿易と直接投資の結びつきについてみてきたが，貿易では輸出と輸入が同じように拡大した結果，ASEAN全体と中国を見れば輸出入はおおむね均衡しており，直接投資もかつてはASEANから中国へ一方的に流れていたのが近年では収支がかなり均衡してきている。こうして経済関係が互恵的に発展することは，ASEANと中国の外交上の良好な関係にもつながるはずである。

　他方で，中国とASEAN各国の人口と経済規模を考えると，経済関係の深まりはどうしてもASEAN諸国側の一方的な依存関係になってしまう。それは中国が外交上の目的を達するために経済関係を圧力として利用することを可能としてしまう。実際にフィリピンと中国との関係ではそうしたリスクが顕在化した。中国は南シナ海の領有権をめぐってベトナム，フィリピン，インドネシア，マレーシアなどと争っている。このうちフィリピンとは2012年4月に南シナ海のスカボロー礁付近で中国漁船をフィリピン海軍が拿捕した際に，フィリピン海軍と中国海監の船とがにらみ合う事件が起きた。すると5月9日に中国の検疫当局がフィリピン産の果物には害虫がいる恐れがあるとして輸入を差し止める通知を出し，1500箱ものフィリピン産バナナが倉庫で通関を待っている間に腐り始めた。フィリピンのメディアはこの一件を中国による経済制裁だと解釈した。このほかにもフィリピン人に対する中国への入国ビザが下りるまでの期間が従来より長くかかったり，フィリピンからの輸入貨物の通

関にいつも以上に時間がかかるようになるなど，中国当局の嫌がらせとみられるようなことが相次いだ（『21世紀経済報道』2012年5月18日）。

同様に，2010年9月に尖閣諸島沖で中国の漁船が日本の海上保安庁の船に体当たりし，船長が拘束された際にも中国から日本へ向けたレアアースの輸出が止まったり，他の輸出品の検査が滞るなど，中国側が貿易を利用して日本に圧力をかけようとした節がある。いずれのケースでも中国当局が公式に制裁を行った事実を認めることはなかったが，こうしたインフォーマルな経済制裁が繰り返されたことは中国への貿易依存度が高い国の警戒心を呼び起こさずにはいないであろう。

ただ，こうした中国による貿易制限の影響は1−2年程度で消えてきたことも事実である。中国によるフィリピンからのバナナの輸入も2012年と2013年はマイナス成長だったが，逆に2014年は前年に比べて約2倍輸入され，量も金額も史上最高を記録した。こうした成長性こそが，インフォーマルな経済制裁を受ける恐れというリスクがあるにも関わらず，各国を中国との経済関係につなぎとめる要因である。

中国は2015年には中国との経済関係に対する各国の期待をテコとしてアジアインフラ投資銀行（AIIB）の設立にこぎ着けた。アメリカと日本の不参加という逆風のなか，57ヵ国がAIIBの発足メンバーとして参加することを表明したが，ASEAN 10ヵ国はその中にすべて含まれている。マレーシア，フィリピン，タイは2015年6月末の調印式までに国内の認可が間に合わず調印しなかったが，マレーシアは8月に調印を終えた。仮にASEAN 10ヵ国がすべて参加するとすればAIIBでの投票権の比率は8.88％となり，インド（7.51％）を抜いて中国（26.06％）に次ぐ2番目の投票権ということになる。AIIBの設立の目的として2020年までに8兆ドルの投資が必要だと見積もられているアジアのインフラ投資の一部を担う，という公式の説明以外に，中国の国内の貯蓄余剰を外国に還流し，それによって生産能力過剰に陥っている中国の工業製品の輸出を拡大することや，中国の国際社会での影響力を高めるといった目的も見え隠れする。しかし，AIIBの融資の受益者となる可能性の高いASEAN諸国にとってAIIBの設立はやはり歓迎すべきことであった。

おわりに

　中国の GDP は 2014 年には日本の 2.2 倍になったが，筆者の予測では 2030 年には日本の 5 倍以上に拡大する。またその前後には ASEAN 10 ヵ国の GDP が日本を上回る可能性も高いと思われる。2 つの巨大な経済が出現し，農業や天然資源においては一定の補完性があり，かつ移民を通じた人的なつながりがあるとあっては，密接な経済関係が形成されるのは必然的である。一方，日本がアジア（中国，韓国，日本，インド，ASEAN）の GDP に占める割合は 2030 年には 1 割ほどに低下する。今後，「日本をハブとするアジア」という構造が再現されることはないだろう。日本経済の将来は，成長するアジアのダイナミズムをどう取り込むかにかかっている。

　ところが日本の中には 1980 年代末のバブル期のように日本がアジアの GDP の 7 割を占めていた時代の認識をいまだに転換できない人たちがいるようである。日本が最大の出資国として君臨するアジア開発銀行（ADB）があるから，中国が最大の出資国となるアジアインフラ投資銀行（AIIB）に日本は参加しなくていい，参加すべきではないという意見は，暗に日本がアジアの経済で圧倒的なポジションを占めていた 1980 年代末の状況の再来を願っているように思える。そのような態度は中国はもちろん，ASEAN 諸国からも好感を持たれるとは思えない。中国，ASEAN，インドなどが経済発展することは日本にとってプラスになるという立場からアジアの発展に貢献すると思われる行動や組織に日本は積極的にかかわっていくべきである。

　もちろん，ただむやみにアジアの発展を促進するのではなく，戦略的にかかわっていくことは重要である。近年の中国の東シナ海や南シナ海の問題における強硬な姿勢は周辺各国の警戒感を呼び起こさざるを得ない。経済的にいえば，中国が中心国となり，アジア各国が衛星国になるような関係，あるいは「一強多弱」の構造になってしまうと，中国には経済関係をテコとして外交上の主張を通そうとする誘因が生まれることになる。そういう状況を防ぐにはアジアの経済的多極化が望ましい。そのためには ASEAN は域内の経済的統合

を進め，アジアの有力な極となることを目指すべきである。日本がその過程で貢献できることも多いはずだ。

(丸川知雄)

注
1) 中国の対外貿易は香港を中継地として行われることが少なくない。その結果，中国から他国への輸出が貿易統計ではしばしば香港向けの輸出として計上されたり，他国から中国への輸出が香港向けの輸出として計上されることがある。輸入統計の場合は輸入品の原産地によって統計を作成するという原産地主義がより徹底しているためこうした問題は少ない。そこで，本章では中国から各国への輸出，各国から中国への輸出についてはそれぞれ相手国側の輸入のデータを用いている。また，ASEAN 加盟国のうちミャンマー，ラオス，ブルネイは貿易統計が揃わないので，相手国側の貿易統計を用いて貿易の構造を推定することにした。そのためこの3ヵ国相互間の貿易は本章の分析には反映されていない。
2) 「輸出集中度」は SITC0〜9 が輸出全体に占めるシェアを S_i と表したとき，シェアの2乗の総和 $C = \sum_{i=0}^{9} S_i^2$ であらわされる。
3) なお，丸川・梶谷 (2015) の表 2-3 でもフィリピン，マレーシア，インドネシア，タイの対中輸出における1次産品比率を計算しているが，本章の表2と結果が異なっている。これは前者は各国の輸出統計に基づいて計算したのに対して本章では中国の輸入統計によって計算しているからである。

参考文献
(日本語)
池部亮 (2013),『東アジアの国際分業と「華越経済圏」―広東省とベトナムの生産ネットワーク』新評論.
池部亮 (2015),「ベトナム，カンボジア，ラオスの電気機械貿易構造の現状分析―中国およびタイとの間の国際分業構造の考察から」『アジア研究』第 61 巻第 3 号, 53-67 頁.
石田正美 (2006),「国際貿易における中国・ASEAN の競合と協調」大西編 (2006) 所収.
苑志佳 (2014),『中国企業の対外直接投資のフロンティア―「後発国型多国籍企業」の対アジア進出と展開』創成社.
大西康雄編 (2006),『中国・ASEAN 経済関係の新展開』日本貿易振興機構アジア経済研究所.
大原盛樹 (2002),「中国：白物家電産業における海爾（ハイアール）グループのグローバル展開と競争優位」星野妙子編 (2002)『発展途上国の企業とグローバリゼーション』日本貿易振興機構アジア経済研究所.
奥村幸弘 (2001),「対中 FTA の光と影」『日本経済新聞』2001 年 12 月 23 日.
トラン・ヴァン・トゥ・松本邦愛 (2007),「ASEAN―中国の FTA の政治経済学」トラン・ヴァン・トゥ・松本邦愛編『ASEAN―中国の FTA と東アジア経済』文眞堂.
川井伸一 (2010),「タイにおける中国家電企業」『ICCS 現代中国学ジャーナル』第 2 巻第 1 号, 64-70 頁.
佐藤仁 (2015),「サムスン凋落でスマホ市場に変化，新興国で地場メーカーが台頭」『週刊エコノミスト』7 月 7 日号, 86-88 頁.
東茂樹 (2006),「タイ・中国企業の海外投資」大西編 (2006) 所収.
松井和久 (2006),「インドネシアにおける中国製品の流入と国内経済への影響」大西編 (2006) 所収

丸川知雄（2006），「ベトナムのテレビ製造業と TCL の挑戦」大西編（2006）所収。
丸川知雄・梶谷懐（2015），『超大国・中国のゆくえ 4　経済大国化の軋みとインパクト』東京大学出版会。
丸川知雄・長谷川貴弘（2006），「中国の FTA 政策と日中経済関係」日本機械輸出組合編『北東アジア FTA 推進の在り方』日本機械輸出組合。

(外国語)

Hymer, Stephan (1976), *The International Operations of National Firms: A Study of Direct Foreign Investment*, Cambridge: MIT Press.

ICN (2012), "Household Electric Appliance Industry Growing Fast in Indonesia," *Indonesia Commercial Newsletter*, July. (http://www.datacon.co.id/Electronic-2012Household%20Electronic.html　2015 年 8 月 31 日閲覧)

Jones, Geoffrey (2005), *Multinationals and Global Capitalism: From the Nineteenth to the Twenty-First Century*, Oxford: Oxford University Press.

Voon, Jan P. (1998), "Export Competitiveness of China and ASEAN in the U.S. Market," *ASEAN Economic Bulletin*, Vol.14, No.3, pp.273-291.

第 13 章

ASEAN と日本の新たな関係

はじめに

　ASEAN と日本の経済関係というとき，2 つのアプローチがあろう。1 つは，経済統合体としての ASEAN と日本の関係の分析である。2008 年に ASEAN 憲章が発効して，ASEAN は法人格を得，経済面だけではなく地域協力機構から地域統合体へと昇華した。ASEAN という地域制度を基礎としたアプローチが可能である。

　もう 1 つは，貿易や投資を通じた関係があり，その実態を踏まえたアプローチが可能である。日本企業がカンボジアに投資をしたり，ブルネイから天然ガスを輸入するときに，これらの国が ASEAN 加盟国であるかを考慮することは少ない。今日では，ASEAN は東南アジアの別称でもあるから，経済統合体とは別に日本と各国経済，またその総体を分析するアプローチが可能である。

　これら 2 つのアプローチは相互依存的であり，補完的である。日本と ASEAN 加盟国の個別の経済関係については他の章で分析されているので，本章ではとくに経済統合体としての ASEAN と日本の関係を強調することにする。

　第 1 節では日本と総体としての ASEAN の貿易の現状を分析する。自由貿易協定（Free Trade Agreement: FTA）がどのような効果を期待されているかについても触れる。第 2 節では，直接投資と人の国際移動を取り上げる。直接投資については，ASEAN 投資地域（ASEAN Investment Area: AIA）構想の失敗，人の国際移動については，日本の看護師候補者・介護福祉士候補者受け入れ制度の不備を取り上げる。第 3 節では，日本と ASEAN の新たな

関係を両者の経済関係の歴史の延長線上に位置づける。ASEAN 経済が直面する課題として中進国の罠を取り上げる。

第1節　ASEAN の対域外経済関係

1. ASEAN 加盟国の域外貿易の変化

　ASEAN 加盟国の輸出総額や輸入総額に占める対域内輸出額や対域内輸入額を域内輸出比率，域内輸入比率と呼ぶことにする。ASEAN 加盟国の 2013 年の域外輸出比率は 72.7%，域外輸入比率は 77.2% であった。これを貿易相手国別にみてみよう。ASEAN＋3 を構成する国については貿易額の実数を図 13-1 と図 13-2 に示したが，ここでは，中国と香港が合計されている。香港の輸出の大きな部分が中国に向けた再輸出と地場輸出であることから，両者を合計し

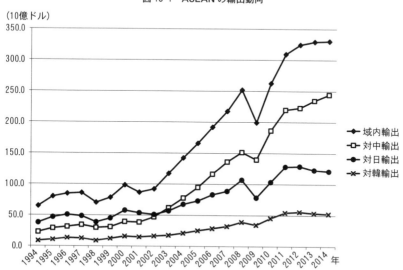

図 13-1　ASEAN の輸出動向

注：対中輸出には対香港輸出を含む。
出所：International Monetary Fund, *Direction of Trade Statistics*, various issues より，吉野が作成。

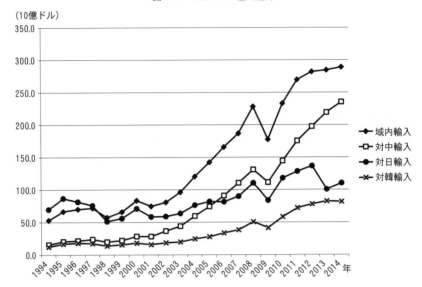

図13-2 ASEANの輸入動向

注：対中輸入には対香港輸入を含む。
出所：図13-1に同じ。

たほうがより経済の実態に近いと考えられるからである[1]。

2013年のASEANの対日輸出比率は9.0％，対日輸入比率は9.6％，香港を含む対中輸出比率は19.0％，同じく対中輸入比率は15.3％，対韓輸出比率は4.1％，対韓輸入比率は5.5％であった。

ASEANの香港を含まない対中輸出比率が対日輸出比率を上回ったのは2009年であった。この年は，世界銀行の推計による中国の国内総生産（Gross Domestic Product: GDP）が日本のそれを上回った年でもある。この相関は，ASEANの輸出が輸出相手国の経済規模に左右されることの傍証でもあろう。図13-1では中国と香港が合計されているので，その輸出比率が対日輸出比率を上回ったのは，2003年である。

1997年7月のタイ・バーツの切り下げをきっかけとして発生したアジア通貨危機によって1998年のASEANからの輸出はここで取り上げた輸出先のいずれについても減少している。しかし，2007年の米国におけるサブプライム

危機，2008年9月のリーマン・ショック，それに続く世界同時不況によるASEANからの輸出の減少は，アジア通貨危機時をはるかにしのぐ大きさであった。とくに，ASEAN域内輸出と対日輸出の減少が大きい。実証が難しいため推論の域を出ないが，ASEAN域内貿易の主体はASEAN域内に生産ネットワークを構築した日系企業であると考えられる。2009年の輸出減少はそれが事実であることを示唆している。

輸入についても2009年の減少はASEAN域内輸入と対日輸入とが大きくなっている。また，2013年に対日輸入が大きく減少しているが，これはこの年の春以降の円高が影響したものと考えられる。ASEANにとって，韓国からの輸入が日本と肩を並べるところまで来ているが，日本企業の生産ネットワークによって，日本企業が部品をASEAN域内で調達する一方で，韓国企業は本国とASEANとの結びつきが強いことも影響している。

図にはないが，ASEANの対日輸出を品目別にみると，2013年の最大の輸出品目は鉱物性燃料であり，輸出総額の28.7%を占めている[2]。続いて，電気機械（18.5%），ボイラー等機械及びその部品（7.3%），木材（4.7%），プラスティック（2.9%）となっている。ASEANの対日輸入については，最大の品目はボイラー等機械及びその部品（22.2%）である。続いて，電気機械（18.7%），自動車（11.4%），鉄鋼（9.4%），鉄鋼製品（4.6%）となっている。鉱物性燃料や木材の輸出が多いことから，ASEANが日本の原材料供給地とみなされるが，のちに触れるように，それらの輸出の比率は大きく低下している。ボイラー等機械及びその部品が輸出にも輸入にも出てくるのは水平分業に向かっていることを示している。

日本とASEANとの間の財貿易収支は，1次産品の価格が高止まった2006年にASEANは17億ドルの黒字を記録し，東日本大震災が発生した2011年もわずかな黒字を記録したが，1994年以降のこれら2年以外はASEANの赤字であった（本章における「ドル」はすべて「米ドル」）。

ASEAN＋3については図に従って説明した通りだが，ASEAN＋6については図に取り上げていない。2013年のASEANの対インド輸出比率は3.5%，同じく輸入比率は2.1%，対オーストラリア輸出比率は3.7%，同じく輸入比率は1.9%，対ニュージーランド輸出比率は0.5%，同じく輸入比率は0.3%であった。

ASEAN の域内貿易について触れなければならない。域内貿易比率が高いほど経済統合が深化したとみなすことが多い。しかし，逆説的に考えると，完全な経済統合は経済構造を相似させる効果があろう。ASEAN 経済共同体が「単一の市場かつ生産拠点」の形成を目指すとはよく言われるモットーであるが，理論的には単一の市場においては一物一価の法則が貫徹し，単一の生産拠点においては賃金や資産価格が均衡に収束するであろう。そのような市場，生産拠点では価格差に基づいた貿易は行われない。貿易が行われるとしたら，品質の差異であるとかブランドの違いに起因したものとなろう。各国の生産物の品質が異なったり，各国が異なるブランドの製品を生産するということは，経済構造が異なるのであり，あくまで理論的には，経済統合の進展が域内貿易比率を高めるとは限らないのである。

経済統合の進展が域内貿易比率を高めるというとき，当初域内に貿易障壁が存在し，それが除去される過程において域内貿易比率が高まることをいうのである。したがって，域内貿易比率の上昇は経済統合の進展の反映というよりは，域内貿易自由化を反映しているのである。貿易統計そのものにも注意が必要である[3]。

貿易統計から見ると，ASEAN 経済の対中依存が高まっていることが分かる。対日貿易比率が趨勢的に低下していることから，ASEAN の日本離れという見方があってもおかしくはない。

2. ASEAN の対域外 FTA 戦略

ASEAN 日本包括的経済連携協定 (ASEAN-Japan Comprehensive Economic Partnership Agreement: AJCEP) が 2006 年に発効したが，ASEAN がこのような域内貿易自由化に着手したのは 1976 年のことであった。ASEAN 特恵貿易取り決め (ASEAN Preferential Trading Arrangement: ASEAN-PTA) を締結し，特定品目の貿易については域内関税率を引き下げたのである。しかし，当時の加盟国の貿易構造は現在よりも相似の度合いが高かったことや各国政府が域内関税率引き下げに消極的であったことから取り決めは実効性を欠いた。1993 年には，ASEAN 自由貿易地域 (ASEAN Free Trade Area: AFTA) の形成を目指す共通有効特恵関税協定が締結され，現

在の ASEAN 財貿易協定（ASEAN Trade in Goods Agreement: ATIGA）がそれを引き継いだ。2015 年には，域内関税引き下げの対象品目などの点から自由化度の高い自由貿易地域が形成されたと言ってよい。

　個別の加盟国というのではなく，地域統合体としての ASEAN は中国，日本，韓国，インド，経済緊密化（Closer Economic Relations: CER）協定加盟国と自由貿易協定（Free Trade Agreement: FTA）を締結している。これらの FTA は，AFTA を基礎として構想された。日本と提携したのは包括的経済連携協定となっているし，中国とは包括的経済協力協定（Comprehensive Economic Cooperation Agreement）となっているが，ここではこれらも一括して FTA と総称することにする。

　ASEAN が域外との FTA 締結に手を付けたのは 2000 年のことであった。この年の ASEAN 中国首脳会議に先立って，中国の朱鎔基総理が，ASEAN に対して自由貿易地域形成に向けた作業部会設置を提案したのである。ASEAN はこれに対して，日本と韓国を含む ASEAN＋3 での自由貿易地域形成を目指してはどうかと提案したが，中国はこれに同意せず，ASEAN と中国だけの FTA 締結に向けた協議を始めることになった。

　ASEAN 中国 FTA は，まず財貿易について 2004 年に署名され，サービス貿易について 2007 年に署名された。署名・発効に先立った早期実施措置（アーリー・ハーベスト）が始まったのが 2004 年 1 月 1 日であった。協定が発効し，実質的な自由貿易地域が形成されたのは 2010 年と言ってよいであろう。

　ASEAN は中国に対しては受け身であったが，日本や韓国に対しては対等に FTA 交渉を進めた。中国の提案に触発される形で，2002 年に日本・ASEAN 包括的経済連携構想に関する首脳たちの共同宣言が署名され，2008 年に日本，ラオス，ミャンマー，シンガポール，ベトナム，2009 年にカンボジア，ブルネイ，マレーシア，タイで発効した[4]。

　ASEAN 韓国 FTA は 2005 年に交渉が始められ，タイとの交渉が難航したが，2010 年には ASEAN 内先発国（ブルネイ，インドネシア，マレーシア，フィリピン，シンガポール，タイ）との間で域内貿易障壁の撤廃がほぼ実現した。後発国（カンボジア，ラオス，ミャンマー，ベトナム）との域内貿易障壁撤廃は 2024 年までのスケジュールで実施される予定である。この FTA では，

原産地規則が当初より付加価値基準と関税番号変更基準が併用されており，利用者にとって使い勝手のよい内容となっている。

　ASEAN は，経済緊密化協定（CER）加盟国，すなわちオーストラリアとニュージーランドとも 2010 年に FTA を発効した。この交渉は 2005 年に始まったが，2007 年にはいったん妥結を断念するほどに難航した。

　ASEAN はインドとも 2010 年に FTA を発効した。2011 年に発効したが，フィリピンと後発 4 ヵ国については，2016 年の発効が予定されている。

　ここで取り上げた地域統合体としての ASEAN が締結した FTA の相手国は ASEAN＋6 の加盟国である。地域制度としての ASEAN＋6 は東アジア首脳会議参加国と一致していたが，東アジア首脳会議に米国とロシアが加わったことで別の意義を持つことになった。すなわち，ASEAN＋6 は東アジア地域包括的経済連携（Regional Comprehensive Economic Partnership: RCEP）参加国と重なるのである。

　RCEP は環太平洋経済連携（Trans-Pacific Economic Partnership: TPP）と並んでアジア太平洋経済協力が目指すアジア太平洋自由貿易圏（Free Trade Area of Asia Pacific: FTAAP）の基礎をなすものと位置付けられている。RCEP と TPP の両者に参加しているのは，日本，ブルネイ，マレーシア，シンガポール，ベトナムの 5 ヵ国であり，唯一の ASEAN 域外国としての日本が果たす役割が期待されている。

　AJCEP を日本では「マルチの FTA」と呼んだ。これは，1 つの枠組みに複数の相手国が参加しているという意味である。日本は ASEAN 加盟国と 2 国間の FTA も締結した。こちらを「バイの FTA」と呼ぶことがあった。相手国は，ブルネイ，インドネシア，マレーシア，フィリピン，シンガポール，タイ，ベトナムである。

　このような複線アプローチを日本がとった理由は，AJCEP で ASEAN 内後発国を含めた貿易等の経済自由化と制度・規制の調和を目指し，個別の FTA で産業の発展段階に応じた経済自由化ときめ細かい経済支援を目指したのである[5]。マレーシアを例にとると，マレーシア日本 FTA（Malaysia Japan Economic Partnership Agreement: MJEPA）には日本がマレーシアの自動車産業の技能向上などに協力するという条項がある。このような条項は AJCEP

にもインドネシア日本FTA (Indonesia Japan Economic Partnership Agreement: IJEPA) にもない。国民車と呼ぶレベルでの自前の自動車産業を有しているのはASEANの中ではマレーシアだけであり，この条項を自動車を生産していないブルネイやシンガポールに適用する必要はないのである。

FTA発効の効果は加盟国間貿易の増加によって確かめられるはずである。しかし，日本が複線アプローチをとっただけではなく，ASEAN加盟国もそれぞれに個別のFTAを域外国と締結しており，たとえば，日本とマレーシアの貿易の変化からAJCEPの効果を除去してMJCEPだけの効果を抜き出すことは現実的に不可能である。ただ，控えめに見てもFTA発効が貿易拡大に結びついたとは言いがたい。

吉野 (2006)，吉野 (2012) では，ともに日本初のFTAとなったシンガポール日本EPA (Japan Singapore Economic Partnership Agreement: JSEPA) が2002年11月に発効した後の両国間貿易の変化を分析することによって，FTAの効果を検証した。前者では，両国の貿易総額に占める両国間貿易のシェアによって貿易量を規準化して，域内関税引き下げの効果を抽出し，後者では，域内関税引き下げ日程に従った化学品の貿易量を取り上げた。いずれにおいても，域内関税引き下げの効果は全く観察できなかった。

効果が出なかった1つの理由は，日本企業のシンガポール進出によって，両国経済の補完性が低下し，貿易を行なう誘因が低下したところにあろう。JSEPAは，両国企業の相互進出を促すような条項も含んでおり，それらが貿易にはマイナスに働いた可能性がある。

3. ASEANにとっての日本

貿易とFTA戦略から見ると，ASEANにとって日本への経済的依存度が低下したことは明らかである。数量的には図13-1と図13-2が示すとおりである。しかし，経済支援を数量的にみると，必ずしも日本が中国の後塵を拝しているわけではない。ASEANの域内開発ギャップ縮小策としてのASEAN統合構想 (Initiative for ASEAN Integration: IAI) は，2000年に提起され，作業計画の第1フェイズが2002年から2008年にかけて実施された。具体的な事業はASEAN内後発国の職業訓練などだが，その費用のほとんどは域外国

からの支援によるものであった。中でも日本の支援が最大であった。中国や韓国も支援したが、金額としては限られたものであった[6]。

　現在までのところ、中国は地域統合体としてのASEANを深くは支援していない。南シナ海における対立のような政治・外交上の問題もあるためであろう。しかし、ASEAN加盟国には積極的な経済支援を展開しているのはよく知られている。IAIには消極的でも、2009年ラオスで開催された東南アジアゲームに合わせて国立競技場を建設した。無償で贈与したことになっているが、それをきっかけに中国系のショッピングモールが建設されたり、中国にとってもプラスの面があった。この国立競技場は、現在では使い物にならないほど痛みが激しいと伝えられている。この事例に象徴されるように、中国の経済支援は機動的で寛大ではあるが、短期的な効果しかないと評価されている。日本の経済支援は、技術移転を図り、現地の雇用を創出すると評価されている。ミャンマーのバルーチャン水力発電所やインドネシアのアチェ尿素肥料プラントなどに見られるように、その効果も長期的である。ASEAN諸国は、必要に応じて日本からの支援と中国からの支援を選択できるようになったと言えよう[7]。ASEANにとっては、場面ごとに日本と中国を天秤にかけられるようになったのである。

第2節　資本移動と人的移動

1. 日本企業にとってのASEAN市場

　2014年の日本の直接投資総額に占める対ASEAN投資のシェアは17.0%であった[8]。直接投資統計は横断面で整合性のある国別統計の作成が困難だが、ASEAN事務局は近年ASEAN加盟国共通の基準を設けて公表している。それによると、2012年から2014年にかけてのASEANの直接投資受入れ純額に占める日本からの投資純額のシェアは15.3%、中国は5.8%、韓国は2.6%であった[9]。よく知られているように、中国の対外投資はケイマン諸島などのタックス・ヘイブンに向かうものが多く、そこを迂回するように中国を含む国々に投資されることがあるので、実態を捉えがたい。

直接投資動向は年々の変化が大きい。現在，日本企業の投資がASEANに向かっている理由の1つは，中国の投資環境の悪化によって，消去法的にASEANに向かうということになろう。日本企業は伝統的にASEANに低賃金労働を求めて進出する。中国主要都市のワーカーの月額賃金は，北京の564ドルを筆頭に大連が392ドル，青島が398ドルとなっているが，ほぼ400ドル台である[10]。これに対して，ASEANの主要都市においては，シンガポールの1598ドルは別格として，クアラルンプールが453ドルと400ドル台であるだけで，ビエンチャンの112ドル，プノンペンの113ドルなど100〜200ドル台である。賃金に限ってはASEANに優位がある。

　もう1つの日本企業のASEAN進出要因は現地における市場の獲得である。中国市場よりもASEAN加盟国個別の市場は小さいが，経済統合が進展すれば，市場の一体化が進むであろう。そのためには物流が確実にならなければならず，ASEANのインフラ整備が不可欠となる。ASEANがASEANコネクティヴィティの掛け声の下で進めている陸海空の輸送インフラ整備は市場の一体化に資するところがある。また，ASEANの統合の進展によって，知的財産権の保護が厳格化し，知的財産に関する意識の向上が図られることが期待される。日本企業が模倣品対策に翻弄されるコストを削減できよう。

　ASEANが市場の一体化を追求していることは，ASEANとアジア開発銀行（Asian Development Bank: ADB）が共同で公表したレポート『ASEAN2030』の副題が「境界なき経済共同体を目指して」となっていることからもわかる。

　日本とASEANの技術格差は厳然と残っているが，いくつかの分野では進展がある。1990年前後には，金型製作は日本のお家芸であり，ASEANでは不可能であると確信されていた。しかし，アジア通貨危機後にコスト削減を余儀なくされたアユタヤ工業団地の日本企業が金型のタイでの製作を始め，現地自動車工業に定着した。2009年のタイ・サミットによる，日本の金型専門メーカー，オギハラの買収はこの流れの中で生じた。日本企業による研究開発機能のASEAN移転は市場志向的な技術から進んでいるが，新製品・新技術を東南アジアで開発するまでには至っていない。

　ASEANもこのことは十分に認識している。先の『ASEAN2030』では，競

争力のある革新的な経済を目指すべしとしていくつかの提言を行っている。その中に，貿易，直接投資，人材の国際的な移動を通じて技術を習得する必要性があるという指摘がある。そして，ASEAN 創設国を 2 つに分けて，シンガポールとマレーシアは自前の技術を開発する段階にあることと，それ以外のインドネシア，フィリピン，タイは，今後の 20 年にわたってこれまで以上に技術革新に優先順位を置くべきであると指摘されている。

　シンガポールはすでに技術面でも一定水準に達している。マレーシアは 2015 年 5 月に 2016－2020 年をカバーする第 11 次マレーシア計画を発表したが，これまでの計画を踏襲して，知識基盤産業（knowledge-based industry）の創生を進めることになっている。マレーシアは ASEAN の中で唯一国民車と位置付けられるプロトンを生産している。1983 年に創業したさいには，日本の三菱自動車が全面的に協力したが，技術移転に不熱心であるという理由で，プロトン社は提携相手をドイツのフォルクスワーゲンに変えた。しかし，今もって自前の技術で自動車を生産するのは困難なのである。MJEPA に，マレーシアの自動車産業育成のために日本が協力するという条項が盛り込まれたことは前述のとおりである。

　日本はこの分野でも ASEAN を支援している。日本 ASEAN 特許庁長官会合をかねてから開催してきたが，2015 年 5 月には，知財分野での協力プログラムに合意し，日本 ASEAN 知財共同声明を発出した。ASEAN が経済的に中国に傾斜する中で，日本が優位を持つ知財分野での協力は ASEAN の経済共同体形成に大いに資するものと考えられる。

　ASEAN は ASEAN 投資地域（ASEAN Investment Area: AIA）というものを形成して域内外からの投資を喚起しようとしたが，当初の見通しがずさんで「投資地域」という概念を撤回した。自由貿易地域から連想すると，投資地域というのは ASEAN 加盟各国横断面で同一の条件で域内投資が自由化されるということであろう。しかし実際には，当初 ASEAN がもくろんだのは，加盟各国ごとに異なる条件だが，各国が投資家に対して内外無差別の待遇を与えるというものであった[11]。

　もしこれが実現すると，外資に対する土地所有規制などを撤廃せざる得ず，同時に操業後 3 年間の法人税減免などの外資に対する優遇措置も撤廃せざるを

得ない。これまで外資誘致を積極的に進めてきた ASEAN 加盟国政府，とくに財政当局はこれを容認できなかった。結果的には，財政に関わる外資優遇措置などは各国ごとに存続させることにし，当初もくろまれた AIA は抽象的なキャッチフレーズになり下がった。

AIA 構想の終焉は経済統合体としての矜持のなさを示す例となっている。

2. 人の国際移動の経済効果

2014 年の日本への ASEAN からの入国者は，180 万 1857 人に上る[12]。入国者総数 1415 万 0185 人の 12.7％を占めた。5 年前の 2009 年に ASEAN からの入国者数は 72 万 9914 人であった。この 5 年間で倍増したことになる。2009 年の入国者総数が 758 万 1330 人であったことを考えると，ASEAN からの入国者数が他の地域からの入国者数の伸びを上回って増加したことが分かる。この背景には，ASEAN の経済成長による海外観光旅行需要の伸び，2013 年春以降の円安による ASEAN 側の交易条件の改善，日本のビザ発給要件の緩和，ロー・コスト・キャリア（Low Cost Carrier: LCC）の増加による航空輸送の低価格化などがある。

中国からの観光旅行者の急増が注目され，「爆買い」という言葉まで生まれたが，ASEAN からの観光旅行者も日本の旅行収支の黒字化に貢献したことは明らかである。

ASEAN への日本からの入国者は，2013 年に 472 万 1000 人であった。これは，ASEAN 域内の出入国者数を含む同年の入国者総数 9800 万 1000 人の 6.9％にあたる。ここでも ASEAN が迎える最大の域外国からの入国者は中国からで，1264 万 2000 人になる。韓国からの入国者数も日本からの入国者数を上回り，487 万 1000 人であった。

これらの国際旅客の大部分は観光目的であると考えられる。ASEAN 加盟国においては，観光産業が重要な外貨獲得産業であり，雇用創出にも貢献している。地域統合体の ASEAN としても観光統合なる概念を持ち出して，観光産業の育成に力を尽くしている。しかし，ASEAN の観光政策当局が目指している観光統合は中身のない空疎な標語に過ぎず，ASEAN 加盟国が互いの競争優位を生かして，観光産業の発展に資するほかないことを吉野（2014）で指摘し

た。ASEANの観光業界は民間レベルですでに観光資源の開発や観光商品の開発に経験の蓄積がある。地域統合体としてのASEANが貢献できる余地は少ないように考えられる。

　ASEANの統合の進展は観光だけではなくて，ビジネスや研修などの国際的な人的移動を促進している。例えば，ASEANは大学の新学期を9月に統一した。すべての大学が変更したわけではないが，域内の主要大学では学年暦が統一された。大学教員の交流もさまざまなプログラムで始まっている。かつては，たとえばインドネシアでタイ語を学ぶような機会がほとんどなく，相互理解の壁が高かったが，今日ではしだいに域内の国境を越えた言語教育が始まりつつある。

　ASEAN域内の留学は，シンガポールとマレーシアの欧米及びオーストラリアの大学の分校に各国の華人の子女が入学するというケースが目立っていたが，現在大学院のレベルではインドネシアからタイに留学するというようなケースも出てきている。留学や研修も長期的にはASEAN経済の成長に資することは確実である。

　日本とASEANの間で懸案となっている労働力移動に，インドネシア，フィリピン，ベトナムからの日本への看護師候補者，介護福祉士候補者の国際移動がある。看護・介護分野での労働力不足を解消するために，日本が始めた政策ではあるが，当初想定されていたよりも国家試験合格が困難であり，制度改革を余儀なくされた。その改革によって，看護師・介護福祉士に真に求められている資質が問われなくなったのではないかという懸念が生じているのである。

　この問題に，人類学をベースにして取り組んだのが奥島（2014）である。看護師候補者・介護福祉士候補者の受け入れが日本インドネシアFTA (Indonesia Japan Economic Partnership Agreement: IJEPA) とベトナム日本FTA (Vietnam Japan Economic Partnership Agreement: VJEPA) に盛り込まれた。そのため，彼らをEPA看護師などと略称することもある。奥島らは，実際にインドネシアから来日した看護師候補者が日本の国家試験を受験するのを支えた経験を持っている。

　出自を限定して特定の職種に対してのみ外国人労働者を受け入れるというの

は，人権の観点からだけではなく，経済的にも容認しがたい制度である。もっとも，FTA自体が排他的な制度であり，WTOにおけるマルチラテラリズムによる世界大の貿易自由化に対して次善の意義しか持たない。

　この制度の問題の経済的な側面は，母国で選抜されて来日した候補者のほとんどが，日本語の壁を越えられず，2年間ないし4年間の滞在期間中に国家試験に合格できないところにある。彼らが日本語の習得のために費やした長大な時間を他の用途に配分していれば得られたであろう経済的成果が犠牲にされたのである。そして，このことは当初から予想され，危惧されたにもかかわらず，厚生労働省をはじめとする日本の政策当局は制度導入を強行した。

　現在，国家試験制度や候補者の選抜などにさまざまな変更がなされているが，抜本的な改善とは言えない。同様の問題は，現在検討中の家事労働者の外国からの受け入れにも生じる可能性がある。送出国の事情も斟酌したうえで適切に外国人労働者問題に対処すべきである。日本もASEANのAIAの失敗を笑える立場にはないのである。

第3節　対等のパートナーとしてのASEANと日本

1. 福田ドクトリンから安倍外交5原則へ

　ASEANと日本の公式の交流は，ASEAN設立の6年後，1973年に設置された日本ASEAN合成ゴムフォーラムに始まる。それ以前にも日本はASEANに関心を持っており，ASEAN設立直後には，インドネシアのアリ・アラタス外相がわざわざ日本は地理的な問題からASEANには加盟できないと言明したが，日本からの問いかけがあっての回答であろう。

　1970年代のASEANは，植民地時代に構築されたモノカルチュア構造の残滓を引きずっていた。ASEANにとっての主要な輸出品であった天然ゴムが日本が生産を急増させた合成ゴムに世界市場で駆逐されようとしていた。そこで，日本に秩序ある輸出を求めたのが合成ゴム問題である。1970年代を通じて，ASEAN創設国の対日輸出総額の過半が鉱物性燃料であった。天然ゴムを含めて，ASEANは日本に対する資源輸出国と位置づけられていたのである。

1970年代を通じて，ASEANは対世界で製造業製品の輸出シェアを高めたが，対日輸出に限るとそのシェアを低下させた。

1972年にはタイで日本製品不買運動がおこった。1974年1月，田中総理がASEANを訪問したさいに，インドネシアとタイでは反日暴動が発生した。当時すでにASEAN加盟国を走る自動車のほとんどが日本製で，キッチンでは味の素が使われ，テレビでは日本のアニメーションが放送されるようになった。ASEAN加盟国では日本に経済的に植民地にされたかのような気分が広がったのである。

その反省に立って，将来を展望するために発出されたのが福田ドクトリンであった。1976年にマニラで行ったその演説で，福田総理は日本とASEANとは「対等のパートナー」であると述べた。それに先立つ1975年には日本はASEAN加盟国に対して経済・技術協力を与えることを決め，同時に日本経済団体連合会が日本企業の行動規範を発表した。福田ドクトリンの経済関係上の意義としては，日本がASEANが取り組んでいたASEAN工業化計画（ASEAN Industrial Project: AIP）に資金を拠出したことである。加盟5ヵ国がそれぞれ1つのプロジェクトを実施することになっていたが，インドネシアのアチェ尿素肥料プラントとマレーシアのビントゥル尿素肥料プラントの2つのみが実現した。

福田ドクトリンによって両者の経済関係が劇的に変わったかというとそうではない。1980年代には，ASEAN加盟国はすべて輸出志向工業化戦略に転じていた。ASEANの対世界輸出における製造業製品の輸出のシェアが高まりつつある中で，やはり対日輸出においては，製造業製品のシェアは高まらなかった。日本にとってのASEANは鉱物燃料を中心とした原材料の供給地域であり続けたのである。ASEANはとくに繊維と鉄鋼で失望した。

1985年のプラザ合意後の円高局面で，日本の対ASEAN投資は急増した。各国の投資受入れ統計を見ると，プラザ合意直後に対タイ投資ブームが起き，ついで1990年にかけて対インドネシア投資が急増した。シンガポールを除いて，当時のASEAN加盟国には一般特恵関税制度が適用されることも日本企業進出の要因となった。また，当時の日本経済はアジア新興経済地域（Newly Industrializing Economies: NIES）の追い上げに直面しており，その後に続

くASEANへの投資が活発になった。

　日本の景気の基準日付によると，バブルが崩壊したのは1991年2月だが，それ以降も資金はASEANに流れ続けた。1995年にベトナムが7番目の加盟国となり，当時東南アジアに存在した10の主権国家のすべてがASEANに加盟する見通しが出てきて，そのような状態を意味するASEAN10という言葉が用いられるようになった。後知恵ではあるが，地域協力機構であったASEANは，経済運営が好調なこの時期に機構を強靭化するなり，地域統合体に向けて舵を切るべきであった。

　日本もASEANも経済動向が一変したのは1997年のアジア通貨危機によってであった。ASEANに投下された資金は激しい勢いで引き上げられた。ASEANでは日本の金融機関に対する恨み言が聞かれたが，これに日本政府は2度に及ぶ新宮澤構想をもって対応した。ASEAN加盟国の中で救済の対象となったのは，インドネシア，マレーシア，タイの3ヵ国であった。

　危機に瀕した加盟国はASEANの結束を強める方向に向かった。長期的な強靭策と位置付けられるASEANヴィジョン2020と短期的な対処策であるハノイ行動計画が採択された。世紀の変わり目はASEANにとっても協力から統合への変わり目となった。また，同時にASEAN＋3，ASEAN＋6などのASEANの外延が制度化される節目でもあった。

　日本の関与が多岐にわたるようになり，地域統合体としてのASEANとその加盟国個別に，中小企業支援や法整備などにまで協力の枠組みが拡大した。世紀の変わり目は，世界貿易機関（World Trade Organization: WTO）が主体となって進めてきた世界大の通商交渉が困難となり，FTA締結による地域主義が台頭する変わり目でもあった。アジアにおいては中国が日本と肩を並べる大国として登場してきた。

　2002年，JSEPA合意を機にシンガポールで小泉演説が行われた。その中では，日本とASEANの関係を「率直なパートナー」と位置付けている。日本の経済支援は，産業基盤整備，インフラ整備などだけではなく，人材開発や法整備などのソフトな分野も充実してきた。日本企業の投資は，1985年のプラザ合意後，中小企業の進出や，すでに進出した大企業の下請けの子会社の進出が目立つようになったが，21世紀にはいると，サービス産業の進出が目立つ

ようになった。コンビニエンスストアやスーパーマーケットなどの小売業，企業向けロジスティクスや個人向け宅配などの流通業，塾や音楽教室などの教育産業などである[13]。

　2014年，安倍総理がジャカルタを訪問した折に口頭で発表しようとしたアジア外交5原則は，最終的には文書の形で公表された。経済に関連するのは，第3の原則である。すなわち，「第3に，日本外交は，自由でオープンな，互いに結び合った経済を求めなければなりません。交易と投資，ひとや，ものの流れにおいて，わたくしたちの経済はよりよくつながり合うことによって，ネットワークの力を獲得していく必要があります」。例として，メコンにおける南部経済回廊の建設が挙げられたが，ASEANを舞台に中国との利害が衝突していることを如実に物語る内容であった。

2. 中進国の罠の克服

　1990年代に米国の人口学者が人口ボーナスという概念を提示して以来，マクロ経済動態の分析に何よりも人口の年齢構成を重視することが流行のようになっている。この流れに即してASEANの人口予測を見ると，シンガポールとタイを除いてまだ人口ボーナスを享受できる。この期間に人的投資を進め，生産性を高めておく必要がある。

　ASEANもその点については認識しており，『ASEAN2030』でも取り上げている。ASEAN諸国は何よりも労働の質を高めなければならない。非熟練労働の投入を減じ熟練労働の投入を増やさなければならない。その変化によって賃金が上昇する。その方策としては，IAIで行っているような既存労働力の質の向上，すなわち，研修やセミナーによる熟練化も必要だし，将来の労働者たる就学者の質の向上，すなわち，教育の場での付加価値の付与も必要である。

　また，総要素生産性の向上，すなわち技術進歩も不可欠である。そのためには研究開発支出を増やして，新製品・新工程を生み出す力を培う必要がある。それは企業家精神の涵養にもつながる。地域統合体としてのASEANのレベルでは知財の保護や育成が求められるところであり，先に述べたように日本はこの点で協力している。

　アジアNIESが離陸した経験をASEANの中進国の罠からの脱却に生かせ

るのではないかという期待がある。それらは参照事項とはなろうが，そのままの形でASEANに適用できるわけではない。何よりも，アジアNIESが離陸するまでの政治体制は権威主義とか開発独裁と呼んでいいものであった。現在のASEAN加盟国はすでにそのような体制から分権的な自由主義へと移行している。また，マクロ経済の規模という点でもアジアNIESは小さかった。さらに，アジアNIESの離陸は情報通信産業が発達する前の，重厚長大型産業が幅を利かせていた時代のことであり，技術的にも大きな違いがある。その違いがASEANにとって吉と出るか凶と出るか簡単に判断できることではない。ASEANの共同体形成にしても，それがASEAN加盟国を中進国の罠から脱却させるのにどのような役割を担うか不確定である。

　統合を深化させるASEANに対して，日本は日本ASEAN統合基金（Japan-ASEAN Integration Fund: JAIF）を創設して支援している。これは2006年に立ち上げられた。2015年6月時点で，基金の総額は6億ドルを超えている。先に述べたIAIの作業計画のフェイズIIへの支援もこの基金を通じて行われている。それ以外には，AJCEPの協力に関する案件への支出もこの基金から行われている。また，これもすでに述べた看護師候補者・介護福祉士候補者に対する日本語訓練コースに対して2億ドル近い資金が拠出されている。

　タイ企業が日本企業を買収した事例がいくつか出ている。先に示したオギハラは，その後，館林工場については中国のBYDがタイ・サミットから買収した。タイの流通大手セントラル・グループは，2011年にタイの大戸屋を買収，翌2012年にはタイでコンビニエンスストアのサミットを展開するサイアム・サミットを買収した。これらは中進国の罠脱却に必要な企業家精神の発揚の事例といえよう。地域統合体としてのASEANはこの分野では大きな役割を担えないであろう。

おわりに

　ASEANと日本の新たな関係とはどのようなものか。この問いにこたえるべく，地域統合体としてのASEANとその加盟国経済とを必要に応じて峻別し

てアプローチした。

　両者間の貿易の分析では，日本にとっての ASEAN は原材料の供給地であり，ASEAN にとっての日本は資本と技術の供給地であるという関係は固定したままであることが分かった。しかし，FTA 締結などに際して，中国が圧倒的な攻勢をかけた結果，ASEAN にとっての日本の位置は後退しつつあることもわかった。ASEAN にとっては日本と中国とを天秤にかけられるのである。

　資本移動に関する分析では，日本の対 ASEAN 直接投資がサービス業で活況を呈していることが指摘された。また，ASEAN 加盟国からの域外への直接投資が M&A などで目立つようになったことも指摘された。しかし，地域統合体としての ASEAN の直接投資への対応はずさんなもので，AIA 形成に失敗したことは統合が必ずしも加盟国の成長や発展と調和するものではないことを意味している。

　人の国際移動に関する分析では，日本のインドネシア，フィリピン，ベトナムからの看護師候補者・介護福祉士候補者の受け入れ制度が不十分であり，関連国における対日不信を生みかねないことが指摘された。

　以上のような現状分析の後で，そこに至る歴史的経緯が取り上げられた。福田ドクトリン，小泉演説，安倍アジア外交 5 原則を軸に日本の ASEAN 経済に対する姿勢を分析した。圧倒的な経済力で日本が ASEAN 経済を翻弄した時代から，中国の後塵を拝する日本が ASEAN にすり寄る時代へと，日本の立場は変わった。その延長線上に 2030 年の ASEAN 経済を位置づけてよいのだろうか。この問いに対して，ASEAN 加盟国が人口ボーナスを享受している間にいかに中進国の罠を脱却できるかにかかっているという結論が示された。

　日本は JAIF のような基金を用意しており，統合を進め，変革を求める ASEAN に資する姿勢を示しているが，両者の経済関係の半分は ASEAN によって規定されるのである。ASEAN がどのように中国にアプローチするか。ASEAN 経済がどれくらい強靱性と柔軟性を高められるか。これらが，新しい日本と ASEAN の経済関係を規定することになろう。それは，現在よりははるかに対等のパートナーというにふさわしいものになろう。

（吉野文雄）

注

1) 本節での国別貿易統計は，International Monetary Fund, *Direction of Trade Statistics*, various issues に拠っている。
2) ここでの ASEAN の対日貿易の品目別統計は，ASEAN Secretariat, *ASEAN Statistical Yearbook 2014*, Jakarta, 2015 によった。品目は HS コード 2 桁レベルで分類した。
3) 推計方法の相違はあるにしろ，域内輸出総額は域内輸入総額に恒等的に等しいはずである。2014 年の ASEAN については，域内輸出総額は 3297 億ドル，域内輸入総額は 2884 億ドルであった。よく指摘されるように，国際通貨基金 (International Monetary Fund: IMF) の統計における世界貿易総額については，輸入総額が輸出総額を上回るのが常である。ASEAN の場合は，世界全体の傾向とは反対に，輸出総額が輸入総額を上回っている。
4) 本章執筆時点で，インドネシアは国内での批准手続きを行っておらず，発効していない。原産地規則における累積付加価値基準で原産地を規定するさいの障害となっている。
5) 事後的にはここで述べた説明がなされたが，FTA 交渉の途上では，交渉を担当した経済産業省や外務省から説得力ある合理的な説明はなされなかった。
6) 吉野 (2013) で，IAI による域内経済格差縮小の限界とともに，その資金のほとんどが域外から調達されたことを分析した。
7) 中国の経済支援の実態とともに，その政策の背後にある論理を明らかにしたのが下村他編 (2013) であり，ここでの記述も本書によっている。
8) 財務省統計による。
9) http://www.asean.org/news/item/foreign-direct-investment-statistics に 2015 年 8 月 19 日にアクセス。参照したのは，2015 年 5 月 26 日時点での統計である。
10) 日本貿易振興機構『第 25 回アジア・オセアニア主要都市・地域の投資関連コスト比較』より。http://www.jetro.go.jp/ext_images/_Reports/01/20150045.pdf に 2015 年 8 月 20 日にアクセス。
11) AIA に関する包括的な説明については，吉野 (2014c) を参照せよ。
12) 日本の主入国統計より。再入国者を含む。http://www.e-stat.go.jp/SG1/estat/List.do?lid=000001135406 に 2015 年 8 月 13 日にアクセス。
13) 吉野 (2014a) で，教育産業，人材サービス産業，金融業についてまとめた。

参考文献

(日本語)

奥島美香 (2014)，「インドネシア人看護師の送出政策の変遷と課題―国内ほけにりょう改革と高齢化の時代における移民労働者の位置づけ」『アジア研究』第 60 巻，第 2 号，44-68 頁。

下村恭民・大橋英夫・日本国際問題研究所編 (2013)，『中国の対外援助』日本経済評論社。

吉野文雄 (2006)，「JSEPA の短期的効果」『報告』(拓殖大学海外事情研究所)，163-171 頁。

吉野文雄 (2012)，「FTA 神話の崩壊」山澤逸平・馬田啓一編著『通商政策の潮流と日本 FTA 戦略と TPP』勁草書房，24-39 頁。

吉野文雄 (2013)，「IAI と ASEAN 域内格差」『海外事情』，第 61 巻，第 12 号，2-17 頁。

吉野文雄 (2014a)，「日本企業の東南アジア進出：世界金融危機後の動向」『国際情勢』(世界政経調査会国際情勢研究所)，223-238 頁。

吉野文雄 (2014b)，「ASEAN の観光統合」『海外事情』第 62 巻，第 10 号。

吉野文雄 (2014c)，「ASEAN の直接投資自由化策の検討」『報告』(拓殖大学海外事情研究所)，51-61 頁。

(外国語)
Asian Development Bank (2012), *ASEAN 2030: Toward a Borderless Economic Community*, Asian Development Bank Institute, Tokyo.
Chng, M. K. & R. Hirono eds. (1984), *ASEAN-Japan Industrial Co-operation: An Overview*, Institute of Southeast Asian Studies, Singapore.
Lim Hua Sing (1994), *Japan's Role in ASEAN: Issues and Prospects*, Times Academic Press, Singapore.
Sudo, Sueo (2005), *Evolution of ASEAN-Japan Relations*, Institute of Southeast Asian Studies, Singapore.
Yamazawa, Ippei (2003), 'Japan-ASEAN Comprehensive Economic Partnership: A Japanese Perspective,' in Yamazawa, Ippei & Daisuke Hiratsuka eds., *Toward ASEAN-Japan Comprehensive Economic Partnership*, Institute of Developing Economies, Chiba, pp.3-22.

第 14 章

ASEAN をめぐる地域の平和環境の展望

はじめに

　東南アジア諸国連合（Association of South-East Asian Nations: ASEAN）は，東南アジア地域のみならず，アジア太平洋地域における地域公共財として，同地域における平和の維持，安定に不可欠な地域機構として一定の評価と合意を得てきた。実際，ASEAN を中心にしたさまざまな国際的な枠組みが存在しており，いずれも ASEAN が「運転席に座る」ことが明示されている（黒柳 2011，23-24 頁）。また，「ASEAN」としてのまとまりが深化すれば，その影響力はいっそう拡大するものと思われる[1]。
　たとえば，1989 年にアジア太平洋地域諸国を対象にした貿易と投資の自由化

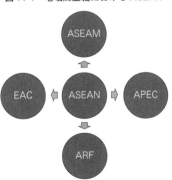

図 14-1　地域間主義における ASEAN

出所：黒柳（2011），23 頁図を簡略化。

と経済協力を推進するアジア太平洋経済協力会議（Asia-Pacific Economic Cooperation: APEC）が設立されたが、ASEAN は原加盟国であったし、ヨーロッパ連合（European Union: EU）と ASEAN との首脳会議を含むアジア欧州会議（Asia-Europe Meeting: ASEM）の対話も 1996 年から開始されている。

　また、ASEAN 主導の組織として ASEAN 地域フォーラム（ASEAN Regional Forum: ARF）が 1994 年に設立されている。アジア太平洋の多国間安全保障を協議する場としての役割を担っている。ASEAN 10 ヵ国に加え、東南アジア地域に大きな影響力を有する米国と中国、日本、ロシア、インド、さらには北朝鮮などを含む 26 ヵ国と EU が参加している。ARF は ASEAN 主導の域内平和維持のための地域公共財として大きな役割を期待されている。

　さらに、1997 年のアジア通貨危機後に定例化した「ASEAN プラス 3（日中韓）」（ASEAN Plus Three: APT）政府間協議、EU のような東アジアの協力を推進する 1 つの共同体を創ろうという東アジア共同体（East Asian Community: EAC）構想も生まれた。2005 年からは「東アジア・サミット」(East Asia Summit: EAS）が、「ASEAN プラス 3」にオーストラリア、ニュージーランド、インドが加わって開催されている。2011 年からは米国とロシアも入り、18 ヵ国からなっている。

　1967 年設立の ASEAN はその時々の国際関係を背景に東南アジア域内や域外諸国間での協調と対立を繰り返してきた。しかし、次節で述べるように、原加盟 5 ヵ国からブルネイが加盟して 6 ヵ国になり、さらに冷戦後に至って社会主義国の旧インドシナ 3 国、ミャンマーも加わり、遂に「ASEAN10」を実現したのである。2002 年に独立した東ティモールも近々 ASEAN 加盟が実現すると 11 ヵ国体制の平和維持を担う地域公共財として、東南アジア地域の環境づくりに大きな貢献を果たすことが益々期待される。

　本章では上記のような問題意識を前提に、第 1 節では ASEAN 設立から「ASEAN10」への道程を振り返る。「反共組織」と言われた ASEAN がいかに社会主義諸国を受け入れていったのか。第 2 節と第 3 節では現代の ASEAN の平和環境を脅かす要因を考察する。第 2 節では域内の諸問題、第 3 節では域外からの脅威を分析する。最後に「おわりに」で、今後の地域公共財としての ASEAN の平和環境づくりを展望する。

第14章　ASEANをめぐる地域の平和環境の展望　345

第1節　ASEAN設立から「ASEAN10」体制への道程

1. 東西冷戦終結以前のASEAN

　ASEANは1967年8月8日に，スハルト（Suharto）政権下のインドネシア，ラーマン（Abdul Rahman）体制下のマレーシア，マルコス（Ferdinand E. Marcos）体制下のフィリピン，リー・クアンユー（Lee Kuan Yew）体制下のシンガポール，タノム（Thanom Kittikachon）政権下のタイの5ヵ国の外相が「ASEAN設立宣言」（バンコク宣言）を署名することで発足した。

　しかし，ASEAN設立以前において，これら5ヵ国は必ずしも良好な関係にあったわけではない。マレーシアとフィリピン間では，かつて英領植民地であった北ボルネオのサラワク，サバを含むマラヤ連邦独立をめぐって，フィリピン側からのサバ領有権の主張で互いに対立した。また，マラヤ連邦設立を植民地主義と捉えたスカルノ（Sukarno）の「マレーシア対決」政策の開始，さらにマラヤ連邦との合併を選択したものの，ラーマン政権の政策に異議を唱えたリー・クアンユーのシンガポール独立宣言などもあった。

　このように，原加盟間においても国境・領土問題，民族問題などを理由にして対立をしていたのである。しかしその一方で，これら加盟国は，すでに1961年に，ラーマンの提唱で設立されたタイ，マレーシア，フィリピン3ヵ国からなる東南アジア連合（Association of Southeast Asia: ASA）を設立し，他方で「大マレー連邦」構想に基づく，マラヤ，フィリピン，インドネシアの3ヵ国からなるマフィリンドの枠組みも存在していた（黒柳2003，10-27頁）。

　しかしながら，上記のような対立関係は，各国の指導者の交代を契機に改善されていく。つまり，本項冒頭で述べた新指導者の登場で共通の利益を見出すことができるようになったからである。特にインドネシアにおける1965年の9・30事件を契機にスカルノからスハルトへ政権が変わると同時に，スハルト政権下で導入されていく，積極的な外国資本導入による経済発展，経済発展を担保にした強権政治である開発独裁体制の導入，さらには反共政治体制で共通項を見出していくことになる。

また,「大マレー連邦」構想のマフィリンドではなく,地域機構としてのASAにインドネシアが参加することの意味は大きかった。1965年にマレーシアから分離独立したシンガポールも加わり2),遂にバンコク郊外で5ヵ国外相間の協議を経て,ASEANが正式に設立されることになった。署名された「ASEAN設立宣言」によると,ASEAN設立の目標と目的は次の7項目からなっている(萩原 1990, 238-239)3)。

① 東南アジア諸国の豊かで平和な共同体がつくられる基盤を強化するため,平等と協力の精神に則った共同の努力を通じ,地域の経済成長,社会進歩,文化的発展を促進すること。
② 域内諸国の関係において正義を尊重し,法の支配を守り,および国連憲章の諸原則の遵守を通じて,地域の平和と安定を増進すること。
③ 経済,社会,文化,技術,科学,行政の諸局面における共通の関心事について,活発な協力活動と相互援助を促進すること。
④ 教育的,専門職業的,技術的,行政的な分野において訓練および調査研究の便宜という形により相互援助を行うこと。
⑤ 農業および工業の利用拡大,国家間の商品取引の問題点の研究を含む貿易の拡大,交通,通信施設の改善,各国国民の生活水準の向上のためにより効果的な協力を行うこと。
⑥ 東南アジア研究を推進すること。
⑦ 同様の目標と目的をもつ,現存の国際的,地域的諸機構との緊密かつ互恵的な協力関係を維持し,それら諸機関のより緊密な協力のためのあらゆる方途を模索すること。

ASEANは,まさに同宣言の第1条にあるように「東南アジア諸国間の地域協力のための機構」として設立されたのである。

2. 東西冷戦後のASEAN 10ヵ国体制への移行

米国など西側諸国からは反共的組織として期待されたASEANであったものの,決してインドシナ社会主義国家に対峙する組織ではなかった。むしろ東南アジア地域における地域協力機構としてのASEANであり,当初からイン

ドシナ諸国を排除する意図を持っていなかった。

　1971年クアラルンプールで発表された東南アジア中立地帯宣言では，第1に加盟5ヵ国は，「東南アジアが外部権力のどのような干渉からも自由な，平和と自由と中立の地帯として認められ尊重されるよう，さしあたって必要な努力を行う決意である」と述べ，第2に「東南アジア諸国は，その力と団結と，より緊密な関係に役立つ協力の分野を拡大するよう一致して努力しなければならない」と，改めて「東南アジア」としてのまとまりを述べている。

　また，1976年バリで発表されたASEAN協調宣言では，ASEANの協力が同地域の政治的安定をめざしたものであることを強調する。宣言の目的の第1には「各加盟国ならびにASEAN地域の安定は，世界の平和と安全保障のために不可欠の貢献である」。第7では「加盟各国は，個別的にも全体としても，東南アジア諸国の間に，相互の尊重と相互利益に基づく平和的協力の推進を促すような諸条件」つくりの努力を求め，第8で「各加盟国は，地域的一体性の意識を強力に育成し，互恵的な関係を基盤とし，民族の自決，主権の平等，および内政不干渉の原則に基づいて，すべての国から尊敬され，またすべての国を尊敬するために，あらゆる努力」を求めている。

　また，ASEAN協力の枠組みとして政治，経済，社会，文化および情報の行動指針を採択している。特に，政治の枠組みに「東南アジア友好協力条約」への署名が記されている。1976年バリで調印された同条約は「世界の平和と安定と調和を推進するために，東南アジア内外の，平和を愛するすべての国々との協力の必要を信じ」て合意された内容になっている。同条約の目的と原則は，以下の通りである。

① すべての国の独立，主権，平等，領土保全，および国家的アイデンティティに対する相互の尊重。
② すべての国が，外部からの干渉，破壊活動，または強制をうけることなく，国家的存在を続けてゆく権利。
③ 内政に対する相互不干渉。
④ 意見の相違や紛争の平和的方法による解決。
⑤ 脅迫または力の行使の否定。
⑥ 各国間の効果的協力。

上記の6項目の目的と原則に賛同して署名した国々は，ASEAN 10 ヵ国を除いた域外諸国でも，中国，インド，日本，ロシア，米国をはじめ，機関としても EU も参加している。なお，2012 年末現在での署名国は，南米国のブラジルを含めて 26 ヵ国 1 機関になっている。

　東西冷戦下で，長く戦場化したインドシナでは，1954 年のフランス軍の撤退後を引き継いだ米軍がインドシナ地域の共産主義化を阻止しようと戦争が激化した。しかし，73 年には米国軍の撤退が始まり，北ベトナムの侵攻により南ベトナムの首都サイゴンは陥落し，1976 年 7 月にはベトナム社会主義共和国として統一された。

　カンボジアでは 1991 年 10 月のパリ和平会議までの長期にわたる内戦を経験する。その間，1976 年にはポル・ポト（Pol Pot）政権下の大虐殺も行われた。ラオスはベトナム戦争と連動した内戦を経験するものの，王制から共和制に移行して社会主義国家ラオス人民民主共和国を樹立する。最後に，ミャンマー（ビルマ）では，74 年 3 月の新憲法でいったんは民政移管が実施されたが，実質的には軍が国家を運営する体制が敷かれた。

　このような CLMV 諸国の激動の歴史を踏まえて，繰り返しになるが，原加盟 5 ヵ国に加え，まず 1984 年 1 月にブルネイが参加，冷戦後の 1995 年 7 月にベトナム，97 年 7 月にミャンマーとラオス，同年に内戦を引き起こしたカンボジアは 2 年遅れて 99 年 4 月に加盟することで，ASEAN は東南アジア地域 10 ヵ国すべてが加盟する「ASEAN10」を実現した。2002 年 5 月に独立を果たした東ティモールもすでに ASEAN オブザーバーの資格を得ており，近々の加盟が実現しそうである。ASEAN は約 5 億人の地域機構として人口のうえでは EU に近づいたと言えよう。

第 2 節　「ASEAN の平和」を揺るがす域内要因

　ASEAN は 2015 年には，ASEAN 政治安全保障共同体，ASEAN 経済共同体，ASEAN 社会文化共同体の 3 つの共同体から構成される ASEAN 共同体を実現する。当初，2003 年 10 月の第 9 回開催の首脳会議では 2020 年までの

創設に合意したものの，2007年1月の第12回首脳会議で，5年前倒しの2015年創設になったのである。しかし本章執筆の段階のクアラルンプールで開催された第48回 ASEAN 外相会議ではまだ発足の正式発表がなされていない。

「われわれの人々，われわれの共同体，われわれの未来図」(OUR PEOPLE, OUR COMMUNITY, OUR VISION) を掲げる地域公共財としての ASEAN にとって，地域の平和環境を揺るがす域内の問題とは何かを本節で考察する。

1. 域内各国の政治体制の変動と変革の動き

かつて C・ネーハー (Clark D. Neher) は東南アジア10ヵ国を「市民の政治参加度」，「選挙の競合度」，「市民の自由度」の3要素を指標にして，「民主主義」，「半民主主義」，「半権威主義」，「権威主義」の4つに分類した。その分類によると，マルコス政権後の1986年以降のフィリピン政治は民主主義にもっとも近いものの，寡頭的支配一族が依然存在していることから半民主主義国家として位置づけられた。

タイとマレーシアも半民主主義国家として分類されている。タイは憲法に基づき選挙と国王による任命制で選ばれた国会議員が権力を負託されている点を指摘する。マレーシアは1957年の独立後以来，統一マレー人国民組織 (United Malays National Organizations: UMNO) が中心となり，当初は連合党 (Alliance)，1969年の5・13事件後は国民戦線 (Barisan Nasional [National Front]: BN [NF]) が多数派を制しているからである。

半権威主義国家として分類されたのが，シンガポールとインドネシアで，前者は1965年独立以来，人民行動党 (People's Action Party: PAP) による一党支配体制を堅持している点，後者は軍主導の管理された選挙の実施で，スハルトの自動的な大統領選任など，市民の自由度が厳しく制限されている点を指摘した。また，カンボジアは内戦後の国連カンボジア暫定統治機構 (United Nations Transitional Authority in Cambodia: UNTAC) の支援を得た政権が民主主義国家への移行をめざしていたものの，当時依然として半権威主義体制であると判断された。

最後に，残りの4ヵ国はすべて権威主義国家として分類された。つまりネーハーが指標とした3要素すべてを満たしていなかったのである。ビルマ（ミャ

ンマー）は，1988年以来の軍事政権で政治的権利，発言の自由もなく，抑圧された生活を強いられ，ベトナムはドイモイ（刷新）政策の導入で経済的自由度は高まったものの，依然として政治的には共産党独裁が継続し，市民の自由度がなかった点，ラオスもベトナム同様の政治システムであり，政治的自由度の欠如が指摘された。ブルネイは世襲的スルタン制度で，政党も選挙もなく，言論，出版，結社の自由もない点が強調された（Neher and Marlay 1995, pp.193-198）。

　ネーハーの3要素の指標に基づく4つの政治制度で分類された東南アジア10ヵ国であったが，2015年現在においてはどうであろうか。まずフィリピンは大きく変わっていない。依然として寡頭的支配が残り，中央と地方の関係ではポーク・バレルという利益誘導型の政治構造がはびこっている。

　マレーシア政治は大きく揺らいでいる。マレー人中心の与党国民戦線とマルティ・エスニック社会を主張する野党人民連盟の政権交代も視野に入ってきた。すでに2013年5月の総選挙では，野党人民連盟の得票率が50.9％を獲得し与党国民戦線を上回っている。与党のゲリマンダリングで得票率が議席数に反映されず，依然として国民戦線の政治が継続しているものの，民主化への大きな動きが始まっており，今後の政治動向が注目される。

　タイは2000年3月に上院の総選挙が導入され，民主主義国家として大きく踏み出したものの，2013年11月頃に大規模な反政府デモが断続的に行われ，翌年2月の憲法裁判所による総選挙の無効判決を受けて政治的混乱に陥り，5月に入って軍部がクデターで鎮圧する事態になった。2015年8月現在においても軍が政府の主要閣僚を抑えるなど，民主主義国家から遠のいている。

　カンボジアでは長らくカンボジア人民党（Cambodian People's Party: CPP）の一党支配体制が続いていたが，2013年7月の総選挙ではカンボジア救国党（Cambodia National Rescue Part: CNRP）が，44.37％の得票率を得て，49.36％獲得の人民党に大きな脅威になっている。議席数でも123議席中の56議席を獲得し，67議席の人民党を脅かしている。

　シンガポールは，PAP一党支配体制に揺らぎが生じ始めている。2011年総選挙では，野党が過去最高の6議席を獲得する一方で，PAPは史上最低の60.1％の得票率で終わった。PAPの権威主義的な管理政治への批判が相当に

高まっている背景が読み取れる。インドネシアは権威主義体制を敷いたスハルト体制の崩壊で，もっとも民主的な国家へと生まれ変わった。2004年に初めての直接選挙でスシロ・バンバン・ユドヨノ（Susilo Bambang Yudhyono）が大統領に選出され，民主主義を定着させた。2014年10月にはジャカルタ州知事出身のジョコ・ウィドド（Joko Widodo）が新大統領に就任している。

　それでは「権威主義」と分類された4ヵ国の政治動向はどうか。まず軍事政権であったミャンマーは西欧社会からの人権抑圧に対する批判を受け，また「ASEANのお荷物」と言われていが，2011年3月のテインセイン（Thein Sein）大統領の就任を契機に民主化に着手した。アウン・サン・スー・チー（Aung San Suu Kyi）の自宅軟禁解除，12年4月の連邦議会補欠選挙での同氏の議席獲得，13年12月にはすべての政治犯の恩赦も発表された。2015年11月実施の連邦議会選挙ではスー・チー主導の国民民主連盟（NLD）が圧勝した。今後の民主主義の動向が注目される。

　ベトナム，ラオスは，すでに市場開放政策を導入して，経済的には多国籍企業が積極的に参入するなど開放的である。しかしながら，政治改革の点では大きな進展はみられない。その点ではスルタン君主制のブルネイにおいても1990年代当時と大きな政治改革がなされていない。

　最後に，近々ASEANに加盟予定の東ティモールは，国連東ティモール暫定行政機構（United Nations Transitional Administration in East Timor: UNTAET）の全面的支援に基づき2002年5月に独立を果たすものの，2006年4月前後に騒擾事件を引き起こした。振り出しに戻った同国の政治社会は，2015年8月現在には安定を取り戻し，世代交代も掲げて戦略開発計画（Strategic Development Plan: SDP）のもとに，民主主義を前提にした国家建設を進めている。

　以上，東ティモールを含めて特に東西冷戦以降から現在に至る東南アジア11ヵ国の政治状況を概観した。これらのことから判断できる点を明らかにしたい。まず第1に，インドネシアの民主化である。現在インドネシアはASEANにおける民主主義の旗手であると同時に，新興経済国の11ヵ国に含まれ，主要国首脳会議国（G8）とともにG20（Group of twenty）を形成する一員になっている。インドネシアの存在は，人権，民主化を域内に促す大き

な推進力になっている一方で，同国の強い存在を脅威に感じる域内国も存在しており，域内の力の均衡から微妙な立場にあるとも言えよう。

第2に，マレーシアとシンガポールの民主化への動きである。独立後長期にわたって一党支配体制を敷いてきた両国の政治の地殻変動は，域内の民主化を一気に推進することが期待される一方で，着地点を誤ると大きな域内の不安定要因になる可能性も否定できない。

第3に，タイの政治的不安定である。域内でフィリピンに次ぐ民主化を果たした国家の軍事クーデターは域内政治に暗い影を落としているのは間違いない。反対に第4として，ミャンマーの民政移管と2015年の総選挙におけるNLDの圧勝は，長年の軍事政権による経済制裁を解除し，多国籍企業の進出などASEAN経済の進展のみならず，域内の民主化への明るい希望を示した点で，タイと対照的な立場にあると言えよう。

最後に，第5として，CLVのASEAN後発国の状況である。UNTACの支援で開始されたカンボジア総選挙であったが，上記の通りやっと民主化への展望がみえてきた。しかし，フンセン（Samdech Hun Sen）主導の人民党支配との折り合いはこれからであろう。ベトナムはドイモイによる市場開放で経済成長は一気に進んでいるものの，共産党一党独裁体制は変わらない。ラオスも同様で，ASEANとの関係においては，今後とも一定の距離間を保つであろう。同様なことはブルネイにおいても言える。

2. ASEAN域内における紛争
(1) プレアビヒア紛争

ASEANは，1967年設立以来，加盟国間での死傷者が出る紛争を回避してきた。その意味でも，タイとカンボジア間の国境紛争で両国から犠牲者を出したことは，単に両国のみならずASEAN域内における深刻な問題として認識された（山田 2015，第18章）。

プレアヒビア寺院はアンコールワットに代表されるクメール神殿遺跡の1つで，参道が整備されている北側がタイ領に属する一方で，南側のカンボジア領からの訪問は依然として険しい道になっている。同寺院はフランス領カンボジアとタイとの歴史的な関係下で両国の国境が変更されてきた経緯を有する。

カンボジアは，1959年に同寺院遺跡の領有権を国際司法裁判所 (International Court of Justice: ICJ) に提訴し，1962年の判決に基づき，同寺院遺跡のカンボジア帰属が確定した。タイ側は判決に抗議はしたものの，国連加盟国として ICJ の判決を受け入れ，国境警備兵を撤退させた。しかしその一方で，両国は同寺院遺跡周辺の国境未確定地域の問題を残した。

同問題は2007年のカンボジアからの世界遺産登録申請を転機に再燃することになる。ユネスコ自体は同寺院が国境上に位置している現状に鑑みて両国からの共同申請を求めたものの，タイ側からのカンボジア単独申請の合意が得られたものとして，カンボジアによる世界遺産登録が行われた。

しかしながら，カンボジアの申請に合意したタイ外相ノパドン・パタマ (Noppadon Pattama) に対するタイ国内での反発が激しく起こり，タイ憲法裁判所も同外相の合意は議会の承認を受けていないとの違憲判決を出すに至る。これ以降，両国の国境警備隊を巻き込んだ緊張が生まれ，2008年10月に両軍による銃撃戦が始まり，翌年2009年4月の衝突では機関銃，ロケット弾，迫撃砲攻撃を含む衝突が生じている。直近では2011年2月と4月にも国境未確定地域において民間人を巻き込む戦闘が行われた。

このような両国間の国境問題をめぐる戦闘に対して，2011年の ASEAN 外相会議の議長国インドネシアのマルティ (Marty Natalegawa) 外相は，4月の交戦に対して「即時停止を求める。ASEAN 内では，武力行使による紛争解決の余地はない」，「ASEAN 内で懸念が広がっており，地域全体に影響を与えている。首脳レベルでの話が必要である」として5月初旬の首脳会議の議題とする意向を示し，「関係国以外は見て見ぬふりしてきた過去と一線を画し，解決に向けて主体的に貢献できる」と述べた（『朝日新聞』2011年4月9日および23日記事，山田 2014年，168-173頁）。

ASEAN でもっとも民主化したインドネシア主導の紛争解決モデルの取り組みであったわけである。2011年7月でバリで開催された外相会議後の共同声明でもタイとカンボジアの国境問題が議論され，ASEAN の取り組みに関する努力の報告が行われている。同国境問題は ASEAN 憲章に掲げる ASEAN の紛争解決システムに基づき，さらには国連憲章や一般的な国際法の原則に基づき，解決が義務付けられている。2013年11月に ICJ の判断が下されたが，最

終的には両国の対話を促した内容であった（山田 2014 年, 178 頁）。

(2) その他の域内紛争と新しい課題

ASEAN 10 ヵ国では，依然として国内の分離紛争を抱えている。島嶼国家のインドネシアでは，1999 年 8 月に 24 年間 27 番目の州として併合していた東ティモールの独立プロセスを受け入れ，2005 年 8 月 15 日にはアチェ紛争の和平合意がなされた。しかし，依然としてパプアにおける自由パプア運動 (Organisasi Papua Merdeka [Free Papua Movement]: OPM) が分離独立をめざしている。

また，フィリピンのミンダナオ島では分離独立をめざしてフィリピン共和国軍と交戦状態にあったモロ・イスラム解放戦線（Moro Islamic Liberation Front: MILF）が，2014 年 3 月に同国政府との間で包括的和平協定を結んでいる。ただフィリピンの場合，MILF が分派したモロ民族解放戦線（Moro National Liberation Front: MNLF）や共産主義武装勢力の新人民軍（New People's Army: NPA）の存在があり，また氏族間闘争（Rido），アブサヤフやジェマー・イスラミヤのテロリスト集団の存在もフィリピンの政治社会の安定を脅かしている。

タイはすでに述べたように軍部のクーデターで国内政治社会の民主的な安定が損なわれているが，深南部タイといわれるマレーシア国境に近い，パタニ，ヤラー，ナラティワートの 3 県とソンクラー県の一部でイスラム分離主義運動が現在も続いている。かつてこれらの地域はマレー系イスラムのパタニ王国が統治しており，約 80% がムスリムであった。しかしながら，仏教徒の移住政策やタイ仏教への同化政策に反発する形で，現在においても爆弾事件や襲撃事件が起きている。

上記のように域内諸国にはさまざまな紛争が存在している。しかしながら，前項で述べたように ASEAN は 2007 年制定の ASEAN 憲章の「紛争解決メカニズム」を最大限利用して，問題の解決に取り組んでいる。アチェ紛争の場合は，アチェ監視団（Aceh Monitoring Mission: AMM）に ASEAN 5 ヵ国（ブルネイ，マレーシア，フィリピン，シンガポール，タイ）が参加し，ミンダナオ紛争の国際監視団（International Monitoring Team: IMT）にはマレーシア，ブルネイが参加している（山田 2011, 208-210 頁）。

このように，域内の紛争仲介に ASEAN 諸国が関与するようになったのである。現在 ASEAN にとって大きな問題となっているのが，ミャンマーの少数民族であるロヒンギャ族の問題である。バングラデシュと隣接するミャンマー西部のラカイン州を中心に暮らすムスリムのロヒンギャ族と多数派仏教徒との大規模な民族宗教衝突が 2012 年に起きている。ミャンマー政府はロヒンギャ族をバングラデシュからの移民として在留外国人として扱っている。現在避難民としてロヒンギャ族がイスラム国のインドネシアやマレーシアに大挙して押し寄せている。

国連難民高等弁務官事務所（United Nations High Commissioner for Refugee: UNHCR）は，2015 年 1 月から 3 月にかけ，前年同期比で 2 倍の 2 万 5000 人が避難民状態にあると報告している（『朝日新聞』5 月 12 日記事）。つまり，海を跨いで難民化する者，ミャンマー国内に留まって国内避難民化する者，いずれにしても，ASEAN 域内の新たな大きな課題としてロヒンギャ族問題が浮上している。人身取引も噂される点でも，ASEAN としての対応が求められている。

第 3 節 「ASEAN の平和」を揺るがす域外要因とは何か

1. 中国への対応をめぐる ASEAN の不協和音

2012 年 4 月，第 45 回外相会議で，ASEAN 設立 45 年の歴史において初めての共同声明を出すことなく会議を終えた。次項で論じるが，中国の南シナ海のスプラトリー（南沙）諸島領有権をめぐる ASEAN 諸国間の一致した見解が得られなかったことによる。ASEAN 外相会議は「2 国間争いについてどちらかが正か悪かを判断する裁判所ではありません」というカンボジア王国大使館からの説明が出されたように，妥協点すら見い出せなかったのである[4]。

2012 年の ASEAN 議長国はカンボジアであった。カンボジアは中国から大規模な援助を受けていたため，中国を意識した対応が上記のような共同声明なしの会議となった理由である。中国は経済協力開発機構（Organization for Economic Cooperation and Development: OECD）のメンバーではなく，

政府開発援助（Official Development Assistance: ODA）の統計もなく，明確な援助額は不明である。米国議会調査局の2008年版の報告書によれば，中国の対カンボジア支援は，2004年頃から急増し，2008年には日本のODAと同水準の1億ドルを超え，それ以降は日本を抜いて最大の援助国になったと述べている（稲田 2014, 106-108頁）。

　中国は，ASEAN地域の個別国家に対する援助攻勢を行っている。つまり，南シナ海問題で鋭く対立するフィリピンやベトナムを牽制し，2国間援助に基づく密接な関係構築を背景にASEAN全体の結束に楔を入れる外交戦術をとっているのである。2012年当時，中国国家主席胡錦濤は，ASEAN首脳会議前の3月30日からカンボジアを訪問し，フン・セン首相との会談で，5年後までに両国の貿易額を倍増させ，50億ドルにすると合意している。さらに，胡主席は7000万ドルの援助を約束していた（『JICA　歓！ボジアだより』2012年4月17日）。

　このように，ASEAN諸国における中国の援助はカンボジアに限らず，ミャンマーにも当てはまる。すでに述べた通り，民政移管に舵を切ったミャンマーであるが，軍事政権下の人権弾圧で国際社会から孤立していたときにも中国からの多額の援助が入っていた。中国の対ミャンマー援助の戦略的利益として，第1にエネルギーの調達と安全保障，第2にインド洋へのアクセス，第3に国境貿易と国境地域の治安であるという（工藤 2012, 2頁）。

　ミャンマーにおいても中国首脳外交は顕著であった。2009年から2010年にかけて当時の中央政治局常務委員の李長春，習近平，温家宝が訪問し35の経済協力案件が合意されるなど2010年は対ミャンマー投資を急増させる「投資元年」とまで言われた（工藤 2012, 8頁）。ただ，テインセイン政権下での民主化路線への転換以降は，米国の経済制裁が解除されたことで，米国をはじめ日本を含む西側諸国の援助や企業進出が活発化し，対中国援助政策も変化している。

　世界第2位の国民総生産（Gross National Product: GNP）を有する中国の台頭は，ASEAN全体にも魅力的な市場であると同時に，ASEAN各国の経済発展の重要なパートナーとして，ASEAN域内における不協和を引き起こしている。特に，領土問題を有しない域内諸国にとっては政治安全保障上の脅威

がなく，中国を経済発展上のパートナーとして位置づけことが可能である。この問題は依然として，ASEAN の結束を乱す域外要因として重視せざるをえない状況下にある。

2. 中国との領土問題をめぐる域内の亀裂
(1) 南シナ海問題をめぐる ASEAN 諸国間の対応

表 14-1 は，黒柳がチェンとヤン（Chen and Yang 2013）の分類を利用して ASEAN 諸国における親中派（バンドワゴニング政策）と反中派（ソフト・バランシング政策），中間派（ヘッジング政策）を表にまとめたものである。2010 年以降，中国は南シナ海を核心的利益と呼んでいるが，いずれにせよ台湾問題，チベット独立問題同様に，中国共産党にとって絶対的に譲歩できない利益として同問題を位置づけている。

スプラトリー（南沙）諸島海域は，230 以上の島・岩礁・浅瀬・砂州があり，海域面積を含めると 360 万平方キロにも及ぶ。南シナ海領域問題に関わる ASEAN 諸国は，中国と激しく対立するフィリピンやベトナムのほか，マレーシア，ブルネイ，シンガポール，インドネシアも入る。ブルネイは一部の主権を主張するものの，インドネシア同様に占領行動にはでていない（浦野 2015）[5]。

そもそも中国が南シナ海へ進出する理由として，第 1 に海洋資源への依存で

表 14-1　ASEAN 諸国と「中国脅威論」の類型

		脅威認識	
		高い	低い
経済的期待	低い	ベトナム	タイ
		フィリピン	ラオス
		インドネシア	
		【ソフト・バランシング】	【ヘッジング】
	高い	シンガポール	ミャンマー
		マレーシア	カンボジア
			ブルネイ
		【ヘッジング】	【バンドワゴニング】

出所：黒柳米司（2014）「米中対峙下の ASEAN 共同体」，29 頁。

ある。中国が海洋大国になるためには海洋意識を増強し，海洋資源を開発し，海洋経済を発展させ，海洋生態系を保護し，海洋権益の保護をする必要がある。第2に安全保障上の要請である。安全保障のモデルが内陸で戦う「持久戦」的な内容から沿海地区を外的から守る「近海防衛」に移り，安全保障の焦点が海に移行していったからである（佐藤 2014，186-195 頁）。

　このような中国の海洋大国への動きは益々勢いを増している。中国の歴史的解釈に基づく「九段線」という一方的な境界線，西欧主導の国連海洋法条約 (United Nations Convention on the Law of the Sea: UNCLOS) の遵守を忌避する行動は，台頭する中国の南シナ海問題への行動となって現れている。このような中国の覇権的な開発行為に対する ASEAN 諸国の対応は，前項でみたように中国の大規模な援助攻勢により，対中警戒派と対中協調派との分極化を持たらす結果になっているのである（黒柳 2014，32 頁）[6]。

3. 南シナ海問題に対する ASEAN としての対応

　2015 年 8 月，第 48 回 ASEAN 外相会議がクアラルンプールで開催された。当然南シナ海問題が議題になっているが，中国への対応は依然として加盟国間に温度差をもたらしている（『朝日新聞』2015 年 8 月 5 日記事では「対中各国に温度差」と書かれている）。第 45 回の失墜は例外として，今回も通常通り同会議後の共同声明が発表されている。

　「地域と国際問題」の第 1 議題として，150 から 156 の 7 パラグラフで述べられている。まず，150 パラグラフで，南シナ海に関係する事柄を議論した内容を伝え，依然として同地域での開発が進んでいる状況下で，同海域での土地の返還要求に対する数人の大臣の真摯な関心事に注目する。同問題は信頼と信用を壊し，緊張を増大させ，南シナ海での平和，安全保障，安定を阻害すると，述べている。

　上記の問題意識を前提に，次の 151 パラグラフでは，われわれ（ASEAN）は，すべて紛争当事者が「南シナ海関係諸国行動宣言」(the Declaration on the Conduct of Parties in the South China Sea: DOC) の完全で効果的な遂行を確実にする必要性を強調していると述べる。そして，1982 年の紛争解決における国連海洋法条約（UNCLOS）を含む普遍的に認知されている国

際法の原則にしたがって平和的手段で解決することを訴える。

　さらに 153 パラグラフでは，「南シナ海行動規範」（the Code of Conduct in the South China Sea: COC）に関する協議でなされた進展に注目すると同時に，効果的な COC の迅速な設立の重要性を繰り返し述べ，中国との高官協議の継続によって COC に関わる重要で，困難で，複雑な問題を処理すると同時に，枠組み，構造，要素の交渉や協議を進めることで合意した内容が書かれている。

　155 パラグラフでは，インドネシア提案の ASEAN と中国との緊急時対応のホットラインの設置に注目する。156 パラグラフでは，COC を進めるうえで，フィリピンが 1982 年国連海洋法条約に関連する問題を含むさらに進展する会議を依頼したことも加えられている。

　他方，アジア太平洋地域の信頼醸成と予防外交を前提に，ASEAN 域内で共有する政治安全保障問題を協議する ASEAN 地域フォーラムではどのような議長声明がだされたのか。上記外相会議後の第 22 回 ARF では，「地域と国際問題に対する議論のハイライト」の 12 パラグラフに言及されている（ASEAN ウェブサイト「Joint Communique」）。

　冒頭，参加国大臣たちは南シナ海を含み，国際法，妨げられない合法的な通商，航行と上空通過の自由に関係して，平和，安全，安定を維持する重要性を再確認したと述べる。また，参加国大臣が ASEAN 加盟国と中国が完全な形で DOC の十分で効率的な遂行を確認することに注目し，ASEAN と中国が COC の設立に向けた次の議論を進めるという最近の合意を歓迎するとともに，COC の迅速な設立を期待していると述べている（ASEAN ウェブサイト「Chairman's Statement」）。

　ASEAN 外相会議でも，ARF においても DOC から COC への移行を期待していることがわかる。端的に言えば，「行動宣言」から「行動規範」に格上げすることで法的拘束力を持たせようとしていることが窺える。また，国連海洋法条約を含む国際法での平和的解決を求めている。この考え方は，すでにみたように ASEAN 憲章において，最重要事項である「紛争の平和的解決」のなかで謳われている。

　中国の南シナ海での岩礁の埋め立てや開発，さらには 3 千メートル級の滑走

路建設は，軍事転用の問題もあり，重要な交通路である同海域の安全で自由な航行が阻害される懸念から米国も強い関心を抱いている。フィリピンの米国軍との連携強化とベトナムの米国への急接近がよりいっそう同海域での緊張感を高めている。また，ASEAN諸国の対中国を念頭においた軍事費も増大している[7]。南シナ海問題がいかにASEANの重要課題であるかは想像に難くない。

おわりに

1967年8月に設立されたASEANは地域公共財として地域の平和を維持してきた。しかしながら，第2節と第3節の事例でみてきたようにASEANをめぐる平和環境は域内と域外からのさまざまな要因から脅かされている。本章冒頭で述べたように，本年2015年には3つの共同体がASEAN共同体として船出する予定である。政治制度，宗教，文化など多様な価値観を有する諸国からなるASEANの今後の展望はいかなるものか。本章の最後に考えてみたい。

ASEAN共同体の基本的指針であるASEAN憲章を確認してみる。第22条で(1)加盟国は，時宜に即して，対話，協議および交渉を通じ，すべての紛争を平和的に解決するように努めなければならない。(2) ASEANは，ASEAN協力のすべての領域において，紛争解決メカニズムを維持し，構築しなければならない。これら2項は「一般原則」として述べられ，第24条で紛争メカニズムに基づく平和的解決，第25条で仲裁裁判所，第26条でASEAN首脳会議への付託，第27条でASEAN事務総長の役割が規定されている。

第8章の最後の第27条で，ASEAN憲章に規定がない場合は，国連憲章第33条第1項，またはいずれかの国際法規文書に含まれる平和的解決方法に訴える権利を加盟国に担保している。つまりASEAN憲章が定める「紛争の解決メカニズム」は加盟国間の武力行使を放棄する一方で，安全保障は平和的手段のみで達成可能であるという東南アジアの「非戦共同体」の存在を意図している（山田 2014, 160-164頁）。

したがって，ASEAN域内や域外を揺るがす脅威はまずもって「紛争の解決メカニズム」にそった平和的環境の創造になる。ASEANはすでに述べたよう

に多元的な協力機構の中核に位置する。異なったネットワークを縦横に生かすことで政治安全保障，経済，社会文化の観点から信頼醸成を構築することが可能である。

　もっとも深刻なASEANの分断要因であると言われる中国との関係においても，楽観的にみれば，ミャンマーの対中依存からの離反的傾向から想像できるように，ASEAN諸国は微妙なバランス感覚で大国とのつながりを維持している。1国では小国であっても「ASEAN10」を背景に交渉を行なえばそれなりの交渉力を持つ。それこそがASEAN加盟国の立場であると考える。

　ASEAN地域の平和的環境は振り子のように，米中との距離感を意識しながら，他の地域パワーとの連携と牽制を通じて「ASEAN」という地域公共財の範囲の中で動いていくものと思われる。

（山田　満）

注
1）　黒柳米司氏は，ASEANの共同体構築を「深化と拡大」から論じている。「拡大」局面の最大の成果は2005年の「東アジア首脳会議」を挙げ，「深化」に関しては，2007年「ASEAN憲章」，2009年「ASEAN共同体へのロードマップ」，2011年「ASEAN連結性」マスタープランを取り上げている。また2つの挫折事例として，プレアビヒア紛争と第45回ASEAN外相会議の挫折を指摘している（黒柳 2014, 257-265頁）。
2）　独立直後のシンガポールのASEANへの参加は最後まではっきりしなかった。シンガポールはASEANを通じた経済協力の具体化を主張していたが，結果的にそれは実務協力に向けた検討課題で処理された（山影 1991, 108-111頁）。
3）　本節で利用する各ASEANの主要文章の訳文は，すべて萩原宜之（1990）『ASEAN―東南アジア諸国連合―』（増補版）有斐閣の巻末資料を利用する。
4）　在日本国カンボジア王国大使館，ハオ・モニラット（HOR Monirath）特命全権大使は，第45回ASEAN外相会議が共同声明を出せなかったカンボジアの見解と立場を説明している。それによると，「2つの加盟国がASEAN外相会議を『ハイジャック』したのは前代未聞です。それは，その2ヵ国は，自分の2国間の領土争いである南シナ海問題を第45回ASEAN外相会議の共同声明において直接明記しなければ，賛同しないという立場を取ったからです」(http://fukuoka-cambodia.jp/information/45/asean.php, 2015／8／15アクセス）と，フィリピンとベトナムを名指しを避けたものの，批判している。なお，1週間遅れの7月20日にインドネシアのシャトル外交の成果もあり，ASEANの6つの原則が外相声明として出されている。
5）　スプラトリー諸島海域をめぐる関係国間の領土支配の歴史的概観に関しては，浦野起夫（2015）『南シナ海の領土問題―分析・資料・文献―』三和書籍を参照。
6）　黒柳はラインとレ・ミエール（Rain and Le Miere 2013, pp.113-128）の論文を引用して，南シナ海問題はASEAN諸国を「前線国家」（ベトナム・フィリピン），「静かなる当事者」（ブルネイ・マレーシア），「懸念するASEAN」（インドネシア・シンガポール・タイ），「無関心なASEAN」へと分類し，同問題が「ASEAN結束という課題にとって依然として侮りがたい挑戦

である」と指摘している（黒柳 2014, 261 頁）。
7) 朝日新聞（2015 年 8 月 4 日）記事によると，軍事専門誌「ジェーンズ・ディフェンス・ウィークリー」からの引用として，2015 年の東南アジア全体の年間防衛費が推計で 420 億ドルで，2020 年までに 520 億ドルに増大することを紹介している。そして，その多くは南シナ海に振り向けられると述べている。

参考文献
（日本語）
稲田十一（2014），「新興ドナーとしての中国の台頭と東南アジアへの影響」黒柳米司編『「米中対峙」時代の ASEAN』明石書店．
岩崎育夫（1994），「ASEAN 諸国の開発体制」岩崎育夫編『開発と政治―ASEAN 諸国の開発体制―』アジア経済研究所．
浦野起夫（2015），『南シナ海の領土問題―分析・資料・文献―』三和書房．
工藤年博（2012），「中国の対ミャンマー政策：課題と展望」(http://www.ide.go.jp)（2015 年 8 月 16 日アクセス）．
黒柳米司（2003），『ASEAN35 年の軌跡―'ASEAN Way' の効用と限界―』有信堂．
黒柳米司（2011），「ASEAN 主導型秩序―成熟と退廃のはざま―」黒柳米司編『ASEAN 再活性化への課題―東アジア共同体・民主化・平和構築―』明石書店．
黒柳米司（2014），「米中対峙下の ASEAN」黒柳米司編『「米中対峙」時代の ASEAN』明石書店．
黒柳米司（2014），「ASEAN の現状と展望」黒柳米司編『「米中対峙」時代の ASEAN』明石書店．
佐藤考一（2014），「米中対峙下の南シナ海紛争」黒柳米司編『「米中対峙」時代の ASEAN』明石書店．
在福岡カンボジア王国名誉領事館（2012），「名誉領事館からのお知らせ―第 45 回東南アジア諸国連合（ASEAN）外相会議が共同声明を出さなかったことに関するカンボジア大使館の説明」(http://www.fukuoka-cambodia.jp/information/45asean.php)（2015 年 8 月 15 日アクセス）．
JICA カンボジア事務所（2012），『歓！ボジアだより』(April 17) No.8, p.4.
萩原宜之（1990），『ASEAN―東南アジア諸国連合―』（増補版）有斐閣．
山影進（1991），『ASEAN―シンボルからシステムへ―』東京大学出版会．
山田満（1997），「ASEAN 諸国の権威主義的開発政治―インドネシアとマレーシアを中心にして―」『国際政治』第 116 号，46-63 頁．
山田満（2011），「ASEAN における平和構築―アチェ紛争とミンダナオ紛争の和平プロセスを比較して―」黒柳米司編『ASEAN 再活性化への課題―東アジア共同体・民主化・平和構築―』明石書店．
山田満（2011），「アジアにおける地域紛争―東南アジアを中心に―」天児慧編『アジアの非伝統的安全保障 I 総合編』勁草書房．
山田満（2014），「ASEAN における共同体構築と平和構築―予防外交から紛争予防ガバナンスへ」黒柳米司編『「米中対峙」時代のASEAN』明石書店．

（外国語）
Chairman's Statement of The 22nd ASEAN Regional Forum, Kuala Lumpur, Malaysia, 6 August 2015. http://www.asean.org/news/asean-statement-communiques (8/15/2015)
Chen, Ian Tsung-Yen and Yang, Alan Hao, (2013), "A Harmonized Southeast Asia? Explanatory Typologies of ASEAN Countries' Strategies to the Rise of China," *The*

Pacific Reviews, Vol.26, No.3, pp.265-288.
Joint Communique, 48th ASEAN Foreign Ministers Meeting, Kuala Lumpur, Malaysia, 4th August 2015. http://www.asean.org/news/asean-statement-communiques (8/15/2015)
Neher, Clark D. and Marlay, Ross (1955), *Democracy and Development in Southeast Asia: The Winds of Change*, Westview Press, pp.193-198.
The ASEAN Charter, May 2012. http://www.asean.org/translations-of-asean-chrter (7/12/2013)

索　引

【A-Z】

AEC　95, 179, 279
　——2025　267
　——2025 ブループリント　267
　——ブルー・プリント　257, 275-276
AFAFGIT　288-289, 297
AFTA　67, 94, 247
　——評議会（AFTA Council）　251
AIA　333, 340
AICO（ASEAN 産業協力スキーム）　248
AMBDC　284
Amsden　13
APEC　344
APSC　279
ARF　344
ASCC　279
ASEAN+6　328
ASEAN10　344, 348, 361
『ASEAN2030』　331, 338
ASEAN-X 方式　262
ASEAN ヴィジョン 2020　337
ASEAN 加盟　193
ASEAN 韓国 FTA　327
ASEAN 協調宣言　347
ASEAN 協和宣言　248
ASEAN 協和宣言 II　275
ASEAN 共同工業プロジェクト（AIP）　248
ASEAN 共同体　257, 348, 360
ASEAN 共同体のブルー・プリント　296
ASEAN 経済共同体（ASEAN Economic Community: AEC）　21, 156, 179-180, 201, 247, 256, 273, 275
ASEAN 経済共同体ブループリント　257
ASEAN 経済協力強化のための枠組み協定　249
ASEAN 憲章　275
ASEAN 工業化計画（AIP）　336

ASEAN 工業補完協定（AIC）　248
ASEAN 高速道路網（AHN）　264
ASEAN コネクティヴィティ　331
ASEAN サービス枠組み協定（AFAS）　262
ASEAN 財貿易協定（ATIGA）　327
ASEAN 社会文化共同体（ASEAN Socio-Cultural Community: ASCC）　275
ASEAN 自由貿易地域（AFTA）　67, 72-73, 186, 248, 302, 326
ASEAN シングル・ウィンドウ（ASW）　261
ASEAN 政治安全保障共同体（ASEAN Political-Security Community: APSC）　275
ASEAN 設立宣言　346
ASEAN 地域フォーラム　359
ASEAN 中国 FTA　327
ASEAN 中国自由貿易地域（ACFTA）　303
ASEAN 統合イニシアティブ（Initiative for ASEAN Integration: IAI）　186, 266, 273, 276, 296, 329
ASEAN 投資地域（AIA）　256, 322, 332
ASEAN 特恵貿易制度（PTA）　248
ASEAN 特恵貿易取り決め（ASEAN-PTA）　326
ASEAN 日本包括的経済連携協定（AJCEP）　326
ASEAN ハイウェイ　273, 280, 282, 284, 295-297
ASEAN ビジョン　280
ASEAN ビジョン 2020　256
ASEAN プラス 3（APT）　344
ASEAN 包括的投資協定（ACIA）　263
ASEAN メコン流域開発協力（ASEAN Mekong Basin Development Cooperation: AMBDC）　273, 283, 296
ASEAN 連結性マスター・プラン（Master Plan on ASEAN Connectivity: MPAC）　258, 273, 276, 282, 295-296, 344

索引 *365*

ASEM　344
Better Factories Cambodia（BFC）　189
CBTA　288-289
CP（チャルンポーカパン）グループ　311
CPF（Central Providential Fund：中央積立基金）　87-88
CPI（Corruption Perceptions Index）　90-91, 100
CPIA　206
CP グループ　313
EPA　73
ETP　58
Extractive Industries Transparency Initiative: EITI　235
G20　351
G8　351
General（Financial）Service Companies　227
GRC（Group Representation Constituencies：グループ代表選挙制度）　92-93
GSP（一般特恵関税）　111
HDB（Housing Development Board：住宅開発庁）　80, 88, 92, 98
HDI　294-295
HICOM　66
IAI　277-279, 295, 297, 339
IC メーカー　307
IMV　119-120
JAIF　340
Krugman, P.　22
Kuznets, S.　22
Lewis, W.A.　22
MJEPA　332
MP3EI（インドネシア経済開発加速・拡大マスタープラン）　32, 47, 49
MPAC　297
Myanmar Oil and Gas Enterprise: MOGE　229
NAIC（Newly Agro-Industrializing Country）　10
NDP　61
NEAC　69
NEM　58
NEP　58

NKEAs　70
NLD　219, 221, 233, 241
NTP　69
NVP　61
NWC（National Wages Council：全国賃金評議会）　88-89
OPP　61
Oshima, H.　10
PAP（Peoples Action Party：人民行動党）　80-83, 89, 92-94, 97, 350
Perkins, D.H.　5
Rostow, W.W.　22
SDR　222
SEZ　186
TCL　315
TFP　4-5
TPP（環太平洋経済連携協定）　73, 252, 328
TTRs　282
USDP　219

【ア行】

アウン・サン・スー・チー　221, 228, 233, 351
アジア NIEs　12
アジアインフラ投資銀行（AIIB）　318-319
アジア欧州会合（Asia Europe Economic Meeting: ASEM）　275
アジア外交5原則　338, 340
アジア開発銀行（ADB）　9, 319
アジア金融危機　224-225
アジア太平洋経済協力（Asia-Pacific Economic Cooperation: APEC）　275
アジア太平洋自由貿易圏（FTAAP）　268, 328
アジア太平洋地域の信頼醸成と予防外交　359
アジア通貨危機　11, 13-14, 17, 29-30, 32, 35-37, 39, 51, 73, 104, 115, 117, 119
アジア通貨基金　125
アジアの奇跡　38
アチェ監視団　354
アチェ紛争　354
アマート（特権高級官僚層）　107, 121
域内貿易比率　255, 326
イスラム　59, 76
一時的除外品目（TEL：Temporary Exclusion List）　250

366　索　引

一帯一路（シルクロード）　209
5つのASEAN+1FTA　266
一般的除外品目（GEL：General Exclusion List）　250
一般特恵関税（GSP）　189
インドシナ総合開発フォーラム（Forum for Comprehensive Development of Indochina: FCDI）　289
インドネシア・マレーシア・タイ成長の三角地帯（Indonesia-Malaysia-Thailand Growth Triangle: IMT-GT）　278
インド系　58, 60, 68, 69, 76
インフォーマル・セクター　9, 171
インラック　122-123
黄鴻年（ウィー・ホンリョン）　312
英国植民地　58
エーヤワディ・チャオプラヤー・メコン経済協力戦略（ayeyawady-chao-phraya-mekong Economic Cooperation Strategy: ACMECS）　297
越境交通インフラ（Cross-border transport Infrastructure: CBTI）　287
越境交通協定（Cross-border Transport Agreement: CBTA）　287
オイルブーム　34-35, 37, 39-40
王党派　106, 121-123
汚職認識指数　171
オッポ（OPPO）　316
オランダ病（Dutch Disease）　37, 39-40, 147, 230

【カ行】

外貨兌換券（FEC）　223
海外出稼ぎ者　147
海峡植民地　105
外国人労働者　72
介護福祉士候補者　322, 334
開発独裁体制　345
拡大メコン圏開発計画（GMS）　208
華人系　58, 60, 67-69, 76
カメラモジュール　308
カルドア（Kaldor, Nicholas）　144
観光統合　333
雁行型工業化　1

雁行型波及過程　1
雁行形態的発展　6, 22
看護師候補者　322, 334
関税番号変更基準　251
環太平洋経済連携（TPP）　73, 156, 173, 328
カンボジア救国党（CNRP）　350
カンボジア人民党（CPP）　350
規格・適合性評価　261
規制緩和　211
既得権益集団　146
キャッチアップ　72
　──型工業化　6
9・30事件　345
共通効果特恵関税制度（Common Effective Preferential Tariff, CEPT）　249
国別政策・制度評価（CPIA）　206
グラビティ・モデル　165
グリーン・メコン　292
経済改革プログラム　58, 70-72
経済特区（SEZ）　184
経済連携協定（EPA）　73-74
軽微な問題をもたらすにすぎない脱工業化（LPD：Less Problematic Deindustrialization）　141
ケッペル・コーポレーション　313
権威主義開発体制　81, 102
原産地規則　261
顕示比較優位指数　17, 166
小泉演説　337, 340
高位中所得　5, 13, 156
　──国　1-2, 15, 21, 173
　──国の罠　8, 14-15, 18
公企業　58, 66-67
工業化　36, 38, 40
　──政策　39
　──の雁行型波及　22
工業マスタープラン　67
高所得経済　70
鉱物資源　34-36, 39-40, 52, 55
鉱物・石炭鉱業法（新鉱業法）　36
国王を元首とする民主主義　110
国際競争力指数　7-8, 17, 19, 166
国際司法裁判所（ICJ）　353
国際分散立地　213

国民改革政策(NTP) 69, 71
国民開発政策(NDP) 61
国民車 66, 73, 75
国民戦線(BN [NF]) 349-350
国民ビジョン政策(NVP) 61
国民民主連盟(NLD) 219
国連カンボジア暫定統治機構(UNTAC) 349
国連東ティモール暫定行政機構(UNTAET) 351
国家経済諮問審議会(NEAC) 69
国家重点経済領域(NKEAs) 70-71
国家秩序回復評議会 221
国境未確定地域 353
コネクティビティー 207
ゴム 58-59, 62-64, 68

【サ行】

サービス化 64, 72, 74
採取産業透明性イニシアティブ(Extractive Industries Transparency Initiative: EITI) 235
最低賃金 74, 238
サプライチェーン 163, 259
サムスンショック 174-175
サリット 107-110, 121
産業開発政策 193
──2015-2025年 179, 192
産業クラスター 168
産業内分業 165
三洋電機 315
資源の呪い 20, 39, 230
持続的成長 70
シナル・マス・グループ 312-313
資本移動の理論 308
人民党 106, 109
社会主義市場経済 115
社会主義経済システム 157
社会主義指向型市場経済 156, 172
上海汽車集団 316
自由化品目(IL: Inclusion List) 250
15%柔軟性規定 262
重層的キャッチアップ 6-7
集団的外資依存輸出指向型工業化戦略 249
集団的輸入代替重化学工業化戦略 248

自由パプア運動(OPM) 354
自由貿易協定(FTA) 73, 322
自由貿易圏 301
自由貿易地区 66-67, 74
重力モデル(gravity model) 164
上位中所得国 104, 126
消費者保護 265
商品作物 200
情報通信技術(ICT: Information and Communications Technology) 137
植民地 59-60, 62-65
ジョコ・ウィドド 351
シンガポール昆明鉄道リンク(Singapore Kunming Rail Link: SKRL) 264, 273, 284, 295-296
シンガポール日本EPA(JSEPA) 329
新経済管理メカニズム 196
新経済政策 58, 60-62, 67-69, 73, 76
新経済モデル 58, 69, 70-72
新興工業国(NIC) 10, 12
新鉱業法 37, 52
人口ボーナス 21
深刻な問題をもたらす脱工業化(MPD: More Problematic Deindustrialization) 141
人種暴動 60
人民行動党(PAP) 349
人民連盟 350
垂直貿易 305
水平貿易 305
スカボロー礁 317
スシロ・バンバン・ユドヨノ 351
スプラトリー(南沙)諸島 357
──領有権 355
スマートフォン 316
税関・出入国・検疫(CIQ) 289
経済制裁 236, 356
正大集団 311
「成長のトライアングル」構想 86
正の脱工業化 142
政府改革プログラム 69
政府開発援助(ODA) 205, 236
政府系企業 73
成長のエンジン 71, 139
世界遺産登録申請 353

世界銀行　109
絶対王政　106, 109
尖閣諸島　318
センシティブ・リスト（SL：Sensitive List）
　　250
専門家の資格の MRA　263
全要素生産性（TFP）　3, 160
戦略開発計画（SDP）　351
戦略的改革優先事項　70
総合金融サービス会社　227
蘇州工業園区　312
外へ出る戦略（走出去戦略）　309
タイ＋1　190-191, 193

【タ行】

第2次マレーシア計画　61
第7次社会経済開発5ヵ年計画　199
第8次社会経済開発5ヵ年計画　216
第10次マレーシア計画　69-70
第11次マレーシア計画　69, 71-72
第2ASEAN 協和宣言　256
第45回 ASEAN 外相会議　355, 361
タイ式民主主義　110, 121, 126
対中協調派　358
対中警戒派　358
タイへ出稼ぎ　217
「大マレー連邦」構想　345
大メコン圏（Greater Mekong Subregion: GMS）　272
ダウェー　236
タクシン　88, 120-121
多繊維取極め（MFA）　189
脱工業化（deindustrialization）　137
多民族　58
　　――国家　59-60, 76
単一の市場と生産基地　257
地域公共財　360-361
地域補完型工業化　212, 218
知的所有権　265
チャイナプラスワン　124-125
中間層　110, 113-114
中国ショック　174
中国の援助　356
中国の対ミャンマー援助　356
中国＋1　190-191, 193
中策投資有限公司　312
中産階級　122
中所得国　30-31, 52, 55, 115
　　――の罠　1-2, 4-5, 7, 15, 21, 58, 69, 71, 76, 126, 156, 168
中所得の罠（Middle Income Trap: MIT）　130
中進国　58, 65
　　――の罠　323
次の波の都市（next wave cities）　150
低位中所得　5, 13, 20, 159
　　――国　1-2, 18, 156, 176
　　――国の罠　2, 6, 8, 14, 21, 161, 168, 173, 176
ティラワ　236
テイン・セイン　219-220, 232-233, 241, 351
　　――政権　356
適格 ASEAN 銀行　262
適格労働者（eligible labor）　150
テマセク・ホールディングズ　313
電機・電子　65-66, 74-75
電子商取引　265
天津エコシティ　313
伝統的輸出品目　136
天然資源　30, 34-36, 39, 42, 55
ドイモイ　157, 161, 176
　　――（刷新）政策　350
統一マレー人国民組織（UMNO）　349
東京宣言　291
東京戦略2012　291
東京戦略2015　291
東西経済回廊　214
鄧小平　115
東南アジア中立地帯宣言　347
東南アジアのデトロイト　117
東南アジア友好協力条約　347
東南アジア連合（ASA）　345
透明性ランキング　171
特恵関税制度　203
特別引出権（SDR）　222
トランジット貨物円滑化に関する ASEAN 枠組協定（ASEAN Framework Agreement on the Facilitation of Goods in Transit: AFAFGIT）　281, 287

索引　369

トランジット輸送ルート（TTRs）　288

【ナ行】

南巡講和　115
南部経済回廊　187
二重為替レート　230, 233-234, 239-240
二重構造　133
日メコン外相会議　290, 292
日メコン交流年　290
日系企業　66-67, 74
日中メコン政策対話　297
日本 ASEAN 合成ゴムフォーラム　335
日本 ASEAN 統合資金（Japan ASEAN Integration Fund: JAIF）　290, 339
日本インドネシア FTA（IJEPA）　334
日本・メコン地域諸国首脳会議　291-292
人間開発指数（HDI 値）　294
人間開発指標　296
認定輸出者自己証明制度　261
農業化（agriculturalization）　10

【ハ行】

ハイアール　314
　　──・アジア・グループ　316
バウリング条約　104-105
パクセー・ジャパン中小企業（SME）専用経済特区　215
パトロン・クライアント　110
ハノイ行動計画　337
ハノイ宣言　275
速水佑次郎　22
原洋之介　6
半導体　306
ビエンチャン行動　257
東アジア共同体（EAC）構想　344
東アジア経済グループ（EAEG）　274
東アジア・サミット（EAS）　344
東アジア首脳会議　328
東アジア地域包括的経済連携（RCEP）　266, 328
東アジアの奇跡　129
東アジアのダイナミックな分業　1, 13, 156, 159
非工業化　30, 37, 40, 42, 55
ビジネス・プロセス・アウトソーシング（BPO: Business Processing Outsourcing）　137
ビジョン 2020　58, 62, 69, 72, 76
非戦共同体　360
ひとつのマレーシア　69
ピブーン　106-107
フォーム D　252
深い統合　268
不均整成長（unbalanced growth）　135
福田ドクトリン　336, 340
不敬罪　123
物品税　202
負の脱工業化　142
ブミプトラ　58, 60-61, 66-69, 73, 76
　　──政策　58, 60-61, 66, 68, 73
プライ（平民）　107
プラザ合意　10, 22, 104, 111-113, 116-117
プランテーション　59, 68
ブランド別自動車部品相互補完流通計画（BBC）　248
プリーディー　106-107
フルセット主義　39
ブルネイ・インドネシア・マレーシア・フィリピン東 ASEAN 成長地域（Brunei Darussalam-Indonesia-Malaysia-Philippine East ASEAN Growth Area (BIMP-EAGA)　278
プレアビヒア紛争　352
プロトン　66, 75
紛争解決メカニズム　354, 360
ペティ・クラークの法則（Petty=Clark's law）　108, 132
ベトナム型漸進主義　161
　　──的移行戦略　160
ベトナム日本 FTA（VJEPA）　334
貿易転換効果　173
包括的社会　70
法の予測可能性　30, 51, 54-55
保税工場　67

【マ行】

末廣昭　15
マハティール元首相　61, 69, 75
マフィリンド　346

「マレーシア対決」政策　345
マレーシア重工業公社（HICOM）　66
緑の革命　9
南シナ海　317
南シナ海関係諸国行動宣言（DOC）　358
南シナ海行動規範（COC）　359
南シナ海問題　357-358
宮沢基金　125
ミャンマーの民政移管　352
ミャンマー石油ガス公社　229
民主化ロードマップ　228, 233
ミンダナオ紛争の国際監視団　354
ミント, H.　9, 10
メコン河下流域開発（Lower Mekong Initiative: LMI）　297
モノカルチャー経済　58-59
モロ・イスラム解放戦線（MILF）　354
モロ民族解放戦線（MNLF）　354
モンスーン・アジア　10

【ヤ行】

輸出指向　37-38, 66-67
――工業化（EOI: Export Oriented Industrialization）　10, 13, 23, 58, 66, 109, 136
輸出集中度　305

輸出代替論　9
輸入代替　38-39, 65-66, 109
――工業　109
――工業化（ISI: Import Substituting Industrialization）　9, 66, 117, 134
要素投入型成長　4-5, 169
吉利　316

【ラ行】

ライオン・グループ　313
――（金獅集団）　311
ランドリンク　197
リー・クワンユー　79, 81, 84, 90, 92-93, 97, 99, 100-101
立憲革命　106
累積付加価値基準　251
ルックイースト政策　66, 74-75
連結性（connectivity）　258
レントシーキング　6, 18, 21
連邦議会選挙　351
連邦団結発展党（USDP）　219
ローカルコンテンツ（現地調達率）要求　117-118
ロヒンギャ族　355

執筆者紹介 （執筆順）

トラン・ヴァン・トゥ	早稲田大学教授	序章・第6章
濱田　美紀	JETROアジア経済研究所貧困削減・社会開発研究グループ長	第1章
穴沢　眞	小樽商科大学教授	第2章
甲斐　信好	拓殖大学教授	第3章
山本　博史	神奈川大学教授	第4章
フェルディナンド・マキト	テンプル大学日本校 adjunct professor	第5章
中西　徹	東京大学教授	第5章
初鹿野直美	JETROバンコク事務所・アジア経済研究所副主任研究員	第7章
鈴木　基義	ラオス計画投資省 JICA 専門家・上級顧問	第8章
三重野文晴	京都大学教授	第9章
石川　幸一	亜細亜大学教授	第10章
石田　正美	JETROアジア経済研究所開発研究センター長	第11章
丸川　知雄	東京大学教授	第12章
吉野　文雄	拓殖大学教授	第13章
山田　満	早稲田大学教授	第14章

編著者紹介

トラン・ヴァン・トゥ（Tran Van Tho）
　ベトナム出身，高校卒業後，1968年日本の国費留学生として来日。
　一橋大学大学院経済学研究科博士課程修了（経済学博士）。
　日本経済研究センター主任研究員，桜美林大学教授などを経て
　現在，早稲田大学社会科学総合学術院教授
　経済審議会専門委員，ベトナム首相経済行政改革諮問委員，ハノイ大学客員教授，ハーバード大学客員研究員などを歴任。
　著書に『産業発展と多国籍企業－アジア太平洋ダイナミズムの実証研究』東洋経済新報社，1992年（「アジア太平洋賞」受賞），『ベトナム経済の新展開』日本経済新聞社，1996年，『最新アジア経済と日本』日本評論社，2001年（共著），『東アジアの経済変動とベトナムの工業化への途』(NXB Chinh tri quoc gia 出版，ベトナム語，2012年ベトナム優秀図書賞)，2005年。『中国・ASEANのFTAと東アジア経済』文眞堂，2007年（共編著），『ベトナム経済発展論』勁草書房，2010年，『東アジア経済と労働移動』文眞堂，2015年（共編著），『時間のショックとベトナム経済』（ベトナム語，Tri thuc出版社，ハノイ，2016年）など。

ASEAN経済新時代と日本
―各国経済と地域の新展開―

2016年2月15日　第1版第1刷発行　　　　　　　　検印省略

　　編著者　　トラン・ヴァン・トゥ

　　発行者　　前　野　　　隆

　　　　　　　東京都新宿区早稲田鶴巻町533
　　発行所　　株式会社　文　眞　堂
　　　　　　　電話 03（3202）8480
　　　　　　　FAX 03（3203）2638
　　　　　　　http://www.bunshin-do.co.jp
　　　　　　　郵便番号（162-0041）振替00120-2-96437

印刷・モリモト印刷／製本・イマヰ製本所
© 2016
定価はカバー裏に表示してあります
ISBN978-4-8309-4897-8　C3033

『ASEAN経済新時代と日本』姉妹編，好評発売中！

現代ASEAN経済論

石川幸一・朽木昭文・清水一史 編著

ISBN978-4-8309-4875-6／C3033／A5判／360頁／定価2500円＋税

現代世界経済で最も重要な成長センターであるASEANは，経済統合を推進し，AEC（ASEAN経済共同体）を実現する。実現すれば，AECは中国やインドにも対抗する経済圏となり，日本，そして日本企業にとっても最重要な地域となる。急速な経済発展を続ける現代のASEAN経済を各分野の専門家が分析。現代ASEAN経済を学ぶための必読書。

【目　次】

序章（石川幸一・清水一史）

第1部 ASEANの経済発展［第1章 ASEAN諸国の経済発展―工業化と発展のメカニズム―（小黒啓一）／第2章 現代のASEAN経済と課題―マクロ経済，中所得国の罠など―（朽木昭文）／第3章 ASEANの金融改革と通貨金融危機（高安健一）／第4章 ASEANの貿易と投資（助川成也）／第5章 都市化と消費社会の進展（牛山隆一）／第6章「少子高齢化国」と「若い国」に二分（可部繁三郎）］

第2部 ASEAN経済統合とASEAN経済共同体の形成［第7章 世界経済の構造変化とASEAN経済統合（清水一史）／第8章 ASEAN経済共同体の創設と課題（石川幸一）／第9章 AFTAと域外とのFTA（助川成也）／第10章 ASEAN連結性と格差是正―交通・運輸分野の改善とネットワーク化―（春日尚雄）／第11章 ASEAN経済統合の将来展望（福永佳史）］

第3部 ASEANの産業と企業［第12章 ASEANの自動車産業―域内経済協力と自動車産業の急速な発展―（清水一史）／第13章 ASEANと電機電子産業―めまぐるしく変化をする市場とアジア主要企業の対応―（春日尚雄）／第14章 ASEANのサービス産業―日本企業の進出を中心に―（北川浩伸）／第15章 ASEAN進出日系企業とASEAN企業（牛山隆一）］

終章 ASEANと日本―相互依存の深まりと対等な関係への変化―（石川幸一・清水一史）

【好評既刊】

ASEAN 経済理解のための必読書！
ASEAN 経済統合の実態
浦田秀次郎・牛山隆一・可部繁三郎 編著
ISBN978-4-8309-4868-8／C3033／A5判／236頁／定価2750円＋税

日本企業の事業展開先として注目されるASEAN。2015年末の経済共同体（AEC）創設により，その存在感は一段と高まる見通しだ。本書は，AEC構築を控えたASEAN経済が実際にはどれほど統合度を高めているのか，様々な統計や事例をもとに貿易，投資，企業・人の動きなど多角的に検証したものである。企業関係者や研究者，学生など幅広い層を対象とする書。

ASEAN 経済共同体の実像と将来。
ASEAN 大市場(メガ)統合と日本　TPP時代を日本企業が生き抜くには
深沢淳一・助川成也 著
ISBN978-4-8309-4838-1／C3033／A5判／292頁／定価2200円＋税

2000年代，日本，中国，韓国，そしてインド，アメリカ，豪NZがASEANを巡りFTAの主導権争いが展開された。通商環境が激変する中，日本企業は東アジア戦略の舵をどう切り，今後どう展開していくべきなのかを分析。ASEAN経済共同体（AEC）の死角から東アジア大統合の展望まで全てわかる。ビジネス関係者，学生，研究者から政府関係者まで必読の1冊。

2015年，世界の成長センターASEANが巨大統合市場に！
ASEAN 経済共同体と日本　巨大統合市場の誕生
石川幸一・清水一史・助川成也 編著
ISBN978-4-8309-4778-0／C3033／A5判／238頁／定価2600円＋税

2015年，ASEAN経済共同体（AEC）が創設される。完成すれば中国やインドにも対抗する経済圏となり，日本と日本企業にとっても最重要の地域となる。日本とASEANとの関係は40年を迎え，ASEANとの経済関係を戦略的に見直す時期に来ている。各分野の専門家が統合への進展状況，課題，実現への展望などを検討，2015年末のASEANの姿を描く。

201X年，日本の投資はどこへ向かうのか？
ASEAN シフトが進む日系企業　統合一体化するメコン地域
春日尚雄 著
ISBN978-4-8309-4772-8／C3033／A5判／212頁／定価2400円＋税

近年の状況を見ると，海外進出企業は集中のメリットを優先し，リスク分散をはかる必要を軽んじていた感がある。日本企業はASEANとりわけメコン地域への投資の比重を増やす行動が起きつつある。本書では一大経済圏となりつつあるGMS（拡大メコン経済圏）で，日系グローバル企業を中心に産業の集積と分散がどのように起きているかを論じている。

TPPで来るべきアジアFTA新時代に備える必携の一冊！

日本企業のアジアFTA活用戦略 TPP時代のFTA活用に向けた指針

助川成也・高橋俊樹 編著

ISBN978-4-8309-4888-6／C3033／A5判／235頁／定価2400円＋税

アジアは自由貿易協定（FTA）を構築する時代から企業戦略に生かす時代に入った。21世紀型新通商ルールを持つTPPの発効を控え、企業の知恵比べが始まっており、FTAに対する理解は、海外事業展開の「成否」に直結する。FTAの研究者、利用者、実務者、各々の視点から制度、実態、事例、問題点を多角的に洗い出した必携の一冊。

メガFTA，今後の展望をも図る最新版！

メガFTA時代の新通商戦略 現状と課題

石川幸一・馬田啓一・高橋俊樹 編著

ISBN978-4-8309-4870-1／C3033／A5判／276頁／定価2900円＋税

メガFTA時代に日本企業の強みをどう活かしていくか。本書は，メガFTAによって変容する通商秩序の行方を見据えながら，グローバル化するサプライチェーンの実態と，東アジアのFTAが日本の経済と企業に与える影響を検証しつつ，メガFTA時代の新たな通商戦略の現状と課題を様々な視点から考察。今後の展望をも図る最新版。

持続的発展の為の実態分析，政策提言を試む！

東アジア経済と労働移動

トラン・ヴァン・トゥ／松本邦愛／ド・マン・ホーン 編著

ISBN978-4-8309-4867-1／C3033／A5判／278頁／定価3000円＋税

東アジアで国際間労働移動が活発化している。しかし，その実態を把握した研究は少なく，ましてや国内の労働移動との関係を分析した研究はない。本書は日本，韓国，台湾から中国，タイ，マレーシア，インドネシア，フィリピン，ベトナム，ミャンマー等，国内と国際間の労働移動，送出国と受入国の実態を分析し，持続的発展の為の政策提言を行う。

東南アジアのエネルギーの最新情報満載！

東南アジアのエネルギー 発展するアジアの課題

武石礼司 著

ISBN978-4-8309-4825-1／C3033／A5判／174頁／定価2000円＋税

好調な経済の下，発展を遂げてきた東南アジアの10カ国は，アセアンを形成して域内協力を深めており，日本にとって，ますます重要な国々となっている。アセアン10カ国は，歴史，人口，気候，宗教，資源，産業も大きく異なり，エネルギー需給への取り組みと政策も実に多様である。最新の現地情報を盛り込み，アセアンの現状と今後を解説する。